"十四五"职业教育国家规划教材

服务心理学

（第三版）

FUWU XINLIXUE

主　编　王培俊　杨　珍

新形态
教材

本书另配教学课件

中国教育出版传媒集团

高等教育出版社·北京

内容提要

本书是"十四五"职业教育国家规划教材。

本书根据"项目导向、任务驱动"的教学改革需要进行编写,基本知识以够用为度,内容包括服务心理入门篇、顾客消费心理篇、服务过程心理篇和服务业管理心理篇。服务心理入门篇着重介绍服务业与服务心理学的发展概貌、研究方法,同时介绍与服务业相关的心理学主要理论。顾客消费心理篇主要介绍消费者的知、情、意、兴趣与需要、态度与动机以及个性心理特征与消费态度与消费行为之间的关系。服务过程心理篇主要介绍服务者的职业角色意识、文化与服务、人际交往与服务、服务中的礼节与消费投诉的处理。服务业管理心理篇主要介绍服务人员的自我管理与心理保健、服务团队的管理等。为利教便学,部分学习资源(如拓展案例)以二维码形式提供在相关内容旁,读者可扫码获取,此外,本书另配有教学课件等资源,供教师教学使用。

本书可作为高等职业院校旅游大类相关课程教材,也可作为相关从业人员培训、自学参考用书。

图书在版编目(CIP)数据

服务心理学/王培俊,杨珍主编.—3版.—北京:
高等教育出版社,2022.7(2024.8重印)
ISBN 978-7-04-058164-5

Ⅰ.①服… Ⅱ.①王… ②杨… Ⅲ.①商业心理学-
高等职业教育-教材 Ⅳ.①F719

中国版本图书馆 CIP 数据核字(2022)第 024812 号

策划编辑 毕颖娟　责任编辑 毕颖娟　封面设计 吴 昊　责任印制 高忠富

出版发行	高等教育出版社	网　　址	http://www.hep.edu.cn
社　　址	北京市西城区德外大街 4 号		http://www.hep.com.cn
邮政编码	100120	网上订购	http://www.hepmall.com.cn
印　　刷	上海新艺印刷有限公司		http://www.hepmall.com
开　　本	787 mm×1092 mm　1/16		http://www.hepmall.cn
印　　张	15.25	版　　次	2022 年 7 月第 3 版
字　　数	390 千字		2015 年 7 月第 1 版
购书热线	010-58581118	印　　次	2024 年 8 月第 10 次印刷
咨询电话	400-810-0598	定　　价	39.80 元

第三版前言

本书是"十四五"职业教育国家规划教材。

党的二十大报告指出："构建优质高效的服务业新体系。"服务行业是与人打交道的行业，为消费者提供服务，实际是一种人际交往活动。人际交往伴随着参与者的各种心理活动。要做好服务工作，服务人员必须了解、把握消费者各种心理特点与消费行为的关系，如认知、情感、意志、态度、需要、动机和个性等与消费行为的关系；了解不同国家、不同民族、不同地区的文化背景和文化特点与消费行为的关系；同时也要把握好自身的心理和行为特点，培养良好的心理素质与职业素养。

编写团队依据多年实践教学经验、体会，结合现代服务业的岗位开展调研，编写了本书，以期对现代服务类专业学生的学习、工作有所启迪和帮助。本书是2020年安徽省质量工程——校企合作实践教育示范基地项目（项目号：2020sjjd070）和2021年高校优秀青年骨干教师国内访学研修项目（gxgnfx2021050）的研究成果之一。本书的编写融入了企业，尤其是现代服务业对岗位从业人员的素质要求，也是服务工作者进行培训学习的优选教材之一。

本书第一版于2015年入选"十二五"职业教育国家规划教材，经过不断地实践、改革与创新，于2020年再次被遴选为"十三五"职业教育国家规划教材。2023年，本书再次被遴选为"十四五"职业教育国家规划教材。本书根据"实用为先、够用为度"的原则，力求内容精练、图文并茂、通俗易懂，其主要特色如下：

1. 课程思政，立德树人

每个模块开始均有课程思政相关内容，将本模块内容中蕴含的思想政治教育元素进行高度提炼，结合本模块教学内容引导学生思考讨论，将中华优秀传统文化、社会主义核心价值观渗透到教学的每个环节，发挥教育"立德树人"的作用。

2. 项目导向，任务驱动

本书内容模块化，实施项目化教学，主要以任务驱动的形式构建课程体系，从模块到项目再到任务，一层一层推进，利于教学组织和学生自学与实践。

3. 体例新颖，形式活泼

本书编写体例新颖、形式活泼，以学生为主体设计。书中通过大量的参与性内容设计，让学生成为教学活动的主体,使学生借助教材能够积极、自主地学习。

4. 课岗融合,学做合一

本书与工作岗位相融合。本书是校企合作的实践研究和服务实践工作调研的结果,理论与实践部分都与工作岗位相融合,学做合一。

5. 技能为王,素养为本

本书注重技能和职业素养训练。通过互动、案例分析、情景模拟等众多互动式模块,培养和训练学生的沟通技能和职业素养。

6. 资源丰富,利教便学

本书配套资源丰富。在多年的教学改革中,编写团队不断更新网络资源库的内容,利教便学。

本书由安徽职业技术学院王培俊、杨珍任主编;安徽职业技术学院王家祥、王永因、余婷婷、刘玲玉,马鞍山职业技术学院吴凌燕任副主编;安徽职业技术学院王凤仪、陈素琴、赵英子,安徽医学高等专科学校解苗苗参编;王培俊、杨珍设计全书的编写大纲并完成最后的修改、统稿工作。本书编写分工如下:刘玲玉编写项目一、项目二;余婷婷编写项目三、项目九;杨珍编写项目四;王凤仪编写项目五;解苗苗编写项目六;赵英子编写项目七;王永因编写项目八;陈素芹编写项目十;王家祥编写项目十一;吴凌燕负责部分电子资源的整理。

在本书的编写过程中,我们得到了中青旅安徽国际旅游有限公司、安徽省中国旅行社有限责任公司、南京溧水新时代开元名都大酒店的支持和帮助,在此对他们表示衷心的感谢。

由于水平所限,本书在编写中难免存在不足,为此深感遗憾,希望能得到广大学生和老师及专业人士的批评和建议,以期我们不断改进。

编　者

目　录

模块一
服务心理入门篇

时传祥的劳动故事

1. 你所处的环境，你的人生经历，与时传祥有何不同？
2. 你将要从事的工作，你的职业发展，又与时传祥有哪些一脉相承之处？
3. 还有类似时传祥的例子吗？请收集并讨论它们反映了怎样的劳动观。

项目一　走近服务业

【项目提要】

进入 21 世纪以来,我国现代服务业发展迅速,认识服务业和了解服务工作是服务心理学的基本内容之一。本项目主要研究服务业和服务工作,从服务业的概念入手,引出服务业的发展现状。从概念、特点、类型和服务意识的培养等角度,阐述了消费者、服务和服务工作的基本知识。

【引导案例】

要的就是这种感觉

王小姐乘坐的出租车刚刚停在酒店大堂门口,面带微笑的门童就立刻迎上去,并躬身拉门问候道:"欢迎光临!"当门童正准备关门时,忽然发现前座上遗留了一部漂亮的手机,于是扭头对正准备进酒店的王小姐说道:"小姐,您是否遗忘了手机?"门童将手机递还给客人,然后迅速引领客人来到酒店大堂。

王小姐来到前厅接待处,接待员礼貌地问候道:"您好,欢迎光临,请问有没有预订?"王小姐说:"我早在十天前就已经预订了一个单人间。"接待员办完入住手续后说道:"小姐,您住在 1501 房间,这是您的房卡与钥匙,祝您入住愉快!"

行李员带着王小姐刚来到 1501 房间的门口,客房服务员便迅速走了过来,笑容可掬地躬身说:"您好,欢迎光临,请出示房卡。""请这边走。"客房服务员打开房门后,开始介绍客房设施与服务。同时,行李员将客人的行李放到了行李架上。之后询问道:"您还有什么需要帮助的吗?"王小姐高兴地说:"不用了,谢谢!""祝您在本酒店住宿愉快!"然后行李员告辞退出。

王小姐坐在柔软的沙发上,回忆着进入酒店的整个过程,不禁感叹道:"这真是星级酒店的服务啊! 我们要的就是这种感觉。"

(周耀进.酒店服务心理学[M].上海:上海交通大学出版社,2012.)

任务一　认识服务业

一、服务业概述

(一) 服务业概念和类型

服务业是指农业、工业和建筑业以外的其他各行业,即国际通行的产业划分标准的第三产

1

业,其发展水平是衡量生产社会化和经济市场化程度的重要标志。

世界贸易组织《服务贸易总协定》认为,服务贸易分为 12 大类:商业性服务(包括法律、工程设计、城市规划、公共关系等专业服务以及计算机、研究与开发、不动产、设备租赁等方面的服务);电信服务;建筑服务;销售(分销)服务;教育服务;环境服务;金融服务;健康与社会服务;旅游及相关服务;文化、娱乐及体育服务;交通运输服务;其他服务。经济学家辛格尔曼(1994)将服务业分成四大类:分配服务系统(运输、通信、贸易),生产服务系统(银行、商业、房地产),社会服务系统(卫生保健、教育、公共、非营利机构)及个人服务系统(家政、酒店、餐饮、维修业)。

日常生活中对服务业进行细分,主要包括以下门类(表 1-1)。

表 1-1　　　　　　　　　　　　　服务业的实际分类

区　　分	例　　　　　证								
纯产品	糖业	领带	饼干	汽车	房屋	音响	家具	家电	体育器材
汇合式大量服务	百货公司	便利商店	大众运输	快餐餐饮	干洗衣服	有线电视			
企业服务	新闻杂志	金融服务	银行服务	产险服务	金融商品	商务旅馆	会议快餐		
贸易服务	贸易	批发	零售	维护	修理	仓储	代理	运送	
基础建设	运输	通信	水电	能源	医疗	卫生	安全		
公共行政	政府	海关	法院	监狱	军队	中学教育	社会工作	图书馆	
定做型服务	星级服务	高级服务	旅游住宿	美容健康	清洁房屋	娱乐导览	大学教育	殡葬仪式	邮件快递
个别性服务	医疗保健	自助旅行	广告设计	法律经纪	信息服务	医疗看护	委托研究	计算机维修	软件开发
纯服务	理发美容	房屋中介	寿险服务	衣服定做	心理咨询	个人家教			

(二)服务业的特征

服务业的固定特征引申为以下六个维度:顾客接触度、顾客定制化程度、员工为满足顾客需要自主决策程度、以人或设备为中心的程度、附加价值的来源是前台还是后台、关注单个产品或服务过程的程度。

服务业不仅具有以上六个特征,而且在具体运行过程中,根据工作类型不同还具备以下属性:

(1) 服务地点弹性(site-selection):服务业和农业、制造业相比,不再拥有固定的工作地点,而是随顾客需求及布局需求不断变化地点。

(2) 服务无形性(intangible):服务是无形的,是一种执行活动,如美容、休闲度假等。基于实体上的无形,服务无法展示、不易被记忆,故称为心理上无形性;因此产生出衡量困难,不容易靠专利来保护,只有通过信誉与信任维持工作。

(3) 顾客参与性(participated):顾客参与并影响交易,且顾客之间也相互影响;同时员工也影响成果。例如,快餐餐饮、自主洗衣、旅馆、学校、理发等服务门类。

(4) 品质变动性(heterogeneous):基于人性因素,服务不容易维持一致的质量。

① 相同服务人员,在不同时间地点针对不同顾客,会有不同的服务质量。

②尖锋与高峰时期,服务人员所花费的时间和精力是明显不同的。

③服务人员的经验,也是服务质量差异的另一项重要因素。例如,银行职员、航空站台人员、护士、百货公司等岗位的新员工与老员工经验存在一定的差异。

(5)**不易分割性**(not-separated):顾客是整个服务产出的不可分离因素。产销同时发生,服务生产与消费是同时进行的。顾客必须亲临现场才能提供服务,顾客必须介入服务生产过程,间接影响服务质量水平。例如,医疗护理、咨询顾问、教练教学等。

(6)**容易消失性**(perishable):服务无法在需求前被生产,也无法储存供日后之使用。例如,空机位、空病床、约诊空档、教学时间等。

实质上服务业的发展就是"权利从生产者向顾客过渡"。服务业竞争的焦点及困难均存在于能否提供"高质量、低价格的服务",也就是说价格竞争与服务质量竞争是服务业发展的两个关键因素。法恩(1995)、赫斯克特(1997)将这双层压力公式化,指出现代服务业中消费决策由所谓的"顾客价值方案"决定,即:

$$客户价值＝(有形的)结果＋流程的质量／价格＋链接顾客的成本$$

二、现代服务业的发展现状及未来趋势

(一)现代服务业的发展现状

习近平总书记指出,放眼未来,服务业开放合作正日益成为推动发展的重要力量。"十三五"以来,我国服务业发展进入一个新时期,服务业一直以高于GDP增速的速度增长,保持着第一大产业地位,占比持续上升。服务业对经济增长的贡献接近60%,位居第一,还吸纳了农业及工业的全部就业。这一时期是中国服务业发展质量快速增长的时期。"十四五"时期,在服务需求加速增长、服务领域改革持续推进、服务创新能力提升、产业融合不断深化等动力作用之下,服务业仍将保持较快的增长速度。

"十三五"时期,我国服务业领域数字技术越来越普遍,推动服务业创新发展步伐不断加快。服务业数字化、网络化、智能化、平台化趋势明显,服务能力和服务质量大幅度提升。电子商务快速发展,推动零售业商业模式持续演进。我国网络零售额在2019年已达到10.6万亿元。快递业务量完成635.2亿件,居全球第一。在这个过程中,零售业衍生出了"线上线下联动(O2O)"、到家服务、生鲜电商、短视频电商、社交电商、直播电商等诸多创新模式。电子商务作为零售业态的创新形式,在疫情防控期间也为稳定消费,保持社会经济基本盘起到了积极的作用。

"互联网＋文化""互联网＋教育""互联网＋医疗"等创新模式,提高了文化、教育、医疗等原有短板领域的有效供给,为解决这些领域供给区域、城乡平衡问题提供了良好的解决方案,并为这些行业带来了创新动力。如网约车等共享经济领域持续创新、规范发展,不仅为居民提供了越来越便捷的服务,也为服务业持续增长带来了新动力。在生产服务领域,在线设计平台、工业互联网、协同制造等与生产相关的新服务领域也快速发展。

服务领域全面改革。自2015年以来,我国政府密集出台了服务业相关政策,也出台了40余项关于科技服务、大数据、健康、养老、体育、旅游、物流、电子商务等服务业具体领域的单项促进政策;从整体上看,我国促进服务业发展的政策体系已基本完善。在服务业统计方面,相继出台了一系列文件,服务业统计体系日趋完善。

服务业领域全面开放。自2015年以来,我国服务业领域的开放步伐加快。随着2013年

1

上海自由贸易试验区成立,到 2020 年北京等 3 个自由贸易试验区的相继获批,我国自贸区数量已达到 21 个,覆盖全部沿海省份。各个自贸区在开放试验的具体内涵方面各有特色。而海南自贸区将在中央的支持下,加大服务业开放的力度。2020 年 4 月《关于授权国务院在中国(海南)自由贸易试验区暂时调整实施有关法律规定的决定(草案)》的通过,进一步推动海南在服务业领域的更大力度开放。从整体上看,各自贸区的改革措施,其重点是推动服务业领域的开放。

为了实现更全面的开放,在总结自贸区的相关经验后,我国出台了外商投资的负面清单制度,而负面清单的内容大部分都与服务领域有关。动态管理的负面清单,说明我国对服务业开放的限制越来越少。这些政策推动了我国服务业开放水平的持续提升。从服务贸易进出口总额看,我国服务贸易总额稳居全球第二。在国际环境日益复杂的背景下,服务业利用外资水平也保持平稳增长,占比已超过其 GDP 占比,这说明服务业已成为我国高水平对外开放的重点领域。

(二) 现代服务业的未来趋势

"十四五"时期,我国现代服务业增长仍会有较大的空间。

第一,现代服务业需求仍将保持较快的增长。"十四五"时期,我国继续向高收入国家行列迈进,随着人均收入水平的持续提升,人民群众对高品质教育、医疗、养老、家庭服务、文化娱乐等诸多方面的需求将持续增加,个性化、定制化、体验式、互动式服务将呈现爆发式增长,这将推动生活性服务业品质进一步提升。随着"以国内大循环为主体、国内国际双循环相互促进"的新发展格局的逐步形成,高品质服务需求外溢的情况将得到缓解,这将进一步释放国内服务业需求。而在生产性服务业方面,实体经济转型升级,向价值链中高端迈进,要求科技研发、信息服务、现代物流、营销管理、商务咨询等相关的生产性服务业提升品质,提供更多的专业服务支持,这将倒逼这些生产性服务业高质量发展。

第二,现代服务业改革将持续推进。服务业改革一直在路上,一方面,在市场准入、要素价格、质量监管、标准制订等方面,仍有较大的改革空间;另一方面,服务业领域的商业模式持续创新,"互联网+健康""互联网+教育""互联网+养老"等新型商业模式快速发展,这将带来很多新的监管问题,亟待在监管体系等方面进行改革创新。因此,服务领域需持续深化改革,进一步推进对与现代服务业相关的简政放权。对现代服务业的行业准入政策进行清理,破除行业垄断、进入门槛等各种隐形限制。完善服务业的融资、税收等相关政策体系,使对服务业的支持落到实处。建立适度放松管制、破除体制机制障碍、优化政策保障体系、促进多元共治的服务业现代化治理体系,在负面清单管理、市场准入、要素价格、新业态新模式的柔性监管、政策协调、平台治理、多元参与监管等方面持续推进改革,为现代服务业快速发展提供制度保障。

第三,融合发展将是现代服务业发展的重要趋势。现代服务业与制造业之间界限日趋模糊,两者实现融合发展日渐重要。在信息技术的推动下,制造服务化与服务制造化都表现出与互联网高度融合的趋势,在商业模式上也不断呈现出创新趋势,如大规模个性化定制、C2B、云制造等,都是其表现。服务业与农业的产业融合互动也是一个重要方向。农业的快速发展,需要通过一二三产业融合互动发展来实现。自 20 世纪 70 年代以来,随着信息技术的发展,融合成为了产业发展的一个重要趋势。农业产业链中,正融入越来越多的二三产业元素,而农业日益变为第一二三产业大融合的综合体。农业现代化的核心是通过服务业的发展,使服务业深度切入农业,稳定农产品的质量与数量,解决农产品的供需对接,大幅度提升农业附加值,促进农业产业化水平不断提升。

第四，创新发展是现代服务业发展的主要动力。"十四五"时期，在现代服务业业态创新，包括"互联网＋生活服务""互联网＋社会服务"、共享经济、"服务业＋人工智能"等诸多方面仍有很大的发展空间，创新将成为现代服务业持续增长的主要动力。

讨论与思考：

"十三五"硕果累累，体会过去，才能明白未来的路去往何方。"十三五"时期，我们的国家发生了积极的变化，服务业与我们的日常生活息息相关，请你回忆这些年的际遇，想一想，哪些事情体现了积极的变化，将它写下来，思考这背后体现了党和国家在哪些方面的努力与成就。完成后，请以"聚焦服务业，展望新时代"为题目，开展讨论会，分享你的心路历程。

1

_____
_____
_____
_____
_____
_____
_____
_____
_____
_____
_____
_____
_____
_____
_____
_____
_____
_____
_____
_____
_____
_____

任务二　了解服务工作

一、消费者

（一）消费者的概念

消费是社会再生产的重要环节之一，是生产、分配、交换的目的与归宿。消费是促进社会经济发展的主要动力，消费者则是消费环节的重要主体。消费者是与政府、企业并列地参与市场经济运作的三大主体之一。

1. 部分国家对消费者概念的解释

在各国法律中，以及一国各部门中对消费者概念的解释不尽相同。按不同的确认标准大体可分为以下三种：

（1）以经济领域为主要确认标准。认为凡是在消费领域中，为生产或生活目的消耗物质资料的人，不论是自然人还是法人，不论是生活消费还是生产消费，也不论是生活资料类消费者还是生产资料消费者,都属于消费者之列。如泰国的《消费者保护法》规定:"所谓消费者,是指买主或从事业者那里接受服务的人,包括为了购进商品和享受服务而接受事业者的提议和说明的人。"

(2) 以消费目的为主要标准。认为消费者仅指因非商业性目的而购买商品、使用商品的人。所谓非商业性目的是指仅限于购买自己的消费,而不是用于转卖或营业。如我国福建省的《保护消费者合法权益条例》规定:消费者是"有偿获得商品和接受服务用于生活需要的社会成员";江苏省的《保护消费者合法权益条例》把消费者定义为:"有偿获得商品和服务用于生活需要的单位和个人",这种定义并未明确排除法人等社会组织。

(3) 以自然人为主要标准。这种划分不以或不唯一以消费目的为标准,而特别强调消费者的自然人属性。如美国的《布莱克法律词典》中这样解释:"消费者是那些购买、使用、持有、处理产品或服务的个人。"1978 年,国际标准化组织消费政策委员会在日内瓦召开的第一届年会上,将"消费者"定义为"为个人目的购买或使用商品和服务的个体成员"。俄罗斯联邦的《消费者权利保护法》将"消费者"定义为:"使用、取得、定做或者具有取得或定做商品(工作、劳动)的意图以供个人生活需要的公民"。

2. 消费者概念的理解

消费者,英文为 consumer。科学上的定义是,食物链中的一个环节,代表着不能生产,只能通过消耗其他生物来达到自我存活的生物。法律意义上的消费者指的是以个人目的购买或使用商品和接受服务的社会成员。

对此,可从以下几个方面来理解:

(1) 消费者是指购买商品或者接受服务的人。消费者既可能是亲自购买商品的个人,也可能是使用和消费他人购买的商品的人。

(2) 消费者购买商品或者接受服务是不以营利为目的。消费者购买商品或者接受服务,并不是为了将这些商品转让他人从中盈利,而是用于个人与家庭的消费。

(3) 消费者是指购买商品或者接受服务的个人而非组织。

(二) 消费者的特点

1. 消费者的一般特点

非盈利性。消费者购买商品是为了获得某种使用价值,满足自身的生活消费的需要,而不是为了盈利去转手销售。

非专业性。消费者一般缺乏专门的商品知识和市场知识。消费者在购买商品时,往往容易受厂家、商家广告宣传、促销方式、商品包装和服务态度的影响。

层次性。由于消费者的收入水平不同,所处社会阶层不同,消费者的需求会表现出一定的层次性。一般来说,消费者总是先满足最基本的生存需要和安全需要,购买衣、食、住、行等生活必需品,而后才能视情况逐步满足较高层次的需要,购买享受型和发展型商品。

广泛性。消费者市场上,不仅购买者人数众多,而且购买者地域分布广。从城市到乡村,从国内到国外,消费者市场无处不在。

2. 不同年龄阶段消费者的心理特点

(1) 少年儿童的消费心理特点。

购买目标明确,购买迅速。少年儿童购买商品多由父母事前确定,决策的自主权十分有限,因此,购买目标一般比较明确。加上少年儿童缺少商品知识和购买经验,识别、挑选商品的能力不强,所以,对营业员推荐的商品较少异议,购买比较迅速。

1

易受参照群体的影响。学龄前和学龄初期的儿童的购买需要往往是感觉型、感情性的,非常容易被诱导。在群体活动中,儿童会产生相互的比较,如"谁的玩具更好玩""谁有什么款式的运动鞋"等,并由此产生购买需要,要求家长为其购买同类同一品牌同一款式的商品。

较强的好奇心。少年儿童的心理活动水平处于较低的阶段,虽然已能进行简单的逻辑思维,但仍以直观、具体的形象思维为主,对商品的注意和兴趣一般是由商品的外观刺激引起的。因此,在选购商品时,有时不是以是否需要为出发点,而是取决于商品是否具有新奇、独特的吸引力。

较强的依赖性。由于少年儿童没有独立的经济能力和购买能力,几乎由父母包办他们的购买行为。所以,在购买商品时具有较强的依赖性。父母不但代替少年儿童进行购买行为,而且经常地将个人的偏好投入购买决策中,忽略儿童本身的好恶。

(2)青年人的消费心理特点。

根据我国第七次人口普查资料,我国现有青年人数众多,是一个庞大的消费群体。一般来说,青年消费者的消费心理特征具有以下几点:

追求时尚,领导潮流。青年人的特点是热情奔放、思想活跃、富于幻想、喜欢冒险,这些特点反映在消费心理上,就是追求时尚和新颖,喜欢购买一些新的产品,尝试新的生活。在他们的带领下,消费时尚也会逐渐形成。

表现自我,体现个性。这一时期,青年人的自我意识日益加强,强烈地追求独立自主,在做任何事情时,都力图表现出自我个性。这一心理特征反映在消费行为上,就是喜欢购买一些具有特色的商品,而且这些商品最好是能体现自己的个性特征,对那些一般化、不能表现自我个性的商品,他们一般都不感兴趣。

容易冲动,情感丰富。青年期的思想感情、兴趣爱好、个性特征还不完全稳定,且重感情、易冲动。所以,感情因素在青年的消费行为中具有明显作用,他们常常以能否满足自己的情感愿望来决定对商品的好恶,只要自己喜欢的东西,一定会想方设法、迅速做出购买决策。

(3)中年人的消费心理特点。

中年人的心理已经相当成熟,个性表现比较稳定,他们不再像青年人那样爱冲动,爱感情用事,而是能够有条不紊、理智分析处理问题。中年人的消费特点是:

理智性胜于冲动性。随着年龄的增长,青年时的冲动情绪渐渐趋于平稳,理智逐渐支配行动。中年人的这一心理特征使得他们在消费时,较少受商品的外观因素影响,而比较注重商品的内在质量和性能,往往经过分析、比较以后,才作出购买决定,尽量使自己的购买行为合理、正确、可行。

计划性多于盲目性。中年人虽然掌握着家庭中大部分收入和积蓄,但由于他们上要赡养父母,下要养育子女,所以,他们大多懂得量入为出的消费原则,在购买商品前常常都妥善计划,很少像青年人那样随随便便、无牵无挂地盲目购买。

实用性重于时尚性。中年人不再像青年人那样追求时尚,生活的重担、经济收入的压力使他们的消费较为实际。中年人的消费更多关注商品是否经济耐用、实际实效、省时省力,是否能够切实减轻家务负担。

(4)老年人的消费心理特点。

富于理智、精打细算。老年消费者由于生活经验丰富,因而情绪反应一般比较平稳,很少感情用事,大多会以理智来支配自己的行为。因此,他们在消费时会对商品的质量、价格、用途、品种等作详细了解、仔细比较,很少产生冲动的购买行为。

坚持主见、不受影响。老年消费者在消费时,大多会有自己的主见,而且十分相信自己的经验和智慧,即使听到商家的广告宣传和别人介绍,也要先进行一番分析,以判断自己是否需要购买这种商品。

方便易行。对于老年人来说,他们年龄增长或者体力不好、行动不便,所以在购物的时候,常常希望比较方便,不用花费很大的精力。

品牌忠诚度较高。老年消费者在长期的生活过程中,已经形成了一定的生活习惯,而且一般不会作较大的改变,因为他们在购物时具有怀旧和保守心理。他们对于曾经使用过的商品及其品牌,印象比较深刻,而且非常信任,是企业的忠诚消费者。

3. 不同性别的消费者的心理特点

(1)男性消费心理特点。

理性自信、注重效用。男性购买商品时,比较多地强调产品的效用及其物理属性,购买行为常受理性支配,具有更多的自信心。在商店里看到所需、所喜爱的商品,略加考虑就能决策,买后也很少后悔。

动机形成迅速、果断。男性的个性特点决定了他们的消费动机形成要比女性果断迅速,并能立即导致购买行为。他们一般不喜欢逛商店,不喜欢花较多的时间去比较、挑选,只是询问大概情况,就付钱了事。

动机具有被动性。在许多情况下,男性购买动机往往是由于外界因素的作用,如家里人的嘱咐、同事朋友的委托、工作的需要等,动机的主动性、灵活性都比较差。如许多男性顾客在购买商品时,事先记好所要购买的商品品名、式样、规格等,如果商品符合他们的要求,则采取购买行动,否则,就放弃购买动机。

(2)女性消费心理特点。

在现代社会,谁抓住了女性,谁就抓住了商机。女性消费者一般具有以下消费心理:

追求时髦。俗话说"爱美之心,人皆有之",对于女性消费者来说,更是如此。不论是青年女子,还是中老年女性,她们都愿意将自己打扮得美丽一些,充分展现自己的女性魅力。所以,在购买服饰类的商品时,首先想到的是能否使自己显得更加年轻和富有魅力。例如,她们往往喜欢造型别致新颖、包装华丽、气味芬芳的商品。

追求美观。女性消费者还非常注重商品的外观,将外观与商品的质量、价格当成同样重要的因素来看待,因此在挑选商品时,她们会非常注重商品的色彩、式样。

感情强烈、喜欢从众。女性一般具有比较强烈的情感特征,这种心理特征表现在商品消费中,主要是用情感支配购买动机和购买行为。同时她们经常受到同伴的影响,喜欢购买和他人一样的东西。

喜欢展示、自尊心强。对于许多女性消费者来说,之所以购买商品,除了满足基本需要之外,还有可能是为了显示自己的社会地位,向别人展示自己的与众不同。在这种心理的驱使下,她们会追求高档产品,而不注重商品的实用性,只要能显示自己的身份和地位,她们就乐意购买。

二、服务者

(一)服务者的概念

服务者(员)原指固定场所里提供一定范围内服务的人员,有男服务员,也有女服务员;现

1

通常指旅馆、饭店、练歌房等场所里,为客人提供必要服务的人员。服务员的基本职责是:迎接和招呼顾客;提供各种相应的服务;回答顾客的问询;为顾客解决困难;以最佳的情绪和态度对待顾客的各种不稳定情绪;及时处理顾客投诉,并给客人以令人满意的答复。

按服务工作内容,可以把服务者分成酒店类、餐饮类、娱乐类、市场类、商务类、民生类等服务。

(二)服务工作者的基本素质

1. 职业道德素质

热爱本职工作,树立为人民服务的思想,遵守服务员的职业道德规范。

(1) 热情友好,宾客至上。服务部门是直接面客的经营部门,服务态度的好坏直接影响到餐厅的服务质量。热情友好是餐厅真诚欢迎客人的直接体现,是服务人员爱岗敬业、精技乐业的直接反映,其具体要求是:谦虚谨慎、尊重顾客;热情友好、态度谦恭;乐于助人、牢记宗旨;遵循道德、规范行为。

(2) 真诚公道,信誉第一。诚实守信是经营活动的第一要素,是服务人员首要的行为准则。它是调节顾客与酒店之间、顾客与服务人员之间和谐关系的杠杆。只有兼顾酒店利益、顾客利益和服务人员利益三者之间的关系,才能获得顾客的信赖。其具体要求是:广告宣传、真实有效;信守承诺、履行职责;童叟无欺、合理收费;诚实可靠、拾金不昧;坚持原则、实事求是;规范服务、有错必纠。

(3) 文明礼貌,优质服务。文明礼貌、优质服务是餐饮行业主要的道德规范和业务要求,是餐厅职业道德一个显著的特点,其具体要求是:仪表整洁、举止大方;微笑服务、礼貌待客;环境优美、设施完好;尽职尽责、服务周到;语言得体、谈吐高雅;遵循礼仪、快捷稳妥。

(4) 安全卫生,出品优良。安全卫生是酒店提供服务的基本要求,我们必须本着对顾客高度负责的态度,认真做好安全防范工作,杜绝食品卫生隐患,保证顾客的人身安全。另外,良好的出品质量是我们为顾客提供优质服务的前提和基础,也是服务人员职业道德的基本诉求。其具体要求是:重视安全、杜绝隐患、讲究卫生、以洁为先、把握质量、出品优良。

(5) 团结协作,顾全大局。团结协作、顾全大局是餐厅经营管理成功的重要保证,是处理同事之间、岗位之间、部门之间、上下级之间以及局部利益与整体利益之间、眼前利益与长远利益之间相互关系的行为准则。其具体要求是:团结友爱、相互尊重;密切配合、互相支持;学习先进、互相帮助;发扬风格、互敬互让。

(6) 遵纪守法,廉洁奉公。遵纪守法、廉洁奉公是服务人员正确处理个人与集体、个人与国家关系的行为准则,既是国家法律法规的强制要求,又是职业道德规范的要求,其具体要求是:遵纪守法、身践力行;恪守职责、按规行事;弘扬正气、抵制歪风;团队为上、勇于奉献;维护国格、珍惜声誉。

(7) 培智精技,学而不厌。提高自身素质,提高业务技能,是服务人员不可缺少的基本规范之一,是服务员搞好本职工作的关键。其具体要求是:树立目标、真抓实干;坚定意志、强化理想;找准定位、勤学苦练。

(8) 平等待客,一视同仁。满足顾客受欢迎、受重视、被理解的需求是餐厅优质服务的基础。因此,要求每位员工必须对顾客以礼相待,绝不能因为社会地位的高低和经济收入的差异而使客人得到不平等的接待和服务,要坚决摒弃"以貌取人,看客下菜"的陈规陋习。平等待客,一视同仁作为服务人员的道德规范,就是尊重客人的人格和愿望,主动热情地去满足客人的合理要求,使客人处在舒心悦目、平等友好的氛围中。其具体要求是:贵宾与普

1

宾一样；内宾与外宾一样；华侨与外宾一样；东西方宾客一样；新客与常客一样；不同肤色客人一样。

在一视同仁的前提下要做到六个照顾：照顾先来的客人；照顾外宾与华侨、我国港澳台客人；照顾贵宾与高消费的客人；照顾常住客人与老客人；照顾黑人和少数民族客人；照顾妇女儿童和老弱病残客人。

2. 业务素质

具有一定的旅游、餐饮等服务理论知识与技能；能了解顾客的消费心理，能接待各种不同的服务对象；熟练掌握业务知识、具备娴熟的业务能力，如能向顾客介绍所经营的各种菜点的风味特色及制作方法、能熟练报出所经营的菜点的名称及价格、能熟练介绍景点的风土人情、名优特产、名胜古迹、交通状况等；能熟练地回答顾客提出的有关问题；能妥善处理好服务过程中顾客发生的各种问题。

3. 工作作风

具有吃苦耐劳、任劳任怨的工作精神；具有良好的卫生习惯；能礼貌待人，微笑服务，创造"宾至如归"的消费环境。

4. 仪表举止

仪表端庄、不过分打扮，给人以自然美的感觉，举止文雅而不呆板，活泼、潇洒而不显出轻浮，给人以可敬可亲的印象。

三、服务工作

（一）服务工作的概念

1960年，美国市场营销协会（AMA）最先给服务下的定义为："用于出售或者是同产品连在一起进行出售的活动、利益或满足感。"这一定义在此后的很多年里一直被人们广泛采用。

1974年，斯坦通（Stanton）指出："服务是一种特殊的无形活动。它向顾客或工业用户提供所需的满足感，它与其他产品销售和其他服务并无必然联系。"

1983年，莱特南（Lehtinen）认为："服务是与某个中介人或机器设备相互作用并为消费者提供满足的一种或一系列活动。"

1990年，格鲁诺斯（Gronroos）给服务下的定义是："服务是以无形的方式，在顾客与服务职员、有形资源等产品或服务系统之间发生的，可以解决顾客问题的一种或一系列行为。"当代市场营销学泰斗菲利普·科特勒（Philip Kotler）给服务下的定义是："一方提供给另一方的不可感知且不导致任何所有权转移的活动或利益，它在本质上是无形的，它的生产可能与实际产品有关，也可能无关。"我们也可以这样来理解服务：服务就是本着诚恳的态度，为别人着想，为别人提供方便或帮助。

综上所述，我们认为，服务工作是指为他人做事，不以实物形式而以提供劳动的形式满足他人某种特殊需要，并使他人从中受益的一种有偿或无偿的活动。对服务工作概念的理解可从以下几点：

（1）生产服务时可能会或不会利用实物，而且即使需要借助某些实物协助生产服务，这些实物的所有权将不涉及转移的问题。

（2）包括与顾客或他们拥有的财产间的互动过程和结果。

（3）服务不仅是一种活动，而且是一个过程，还是某种结果。

1

（二）服务工作的分类

（1）依据服务活动的本质可将服务分为作用于人的有形服务、作用于物的有形服务、作用于人的无形服务、作用于物的无形服务。

（2）依据顾客与服务组织的联系状态可将服务分为连续性、会员关系的服务，连续性、非正式会员的服务，间断性会员关系的服务、间断性非会员关系的服务。

（3）依据服务方式及满足程度可将服务分为标准化服务（公共汽车载客服务），易于满足要求但服务方式选择度小的服务（电话服务），选择余地大而难以满足个性化要求的服务（教师授课），需求能满足且服务提供者有发挥空间的服务（美容、建筑）。

（4）依据服务供求关系可将服务分为需求波动小的服务（保险、法律），需求波动大而供应基本能跟上的服务（电力、天然气），需求波动幅度大并会超出供应能力的服务（交通运输、饭店宾馆）。

（三）服务工作者服务意识的培养

1. 服务意识的概念

服务意识是指企业全体员工在与一切企业利益相关的人或企业的交往中所体现的为其提供热情、周到、主动的服务的欲望和意识，即自觉主动做好服务工作的一种观念和愿望，它发自服务人员的内心。

热情就是要对待顾客如亲人，如朋友。不管服务工作多繁忙，压力多大，都要保持不急不躁、不厌烦，表情自如，真诚地对待顾客。顾客有意见，虚心听取，顾客有误解尽量解释，让其宣泄情绪，决不与顾客争吵。服务工作者要有"顾客永远是对的"的服务理念。经常听到服务人员抱怨："现在的顾客素质越来越差"，"服务这碗饭真不好吃"，"挣这么点钱，凭什么我要受顾客的气"，"拿多少干多少"等。为什么会有这些抱怨，在于没有明确自己的角色！总认为顾客是人，我们也是人，我们提供服务，但不能受到侮辱。实际上，在服务顾客的时候，服务者永远不可能与顾客"平等"，这样的不平等被服务大师定义为"合理的"不平等。因为顾客是花钱的消费者，他（她）是来享受服务的。而我们是挣钱的服务者，是来提供服务的。"顾客永远是对的"并不是对顾客的所作所为做出的判断，它只是对服务者应该如何去为顾客服务提出了一种要求。它是一种精神，意思是要把"对"让给顾客，即把"面子"留给顾客，但不一定顾客在事实上都是对的。

周到就是要善于观察旅客的表情、行为、举止和分析旅客的言语、心理特点等，从中发现旅客的需要，把握服务的时机，服务于客人开口之前，效果超乎顾客的期望之上，力求服务工作完善妥当，体贴入微。再就是要急顾客之所急，想顾客之所想，认认真真地为顾客办好每件事，事无大小，都要给顾客一个满意的答案。即使顾客提出的需求不在自己所能办到的范围，也应主动与有关部门联系，切实解决顾客的困难，把满足顾客的需求当作工作中的重中之重。例如，航班中有无人陪伴的儿童，而恰逢航班又遇上延误，那么服务者是否可以依据交接单上的电话给儿童家人打几个电话，及时让家长了解孩子的状况，让家长放心、安心呢？

积极主动就是要掌握服务工作的程序、技巧，把服务工作做在顾客提出要求之前，力求顾客对我们的服务非常满意。事事想深想全，处处为顾客着想。不管顾客叫我们做什么，只要顾客的要求和行为不违反法律、不违背社会公共道德、不危及安全，我们都要马上去办，且很高兴去做。要享受我们的工作，把我们的阳光心态展示给顾客，让顾客感到舒坦。主动服务要求服

1

务员有"主动找事做"的意识,对职责范围内的工作,不需旅客提出便主动服务。例如长航线飞行,厕所卫生就需要服务者多清洁,多打扫,保持整洁干净。不怕脏,不怕累,不怕麻烦,任劳任怨,从自身做起,带动他人。带小孩的旅客,上面已经说过怎么去帮助。老年旅客要主动问寒问暖,关心其健康状态,为其介绍机上服务设备的使用,了解他们对餐饮,休息方面的习惯和需求。主动服务,关键是要有高昂的工作热情与强烈的服务意识,没有这些正确理念,就没有了动力。所以,培养工作热情与服务意识是根本,而且还必须加强观察、理解、反应能力以及团体意识与合作精神。

2.服务意识的本质

服务意识的本质在于它是发自服务者内心的,它是服务者的一种本能反应和习惯。服务者的一举一动,顾客是看在眼里,记在心里的。我们只是按程序,按规定完成基本的工作,还是在用心为顾客提供所需的需求,顾客心如明镜。微笑是发自内心,或只是职业的表情,生硬不自然,顾客都很清楚。例如,飞机正在滑行,旅客按呼唤铃需要一杯水;飞机刚起飞,带着很大的起飞坡度,旅客按呼唤铃需要毛毯;正在为别的旅客提供餐饮时,刚服务好的旅客按呼唤铃需要加一份餐饮。这些是我们在航班中经常遇到的情况,这个时候,怎么去服务?是不耐烦?是认为旅客多事?还是站在旅客的角度为旅客着想?旅客可能确实很渴了;可能客舱温度低,旅客确实感到很冷;或是旅客为了赶飞机耽误了吃饭,饥饿难忍。我们应多想想这些,及时迅速去想办法满足旅客的需求。一位服务专家说过:"真正的服务意识应该是完全发自内心地为客人自觉服务的心理取向,只有能够自觉服务的人,才是真正具有服务意识的人。"

有了服务意识,在行动中加以体现,让旅客真正感受到了服务者的真心、诚心、用心、细心、耐心和恒心,给旅客以"宾至如归,如沐春风"的感觉,这才是服务的最高境界,这才是对"四心服务"的最完美诠释!

3.服务意识的内容

宾客至上。树立"客人永远是对的"的意识。只要客人提出来的要求都是合理的,即使在客人错了的时候,服务工作者也要将"对"让给客人。

质量意识。要树立质量意识,只有优质的服务才能够真正打动顾客并应得顾客的信赖。服务质量标准的内容:可靠性——服务工作者在任何时候、任何部门对任何客人都应提供优质服务,不能因人、因事、因地而异;及时作出反应;胜任自己的工作;可联系性;注重礼貌;善于沟通。可信性——服务着的态度、言行应恰到好处;确保安全;理解客人的需要。有形性——服务工作者提供的各项服务应让客人感觉到。

创新意识。现今各行各业,创新意识必不可少,想要走得更长更久,一定要树立创新意识,有了创新意识,才能为顾客更好地服务,这也是良好服务意识的体现。创新意识的主要体现有:设施设备的配置、服务方式、客用品、服务项目等的创新。

服从意识。这是服务工作最重要的一点,也是最根本的一点。主要表现为:服务工作者在工作中服从上级、服从客人。追根究底,这与第一点的宾客至上是异曲同工的。

安全卫生意识。在食品安全屡屡出问题的今天,服务工作的安全卫生意识尤为关键。尤其是保障好所提供的饮食卫生安全是餐饮、酒店服务义不容辞的责任。除食品安全外,诸如酒店、景点等自身的安全也是不容小觑,服务工作者特别是安保人员要确保消费者的人身、财物安全等不受损害。

1

【资料链接】

《服务业发展"十二五"规划》第三章摘录

2012 年 12 月 1 日,国务院以国发〔2012〕62 号印发《服务业发展"十二五"规划》。该《规划》分服务业发展面临的形势、总体要求、服务业发展重点、扩大服务业开放、改革完善服务业发展体制机制、规划实施保障 6 章。

第三章　服务业发展重点

立足我国产业基础,发挥比较优势,以市场需求为导向,突出重点,引导资源要素合理集聚,构建结构优化、水平先进、开放共赢、优势互补的服务业发展格局。

第二节　大力发展生活性服务业

围绕满足人民群众多层次多样化需求,大力发展生活性服务业,丰富服务供给,完善服务标准,提高服务质量,不断满足广大人民群众日益增长的物质文化生活需要。

(一)商贸服务业。

加强市场流通体系建设,发展新型流通业态,改善流通设施条件,优化消费环境。推动现代流通方式和循环经济理念在商贸流通领域的广泛应用,发展特许经营、电子商务、网络营销、总代理等现代经营方式。优化城市大型百货店、综合超市、购物中心、批发市场等商业网点结构和布局,积极发展连锁经营和统一配送,鼓励发展专业店、专卖店、会员店,大力发展便利店、中小超市、社区菜店等社区商业。通过开展社区商业民生促进工程,构建社区商业便利消费体系,促进居民服务便利化发展。

(二)文化产业。

实施重大项目带动战略,加快组织实施一批成熟度高、成长性好、先导性强的重大工程和重点项目。支持文化产业公共服务平台建设,建设一批产业特色鲜明、创新能力强、产业链完整、规模效应明显的特色文化产业基地,加快特色文化城市建设。培育骨干企业,扶持中小企业,鼓励文化企业跨地域、跨行业、跨所有制经营和重组。完善文化市场准入制度,在国家许可范围内鼓励非公有制资本进入文化产业领域。加快发展各类文化产品和产权、信息、技术、版权等要素市场,推进文化产业投融资体系建设。健全文化技术创新体系,研究制定文化产业技术标准。

文化产业发展重点

1. 文化艺术产业和网络文化产品发展重点。鼓励演艺节目在内容与形式上的创新,推动发展全国性文艺演出院线,加快剧院、剧场、电子票务等演艺基础设施建设,形成 1～2 个国际知名的演艺产业集聚区,形成 10 家左右全国性或跨区域的文艺演出院线。开展动漫相关技术标准研制工作。发展网络游戏、电子游戏等游戏产业,推动国产游戏产品走出去。积极开发具有民族特色、健康向上和技术先进的新兴娱乐方式。繁荣美术创作,规范市场秩序,推动艺术品产业健康发展。发掘民族文化元素,突出地域特色,促进传统手工艺产品发展。大力发展艺术创意设计产业。加强文化内容与高新数字技术结合,培育和发展数字文化产业。鼓励研发具有自主知识产权及中华民族特色的网络文化产品,提高网络文化产品原创能力和文化品位,形成一批有影响力的网络文化品牌。

2. 广播影视产业发展重点。推进下一代广播电视网建设、卫星直播广播电视、地面数字电视推广应用、广播覆盖传输数字化、高清晰度电视、城镇数字影院、国产影视剧及影视动画、纪录片等重大产业项目。基本建成全国城市数字影院覆盖网络。大力发展移动多媒体、网络广播电视等新媒体新业态，加快移动多媒体广播电视的全国运营。加快影视产业、影视动画产业、影视纪录片产业、影视制作业和网络视听产业发展。

3. 新闻出版产业发展重点。加快实施新闻出版精品工程，构建重点出版物出版规划网络体系，引导出版精品创作生产，扶持动漫游戏出版产品、民族原创网络出版产品的创作和研发。加快建设新闻出版产业带和基地。提高新闻出版企业装备水平和新闻出版产品的科技含量，大力实施新闻出版科技创新工程。加快新闻出版领域基础性标准、新业态核心标准的制(修)订，加大标准宣传贯彻力度。鼓励海量数字内容资源平台建设。完善出版物发行流通网络，加快全国性出版物物流体系建设，提高网点覆盖面，努力实现"市市有书城、县县有书店、乡乡有网点、村村有书屋"。提高印刷复制产业发展质量，实施绿色印刷和数字化印刷工程。大力推进海峡两岸交流合作。实施"经典中国"国际出版工程，加快国际交易平台建设，拓展出版物国际营销渠道，打造国际知名出版传媒企业品牌。

（三）旅游业。

大力发展国内旅游，积极发展入境旅游，有序发展出境旅游，走内涵式发展道路，实现速度、结构、质量、效益相统一。科学利用资源，坚持旅游资源保护与开发并重，加强旅游基础设施建设。提高观光旅游质量，大力发展休闲度假旅游和生态、文化、红色、乡村、森林、湿地、草原、海洋等专项旅游，提升旅游业发展的科技化、信息化水平。加快建设一批国家级旅游目的地和精品旅游线路，推进全国特色名镇(村)建设，规范发展主题公园。加快旅游公共服务体系建设，鼓励旅游公共服务主体多元化。培育一批有竞争力的大型旅游企业集团，支持民营和中小旅游企业发展。加快中西部地区和民族地区旅游业发展。实施人才兴旅工程，推进实施国民旅游休闲纲要。加快旅游立法和标准化体系建设，加强旅游诚信体系建设，规范旅游市场秩序，提高旅游服务质量。"十二五"时期，旅游业服务质量明显提高，市场秩序明显好转，可持续发展能力明显增强，初步发展成为国民经济的战略性支柱产业。

旅游业发展重点

1. 乡村旅游发展。推进实施《全国乡村旅游业发展纲要》，建设一批乡村旅游及休闲农业示范村和示范县，加大对乡村旅游基础设施建设扶持。

2. 旅游精品建设。推进实施《"十二五"全国旅游基础设施建设规划》，加强旅游公共服务设施建设，提升打造一批国家级城市旅游目的地、国家级精品景区，推出一批文化旅游演艺精品和精品旅游线路及文物、森林、海洋、温泉、草原、工业、科技、会展、修学等专项精品旅游景区。

3. 红色旅游发展。推进实施《2011—2015年全国红色旅游发展规划纲要》，继续加大红色旅游基础设施投入，深化红色旅游经典景区、精品线路、重点旅游区建设，加强红色旅游与其他旅游产品的结合，完善配套服务，提高红色旅游经典景区和精品线路的吸引力和影响力。

4. 海南国际旅游岛建设。推进实施《国务院关于推进海南国际旅游岛建设发展的若干意见》(国发〔2009〕44号)，加快体制机制创新，推进旅游要素转型升级，完善旅游基础设施和服务设施，开发特色旅游产品，规范旅游市场秩序，全面提升海南旅游业管理、营

1

销、服务和产品开发的市场化、国际化水平。

（四）健康服务业。

统筹基本医疗卫生服务和非基本医疗卫生服务，提升人民群众健康保障能力。加快建立和完善以基本医疗保障为主体，商业健康保险为补充，覆盖城乡居民的多层次医疗保障体系。依托深化医药卫生体制改革，建立完善有利于健康服务业发展的体制和政策，促进非基本医疗服务的发展。合理规划医疗资源，优化医疗卫生资源配置，进一步完善城乡医疗服务体系。加强对社会资本举办各类医疗机构的监管和技术指导，鼓励有条件的非公立医疗机构做大做强。积极促进医疗护理、健康检测、卫生保健、康复护理等健康服务业发展。充分发挥中医预防保健特色优势，大力发展中医医疗保健服务业。

（五）法律服务业。

大力发展以律师和公证为主体的法律服务业，稳步扩大从业人员数量，全面提高从业人员素质，着力培养一批具有国际眼光、精通涉外法律业务的高素质律师人才。拓宽服务领域和服务方式，提高法律服务水平，实现法律服务在经济社会发展各领域的广泛、有效参与。稳步扩大法律服务规模，完善组织形式，推动业务转型和升级，促进专业化分工，扶持、培育一批规模较大、实力较强的法律服务机构。完善管理体制机制和行业规范，建立健全法律服务人员诚信执业制度，完善执业状况评价、监督机制和失信惩戒机制，规范服务秩序和服务行为。

（六）家庭服务业。

健全家庭服务业相关法规、政策体系和监管措施，完善家庭服务业促进体系。研究制（修）订家庭服务业服务标准（规范），扩大标准（规范）覆盖范围，研究制订家庭服务业发展指导目录。加快推进家庭服务业公益信息服务平台建设。发挥市场机制，加强政府引导，鼓励各类市场主体进入家庭服务业，重点培育一批连锁经营的大型家庭服务企业，积极扶持中小家庭服务企业，促进家庭服务企业规模化、品牌化和网络化发展。鼓励各类人员到家庭服务业就业、创业，加强从业人员培训，提高职业素质、专业技能和服务水平。加快构建便利惠民的家庭服务体系，优化城市服务网点布局结构，积极推动家庭服务网点进社区。规范家庭服务市场秩序，促进企业诚信经营，维护从业人员合法权益。以家庭为服务对象，以社区为重要依托，以家政、养老、社区照料和病患陪护服务等业态为重点，创新家庭服务业发展模式，整合家庭服务资源，实现人力资源、信息资源、公共服务资源的优化配置。"十二五"时期，家庭服务业吸纳就业人数明显增加，形成多层次、多形式共同发展的家庭服务市场和经营机构，初步建立与我国经济发展水平和人民群众生活需求相适应的家庭服务体系。

🔘 家庭服务业重点工程

1. 家庭服务业公益性信息服务平台建设工程。设立区域性家庭服务电话呼叫号码，整合资源，增加投入，实施家庭服务业公益性信息服务平台建设工程。依托该平台，健全供需对接、信息咨询、服务监督等功能，形成便利、规范的家庭服务体系，为家庭、社区、家庭服务机构提供公益性服务。

2. 家庭服务业从业人员培训工程。以家政服务、养老护理和病患陪护服务等从业人员为重点，开展订单式培训、定向培训和在职培训。"十二五"时期，每年培训 100 万人。加强培训基础能力建设，依托现有培训资源，在地级城市以及经济较为发达的中心城市建设家庭服务从业人员实训基地,同时对有创业愿望的人员提供相应的创业培训。

3.家庭服务业千户百强创建工程。推动一批中小企业(单位)做专做精,扶持一批有实力的企业(单位)做大做强,培育一批知名家庭服务品牌,形成一批市场开拓能力强、辐射带动作用大、服务水平高的企业(单位)群体,加大对员工制家政服务企业(单位)的扶持力度,提升我国家庭服务业的规范化、产业化、品牌化水平。

(七)体育产业。

以体育健身休闲业、体育竞赛表演业为先导,带动体育用品、体育中介等行业的联动发展。推动体育服务运营管理模式多样化。积极提供适应中低收入群体需求的体育服务,合理引导高收入群体体育消费。坚持重点体育项目带动战略,加快培育特色体育产品,着力培育体育产业骨干企业。合理规划体育产业基地布局,鼓励社会力量以多种方式参与体育场馆运营管理。推动体育产业与相关产业的互动发展,延长体育产业链。加强对体育组织、体育赛事、体育活动的名称、标志、版权等无形资产的开发和保护。推动体育服务贸易发展,积极拓展海外市场。"十二五"时期,体育产业整体实力明显增强,创建一批充满活力的体育产业基地,培育一批有竞争力的骨干企业,逐步打造一批有中国特色与国际影响力的体育产品和重大赛事品牌。

(八)养老服务业。

引入多种形式的市场主体,培育发展专业化的养老服务机构,鼓励民间资本和境外资本开发养老服务项目,参与养老服务设施建设和运营,积极扶持非营利性社会组织和中小型养老服务企业创新发展。大力拓展养老服务领域,逐步实现从基本生活照料向健康服务、辅具配置、康复护理、精神慰藉、法律服务、紧急救援等方面延伸。大力发展社区照料服务,推进日间照料中心、托老所、老年之家、互助式养老服务中心等社区养老设施建设。发挥养老服务产业链长。

(九)房地产业。

加强和改善房地产市场调控,加强市场监管,规范房地产市场秩序,促进房地产市场健康发展。培育和规范住房租赁市场,引导住房合理消费。引导房地产估价、房地产经纪、土地评估和登记代理机构规模化、专业化发展,加强和完善房地产估价师执业资格制度,大力推行房地产经纪人、土地登记代理人执业资格制度,加强中介行业自律管理。建立房地产企业信用档案,发挥社会监督作用。加强土地登记代理制度建设,健全行业资信体系。加强农村建筑技术队伍建设。大力推广建筑节能服务,培育节能技术服务市场。进一步明确物业管理行业的责任边界,健全符合行业特征和市场规律的价格机制,规范物业管理行业市场秩序。建立和完善旧住宅区推行物业管理的长效机制,探索建立物业管理保障机制。鼓励物业服务企业开展多种经营,积极开展以物业保值增值为核心的资产管理。继续推进物业管理师制度建设,提升服务规范化、专业化水平。提高旧住宅区物业服务覆盖率,城镇新建居住物业全部实施市场化、专业化的物业管理模式。建立完善住房公积金管理绩效考核、人员准入、信息披露、责任追究制度,加快服务设施建设,优化服务流程,提高服务水平。"十二五"时期,房地产和土地中介服务机构服务功能明显增强,社会公信力明显提高,建筑节能服务标准规范进一步完善,培育一批骨干企业及第三方服务机构。

1

【知识练习与思考】

1. 服务业概念和特征是什么？
2. 我国服务业的发展现状如何？
3. 消费者的概念包括哪些方面？
4. 服务工作者的基本素质包括哪些方面？
5. 如何培养服务工作者的服务意识？

【能力培养与训练】

某酒店推出特色"女士房"

橙黄色的丝质帷、全套美甲化妆用品、浴室里的香薰浴盐、用于健身的瑜伽垫……这可不是哪位精致女性的香闺，而是某酒店推出的特色"女士房"。

"女士房"内的布置以暖色调为主，一束粉红色的玫瑰营造了家的感觉。房里无处不在的镜子以及化妆棉和卸妆乳液等美容用品，让天生爱美的女性房客随时保持精致的仪容。如今越来越多的女性占据了企业高级管理层的位置，高级酒店客房偏男性化、商业化的布置显然无法满足女性的需要。"考虑到商务女性差旅途中可能遇到的不便，我们给她们准备了女性专用品。"该酒店公关部经理介绍说。

贴心、安全是"女士房"的最大特点。首批五间"女士房"设在无烟楼层，仅限女士入住，不接受任何男性客人。而"女士房"的价格与其他高级间相同，并不额外加收费用。

一位业内人士认为，在酒店客源逐渐被细化的情况下，酒店必然会向类型化、专业化、个性化的方向发展，上述这种以女性为营销对象的策略将给酒店行业带来一些启示。

请结合案例分析女性顾客的消费心理。谈谈在酒店服务中如何做好不同消费者的服务工作。

（周耀进.酒店服务心理学[M].上海：上海交通大学出版社,2012.）

项目二　认识服务心理学

【项目提要】

本项目重点介绍服务心理学的一些基础知识,学生通过学习将了解并认识什么是心理学;现代心理学的发展历程;什么是服务心理学;服务业与心理学的关系;现代服务心理学主要探讨的内容,研究的方法和学习服务心理学对学生们未来从事服务业的意义等。

【引导案例】

旅游广告要"对症下药"

美国为了开拓英国的旅游市场,曾对英国人进行调查。问他们在决定去美国旅游时,最重要的考虑因素是什么? 英国人毫不犹豫地回答:"费用。"根据这一调查,美国人在英国展开了广告宣传:"去美国旅游的费用,要比你们想象的便宜,一天只要花费 15 美元,就能游览美国。"通常按照这个推广计划,理应有成千上万的英国人争取去美国,然而事与愿违,只去了数百名游客。问题何在呢? 美国旅游部门决定对英国人的心理状态进行深层次的调查:发现从表面上看,英国人在乎的是费用,但实际上他们真正害怕的是在美国可能看到那些东西——高耸入云的摩天大楼、复杂的高速公路网、令人毛骨悚然和没有感情的消费经济。更令他们担忧的是英国正步美国的后尘,宁静的休闲正遭到破坏,几年或几十年后,英国也许会变得和美国一样。在深知英国人的旅游心理后,美国改变了宣传内容,大力宣传科罗拉多大峡谷、黄石公园、尼亚加拉大瀑布、夏威夷热带海洋等优美、独特的自然风光,这种着眼于旅游心理的宣传一下子就吸引了许多英国旅客。

(张国宪.旅游心理学[M].合肥:合肥工业大学版社,2008.)

任务一　从服务角度看心理学

服务心理学是心理学的一门应用学科,主要研究生产服务活动中人们的心理和行为,其理论基础主要借助于多个学科领域,诸如心理学、管理学、消费行为学、社会学等学科的基本原理、规律,它具有多学科综合交叉的特点。

一、心理学及其发展

(一) 什么是心理学

心理学(psychology)一词来源于西方哲学,希腊文中 Psyche 的意思是关于灵魂的科学。

灵魂在希腊文中也有气体或呼吸的意思,因为古代人们认为生命依赖于呼吸,呼吸停止,生命就完结了。随着人们更多地关注我们的身体,"心理学"的讨论对象由灵魂改为心灵,很长一段时间,人们一直认为心理活动是由心脏产生的。譬如,孟子就曾认为思维的器官是心脏;古希腊哲学家亚里士多德也认为思想和感觉的器官是心脏,而脑的工作只不过使流出心脏的血液冷静一点而已。但后来,随着生理学的发展,特别是神经系统生理学和感官生理学的发展,对心理学走上独立发展的道路产生了重要的影响。大量的研究不仅加深了人们对大脑机能分区的认识,而且对研究心理现象和行为的生理机制开辟了广阔的前景。一系列重要发现,为心理学用科学实验的方法来进行研究奠定了基础。19世纪末,德国著名心理学家冯特创建了第一个心理学实验室,开始对心理现象进行系统的实验研究。至此,心理学脱离了哲学的怀抱,走上了独自发展的道路。科学的心理学不仅对心理现象进行描述,更重要的是对心理现象进行说明,以揭示其发生发展的规律。

现代心理学是一门研究人类及动物的心理现象发生、发展规律的科学,包括心理现象、精神功能和行为的科学,既是一门理论学科,也是一门应用学科。包括理论心理学与应用心理学两大领域。心理学研究涉及知觉、认知、情绪、人格、行为、人际关系和社会关系等许多领域,也与日常生活的许多领域,如家庭、教育、健康、医疗等发生关联,还与经济社会生活中的许多活动,如服务、消费、管理、工程、投资、决策等密切相关。

(二)现代科学心理学的发展

心理学是一门古老而又年轻的科学。在心理学独立成为科学以前,有关"知识""观念""心""心灵""意识""欲望"和"人性"等心理学问题,一直是古代哲学家、教育家、文学艺术家和医生们共同关心的问题。1874年,德国著名心理学家、生理学家威廉·冯特发表的心理学教科书——《生理心理学的原理》(*Principles of Physiological Psychology*),在序言里大胆宣称:"要建立一个新的科学领域",冯特也因此被称为"心理学之父"。1879年,他在莱比锡大学建立世界第一个专门的心理实验室,吸引了来自世界各地的学生。十余年后,美国各大学风起云涌地仿效此举,建立起数十座心理学实验室,其间1892年就建立了20座,这一年也是美国心理学会的成立年。

从19世纪末到20世纪二三十年代,是心理学中派别林立的时期。在心理学独立之初,心理学家们从不同的角度建构着心理学的理论体系。其中最具代表性的有构造主义、机能主义、行为主义、格式塔心理学和精神分析学派。各派心理学在研究对象、研究领域和方法以及对心理现象的理解等方面都存在尖锐的分歧,但每个新学派都从一个侧面丰富和发展了心理学的宝库。

20世纪30年代以后,各心理学派之间出现了互相吸收、互相融合的新局面。第二次世界大战后,心理学得到了迅速的发展。某些占统治地位的传统(如行为主义、精神分析)受到日益猛烈的攻击,而新的心理学思潮相继产生。这些思潮不是以学派的形式出现,而是作为一种范式、一种潮流、一种发展方向去影响心理学的各个领域。门户之见的对峙和分道扬镳的局面缓和下来,而学科中的整合趋势加强了。具有代表性的研究取向主要有:生理心理学的研究、行为主义的研究、心理分析的研究、认知心理学的研究和人本主义心理学的研究等。

【知识链接】

现代心理学发展史上的重要事件

(1) 1879 年,威廉·冯特(Wilhelm Wundt,1832—1920)在德国莱比锡创建了世界上第一个正式的心理学实验室,标志着独立的科学心理学的诞生。

(2) 1883 年,高尔顿(Francis Galdon,1822—1911)发表《对人类官能及其发展的探讨》,开辟了研究个体心理和心理测验的途径。

(3) 1883 年,霍尔创办了美国第一个心理学实验室,1887 年创办了美国第一种心理学杂志——《美国心理学杂志》。

(4) 1885 年,艾宾浩斯(Hermann Ebbinghaus,1850—1909)发表《记忆力》,开创了用实验方法研究记忆的先河。

(5) 1980 年,詹姆士(Willian James,1842—1910)出版了他的代表作《心理学原理》,提出了意识流理论,对美国机能心理学的产生和发展有重要影响。

(6) 1905 年,比内(Alfred Binet,1857—1911)和西蒙共同编制了《比内-西蒙智力量表》,1908 年发表了这个量表的修订本。

(7) 1913 年,美国心理学家华生(John Watson,1878—1958)发表了《从一个行为主义者眼光中所看的心理学》,宣告了行为主义诞生。

(8) 1912 年,韦特海默(Max Wertheimer,1880—1943)、柯勒(Wolfgang Köhler,1887—1967)和科夫卡(Kart Koffka,1886—1941)在法兰克福研究似动现象,在此基础上建立了格式塔心理学。

(9) 1900 年,弗洛伊德(Sigmund Freud,1856—1939)发表了《梦的解析》,1916—1917 年发表了《精神分析引论》,创立了精神分析学派。

(10) 1917 年,北京大学在中国首次建立了心理学实验室;1920 年,南京高师(东南大学)建立了中国第一个心理学系;1921 年在南京成立了中华心理学会,张耀翔任会长;1922 年,张耀翔主编了中国第一本心理学杂志——《心理》。

(11) 1923 年,巴甫洛夫(1849—1936)发表了《动物高级神经活动(行为)客观研究 20 年经验,条件反射》,系统提出了高级神经活动学说。

(12) 1929 年,拉什里(Karl S. Lashley,1890—1958)发表《大脑机智与智能》,提出了大脑功能均势原理和总体活动原理,对推动大脑高级功能的研究和计算机学习的研究有重要意义。

(13) 1937 年,斯金纳(Burrhus Frederick Skinner,1904—1990)发表"两种类型的条件作用",首次提出"操作性"(operant)的概念。第二年出版《有机体的行为》,标志着新行为主义的诞生。

(14) 1943 年,马斯洛(Abrahan H. Maslow,1908—1970)发表《人类动机论》,以后出版《动机与人格》一书,创立了人本主义心理学。

(15) 1950 年,皮亚杰(Jean Paul Piaget,1896—1980)发表《发生认识论导论》(3 卷集),标志着发生认识论体系的建立。

(16) 20 世纪 60 年代初,斯佩里(Sperry)及其同事进行了著名的裂脑研究,发现了大脑两半球功能的差异,大大促进了对脑的高级认知功能的研究。

　　（17）1967 年，奈塞尔（U. Neisser）发表《认知心理学》，标志着现代认知心理学的诞生。

　　（18）1973 年，鲁利亚（1902—1977）出版《神经心理学原理》，总结了从 40 年代以来的研究成果，创立了神经心理学。

　　（19）1980 年，中国心理学会加入国际心理学联合会。

　　（20）1991 年，欧洲科学技术发展预测与评估委员会（FAST）出版认知科学系列丛书，其中第四卷为《认知神经科学》，标志认知神经科学作为一个科学分支得到了认可。

（彭聃龄.普通心理学［M］.北京：北京师范大学出版社，2004.）

二、心理学与服务业

　　心理学以人的心理活动为研究对象，它不仅能帮助人们认识世界，还能够帮助人们认识预测以及调节人们的心理活动和行为。心理学使人们知道，在通常情况下人类都有着共同的心理特点，也有着普遍的心理发展规律，由此，就能让人们正确地认识自己，并由此发现自身心理上的特点。服务业的生产经营过程与人的活动密不可分，不论是服务提供者生产过程还是顾客的消费过程的每个方面都离不开心理学所关注的领域，服务的方式方法、过程、商品、广告、经营等无不与服务心理学密切相关。

（一）心理学与服务环境

　　心理学认为，人的情感是不会自发产生的，它是由人周围环境多种刺激引起的，除了人的行为会引起情感外，外界环境条件如空间、温度、气味、色彩、声音等也都会引起人情感上的变化。消费服务场所的空间宽敞，往往使人心情舒畅，消费的欲望也随之提高。相反，空间狭窄，往往给人一种压抑的感觉，消费的欲望便不能不打折扣。消费服务场所的温度适宜，使人心情平静，而温度过高，则会使人烦躁不安，容易冲动。颜色与人的情绪的关系也十分密切，人对颜色有一种本能的感受。据研究，红色令人兴奋，蓝色让人沉静，绿色使人安详。因此，消费服务场所应根据其不同的特点和需要，装饰布置不同的色彩。比如，百货商场的色彩不妨丰富一些，以吸引顾客的注意，刺激顾客的购物欲望。而金融机构的营业场所，色彩应简朴大方，给人一种庄重的感觉，以增强人们对于金融机构的信任感。声音对人的心理、情感的影响也不可忽视。噪声使人心情烦躁、注意力分散，严重的还会引起人的反感。而在悦耳的轻音乐声中购物，往往会激发顾客新的购物欲望。

（二）心理学和服务、商品

　　顾客需要获得称心如意的商品和最优质的服务。顾客购买商品和接受服务时首先关注的是商品和服务的实用价值，但随着消费水平的提高，顾客在购买商品和服务时，所关注的往往不仅仅是它的实用价值，还要满足其他方面的需要，有时甚至纯粹是为了其他的需要，如心理上的满足感、受尊重感等，了解顾客的心理需求是提供优质服务与商品的重要前提。

　　宜家家居进入中国市场以后，一直受到年轻顾客的欢迎，家具以其富有现代感且不寻常的设计而闻名。其中有很多是被设计成简单套件，可让顾客自行组装的家具，这与其他家具店贩售的已组装好的现成家具很不同。传统的家具都是家具厂为你设计制作好的，是无法再作改变的。而这种拼装式家具不仅可以时时更新而且还融进了顾客本人的智慧和劳动，使用时的感觉便不一样了。它迎合了目前顾客求新、求异、求变，以及渴望参与的心理。此外，这些未组装或"平整包装"的家具的体积远比现成家具小,包装、储存和运送的成本也较低,这样可以使他们降低产品的价格。

市场上曾经风靡一种电子娃娃,这是一种人格化的玩具娃娃。这种玩具娃娃的外貌与真人完全一样,其体内安装了一台小型电脑,里面的程序完全按照你的心理需求来设计。按一下按键,娃娃就会叫"爸爸"或"妈咪",再按一下按键,娃娃就会"哭"或"笑"。只要设定一下,娃娃便会准时将你唤醒,或在你下班回家的时候向你表示欢迎。买了一个电脑娃娃,使顾客,尤其是那些无子女和单身独居的顾客,平添了一份家庭的乐趣和温馨,得到了一份感情上的交流。电脑娃娃的问世,极大满足了无子女家庭和单身家庭人们心理上感情上的需要。电脑娃娃的开发成功,实际是心理研究、心理开发的成功。

(三)心理学与企业广告

广告习惯被认为是一种促销手段,其实广告也是一种服务手段。它为顾客提供商品信息,为顾客的消费活动提供方便。广告的最终目的是要引起顾客的注意。从心理学的角度讲,你要引起大众的注意,一定要遵循以下几项原则:第一,必须迎合顾客的某种兴趣,能激起顾客心理上的某种感应;第二,必须满足顾客的某种需要。

近来,异军突起的公益广告在这方面作了很好的探索。比如,在公共绿地,过去通常是"不准践踏草地""破坏绿化者罚款"之类告示牌。这种告示牌板着面孔教训人,不免让人有一种生分感,甚至会产生一种抵触感。现在的告示牌上取而代之的是"足下留一份情,地上多一片绿""花与文明同在,绿与健康常驻""爱美之心,自尊之心,人皆有之"。这类广告语,很自然地激起了人们心灵上的共鸣,容易得到人们的认同和响应,只要是一个正常的人,谁还会去干破坏环境的蠢事呢。近几年,电视中牙膏的广告特别多,并且每一种牙膏都是全力强调对于牙齿保洁和保健的作用。随着生活水平的提高,人们对于身体的保养,对于牙齿的保健也越来越重视,这些牙膏的广告可谓搔痒搔到了痒处。它们在市场上迅速受到顾客的认识和欢迎也就不难理解了。

(四)心理学与经营策划

企业在经营活动中要努力打造自己的品牌,要不断去拓展所占的市场份额,这就离不开经营策划。而每一个成功的策划都必须知己知彼,既要了解企业自身的资源优势,又要了解不断变化的市场需求,还要了解不断变化的顾客的心理特征。这里尤其要注意顾客已形成定势了的心理特征。对这种心理定势运用得好是一笔财富,如果忽视这种心理定势,往往会事倍功半,甚至会走向本来愿望的反面。

"康师傅"方便面是充分利用顾客心理定势成功策划的一个典型。1987年,台湾地区一家并不起眼的食品企业到大陆投资开发方便面。他们首先琢磨给方便面取个能得到中国顾客普遍喜爱的品牌名称。他们在调查中发现,"师傅"这个称呼在中国使用频率很高,给人一种亲切感。尤其在饮食食品行业,"师傅"往往能让人联想起"大厨师傅",油然而生一种好感。而"康"字又与中国传统文化特别推崇的"安康",以及现代中国所追求的"小康""健康"相联系,于是他们决定把产品定名为"康师傅"。"康师傅"这个品牌,既充分利用了中国顾客固有的心理定势,又把顾客的心理需求引导到一种期待的状态。能达到这样一种境界,实际已成功了一大半,此后他们又在产品质量上做文章,在"大陆风味"上下功夫,最终使"康师傅"方便面一举占领了大陆的市场。三十多年过去了,现在市场上的方便面可谓琳琅满目。但"康师傅"方便面始终独占鳌头,长盛不衰。之所以能做到这一点,与其说是产品策划的成功,不如说是品牌策划的成功,是心理策划的成功。

我国银行业的信用卡业务之所以发展很快,除了前面提到的原因以外,还由于给信用卡取了个好名称,牡丹、长城、金穗、龙、东方、华夏……这些最受中国人喜爱的,让所有中国人寄予无限希望的名字,使信用卡如虎添翼。因此,信用卡的成功,在某种程度上也可以说是心理策划的成功。

(五) 心理学与服务艺术

顾客到商场购买东西,他们所希望得到的不仅仅是称心如意的商品,同时还希望得到心理上的满意。这种心理上的满意往往会推动促进顾客的消费欲望。如果我们把顾客的购物分作售前、售中、售后三个阶段的话,我们应该做到:

1. "自然式"的售前服务

即在顾客做出购物决定之前要努力为他们的选择、比较商品提供一个轻松、自然的环境。要坚决避免由于营业员的"过分热情"而给顾客带来的尴尬与不安。

2. 熟练而正确的售中服务

服务人员一定要熟悉自己所提供的商品和所经营的业务,如熟悉所经销商品的性能、质量、特点、使用和保养方法、退调原则和维修规定。如果营业员对这些情况一知半解,便很难取得顾客的信任。

3. 周到温馨的售后服务

商品售出之后,商家或营业员一定要恪守信用,热情不减为顾客提供周全的售后服务,免除顾客的后顾之忧。唯有如此才能真正让顾客感到称心满意。

任务二　了解服务心理学的产生与发展

一、服务心理学

服务心理学是研究服务者在工作过程中的心理活动和顾客在消费过程中心理发展变化的一般规律的一门学科。服务者是否能正确认识自己的工作性质、是否尊重并热爱这份工作、是否愿意为顾客提供服务、是否能精力充沛并满腔热情地工作、工作是否积极主动、当他情绪低落时是否有可能将自己不愉快的心情带给顾客;顾客在选择消费项目和接受服务时又会表现出什么样的心理倾向和个性特征等,都是服务心理学所关注的内容。

学习服务心理学,是为了促进服务人员心理与顾客心理的沟通,实现交易,达到双方都满意的目的。也就是在愉快服务心理的驱动下,通过服务人员的努力,使服务者与被服务者之间心向一致,即"心理认同原则"。从这一点出发,服务人员会注意了解顾客的心理,理解顾客的心理,乐于为顾客服务,愉快地为顾客服务。正如中国的一句古话:"士为知己者死",从内心深处愿为顾客服务。因顾客问东问西,而感到烦躁不安,感到处处受制于人,哪里还会有自我存在的体验? 哪里还会有服务愉快的心理呢? "服务"这个词是一个平凡而又崇高的词,服务员所从事的服务,同样也是平凡而又崇高的。

(一) 服务心理的原则

(1) 对于顾客一视同仁,不能因顾客的年龄、职业、外表、购买预算的不同,而给予有差别的服务待遇。

（2）在非讨价还价的情况下（价格属于企业的统一决策），服务人员应尽量满足顾客要求，如特殊的包装、小赠品等。

（3）服务的完整流程，应保持一致性，不能因顾客没有消费任何商品而有不悦或中断服务的现象。

（二）服务行为的原则

（1）速度。顾客都是不耐烦等待的，因此及时与迅速的服务，可以使顾客对商店留下一个好印象，即使因某些因素（如结账时）而需要顾客等候时，也应向顾客说明，并保持亲切的招呼，使顾客没有被冷落的感觉。

（2）微笑。微笑是世界共通的语言，常保持笑容除了能使服务人员自身心情愉快外，更可以把气氛感染给顾客，自然就可以与顾客产生良好的互动关系。

（3）诚意。诚意是人际关系的基础，当顾客感受到服务人员发自内心的诚意时，对服务人员的信赖度自然会增加。

（4）敏捷。敏捷代表对服务工作内容的信心与熟练，顾客有感于服务人员敏捷的服务动作，对于服务人员的专业形象将更加肯定。

（5）研究。在信息、知识爆炸的时代，顾客时时在进步，因此，服务人员更应该追求自我的成长，利用不同的场合与不同的学习方式，增进对消费心理的了解、商品专业知识的累积以及待客技巧。

二、服务心理学的产生与发展

对于服务与消费心理的思考最早可以追溯到两千多年以前，但随着商品经济的发展，它被越来越多的关注，我们大致可以将它的发展分为三个阶段。

（一）信息与知识积累阶段

这一阶段大致从两次社会大分工一直到19世纪。在这漫长的社会历史进化历程中，服务与消费心理科学基本完成了它的基本知识的积累使命。马克思指出：两次社会分工以后"出现了以交换为目的的生产，即商品生产，随之而来的是贸易。商品生产和贸易往来促使生产者、经营者、顾客程度不同地开始关注与消费心理范畴有关的问题。伴随人类文明渐进的步履，人们对属于消费心理范畴的有关问题的认识逐渐从感性上升到理性，进而展开逻辑思维并提炼出一系列理论范畴。

在东方，中国春秋末期的著名自由商人范蠡（陶朱公）已从分析消费需要入手，以"计然七策"经营商业；荀子提出生产要"养人之欲，给人之求"（《荀子·礼论》），讲的就是满足人的消费需要；在西方，古希腊唯心主义哲学家亚里士多德已提出"欲望是心理运动的资源，一切情感、需要、动作和意志均为欲望所引发"的命题，古希腊哲人色诺芬最早提出"消费"这个术语，法国古典学派的终结者西斯蒙第提出了社会生产目的是满足顾客需要的观点。

关于"消费时间"与"消费习惯"：在东方，倡导生产要注重消费季节变化和士、农、工、商的消费习惯；在西方，早期思想家也有论及消费时令和消费习俗的朴素思想。

消费阶层的划分问题：除了东方的分士、农、工、商为四个消费阶层外，西方的柏拉图也提出了"哲学王、武士和劳动者（奴隶除外）"的观点。此后虽然也有些学者提出不同的分类观点，但他们都受到历史社会局限，没有把贵族、奴隶（农奴）另列为两个消费阶层。

家庭消费问题：在西方，色诺芬较早分析了家庭收入与家庭消费的相互关系；在东方，中国古代先哲们亦论及了家庭消费的基本问题,物质消费与精神消费问题。

在物质消费方面:中国理论家们围绕"主俭"还是"主奢"问题,自先秦诸子如孔子、孟子、老子、荀子、管子一直论战到近代的魏源和谭嗣同;西方重商主义杰出代表托马斯·曼则提出了折中的消费原则,而英国古典经济学家们则强调节制消费。在精神消费方面,英国的托马斯·莫尔、法国的西斯蒙第等人也较早地讨论了精神文化消费的问题。

消费权益问题:这在东方可追溯到中国的《周礼》,在西方可考查到"两河流域"的《乌鲁卡基那改革铭文》。这个问题在中国一直到清末沈家本拟定的《大清现行刑律》都包含在一些市场管理的政策、法令之中;在西方,一直到美国成立世界第一个顾客组织之前,其有关思想也都包含在一些市场管理法规和政策条文之中。这些思想共同反映出人类对自身权益的要求与召唤。

此外,在这个历史大跨度中,东、西方思想家们还就消费知觉与学习、消费环境、消费习惯、消费政策等提出了一些朴素的思想。上述与消费心理范畴有关的知识只是我们经过"逆向还原"后所考察到的结论。由于这一阶段中"消费理论"与"心理理论"尚未产生有机的"合奏",因此,它只能说明"消费心理学有一个久长的过去",还不足以说明这个阶段就有了消费心理学。它在知识积累阶段只是一种量的增加,其中也蕴含着中华民族传统的文化精神。

(二) 体系凝构阶段

这一阶段大致自19世纪后期一直到20世纪70年代,这是服务与消费心理学在体系上开始凝构的变奏曲和交响乐时代。导致这个时代的开始,除了一方面"依赖于技术的状况和需要",另一方面是资本主义社会矛盾发展引发的经济危机之外,还有相关学科理论的相互渗透等因素。这里侧重于后者的考析,因为后者能够反映出消费心理科学作为一门学科的体系构建的内在逻辑规律(当然这种内在规律是与社会经济文化发展的拉动分不开的)。

服务与消费心理学科的诞生是与心理学、消费经济学及其他分支学科的生成有着"血缘关系"的,而且很大程度上是心理科学理论在实证研究中,不断向服务与消费研究领域渗透,而与消费有关的社会经济文化问题又反作用于应用心理学所致。从心理学发展角度说,虽然早在1509年法国麻堡大学教授葛克尔已用《心理学》标明其著作,但他仍未摆脱抽象的哲学羁绊,直到1879年德国生物学家冯特创建了世界上第一个心理学实验室,把自然科学的实验方法引入心理学研究,才使心理学成为一门独立的实验科学。这种实验研究方法为以后的消费心理问题探索奠定了方法论基础。从消费经济学发展来看,如同"每一门科学部门中都有一定的材料,这些材料是在以前的各代人的思维中独立形成的"一样,消费经济学的基本理论"在这些世代相继的人们的头脑中经过了自己的独立的发展道路"。19世纪前后,出现了现代消费思想并开始与传统消费思想相融合,导致了消费经济理论的大发展。这种心理学与消费经济理论的同向发展,加之在19世纪中叶前后的资本主义社会经济畸形发展需要的拉动,它们开始"并轨"共进。从这个角度看,1895年美国明尼苏达大学心理学家H.盖尔率先把心理学原理引入顾客从看广告到购买过程的实验研究,1901年W. D.斯科特率先提出"消费心理学"(Consumer Psycology)的术语是一点也不奇怪的。只是消费心理科学的理论体系尚待进一步研究,H.盖尔和W. D.斯科特虽没用《消费心理学》标其书名,但他们的思想为理论界构想消费心理学体系无疑提供了一个鲜明的信号。

自此至20世纪60年代前后,一些理论家为建构消费心理学体系付出了艰辛而卓越的劳动。概括起来表现在以下三个方面:

一是应用心理学研究著作的大量问世。应用心理学的广泛研究为消费心理学体系的创立

2

提供借鉴。这些研究的代表是：1900 年 H. 盖尔出版《广告心理学》，W. D. 斯科特与 H. 盖尔遥相呼应，于 1903 年出版以探索消费心理为主要内容的《广告论》，1908 年 E. A. 若斯出版《社会心理学》，从而开辟了群体消费心理的研究领域，1912 年闵斯特伯格的《心理学与经济生活》问世，克伦发表《实用心理学》，专章讨论销售心理学问题，1920 至 1930 年间丹尼尔·斯塔奇撰著并出版了《斯塔奇广告回忆指南》和《广告学原理》，并以此在美国商业史上获得"商业心理学教授"的美称。此后 20 多年间，经由零星片断发表至开始"组装"的还有《经营心理学》《产业心理学》和《管理心理学》等著述问世，它们都或多或少地从各个侧面探及消费心理问题，为消费心理学体系化提供了前提条件。

二是实验研究成果的大量涌现。继 H. 盖尔之后，美国心理学界出现了前所未有的消费心理"实验热"，相继推出了大批研究成果，主要有 1920 年 J. B. 华生的广告心理研究、1938 年欧内斯特·迪士特的消费动机研究等。正如 R. 珀劳夫调查所显示：1960 年以后，对这一领域的兴趣和文献量有明显增加。事实上进入 60 年代之后，密歇根大学调查研究中心的 G. 卡陶纳关于消费期望和消费态度的研究，哥伦比亚大学实用社会研究所的拉机斯费尔德和 E. 卡兹关于"人格的影响"的研究，哈佛大学 R. A. 鲍尔关于"知觉到的风险"的研究，诺兰集团公司的罗杰·诺兰关于"新产品初步设计研究"和"定位研究"以及佩里安、卡陶纳、詹姆森等人的一些调研报告，为消费心理学体系的构建奠定了科学基础。

三是研究方法的更新与对新问题的探索。20 世纪 60 年代前后，美国心理学家们不仅对前人的研究成果加以整理和吸收，如选编一批《论文集》等，还特别注意吸收运筹学、模拟模式和形式模式的理论与方法；与此同时，研究者对现实问题也极为关注，如 60 年代初，镇静剂他利杜米德（thalidomide）曾在一些国家为孕妇们所广泛使用，后来人们发现，服用这种药物的妇女生下的孩子往往带有严重的身体缺陷，世界性的宣传资料引起了对"人造"产品的副作用的普遍怀疑，开始了顾客怀疑主义时代；万斯·帕卡德于 1957 年问世的《潜在威胁》对"虚伪"和"欺骗"的商业手段作了尖锐的批评。又如对环境污染问题，卡森于 1962 年出版的《寂静的春天》一书中较细地论述了消费生态问题。

上述三方面的相互作用，加之美国顾客主权运动的蓬勃发展等都是消费心理学走向体系化的"助推器"。1960 年美国心理学会（APA）设立顾客心理学分会，拥有会员达四百人之多，美国的部分高校开始拟定《消费心理学》大纲，约在 1965 年前后消费心理学的体系已基本创立。因为从消费文献学角度考察，这时的消费心理学大纲的名称不一，有的命名为《顾客行为心理学》，有的叫做《顾客研究》，还有称为《顾客行为学（狭义）》的，其讨论的理论范畴基本上都是消费心理问题，所以我们根据美、日、英诸国学者学术心态特点把这些著述（含论文）的观点加以归纳统筹，确定本学科体系的创立时间。

（三）学科创新阶段

这一阶段大致自 20 世纪 70 年代中叶延至 20 世纪末或 21 世纪初。如同其他学科的发展一样，服务与消费心理学的科学理论体系是在不断创新的过程中得到丰富和完善的。就目前所掌握的文献看，消费心理学的学科创新主要表现在以下两点：

一是研究领域的拓展。消费心理学研究领域的拓展可以从两个方面得到证明：①多学科参与研究。美国心理学会所属 23 个部门的研究报告、美国市场学会的研究报告都反映了这种趋势。1969 年创立的美国顾客研究会的会员由心理学、农业经济学、建筑学、法学、医学、市场学、数理统计学、工程学等各个领域的专家组成，彼此间起到相互促进的作用。1974 年创刊的《顾客研究》杂志就是由 10 个不同组织支持的，这种学术风气很快流行到了日、英、德等发达国

2

家。②探讨范围逐渐扩大。从美国主要学术杂志看,《应用心理学》《市场》《广告研究》《市场调查》(1964年创刊)《顾客研究》等权威刊物发表消费心理科学的论文、报告和调查资料不断增多,据恩格尔等人统计,1968年至1972年发表成果量比以前出版的全部成果还要多,探讨范围除了消费生态问题、文化消费问题、决策模式问题之外,还有顾客保护问题、消费政策问题、消费信息处理问题(程序研究)、消费心理内在结构问题("临床"研究)、消费信用问题、消费法学问题、消费心理控制问题等,这些在 G. D. 休斯和 M. L. 雷合编的论文集、J. B. 考因编辑的论文集、W. A. 伍兹编辑的论文集以及各学会的出版年鉴中都有程度不同的反映。

二是研究国界的突破。科学是无国界的,消费心理学在美国诞生后很快引起日、苏、法、英、德以及印度和中国学者的重视。例如,日本20世纪60年代以来一些社会心理学家、市场学家、临床心理学家就发表过有关消费心理的译文、研究报告、论文等(可从该国《广告》《商界》《顾客》《智力》等刊物中略见一斑),代表人物有小岛外弘、吉田正昭、马场房子、饱户弘等,他们分别以《消费心理研究》《产业心理学》《顾客行为心理学》《顾客心理学》等著作的问世而名扬海外;美、日分别召开的心理学会年会都邀请外国专家参加;1979年第四届心理学斯德哥尔摩欧洲讨论会上不少学者对消费心理学作了最有系统的描述;中国自20年代起,孙科、吴应图、潘菽等人分别发表了这方面的论文、译著等,此后,于光远、尹世杰、林白鹏等著名经济学家相继深入开展消费研究,先后提出并创建了消费经济学,尤其是1984年以来的中国消费经济学与消费心理学研究有了长足的发展。1986年在美国纽约举行的"2000年顾客政策研讨会"以及美国顾客协会成立50周年纪念活动、1995年在马来西亚召开的"亚洲消费者与家庭经济学会"(ACFEA)首届国际学术年会等,都程度不同地使消费心理科学的研究趋向国际化,不同国家和不同学科的专家学者开始"协同作战",对消费心理学的学科创新产生了积极的影响。

在这种人类文化大撞击、大融合的趋势面前,服务与消费心理科学正由"体系国家化"向"学科国际化"迈进。这个"迈进"需要一个相互学习、取长补短的过程,消费心理科学正在按照科学发展的"国际标准"法则吸聚人类各种相关研究成果的精华去实现"自我"的更新和完善。虽然它的科学性与民族性在较长的时期内还会并存于同一生活空间,但是伴随"消费研究学科化"的深入开展及其相关学科交叉递进与升华,这一学科走向"国际化"并实现与人的全面发展相对接却是其发展的预期方向。

三、服务心理学与服务业

为顾客提供以服务为主的商品是服务业的典型特征,服务业倡导以服务为导向、以顾客为中心。在服务商品的供销及服务企业的经营过程中,离不开对服务主体(服务提供方)、服务客体(顾客)、服务载体(产品)等诸多因素的人性化倾向的研究。结合心理学的角度去看服务行业现象。

(一)服务是一种特殊的商品

服务产品同其他有形产品一样,也强调产品要能满足不同的顾客需求。顾客需求在有形产品中可以转变成具体的产品特征和规格,同时这些产品特征和规格也是产品生产、产品完善和产品营销的基础。但是这些具体的规格对于服务产品来说犹如空中楼阁一般,因为服务商品还存在着许多独特的产品特征:

1. 无形性

服务产品虽然不能缺少实物的存在,但有相当一部分是依托于实物存在的一种劳务活动,并且服务产品的主要价值体现也是凝结于劳务中,并且因人、因时、因事、因地而存在着很大的不确定性。

2. 不可贮存性

比之一般的有形商品,服务商品是一种深加工的高附加值产品,所附加的价值多数为劳务性价值。服务产品只有进入消费过程才能实现其价值,必须有现场消费的顾客,服务产品才能生产,顾客一旦停止消费,服务产品的生产立即停止。服务产品不能像一般有形商品那样,生产以后可以暂时贮存并再销售,旅游产品是一种最终消费品。

3. 差异性

服务商品的生产、消费和销售的同步性,决定了服务商品的提供过程是独一无二的,生产的过程是不可逆的,因不同的服务提供者、顾客的差异,服务提供情境的差异,使得服务商品往往存在着许多合理的差异性。

4. 可替代性

现代企业所提供的服务产品越来越强调大众化,但它又不同于生活必需品,因而具有较高的需求可替代性,不仅不同企业提供的服务产品可以相互替代,而且其他的渠道和行业提供的服务产品也可以相互替代。

(二) 服务心理学在服务业发展中地位和作用

服务心理除了对服务产品的影响很大以外,还在服务企业的经营管理中意义重大。当然从根本上说这与服务品的特性是相关的。

在现代商品社会,服务业出售的主要不是实物商品,而是无形的商品——服务。服务人员以饭店、娱乐场所、商场等有形设施和有形消费品作为"助销"实物,用优质的服务给予客人以生理上和心理上的满足。服务这种无形的消费品是不可贮存的、一次性消费的特殊商品。服务人员在生产服务的同时,也在销售服务,而且顾客也同时在消费服务。没有顾客在场参与,服务这种商品就谈不上生产和销售。身兼生产和推销双重职能的服务人员本身是人,面对的劳动对象也是人,影响服务人员工作情绪的生理的、心理的、个人的、家庭的、社会的、工作的、学习的、生活的因素形形色色,影响顾客对服务的感受的情绪因素也有习惯、个性、文化差异等,服务人员和顾客的情绪还会因发生相互作用而加剧或减缓。服务人员的工作热情、工作态度、自身素质关系着企业的成败兴衰。

服务这种商品的生产、销售和消费三位一体的特性,服务的不可贮存性,向服务心理学提出其基本的任务:应用心理学、社会心理学和管理心理学的基础知识,在服务产品的开发和服务企业的经营管理实践中,观察、了解和掌握人们不同的服务需求,服务人员和顾客在消费活动中互动的一般心理过程的规律性,针对不同消费需求,提供个性化的服务产品;针对不同个性的员工,进行人力资源开发,有效激励员工,保护员工,充分调动其工作积极性,协调员工之间和企业内组织之间关系,增强凝聚力,发挥群体和组织的整体效应。

任务三　明确服务心理学研究的对象与方法

服务与消费活动所涉及的人主要包括现实的顾客、潜在的顾客及服务业中各个领域的从业人员,这些人在消费活动中各自都有不同的心理活动,都可以表现出不同的行为。在消费活动中,顾客与服务产品之间,顾客与服务资源之间,顾客与服务者之间,顾客与顾客之间,服务人员与服务人员之间,服务人员与服务企业管理人员之间时时刻刻有着接触和联系,这些相互之间的接触和人际关系的发生取决于各自的心理活动。服务心理学研究在消费活动中这些人的心理活动规律，又研究在消费活动中这些人的行为规律。

一、服务心理学研究的对象

（一）消费与顾客

消费是一种行为，是消费主体出于延续和发展自身的目的，有意识地消耗物质资料和非物质资料的能动行为。随着生产的发展和人类心理活动的日益复杂化，人类行为活动的总体水平也在不断地提高和发展。

人类的消费行为与人类的生产相伴而来，是人类赖以生存和发展的最古老的社会活动和社会行为，是社会进步与发展的基本前提。从广义上讲，人类的消费行为可以划分为生产消费和个人消费两大类。生产消费是指人们在生产过程中劳动力及其他各种生产要素的使用、消耗及其磨损。生产消费包括在生产过程之中，是生产过程连续进行的基本条件。个人消费是指人们为满足自身需要而对各种生活资料、劳务和精神产品的消费。个人消费是人们维持生存和发展、进行劳动力再生产的必要条件，也是人类社会最大量、最普遍的经济现象和行为活动。从社会再生产的过程看，个人消费是社会再生产的过程中"生产、分配、交换、消费"四大环节之一。个人消费是一种最终消费，狭义的消费就是指个人消费，服务与消费心理学研究的范畴就是顾客的个人消费。

顾客是指在不同的时空范围内参与消费活动的个人或集体，即从事消费活动的主体——现实生活中的人们。可以从以下几个角度进行分类：

（1）从消费过程来看，顾客是指各种消费品的需求者、购买者和使用者。作为一个动态运行的消费过程，购买者本身不一定是需求者或使用者，如为他人代买商品；而使用者也不一定是购买者，如没有生活能力的儿童使用父母为他们买来的商品。如果把消费过程作为需求、购买及使用三个过程的统一体，那么，处于这三个过程中的某一个或全过程的人都称为顾客。顾客就是指实际参与消费活动的某一个或全过程的人。

（2）从在同一时空范围内对某一消费品的态度来看，可以把顾客分为现实顾客、潜在顾客和永不顾客三类。现实顾客是指通过现实的市场交换行为，获得某种消费品并从中受益的人。潜在顾客是指目前对某种消费品尚无需要或购买动机，但在将来有可能转变为现实顾客的人。永不顾客是指当时或未来都不会对某种消费品产生消费需求和购买愿望的人。作为具体的某一种顾客，在同一时点上，面对不同的消费品，可以同时以不同的身份出现，例如某消费者对 A 商品是现实顾客，对 B 商品是潜在顾客，而对 C 商品可能又是永不顾客。

（3）从消费单位的角度考察，可以把顾客划分为个体顾客、家庭顾客或集团顾客三类。个体或家庭顾客是指为满足个体或家庭对某种消费品的需求而进行购买和使用的人，它与顾客个人的需要、愿望和货币支付能力密切相关。集团顾客是指为满足社会团体对某种消费品的需要而进行购买和使用的集团。作为团体消费行为，不一定反映顾客个人的愿望或需求，也与个人支付能力没有直接的关系。

（二）消费心理和行为

消费心理是指顾客在购买、使用和消费商品过程中的一系列心理活动。心理活动是人脑对客观事物或外部刺激的反应，是人脑所具有的特殊功能。顾客在消费过程中的偏好和选择，各种不同的行为方式无一不受其心理活动的支配，例如，顾客是否购买某种商品，购买哪种品牌、款式，何时何地购买，采用何种购买方式以及怎样使用等都和不同顾客的思想、情感、气质、性格、价值观念、思维方式以及相应的心理活动有关。消费心理即顾客在购买、使用和消耗商品及劳务过程中反映出来的心理态势及其规律。

人的消费活动不是一种简单的机械行为，而是表现为某种需要的行为冲动，这种行为冲动总是在不同心理和社会诸因素的影响下产生、发展和变化。一般来说，支配人的消费行为往往出于两种消费心理：一种是本能性消费心理，另一种是社会性消费心理。本能性消费心理是指主要由人的生理因素所决定的，属于自然状态下的心理反应。例如人们饥则食、渴则饮的行为就是以顾客生理因素为基础的一般现象。本能性消费心理的反映强度和表现方式又取决于不同消费者的个性因素，如顾客的气质、性格、意志和能力。社会性消费心理即消费心理的社会性，是指由人们所处的社会环境因素决定的心理需求，它是随着社会经济的发展而不断发展、变化的，它使人类的消费活动由简单的满足生理需求，变为具有特定含义的社会行为，并且在内容和质量上不断提高。例如，人们对服装的要求从最初遮羞御寒到现在赋予其服饰文化、个人身份地位表现的内涵，并且加进了流行、时尚等诸多元素。

本能性消费心理表现为基础的、初级的心理活动，它是人类心理活动的自然流露与反映，社会性消费心理是在本能性消费心理的基础上发展的人类的较高级的心理需求，它是以社会政治、经济和文化的进步为前提的。在社会政治、经济和文化飞速发展，人们生活水平不断提高的今天，在人们的消费活动中，本能性消费心理反应越来越被社会性消费心理活动所掩盖，从对人们的消费行为的影响来看，社会消费心理成为影响和支配人们的消费行为的主要因素。

（三）服务心理和行为

服务是服务行业的灵魂，服务业从业人员的服务行为体现着服务企业的水平。服务水平的高低和服务质量的优劣直接决定着服务企业的兴衰，是服务企业能否在市场竞争中站住脚的关键。顾客通过消费活动获得美好的经历和体验，从而得到精神上的享受，达到满足需求的目的。因此，顾客在消费活动中对满足感追求更为强烈，往往对服务水平的期望值更高，这就决定了心理因素在消费活动中起着非常重要的作用。只有服务从业人员本身具有良好的心理素质才有可能满足顾客的心理需求。也就是说，服务质量的好坏与服务人员的心理品质有极大的关系。"顾客至上"是服务中应该遵循的一个重要原则，但是如果服务人员本身不具备良好的心理素质，则很难具体实施这个原则。服务与消费心理学研究服务业从事具体服务工作的人员的心理活动特点、应具备的心理品质以及如何培养和训练良好的心理品质。在整个消费活动中，服务业对顾客的服务是通过各个具体消费活动实现的，因此有必要研究顾客在消费活动中各个具体项目中的心理特点及从业服务人员应采取的相应心理服务措施。

根据顾客对服务的心理需求，从企业服务的特性出发，努力为客人创造一个温馨的消费环境，创造优质服务，这是学习服务心理学的一个内容。

（四）服务人员和管理人员心理

只有一流的员工才有一流的服务，才能创造一流的企业，这已成为很多企业管理层的一个共识。员工只有充分地得到尊重和认同，才会觉得自己对企业很重要，才会充分发挥自己的主动和积极性，为企业创造更多的价值，并在工作中得到乐趣，实现人生的价值。所以要对员工的心理需求进行研究，了解他们想要什么，想做什么，为员工提供良好的工作和生活发展空间。当然管理人员也是企业的一个重要组成部分，他们对企业的日常经营和管理负责，是企业的经营决策者，也具有独特的心理需求和心理过程，也是服务心理学研究的一个方面。

二、服务心理学研究的主要方法

心理学是一门边缘学科,其研究方法往往兼有自然科学和社会科学两方面特点,作为心理学的分支学科的服务心理学的研究方法也具有此类特点。其研究的基本方法有观察法、实验法、问卷法、访谈法和个案分析法等。

(一)观察法

观察法是在自然情况下,有计划、有目的、有系统地直接观察被研究者的外部表现,了解其心理活动,进而分析其心理活动规律的一种方法。在具体的服务活动过程中,顾客和员工的行为、运作、语言、表情等外部表现,是观察和了解研究对象的直接依据。观察既可以凭借人的视觉器官直接对事物或现象进行感知,也可以利用仪器或其他现代技术手段间接进行观察。这种方法的优点是保持了被观察者的心理活动的自然性和客观性,获得的材料比较真实、可信,其行为是其心理活动的自然流露。但是其不足之处是观察者处于被动地位,不能有效地对观察对象进行调控,带有一定的偶发性,观察到的材料本身有一定的偶然性。同时,由于观察到的现象以及取得的材料不易作数量分析,所以很难确定引起某种心理活动的因素是什么。此外,观察法的操作看似简单,但是对运作者的要求较高,只有经过严格训练的人才能有效运用。

为了使观察法达到较好的效果,必须注意以下几个问题:

(1)所有的观察始终要有明确的目的和周密的计划。

(2)观察者不能干涉被观察者的正常活动,应让其处于完全自然的状态下,不知道有人在对其进行观察。

(3)观察者应善于捕捉和记录所观察到的有关现象,积累准确的资料。

(二)实验法

实验法是对被研究对象的活动过程进行人为的干预,以暴露其特性,人为地控制研究对象,创造研究条件,排除干扰,突出主要因素,在有利条件下研究对象的心理活动的方法。它又可以分为实验室实验法和自然实验法两种形式。

实验室实验法是在人为的情况下严格地控制外界条件,在实验室内借助各种仪器和设备进行研究的方法。这种方法所得的结果一般准确性较高,但只能研究营销活动中比较简单的心理现象,如商业广告心理效果的测定等。

自然实验法是在商业活动的实际中,有目的地创造某些条件或变更某些条件,给研究对象的心理活动一定的刺激或诱导,从而观察心理活动的方法。这种方法具有主动性的特点,既可研究一些简单的心理现象,也可研究人的个性心理特征,应用范围比较广泛。可以让被试者扮演某个角色,然后以这个角色的身份来表明对某一事物的态度或对某种行为作出评价。

与观察法相比,实验法的研究设计与操作难度相对较大,对设施及设备的要求也比较高,所需的人力物力也比较多,因而花费的代价也比较大。

(三)访谈法

访谈法是研究者通过与研究对象直接交谈,在口头信息沟通过程中研究顾客心理状态的方法。此方法主要用于对顾客心理的研究。访谈法依据与受访者接触的不同方式,又可分为面对面访谈和电话访谈两种形式。

面对面访谈法可分为结构式访谈和无结构式访谈两种形式。结构式访谈又称作控制式访谈,是研究者根据预订目标,事先撰写好谈话提纲,访谈时依次向受访者提出问题,让其逐一回答。这种访谈组织比较严密,条理清楚,研究者对整个谈话过程易于掌握,所得的资料也比较系统。但由于受访者处于被动地位,容易拘束,双方感情不易短时间沟通。无结构式访谈也称自由式访谈,这种方式下研究者与受访者之间可以比较自然地交谈。它虽有一定的目标,但谈话没有固定的程序,结构松散,所提问题涉及的范围不受限制,受访者可以较自由地作回答。但这种方式费时较多,谈话进程不易掌握,对研究者的访谈技巧要求也比较高。

电话访谈法是借助电话这一通信工具与受访者进行谈话的方法,它一般是在研究者与受访者之间受空间距离限制,或受访者难于或不便直接面对研究者时采用的访谈方法。电话访谈是一种结构式的访谈,访谈内容要事先设计和安排好。

访谈法的优点是一般较容易取得所预期的资料,准确性高。但此方法所耗费用较多,对进行访谈的人员的素质要求也比较高。

(四) 问卷法

问卷法是通过研究者事先设计的调查问卷,向被调查者提出问题,并由其予以回答,并从中了解被问者心理的方法。这是研究服务心理常用的方法。根据操作方式,问卷法可以分为邮寄问卷法、入户问卷法、拦截问卷法和集体问卷法等。

邮寄问卷法是通过邮件方式进行的。不受地理条件限制,到达范围大,被研究者填答问卷的时间比较灵活,回答问题也比较真实可靠。入户问卷法是研究者或访问员依据抽取的样本挨家挨户上门访问。要求受访者对每一个问题作出回答,访问员当场做好记录。也可以由访问员挨家挨户发完问卷就离去,由受访者自行填写,事后再收回问卷。拦截式问卷法是由访问员于适当地点,如商场出入口,景区附近,酒店大堂等处,拦住适当受访者进行访问。集体问卷法是由研究者对一群人同时进行问卷调查,它适合于受访者相对集中的情况。

问卷法调查研究,不是通过口头语言,而是通过文字传递信息。其优点是能够同时取得很多被研究者的信息资料,可以节省大量的调查时间和费用,而且简便易行。但问卷法也有其局限性,主要是它以文字语言为媒介,研究者与被研究者没有面对面交流,无法彼此沟通感情;如果受访者没有理解问题,或是不负责地回答,甚至不予协作,放弃回答,问卷结果的准确性就要大打折扣。

(五) 个案分析法

选定各类型的典型代表,建立起比较稳定的关系,进行长期系统的跟踪调查,来研究其心理变化的一种方法。在服务行业中,培养长期稳定的客户是非常必要的,增强酒店对客人的吸引力,进而形成"忠诚客人",但是要选定具有代表性的对象,针对其不同时段的变化长期跟踪,了解心理需求,建立客户档案,形成真实可靠的信息资料,为企业的经营管理提供依据。

三、学习服务心理学的意义

人是各项生产活动的主体,在服务过程中也不例外,对人的心理进行研究和认识,对做好整个企业的服务工作有深远的意义和影响。

(一) 学习服务心理学,有助于企业开展有针对性的服务,提高企业的服务质量

学习和研究服务心理学对提高企业从业人员的心理素质,提高服务的整体水平,有着积极的现实意义。服务工作是依靠人来进行的,服务工作者的心理品质直接影响服务工作的质量。企业职工是企业的主人,企业的发展和服务质量的提高主要依赖全体服务工作者的努力。为

2

此,提高服务工作者的心理品质对改善和提高服务工作的质量十分重要。服务质量的优劣主要取决于企业从业人员的服务态度和技术水平的高低。良好的服务态度是提高服务质量的思想基础,精湛的技术水平是高质量服务的技术保证。这些都与人的心理品质有关。服务心理学所揭示的人的心理活动规律对服务态度的产生和调节产生重要影响,端正的服务态度是提高服务质量的内在动力。提高服务工作者的心理品质,一方面取决于服务工作者的工作实践,另一方面取决于服务工作者对服务心理学理论的学习。通过对服务心理学的学习,服务企业工作人员可以正确地了解自己,控制自己的情感,培养形成良好心理品质,有助于提高企业服务质量。

　　服务质量的优劣直接关系到服务企业的生存和发展。顾客是消费活动的主体,是企业服务人员的服务对象。顾客是企业赖以生存和发展的"衣食父母"。没有顾客,企业就无法生存。赢得顾客的多少是衡量企业兴旺与否的重要标志。因此,要提高服务质量,首先就要了解顾客的心理,掌握顾客的心理活动及其规律。俗话说,"得人先得心",要发展企业就必须研究如何才能赢得顾客的心。也就是说,必须要对所服务的对象有充分的了解。除了外在的客观因素之外,还需要了解顾客内在的、深层次的人性方面的因素,也就是从知觉、学习、动机、需要、态度、个性等方面来了解顾客,区分由不同民族、群体、职业、文化背景等因素造成的顾客的个体心理差异。了解了不同顾客心理倾向和心理特点,就可以自觉地、主动地、有针对性地对顾客施加影响,提供最佳服务,从而赢得顾客,使其乐于消费我们的"产品"。这样各种不同顾客在生理和心理上都能得到最大限度的满足。同时,企业中现代化的硬件设施有时并不能完全满足顾客的需求,因为顾客更看重的往往是优质的服务,是富有人情味的接待,是友谊和尊重等更高层次的满足。这就是要求服务工作者要着眼于通过优质、富有人情味的服务使顾客通过各种消费活动产生积极愉快的心理体验,形成美好而深刻的印象。由此可见,学习和研究服务心理学是提高企业服务质量奠定了基础。

(二)学习服务心理学可以丰富服务员和管理人员的知识结构,提高人员素质,创建高素质的职工队伍

　　服务业的竞争包括诸多内容,但是人才的竞争是核心和根本。所以想在激烈的市场竞争中赢得胜利,关键要拥有一支高素质的员工队伍。而对于心理学的学习和研究可以更好地开启我们的工作思路,丰富我们的视野,拓展我们的文化和知识,引导我们更好地工作和学习。要想了解顾客的心理,首先要学会了解自己的心理,充分地分析自己的心理过程和个性心理,全面地把握自我,发挥个性心理中的积极方面,控制和克服消极方面。对于管理人员而言,学习有关心理学的知识可以更好地了解员工想要什么,想做什么,可能更有效地开展思想工作,加强沟通,增进集体凝聚力,创建一支高效的优秀的员工队伍。

(三)学习服务心理学有助于提高服务企业的经营和管理水平

　　服务企业市场竞争的核心是争夺客源市场,是争夺顾客。服务心理学可以从理论上指导服务企业了解顾客心理及变化趋势,从而制定如何吸引顾客,如何争夺客源的策略。服务企业要想在激烈的市场竞争中立于不败之地,就要对市场环境进行科学的分析和预测,以制定切实可行的短期和长期营销策略。服务心理学揭示的原理和规律可以帮助服务企业分析顾客的心理趋势,了解顾客需要和变化。服务企业可以据此开展有针对性的产品促销宣传,吸引顾客;根据不断变化的市场走向,不断调整经营方针和策略,提高经营效果;在充分了解顾客心理趋势的基础上进行科学的市场预测和决策。这样才能保持充足的客源,使服

务企业健康的发展。

服务企业内部管理状况也是服务企业能否在广大顾客心目中树立良好的形象,能否在激烈的市场竞争中取胜的重要因素。通过对服务心理的学习和研究,可以了解顾客的需求和动机、知觉、学习、个性、态度等因素对其消费决策影响的心理学知识,使行业管理部门和企业内部的管理部门更有针对性、预见性地做好行业管理和经营管理工作,提高服务业的管理水平。在服务企业中,人的管理是企业管理的首要部分。通过学习和研究服务心理学的理论,有助于服务企业的管理阶层对员工的心理进行深入的分析,帮助管理者了解员工的心理状态,有针对性地做好员工的思想工作,进行心理引导,解决员工的心理问题;了解企业内部人际关系状况,帮助他们调整好人际关系,保持工作的协调一致,共同搞好工作,避免产生各种不必要的矛盾;有的放矢地运用激励机制调动全体员工的积极性和创造性,更好地实现组织目标。

(四)学习服务心理学有助于科学合理地进行产品设计和资源开发

服务企业的产品设计与社会资源的合理开发对于服务企业而言至关重要,要让顾客接受企业产品与服务就需要在安排、设计以及应用开发资源上充分遵循服务与消费心理学所揭示的原理和规律,这是满足顾客需要的前提。成功的产品在设计和资源开发与应用上都十分注意考虑顾客的心理因素,使顾客通过消费活动在心理上得到极大的满足,获得美好的经历。只有符合这种心理活动规律的产品和服务才是合理的、科学的,才可能让企业获得更大的经济和社会效益。

(五)学习服务心理学可以对企业的发展与定位提供决策依据

企业的管理者依靠什么进行决策和市场定位?依据市场需求、社会环境、自身状况、竞争等因素,但其中不可忽视的一个因素就是人的心理状况。客人和员工的心理对企业的决策起着关键的作用。客人需要什么,我们就应该提供什么;员工需要什么,我们也应该提供什么。这是一个根本的问题。

【知识练习与思考】

1.什么是心理学?什么是服务心理学?

2.服务心理学与服务业的关系?

3.现代服务心理学研究的对象是什么?

4.现代服务心理学的主要研究方法?

5.学习服务心理学的意义是什么?

【能力培养与训练】

塞扎·里兹的优质服务

塞扎·里兹是巴黎豪华风雅的饭店和优质服务的象征。人们公认,是塞扎·里兹把为顾客提供满意的服务变成了一种职业。里兹非常善于处理细微琐碎的小事,能够及时地满足顾客的需要,使顾客满意。下面是他思维敏捷,关注细微小事的一个经典例子。

一次,一个由40个美国人组成的旅行团要到里兹工作的旅馆吃午餐,这个旅馆位于瑞士的一个山顶上。当时的气温为零下8℃,但旅馆的取暖系统坏了。而由于某种原因,这次午餐无法取消。

为了给客人以温暖的感觉,里兹改变了午餐的布局和菜单。他把40个座位的餐桌移到了一个小房间里,桌上铺一块象征温暖的红色桌布。桌上的 4 个大铜碗里装满了酒精,客人到达时全部点燃。他还为每位客人都准备了一块用法兰绒包起来的热砖,放在脚下。他为客人准备的第一道菜是热气腾腾的清炖肉汤,最后一道菜是暖乎乎的油火烤薄饼。由于里兹对微小细节的关注,没有客人抱怨室内的温度低,这顿午餐非常成功。

请结合所学谈谈服务心理学在服务企业中的应用。

模块二
顾客消费心理篇

"一抓准"的故事

1. 你有过为一项技能勤学苦练的经历吗？请分享。
2. 请分享你未来希望投身的工作岗位，思考自己可以练就哪些类似于"一抓准"的技术。
3. 结合"一抓准"子承父业的故事，谈一谈文化传承中的家国关系。

项目三　分析顾客的消费动因，把握服务脉络

【项目提要】

　　顾客的消费行为总是在作出消费决策的基础上产生的，决策是顾客购买行为形成和实现的前提。因此，研究顾客的决策过程，可以更加清楚地了解影响消费者决策的因素有哪些，怎样影响决策过程，从而为影响消费者作出积极决策打基础。

【引导案例】

服 务 员 小 何

　　一天中午，正是××酒店客人用餐的高峰时期，中餐厅里来了一位老先生，服务员小何连忙收拾好一个位置，让这位老先生坐了下来，并面带微笑地说："您好，欢迎光临，请问您需要什么？"老先生说："我不点菜，给我一份素面就可以了。"服务员小何仍然微笑着说："好的，我们酒店的面条味道不错，请您稍等，马上就好，您先喝点茶。"说着，小何给老先生倒了一杯茶后才离开。几分钟后，热气腾腾的面条端了上来，老先生吃完后，付了钱，就独自走了。

　　第二天中午，餐厅又开始忙碌了，小何发现那位老先生又来了，小何连忙迎上去，微笑着给老先生打招呼："先生，您来了，请坐。"小何正想问老先生点什么，不料老先生说："服务员，我暂时不想点餐，先坐一会，可以吗？""当然可以，那您先喝点水吧。"说着，小何又给老先生泡了一杯茶然后才离开。

　　过了一会儿，小何又去给老先生加水，这时老先生对小何说："你们的服务真不错，我到这儿不是为了吃饭，我的儿子要举行婚礼了，我想订30桌婚宴，到了几家酒店考察，只有你们的服务最好，现在我决定就在你们酒店订了。"

　　从案例中我们可以看出，这位老先生订酒店的过程实际上就是一个决策的过程，他两次到酒店，以吃饭的形式收集酒店的服务态度、服务水平、服务质量等相关信息，并和其他酒店加以比较，最后才作出决定。因此在接下来的学习任务中我们将谈一谈顾客的决策行为。

任务一　认识顾客的消费决策与消费行为

一、顾客的消费决策

（一）决策的定义

决策就是作出决定或选择。以旅游活动为例，旅游者在外出旅游之前，需要先考虑很多问题，然后再作出旅游决策。例如，要到哪里去旅游，什么时间出行，选择哪一家旅行社，购买包价产品还是单项产品，选择什么样的旅游路线，乘坐什么样的旅游交通工具，住在什么宾馆酒店，要旅游几天，费用是多少等。可见决策行为实际上是无数个决定的总和。所以说决策就是顾客根据信息作出选择的心理过程，它是顾客寻求并实现某种最优化预定目标的决策过程。

（二）决策的模式

顾客的决策过程存在个体差异，即使是同一个顾客，在面对不同消费选择的时候，也会表现出决策策略上的差异，因此，决策过程是复杂的，决策过程研究一直是国内外学者研究的重点，他们从不同角度构建了消费者决策过程模型，有的学者从经济学的角度研究消费者行为，采用定量分析法，如边际效用分析法和无差异曲线分析法。但许多专门研究消费者行为的学者却反对这种做法，认为传统经济学中关于消费者行为的模式只涉及消费者购买"什么"的问题，没有回答"为什么"的问题，而且早期对消费者行为的研究主要集中在制造业，从营销的角度切入的。直到 20 世纪 70 年代以后，学术界才陆续出现购买决策模型的研究，本书仅以部分旅游决策模型来分析旅游者这一消费群体的决策过程。

1. 瓦哈比的旅游者购买决策过程模型

1976 年，瓦哈比（S. Wahab）等学者提出了一个比较简单的旅游者购买决策过程模型，如图 3-1 所示。

图 3-1　瓦哈比等人的旅游者购买决策过程模型

瓦哈比等学者将旅游者的购买行为看成是一个经过有意识的计划和理性思考的活动。他们认为，无论是瞬间作出的购买决策，还是经过长期思索作出的购买决策，旅游者都是按照一定步骤作出购买决策的。首先，旅游者受到外部刺激，对此产生了一个概念性框架，根据框架进行信息收集，确定旅游花费，之后构思多个选择方案，对各方案进行结果预测，选择各方案中比较满意的。然后对方案进行成本收益分析，最终作出决策，然后对结果进行评估。这个模型勾勒出了旅游者决策行为的基本过程，是从逻辑演进的思路来描述旅游者决策行为的，而且第一次将"刺激因素"引入决策模型。但是它却将一些瞬间的、一时兴起的冲动性决策排除在外，在 20 世纪 90 年代，欧洲的旅游经销商通过提供折扣很高的旅游度假产品，由此产生了所谓的"最后一分钟购买"现象，这个决策模型就无法解释这一现象，因而也存在许多质疑。

2. 莫提荷(Moutinho)的旅游决策模型

1987年，莫提荷在全面回顾旅游者决策过程文献的基础上，对葡萄牙度假旅游者进行了一项调查，将复杂的旅游者度假行为简化为一个概括性模型，如图3-2所示。

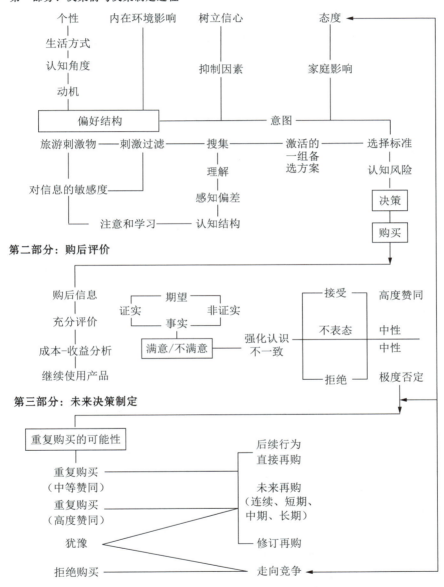

图 3-2 莫提荷的旅游决策模型

该模型分为三个部分：

（1）决策前及决策制定过程。这一过程包括旅游者从受到旅游刺激到作出购买决策的一系列活动。旅游消费者在这一过程中会经历三阶段：形成旅游偏好、决策和购买。旅游者在作出旅游决策的过程中，很大程度上取决于他们的旅游偏好，而这些旅游偏好又取决于旅游者本身的个性、生活方式、动机等内在因素和文化规范、价值观、参照群体、社会地位等内在环境因素。对偏好结构的心理分析可分为刺激过滤、注意和学习、选择标准等三个子领域：①刺激过滤是指旅游消费者对来自旅游营销方面的刺激进行过滤，对有用信息进行组织，并搜寻更多的补充信息以澄清对一些模糊不清的刺激的认识；②注意和学习是指旅游消费者通过对外界输入的信息与记忆中的信息进行比较，更新个人的认知结构；③选择标准是指旅游消费者在评估备选方案时，所考虑的一些非常重要的旅游产品属性。因此，当旅游者处于本阶段时，他们基本上已经做好了表现出购买行为的心理准备；当他们处于购买阶段时，他们已经到度假目的地消费了。

（2）购后评价。在莫提荷的模型中，非常重视旅游者的购后评价，认为旅游者会以此来检验先前作出的购买决策正确与否，为调整未来的购买意向提供反馈信息。购后评价区域被标明为"满意/不满意"，如果旅游者的期望与实际旅游体验一致，就感到比较满意，否则，就会感到不满。莫提荷已经注意到旅游消费者还会对旅游产品的性价比进行评估，认为自己的付出和回报是否相符，经过认知失调机制后，旅游者后续行为将出现三种不同的结局：积极的（接受）、消极的（拒绝）和中立的（不表态）。这些态度会进而影响消费者未来决策的制定。

（3）未来决策的制定。模型的最后一部分分析旅游者重复购买旅游产品和服务的可能性以及旅游者的后续行为。度假旅游者结束度假后的行为存在四种情况：①直接重复购买；②将来重复购买，这种重购行为可能在接下来的短期内发生，也可能在中期或较长的一段时期后才发生；③经过修正的重复购买行为，旅游消费者可能会转向购买新产品或寻求更高质量的旅游产品；④因犹豫或拒绝再次购买相同产品而转向购买竞争对手的旅游产品。

莫提荷的模型最大的优点是比较全面细致地将旅游消费行为的整个过程简化为一个模型，并开创性地把旅游消费者的购后评价和未来决策纳入分析体系，为深化学术界和旅游业界对度假消费行为的认识作出了贡献。但是，这个模型比较烦琐，而且尚未能很好地反映旅游消费行为的动态性。再者就是莫提荷的模型是在研究度假产品的基础上建立的，对其他类型的旅游产品缺乏足够的解释能力。

总之，通过上述两个旅游决策模型可以看出，这些旅游决策模型都探寻了旅游者（购买）决策的内在逻辑结构，分析研究与购买决策有关的因素并将它们进行角色定位，所建立的模型为旅游者决策的研究奠定了一定的基础。但是理论与现实还是有一定的差距的，现实中的旅游者并不是完全理性的，也并不会遵循同样的决策过程，模型不能对现实生活中复杂的旅游决策现象作出圆满的解释，比如旅游者的态度与行为之间的不一致问题等，还需进一步研究。

（三）决策的种类

决策划分的标准不同，其划分种类也不尽相同，例如按照决策的重要程度划分，可以把决策分为战略决策、管理决策和业务决策；按照决策的性质划分可以分为确定型决策、风险型决策和不确定型决策。在本书中我们研究人的行为，主要是研究旅游服务中顾客的决策行为，我们把旅游活动中的人作为决策者，有助于我们理解旅游活动中人的行为，当一个人离开家外出旅游时，旅游者往往采用几种不同的决策方式进行旅游决策，这些决策方式分布在常规性决策到扩展性决策的范围之内。

常规性决策（Routine Decision）是指决策者在日常生活和工作中，经常需要解决问题的一般性决策模式。它们以相同或基本相同的形式重复出现，其产生背景、特点及内部与外部的有关因素已经全部或基本上被决策者所掌握。此类决策仅仅需要决策人长期处理此类问题的经验即可较好地完成。旅游者采用常规决策方式，往往基于习惯，迅速而不假思索地作出旅游决定。因此，常规性决策又称为习惯性决策。

扩展性决策（Extensive Decision）是指那些无先例可循而又具有大量不定因素的决策。这是由于客观事物是极其错综复杂的，决策者所面临的绝大部分问题不可能用某个标准程序或模式来概括。这类决策的特点是具有极大的偶然性和随机性，而且缺乏准确可靠的信息资料。因此，决策者往往难以看清问题的全貌。解决此类问题需要决策者具有丰富的经验、渊博的知识、敏锐的洞察力和活跃的思维。

采用常规决策过程的旅游者往往根据自己头脑中已有的知识、经验和观念作出选择，并坚信这种选择是建立在足够多的有关信息基础之上的。他在决策时，也就很少去收集和吸收更多的信息。因此，他的旅游决策几乎不受其他信息的影响。所以，旅游企业应把工作做在他们作出决策的时间和需要之前。

采用扩展性决策的旅游者可能会接受那些有助于他作出选择的信息。在这种情况下，这位旅游者会觉得自己贮存的信息不足以使他作出必须作的决策。这时，特别是在旅游者意识到有作决定的必要之后，并在他觉得有足够的信息作为基础以前，旅游经销人员将较有把握对其结果产生影响。事实上，旅游者也可能在积极收集这一类信息。在作出扩展性决策的过程中，旅游者往往会求助于朋友、同事、导游一类的信息来源。另外，也会接受广告、宣传册和其他一些跟眼前选择有关的、非个人的信息来源的帮助。如果眼下必须作出一个决定，他也许就会想起那些早先由于没用而被忽视了的信息。

以上两种决策的比较，如表 3-1 所示。

表 3-1　　　　　　　　　常规性决策与扩展性决策的比较

决策类型	常规性决策	扩展性决策
对各种可供选择方案的认知程度	高	低
对信息的需要程度	低	高
作出决策所需要的时间	短	长

还有一种类型的决策几乎在一瞬间即可作出，这就是所谓"瞬时决策"（Impulse Decision），或称为"冲动性决策"。和常规决策截然不同，瞬时决策是事先没有考虑过的。尽管任何类型的信息放在有决策意义的位置上，都能诱发冲动性行为，然而，冲动性的旅游决策却通常为广告牌或其他形式的户外广告所激发。例如，一个旅游团队计划开车去青岛旅游，半路上发现一块广告牌上介绍的花果山水帘洞风景很有吸引力，尽管计划上没有这个打算，他们还是决定在那里停留一下。这个观赏风景的决定，之所以具有冲动性的特征，是因为它包含着一个没有估计到的选择，而这个选择实际上是由广告牌激发的。

（四）旅游决策的过程

旅游决策过程是指旅游者在购买旅游产品或旅游服务过程中所经历的步骤，由于人与人之间的不同，旅游决策可能有所不同，因为旅游决策与决策者的生活环境、旅游环境等密切相关。但是旅游决策的过程是基本一致的：产生旅游需要——寻找旅游信息——比较旅游信息——作出旅游决策——购买并消费旅游产品和服务——购买后满意或不满意的感觉。当然不是所有的旅游决策都必须经历以上环节，有的时候消费者会略去部分决策环节。例如，旅游者在旅游之前决定买一款数码相机，当地市场上品牌很少，质量和价格也没有太大的差别，那么消费者就可以省去了反复比较。在旅游决策的过程中,最后一个阶段,即购买后满意或不满意的感觉是非常重要的,因为如果旅游者觉得这次旅游很满意,那么一段时间后就会产生新的旅游动机,产生后继旅游行为。如果不满意,旅游者就可能不再会作出类似的旅游决策。因此,旅游决策的过程主要有以下几个环节:

1. 识别旅游需求或旅游环境

识别旅游需求或旅游环境是旅游决策过程的第一阶段,旅游者在作出旅游决策之前首先会认识到自己对旅游产品有需要,如自己喜欢什么样的旅游产品,什么样的旅游路线符合自己的需要,乘坐什么交通工具,住什么样的酒店等。

2. 搜集旅游相关信息

旅游者为了更好地满足自己的旅游需要,会通过各种渠道搜集相关信息,当然,寻求信息是需要一定的时间、金钱和精力的,但是寻求信息是有必要的,因为这意味着更低的价格、更好的旅游服务和更满意的旅游路线。

搜寻信息的途径有内部搜寻和外部搜寻。如果说旅游者曾经在杭州住过开元名都大酒店,并且觉得很不错,那么如果这次选择去宁波旅游,那他就可能继续选择宁波开元大酒店,这种依靠自己的知识经验解决问题的过程就是内部寻求。如果通过内部寻求仍然找不到合适的选择,旅游者会通过外部途径来寻求相关信息。外部的途径很多,如询问亲戚朋友、查阅相关书籍资料、浏览网页等。总之,旅游者在决策的过程中会根据决策的重要性尽可能多地搜集相关信息,以保证决策的正确、合理性。

3. 在评价比较的基础上作出旅游决策

通过对已经搜寻的信息加以对比分析,旅游者就可以作出相关旅游决策了,因为旅游消费无法像普通消费一样,可以到商场实地比较商品的价格、性能、品牌以及式样等。旅游者只能根据已有的信息和自己的审美,作出旅游决策。

4. 消费旅游产品和服务

这一阶段是消费者在实际旅游消费中的所采取的具体行为,这个过程比较复杂,因为旅游行程有太多的未知因素,是一个不断变化的过程,无论事先的旅游计划安排得多么周密,与实际情况总会有一定程度的差别,消费者会根据实际发生的旅游过程不断调整自己的旅游消费行为。

5. 购买旅游产品后的体验和评价

消费者在消费完旅游商品之后会有一个经历和体验,会对该旅游商品作出评价,消费者对该商品可能会满意,也可能不太满意,甚至非常不满意。如果消费者整个旅游行程非常愉快,那么就很有可能出现下一次的旅游消费;如果旅游行程不愉快,就难以出现下一次的旅游行为。当该旅游者成为其他人的参照群体时,他所传达的信息可能会导致其他想到同一地区旅游的旅游者放弃这个选择,这样该地区可能无形中就失去了一部分客源。

二、顾客的消费行为

顾客的消费行为是指顾客在收集旅游产品的相关信息进行决策以及购买、消费、评估、处理旅游产品时的行为表现。顾客的心理和行为是极丰富和复杂的,他们的购买行为必然直接或间接地受到许许多多的心理因素和社会因素的影响。

(一) 消费行为研究的历史

1. 消费者行为研究的发展历程

从19世纪末一直到今天,消费者行为与心理的研究一直不曾中断,经历了1930年以前的萌芽时期,1930 年到 1960 年的应用时期以及 1960 年后的发展时期。在这发展过程中有的心理学家将行为决定于外在原因(如行为主义),有的心理学家将行为决定于内在原因(如本能论)。德裔美国心理学家库尔特·勒温(Kurt Lewin)认为个体行为变化是在某一时间与空间内,受内外两种因素交互作用的结果。并用以下公式表示个人与其环境的交互关系:

$$B = f(PE)$$

其中,B(即 behavior)表示消费者的行为;

$\quad$ f(即 function)表示函数;

$\quad$ P(即 person)表示消费者个人的特点;

$\quad$ E(即 environment)表示环境因素。

此公式的含义是,个人的一切行为(包括心理活动)是随其本身与所处环境条件的变化而改变的。可以看出,顾客的消费行为是复杂的,既有内在的心理因素,又有外在的环境因素。消费者行为的研究在今天已经得到了快速的发展,研究角度趋向多元化,从宏观经济、自然资源保护、消费者利益、生活方式等多角度研究。研究参数也趋向多样化,包括了心理因素、社会心理因素、文化、历史、地域、民族、传统、价值观念、信息化程度等一系列变量。

2. 旅游者消费行为的研究历史

20 世纪 70 年代以前,许多学者对旅游学持怀疑和保留的态度,他们认为旅游学科的研究内容过于肤浅,学术研究机构没有必要以严谨的学术作风专门研究旅游消费者行为。在过去很长一段时间里,营销学家主要研究有形产品消费者的购买行为。他们假定,在消费者眼中,旅游产品与其他产品相比没有多少差别。因此,在购前、购买和购后三个阶段,旅游消费者和其他消费者评估、选择产品的方法也基本相同。这种情况在 20 世纪 70 年代后期发生了转变。旅游活动在全世界的强劲发展势头使大量研究人员对旅游消费者行为产生了兴趣,人们到底如何消费旅游产品成为了旅游研究的热门话题。越来越多的学者开始质疑传统的消费者购买决策过程模式在旅游消费者购买决策过程中的适用性。他们指出,由于旅游产品有一系列不同于其他产品的特点,旅游消费者的购买决策过程也必然会有一些不同于其他产品消费者购买决策过程的特点。

例如,一般产品消费过程可划分为购买、消费、处置等三个可明显分离、依序发生的阶段,但是,这三个阶段在旅游消费过程中泾渭分明。旅游消费者在参加旅游团、购买交通和住宿服务、观赏旅游吸引物时,并未获得有形物质的所有权,因此在购买阶段和消费阶段并没有明显的分界线。旅游消费过程是旅游者和旅游企业服务者、旅游目的地居民以及其他旅游者相互接触、相互交往、相互影响的过程。因此,对旅游消费者来说,旅游产品的销售、服务和消费通常表现为一个完整的过程。旅游消费者往往在购买旅游产品的同时就开始评估旅游经历,并在整个消费过程中以及消费之后继续评估自己的旅游经历,而不是像有形产品消费者那样,在使用产品之后才开始评估产品。而且,旅游消费者对旅游消费的评估往往夹杂着主观性较强的情感因素。此外,与有形产品相比,在大多数旅游消费过程中都不存在处置阶段。

由于传统的消费者购买决策过程模式无法反映出这些特点,旅游学者对旅游消费者购买决策过程进行了大量的研究,提出了一系列理论和模式,用于解释旅游消费者购前选择与购后消费和评估过程。20 世纪末,旅游消费者行为研究逐渐成为一个相对年轻而活跃的学术领域。研究人员采用心理学、社会学、计量经济学相结合的研究方法探讨旅游者消费的全过程,通过剖析旅游消费者的感知、期望、满意程度等心理特征,为旅游市场营销提供指导。欧美学者所关注的问题主要包括旅游目的地选择的影响因素、旅游动机、旅游服务质量评价、旅游者的消费情感、旅游者的满意度评价、顾客忠诚感的成因机制、家庭生命周期与旅游决策模式、跨文化的旅游行为等。但是，与其他领域中数量众多的消费者行为研究著作相比，迄今为止，国际和国内学术界在旅游消费者行为方面的系统研究成果尚不多见，旅游消费者行为学在理论和实践运用上尚有不少空白有待填补。

目前，旅游消费者行为研究呈现出以下三方面趋势：

(1) 研究范围越来越广。旅游消费行为的生态问题、旅游消费者的信息处理问题、旅游消费心理问题、旅游消费与目的地文化问题、消费信用问题、外部环境对消费行为的影响、旅游消费者权益保护的政策与法律问题等，统统纳入旅游消费行为分析的视野。

(2) 跨学科发展。现在，研究旅游消费者行为的学者不仅有旅游学、心理学、市场营销学和经济学的学者，也有管理学、社会学、人类文化学、法学等其他学科的理论工作者。研究方法的多样化和各学科成果的交融，对促进旅游消费者行为研究起了积极作用。但是，各学科的理论都有其特定的产生背景、适用条件与范围。避免在研究视野和研究结论上的偏颇，有选择地吸收相关学科知识并融会贯通，将是今后旅游消费者行为研究发展和成熟的必经之路。

(3) 跨国界研究。旅游消费者行为在很大程度上受社会、文化等外部因素的制约。不同文化背景下的旅游消费者在消费心理和行为上会有很大的差异。迄今为止，绝大多数的旅游消费者行为研究都是在美国和欧洲进行，并以欧美旅游消费者作为分析样本的。这些在欧美取得的研究成果是否具有跨文化的普遍适用性，尚需要通过对其他文化背景下的消费者行为进行研究予以检验。自20世纪末以来，中国、日本、韩国、印度等亚洲国家的旅游消费者数量猛增，由此极大地推动了这些国家的学者积极投身到旅游消费者行为研究的行列。此外，随着经济全球化，国际旅游也得到了长足的发展。与之相应地，旅游消费者行为研究不再局限于传统意义上产生国际旅游需求的发达国家，各种旅游消费者行为跨文化的比较研究正在逐步增加。

总的来说，尽管在过去二十多年间旅游消费者行为研究发展迅速，但是旅游消费者行为还是一个新兴的研究领域。这一领域现有的研究成果尚未形成一个被普遍接受或被大多数人公认的、系统的理论体系。这一方面说明旅游消费者行为学还有待于进一步发展和完善，另一方面也预示着它还有着广阔的发展空间与前景。

因此不仅要调查、了解旅游消费者在获取产品、服务之前的评价与决策过程，也应重视旅游者在产品获取后对产品的使用、处置等消费行为，还要关注顾客的消费体验所带来的影响。只有这样，对旅游者消费行为的理解才会趋于完整。

(二) 旅游者消费行为的分析

在现代市场经济条件下，随着对消费者行为研究的深化，人们越来越深刻地意识到，消费者行为是一个整体，会受到各种因素的影响，包含着非常复杂的心理过程。旅游者的旅游消费行为是在消费心理的支配下发生，并随着消费心理的发展变化而变化的过程。对旅游消费者消费行为的分析，是旅游企业各项营销活动的出发点。旅游企业要想赢得旅游市场，就必须注重研究顾客的消费行为，不了解旅游消费者的需要、决策过程、影响旅游消费者满意程度的因素，企业就无法进行有效的竞争。

旅游消费行为的研究可以从多个角度展开。不同学者研究的焦点也不尽相同。最有代表性的研究模式有两个：一个是以格尔伯特(Gilbert，1991)为代表的"需要—动机—行为"模式，另一个是以米德尔顿(Middleton，1994)为代表的"刺激—反应"模式。

1."需要—动机—行为"模式

该模式以旅游者的需要、动机以及行为构成旅游消费行为的周期。当旅游者产生旅游需要而未得到满足时,就会引起一定程度的心理紧张。当出现满足需要的目标时,需要就会转化为动机,动机推动旅游者进行旅游购买。当旅游者的需要通过旅游消费活动得到满足时,心理紧张感就会消失。购买及消费结果又会影响到新的需要的产生,于是开始一个新的循环过程。

格尔伯特(Gilbert)在1991年提出了一个旅游消费行为"需要—动机—行为"模型,如图3-3所示。

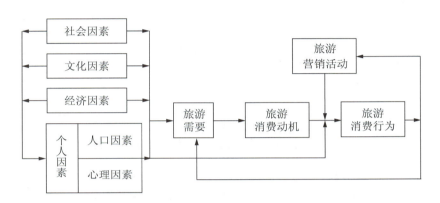

项目三案例

3

图 3-3　旅游消费行为"需要—动机—行为"模型

该研究认为旅游者的旅游需要受社会因素(社会阶层、相关群体、家庭、地位和角色)、文化因素(文化、亚文化)以及经济因素(经济周期、通货膨胀率、利率等)等外部宏观因素以及个人人口统计因素(年龄、健康状况、常住位置、性别及职业)和个人心理因素(动机、知觉、学习、态度及人格)的影响。

在从旅游动机到行为产生的过程中,旅游者会主动搜寻信息,并同时接收来自旅游目的地及企业的信息,以供决策使用。这时,旅游行为的产生受到旅游营销活动的影响。旅游者的心理因素也限制着外界信息的输入与加工,最终影响到旅游购买行为。最后,旅游购买行为会对旅游营销活动以及旅游者新的旅游需要发生作用,影响下一次旅游购买活动。

2."刺激—反应"模式

该模式是建立在行为主义心理学关于人的行为是外部刺激作用的结果这一基本理论的基础上的。该理论认为,行为是刺激的反应,当行为的结果能满足人们需要时,在这样的刺激下,行为就倾向于重复;反之,行为则趋向于消退。因此,从一定意义上说,本次行为是上次行为得到强化的结果。

1994年,米德尔顿在前人研究的基础上,提出了一个更能反映旅游者消费行为的动态性的模型,即购买者行为的"刺激—反应"模型,如图3-4所示。整个模型包含四个部分:刺激输入、沟通渠道、购买者的特征和决策过程、购买和消费后的反应。其中,"购买者的特征和决策过程"是模型的核心,"旅游产品和服务的刺激"以及"沟通渠道"是影响旅游消费决策的输入部分,"购买和消费后的反应"是旅游决策的输出部分。

米德尔顿认为,经过对个体决策及影响决策的各种要素的考察,就可以得到一个解释旅游购买行为的"刺激—反应"模式。在该模式中,市场上的各种产品通过广告、个人推销等手段成

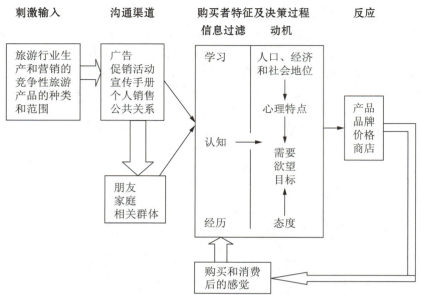

图 3-4   旅游消费行为的"刺激—反应"模型

3

为影响旅游者购买的刺激因素。另外,诸如朋友、家庭等相关群体也以自身的看法和评价影响旅游者的购买决策。旅游者通过个体的学习、知觉以及经验对所接受的信息进行吸收和加工。经过加工的外部刺激通过旅游者个体的态度等心理因素以及人口统计、经济和社会等因素共同影响到旅游需要及动机,并最终促成购买行为的产生。购买者购买后的满意程度则直接形成购买消费经验,购买经验又在新一轮购买行为中产生影响。

以上两个模式虽然研究的切入点和焦点有所不同,但互有交融,所涉及的影响旅游消费行为的要素基本是一致的。

(三)旅游者消费行为的类型

1. 根据旅游者购买目标的确定程度与决策行为分类

(1)全确定型:也称例行反应行为类型(routine response behavior),是指旅游者在购买行为发生之前就已有明确的购买目标和具体要求。

(2)半确定型:也称有限度解决问题行为类型(limited problem solving),是指旅游者对旅游产品有大致的购买意向,但具体目标和要求不明确,他们需要经过对同类旅游产品的比较选择后才能作出购买决策的购买行为。

(3)不确定型:也称广泛问题行为类型(extensive problem solving),是指旅游者没有明确和确定的购买目标,购买与不购买都是随意的、不确定型的购买行为。

2. 根据旅游者的性格特点分类

(1)习惯型:这种类型是指旅游者凭借以往的购买经验和消费习惯而采取的一种反复性的购买行为。

(2)理智型:这种类型是指旅游者在实际购买前已通过收集旅游产品的信息、了解市场行情、并经过慎重权衡利弊才作出最终购买决定的购买行为。

(3)经济型:这种类型是指旅游者对旅游产品的价格十分敏感的购买行为,又称价格型。

(4)冲动型:这种类型是指旅游者受现场环境的激发,以直观感觉为主,未经事先考虑,临时作出决定的购买行为。

(5) 感情型:这种类型是指旅游者根据情感的反应进行旅游产品的购买行为,又称想象型。

(6) 疑虑型:这种类型是指旅游者在购买旅游产品前三思而后行,购买后还疑心上当受骗的购买行为。

(7) 随意型:这种类型是指旅游者在购买旅游产品时无固定偏爱,一般为顺便购买或尝试的购买行为,又称不定型。

3. 根据旅游者消费行为中的兴趣分类

(1) 情调型:这种类型是指旅游者根据旅游产品或旅游服务的情调而作出决策的购买行为。这类旅游者一般经济基础较高,追求新奇、浪漫的感觉,对于感兴趣的旅游产品不惜高价享用。例如,新婚旅游海底婚礼就是一种情调型消费。

(2) 节日型:这种类型是指旅游者的消费兴趣在节假日期间集中而明显地表露出来的购买行为。

(3) 时尚型:这种类型是指旅游者受社会风气及消费流行的影响而导致的购买行为。这类旅游者的兴趣反映在社会的趋时消费或特殊性消费上,他们追求新奇时髦、标新立异。

(4) 娱乐型:这种类型是指旅游者在物质生活基本满足后,倾向于精神生活享受的购买行为。旅游者购买旅游产品的目的主要为休闲放松、调节情绪、丰富精神生活。在实际购买活动中,大多数旅游消费者属于这种类型。

4. 根据旅游者消费行为中的能力分类

(1) 普通型:这种类型是指旅游者在确定购买目标和比较同类旅游产品的质量价格后,自主地挑选旅游产品的购买行为。

(2) 特殊型:这种类型是指旅游者对某类产品非常熟悉,因此在购买中具有不同于普通游客特殊表现的购买行为。这类旅游者数量较少。他们对旅游产品一般具有特殊的鉴赏能力或识别能力。购买活动中较为挑剔、要求较高。

(3) 幼稚型:这种类型是指旅游者由于不了解旅游产品特性或缺乏对某类旅游产品的识别能力,凭直觉急于进行购买的行为。这种旅游者也是少数,他们由于经验不足在购买过程中受随机型因素影响较大,对旅游产品的感觉易于受广告宣传的感染。

任务二 把握顾客的消费决策与行为的影响因素

一、影响消费决策与行为的主观因素

影响消费者购买行为的主观因素很多,主要有消费者的个体因素与心理因素。购买者的文化、职业、年龄、性别、经济收入等因素会在很大程度上影响着消费者的购买行为;同时消费者心理因素也支配着消费者的购买行为。

(一) 个人因素

1. 消费者的文化教育程度

这一点在珠宝市场最能得到体现。珠宝首饰是一种具很深文化内涵的饰物,消费者的受教育程度和背景必然会影响到其购买行为。对珠宝首饰佩戴的意义理解不同,则相应的购买行为会截然不同。

2. 消费者的职业和地位

不同职业的消费者,对于商品的需求与爱好往往不尽一致。一个从事教师职业的消费者,一般会较多地购买书报杂志等文化商品;而对于时装模特儿来说,漂亮的服饰和高雅的化妆品则更为需要。消费者的地位不同也影响着其对商品的购买。身在高位的消费者,将会购买能够显示其身份与地位的较高级的商品。

3. 个性和自我意念

每个人独特的个性将影响其购买行为。个性是单一的心理图案,它相对稳定。个性常用形象言辞来描绘,如自信、权威、爱社交、自主、自我保护、适应性和野心等。个性能被用于分析消费者对某些产品或品牌的选择。例如,咖啡制造商发现喝浓咖啡的人社交能力很强,因此麦氏公司(Maxwell House)的广告表现了冒热气的咖啡和人们轻松交流的样子。

(二)心理因素

在今天这个经济快速发展的时代,人们的心理变化也使消费热点出现了巨大的变化,消费趋势也是变幻莫测的,企业已经不仅考虑商品是否能都满足生理上的需要,还要更多地考虑是否能够满足心理上的需要。

影响消费者心理活动过程的主要因素有需要、动机、感觉、知觉、学习、态度、人格及情绪情感等。这些内容我们将在后面的篇幅中予以详细的阐释,具体到旅游活动上来,旅游者在作出旅游决策的过程中,各种心理因素会共同影响着旅游者的旅游决策。

二、影响消费决策与行为的客观因素

每一个顾客是社会的个体,因此顾客的行为方式不仅受到自身的兴趣、爱好、态度、情绪等个体因素的影响,还会受到社会环境各方面因素的影响,如顾客所在的家庭、所处的社会阶层、社会文化以及相关群体等都会对顾客消费决策和消费行为产生影响。

(一)社会文化因素

1. 文化的概念

文化(culture)是一个非常广泛的概念,给它下一个严格和精确的定义是一件非常困难的事情。从广义上来说,文化是指人类在社会的历史实践中所创造的物质财富和精神财富的总和,文化是一种社会现象,是人们长期创造形成的产物;同时又是一种历史现象,是社会历史的沉淀物。具体来说,文化还包含一个国家或民族的历史、地理、风土人情、传统习俗、生活方式、文学艺术、行为规范、思维方式、价值观念等,是人类之间进行交流的普遍认可的一种能够传承的意识形态。

2. 文化的特征

(1)共有性。文化的共有性表现为社会实践活动中普遍的文化形式,其特点是各个不同民族的意识和行为具有共同的、同一的样式。人类各民族文化无论是多么的不同,也不论一些文化形式与人们的实践活动是多么的间接,它本质上都是各民族人民在改造自己的生存环境的过程中,在自身的生产实践和生活实践中创造的生存和发展的智慧。

各民族文化之间的共性,不仅表现在它们都是生存和发展的智慧,而且还表现在它们有着共同的发展方向和遵循共同的发展规律。人类实践活动的根本目的和动因,是为了通过对自然规律的把握,征服自然,把自然界置于自己的控制之下,使之服从自己的生存和发展需要。这就是人的活动规律性和目的性的统一。卡西尔说:"人类文化的不同形式并不是靠它们本性上的统一性而是靠它们基本任务的一致性而结合在一起的。"人类这一基本的任务就是追求一个"最适合于和最无愧于人类本性的条件"的理想世界。这既是人类文化发展的方向，又是人类文化发展的动力。因此，尽管各民族文化由于发展的起始条件不同，在其后来的发展过程中呈现出多样性，甚至相互之间的差异很大，但在多样性中隐藏着共同的东西。在文化发展的过程中，这种共同的东西不断地显示出来，表现为各民族文化发展过程中的接近性，从而体现出人类文化发展的规律性。文化在其发展过程中所显示出的这些共性，为各民族文化间的交流、学习和借鉴提供了前提条件。

（2）多样性。不同的自然、历史和社会条件，形成了不同的文化种类和文化模式，使得世界文化从整体上呈现出多样性的特征。就世界范围而言，有中国儒家文化、欧洲基督教文化、美洲印第安人文化、中东阿拉伯文化等。就某一国家而言，如中国，则有中原文化、齐鲁文化、荆楚文化、巴蜀文化等各具特色的地方文化。不同民族的形成了各具特色的文化传统，在饮食、衣着、礼仪、禁忌等方面各不相同。但每一种文化都是独特的，相互之间不可替代，它们都是全人类的共同财富。任何文化成果如果遭到破坏都会是整个人类文化的损失。

（3）民族性。文化总是根植于民族之中，与民族的发展相伴相生。任何一个民族或者种族的文化都有其发展的历史，都有它的昨天、今天和明天，即都有着区别于其他民族的鲜明民族性。东西方文化由于它们的地理环境、人文环境和社会环境的不同，形成了风格迥异的民族特色，在人类文化历史上彰显着各自特有的魅力。

（4）继承性。一个民族优秀的传统文化凝聚了该民族世世代代的创造和智慧，是该民族赖以生存的精神力量。所以，要实现民族文化的发展和复兴，就不能无视这些宝贵财富的存在，离不开对传统文化的继承。在文化的历史发展进程中，每一个新的阶段在否定前一个阶段的同时，必须吸收它的所有进步内容，取其精华、弃其糟粕，批判继承，古为今用，以及人类此前所取得的全部优秀成果，否则文化发展就是无源之水、无本之木。

（5）发展性。文化就其本质而言是不断发展变化的。当某一特定的文化不能再充分地满足社会成员的需要时，它就会被修正或被取代，以便最终的规范更符合当代社会的需要和愿望。

19世纪的持进化论的观点的学者认为，人类文化是由低级向高级、由简单到复杂不断进化的。从早期的茹毛饮血，到今天的时尚生活，从早期的刀耕火种，到今天的自动化、信息化，这些都是文化发展的结果。例如，中国古代妇女以为缠足美，所以用一个美好的词汇"金莲"来称呼它，现在"金莲"已成为历史的陈迹。再例如，我国的传统文化强调女性的"三从四德"，而中华人民共和国成立以后，女性的社会地位和经济地位不断提高，男女平等的思想已经逐渐被社会接受。导致文化变迁的原因很多，诸如技术创新、人口变动、资源短缺、意外灾害，在当代文化移入也是一大原因。

3. 文化价值观对旅游决策的影响

社会文化对旅游行为的影响不是直接的，它不像经济因素、时间因素那样直接影响旅游者的旅游行为，而是潜移默化地对旅游者产生影响。不同国家、不同地域、不同民族、不同时期的社会文化使其所属的群体及其成员形成相应的价值观、审美观、宗教信仰和风俗习惯，进而影响到他们的旅游需要、旅游动机、旅游态度和旅游评价。

（二）家庭与决策

据调查，美国人所参加的每三项娱乐活动中，至少有两项以上是以家庭为单位进行的，有近40％的文化闲暇活动是属于家庭性质的。而我们中国是一个家庭伦理观念强烈的国家，随着经济的发展,人民生活水平的提高,人们越来越重视家庭成员间的亲情,那么消费行为必然会在很大程度上受家庭因素的影响。

1. 现代家庭的变化趋势

家庭是社会最小的细胞,经济的快速发展使得家庭成为最常出现的旅游团体。家庭成员结构状态,影响着消费需求的重点、消费动机的类型、消费能力的大小。在研究消费心理和行为时,通常将现代家庭划分为三种典型形态:

(1) 配偶家庭。配偶家庭一般是指仅有夫妻双方而没有子女的家庭。这类家庭有两种情况:一是未生育子女的家庭;二是空巢家庭,即子女都长大成人,脱离父母,自己建立了新的家庭。这类家庭在正常情况下,有较高的收入,而没有大的支出,如不需要支付子女的教育费用等。所以说很容易产生消费动机,消费的欲望比较强烈,消费能力也比较高,个性化消费的倾向也比较大。

(2) 核心家庭。核心家庭又称为基本家庭,由夫妻与他们的子女组成。核心家庭是现代社会的主流家庭模式。我国的绝大多数核心家庭由三个人构成,即父母和一个孩子。这类家庭的消费,除维持家庭的正常开支外,重点放在孩子的成长和教育上。父母的角色强化在工作过程中,而在消费中的主体地位却被淡化,孩子成为家庭的消费重点。

(3) 复合家庭。复合家庭由三代或三代以上的家庭成员构成,其基本结构特征是"上有老,下有小"。这类家庭由于家庭人口多,劳动力少,人均收入水平通常比较低,而且负担比较重,因此,整个家庭的消费处于维持生活的低水平状态,个性化消费的倾向很小。

2. 家庭成员角色与决策

在现代核心式家庭中,家庭成员在实际的决策行为中所扮演的角色主要有以下五种:

(1) 消费行为的发起者:即家庭成员中第一个想到或提议去消费某类商品或享受某种服务的人。

(2) 消费行为的影响者:即影响最后做出购买决策的人,虽然他可能不会作出决策,购买商品,但是他所提供的信息或购买建议对决策者有一定的影响力。

(3) 消费行为的决策者:即最后决定购买商品或服务的人。

(4) 消费行为的购买者:即实际购买商品或服务的人。

(5) 消费行为的使用者:即实际享用商品或服务的人。

家庭成员都扮演何种角色、谁来扮演,则要根据家庭的不同和他们所购买的产品和服务的不同而变化。例如,有一家人到香港旅游,发起者可能是女儿,因为想去香港迪士尼乐园玩,影响者可能是妻子,想让孩子开阔视野,决策者可能是丈夫。在一项旅游产品的购买中,有时一个家庭成员要扮演好几个角色,即集发起者、决策者、购买者、使用者四个角色于一身。

3. 家庭决策的基本类型

在现代社会中,家庭的规模已经趋向小型化,其中核心家庭最具代表性。下面以核心家庭为例分析家庭消费决策,根据家庭各成员在决策中是否起主导作用以及是个人还是集体作出决策,通常将家庭决策的方式分为三种类型:丈夫主导型、妻子主导型、夫妻协商型。

(1) 丈夫主导型。这类家庭往往表现为丈夫是家庭收入的主要创造者,妻子或没有工作或收入相对微薄,在家中处于服从地位。因此作出决策的基本上是丈夫,以旅游消费为例,这类家庭对旅游的态度很大程度上取决于男主人的兴趣爱好、学识水平、职业地位、经济收入等。如果男主人对旅游不感兴趣,则会限制着家庭的旅游行为。如果男主人能够意识到旅游有助于调节身心、教育子女、开阔妻子视野,那么在经济条件许可的情况下,这类家庭就会成为旅游活动的积极参加者。参与的方式往往是男主人带队,全家同行,吃、住、行、游等一切具体活动事宜由男主人全权处理。

(2)妻子主导型。这类家庭往往意味着女主人或创业能力强、或经济收入多、或知识水平高。由于女性好奇心强、注重时尚的性别特征,妻子基本上主导着家庭的消费决策,如当家庭成员出现旅游需求时,有关旅游的各项决策,包括旅游目的地、旅游线路、旅行方式、吃住标准、购物花费、娱乐活动等事宜基本上是由女主人拍板决定,男主人处于服从地位。

(3)夫妻协商型。这一类的家庭比较民主,家庭成员各抒己见、共同商定,作出决策,这是目前家庭旅游较为普遍的决策方式。他们一般共同选择在周末或节假日外出旅游;全家人集体讨论和确定旅游目的地和旅行方式;在具体活动事宜的安排上,分工协作,互相配合。例如,妻子负责携带物品,包括服装、食品等日常生活用品,丈夫负责交通、住宿等项目的安排。

在家庭旅游决策中,儿童不起主导作用,只起间接影响作用。在我国,父母都非常重视对子女的教育,虽然孩子本身通常并不直接参与家庭旅游决策,但是孩子对家庭旅游决策的也有一定的影响。为了能使孩子得到受教育的机会,父母往往乐于作出旅游决策。在具体的旅游决策中,孩子的假期对决定家庭旅游的时间起着重要的影响作用。另外,孩子的兴趣和需要也往往影响着家庭对旅游目的地、旅游活动的内容、交通工具、住宿条件、旅游食品等方面的选择。例如,在旅途中孩子一时兴起要求作出一些小的决定,如要吃特色风味餐、游儿童乐园等。

(三)社会阶层与旅游决策

由于人与人之间在职业、收入水平、受教育程度以及声望、地位等方面的不同,形成不同的群体。同一群体的人们在行为、态度和价值观念等方面具有同质性,不同阶层的人们在这些方面存在较大的差异。从而形成了不同的社会阶层。因此,研究社会阶层对于深入了解旅游者行为具有特别重要的意义。

1.社会阶层概述

所谓社会阶层是指具有相同或相近的社会地位的各个成员所共同构成的相对持久的社会群体。每一个体都会在社会中占据一定的位置,有的人占据非常显赫的位置,有的人则占据一般的或较低的位置。这种社会地位的差别,使社会成员分成高低有序的层次或阶层。社会阶层是一种普遍存在的社会现象,不论是发达国家还是发展中国家,不论是社会主义国家还是资本主义国家,均存在不同的社会阶层。同一社会阶层的人有着相似的价值观念和行为准则,在消费倾向和消费行为上具有某些共同的特点,因此社会阶层对旅游决策有着重要的影响。一般说来,社会阶层具有下列特征:

(1)社会阶层的地位性。一个人的社会阶层是和他的特定的社会地位相联系的。处于较高社会阶层的人,必定是拥有较多的社会资源,在社会生活中具有较高社会地位。他们通常会通过各种方式,展现其与社会其他成员相异的方面。如通过到国内外名山大川旅游、购买珠宝、名牌服装等活动显示自己的财富和地位。社会学家凡勃仑所阐释的炫耀性消费,实际上反映的就是人们显示其较高社会地位的需要与动机。

(2)社会阶层的多维性。社会阶层并不是单纯由某一个方面(如收入或职业)所决定,而是由多个因素共同决定的,既有经济层面的因素,亦有政治和社会层面的因素。在众多的决定因素中,其中某些因素较另外一些因素起更大的作用。收入常被认为是决定个体处于什么社会阶层的重要变量,但很多情况下它可能具有误导性。例如,在我国现阶段,出租车司机、小商贩的收入比一般的大学教师和工程师高,但从社会地位和所处的社会层级来看,后者显然高于

3

前者。除了收入,职业和住所亦是决定社会阶层的重要变量。

(3)社会阶层的层级性。从最低的阶层到最高的阶层,社会形成一个地位连续体。不管愿意与否,社会中的每一成员,实际上都处于这一连续体的某一位置上。那些处于较高位置上的人被归入较高层级,反之则被归入较低层级,由此形成高低有序的社会层级结构。如果消费者认为某种旅游产品主要被同层次或更高层次的人消费,他购买该产品的可能性就会增加,反之如果消费者认为该旅游产品主要被较低层次的人消费,那么他选择该产品的可能性就会减少。

(4)社会阶层对行为的限定性。大多数人在和自己处于类似水平和层次的人交往时会感到很自在,而在与自己处于不同层次的人交往时会感到拘谨甚至不安。这样,社会交往较多地发生在同一社会阶层之内,而不是不同阶层之间。同一阶层内社会成员的更多的互动,会强化共有的规范与价值观,从而使阶层内成员间的相互影响增强。

(5)社会阶层的同质性。社会阶层的同质性是指同一阶层的社会成员在价值观和行为模式上具有共同点和类似性。这种同质性很大程度上是由他们的共同的社会经济地位所决定,同时也和他们彼此之间更频繁的互动有关。对营销者来说,同质性意味着处于同一社会阶层的消费者会选择相似的旅游方式、购买类似的旅游产品,这为旅游企业根据社会阶层进行旅游市场细分提供了依据和基础。

(6)社会阶层的动态性。社会阶层的动态性是指随着时间的推移,同一个体所处的社会阶层会发生变化。这种变化可以朝着两个方向进行:从原来所处的阶层跃升到更高的阶层,或从原来所处阶层跌入较低的阶层。社会成员在不同阶层之间的流动,主要由两方面促成:一是个人的原因,如个人通过勤奋学习和努力工作,赢得社会的认可和尊重,从而获得更多的社会资源和实现从较低到较高社会阶层的迈进;二是社会条件的变化,如在我国文化大革命时期,知识分子被斥为"臭老九",社会地位很低,但改革开放以来,随着社会对知识的重视,知识分子的地位不断提高,作为一个群体它从较低的社会阶层跃升到较高的社会阶层。

2. 社会阶层的划分方式

社会阶层的划分,通常是以经济收入、社会地位、教育水平、职业状态和心理感受等指标为依据。中外社会阶层的划分标准和方法具有一定的差别。

(1)中国社会阶层的划分方式。中国社科院于 2001 年 12 月发表的《当代中国社会结构变迁研究报告》,依据各个社会阶层对组织资源(政治资源)、经济资源、文化资源的占有情况,即对这三种资源的拥有量和所拥有的资源的重要程度,当代中国社会可以划分为以下十个阶层:

① 国家与社会管理者阶层,指在党政、事业和社会团体机关单位中行使实际的行政管理职权的领导干部。中国的社会政治体制决定了这一阶层居于最高或者较高的社会地位等级,是整个社会阶层结构中的主导性阶层,是当前社会经济发展及市场化改革的主要推动者和组织者,在整个社会阶层结构中所占的比例约为 2.1%。

② 经理人员阶层,指大中型企业中非业主身份的中高层管理人员,包括三种人:从原国有和集体企业行政干部队伍中脱离出来的职业经理人、较大规模的私营企业或高新科技产业领域中的民营企业的经理、"三资"企业的中高层管理人员。他们在当前的社会阶层结构中是主导阶层之一,是市场化改革最积极的推动者和制度创新者,在整个社会阶层结构中所占的比例约为 1.5%。

③ 私营企业主阶层,指雇佣有一定数量的私人资本或固定资产并进行投资以获取利润的

人,按照现行的政策规定,包括所有雇工 8 个人以上的私营企业的业主。这一阶层的政治地位一直无法与其经济地位相匹配,他们对社会政治生活的参与受到很大局限,但他们是先进生产力的代表者之一,是社会主义市场经济的主要实践者和重要组织者,在整个社会阶层结构中所占的比例约为 0.6%。

④ 专业技术人员阶层,指在各种经济成分的机构中专门从事各种专业性工作和科学技术工作的人员。他们是先进生产力和先进文化的代表者之一,是社会主导价值体系及意识形态的创新者和传播者,是维护社会稳定和激励社会进步的重要力量,在整个社会阶层结构中所占的比例约为 5.1%。

⑤ 办事人员阶层,指协助部门负责人处理日常行政事务的专职办公人员,主要由党政机关的中低层公务员、各种所有制企事业单位中的基层管理人员和非专业性办事人员等组成。这一阶层是社会阶层流动链中的重要一环,其成员是国家与社会管理者、经理人员和专业技术人员的后备军。同时,工人和农民也可以通过这一阶层实现上升流动。这一阶层在整个社会阶层结构中所占的比例约为 4.8%。

⑥ 个体工商户阶层,指拥有少量私人资本并投入经营活动或金融债券市场而且以此为生的人。如小业主或个体工商户、自我雇佣者或个体劳动者以及小股民、小股东、出租少量房屋者等。这一阶层是市场经济中的活跃力量,在整个社会阶层结构中所占的比例约为 4.2%。

⑦ 商业服务业员工阶层,指在商业和服务行业中从事非专业性、非体力和体力的工作人员。这一阶层的绝大多数成员的社会经济状况与产业工人阶层较为类似,和城市化的关系最为密切,在整个社会阶层结构中所占的比例约为 12%。

⑧ 产业工人阶层,指在第二产业中从事体力、半体力劳动的生产工人、建筑业工人以及相关人员。在社会转型时期,这一阶层人员的社会经济地位明显下降,其人员构成发生了根本性的变化,其中农民工占产业工人的 30% 左右。这一阶层在整个社会阶层结构中所占的比例约为 22.6%。

⑨ 农业劳动者阶层,是目前中国规模最大的一个阶层,是指承包集体所有的耕地,以农(林、牧、渔)业为唯一或主要的职业,并以农(林、牧、渔)业为唯一或主要职业及收入来源的人员。这一阶层的人员在整个社会阶层结构中的地位比较低,在整个社会阶层结构中所占的此例约为 44%。

⑩ 城乡无业、失业、半失业者阶层,是特殊历史过渡阶段的产物,是指无固定职业的劳动年龄人群(在校学生除外)。这一阶层的许多成员处于贫困状态,在整个社会阶层结构中所占的比例约为 3.1%。

随着我国社会经济的不断发展变化,各社会阶层人员的比例也在不断发生变化。农民不断向其他社会阶层流动,农业劳动者阶层正在逐步缩小;办事人员、个体工商户、商业服务业员工、产业工人的数量虽随着农村工业化的发展有明显上升;社会中间层的迅速扩张,使得中国社会阶层结构由原来的金字塔形逐渐向橄榄型转变。

(2) 美国社会阶层的划分方式。美国社会学家总结了美国七种社会阶层:

① 上上层(不到 1%)。上上层是继承大量遗产,出身显赫的达官贵人。这些人是珠宝、古玩、住宅和度假用品的主要市场。他们的采购和穿着常较保守,不喜欢炫耀自己,这一阶层人数很少,当其消费决策向下扩散时,往往作为其他阶层的参考群体,并作为他们模仿的榜样。

② 上下层(2% 左右)。上下层的人由于他们在职业和业务方面能力非凡,因而拥有高薪

和大量财产,他们常来自中产阶级,对社会活动和公共事业颇为积极,喜欢为自己的孩子采购一些与其地位相称的产品。

③ 中上层(占12%)。这一阶层既无高贵的家庭出身,又无多少财产,他们关心的是"职业前途",已获得了像自由职业者、独立的企业家以及公司经理等职位,他们注重教育,希望其子女成为自由职业者或是管理技术方面的人员,以免落入比自己低的阶层。

④ 中间层(32%)。中间层是中等收入的白领和蓝领工人,他们居住在城市中环境较好的地方,并且做一些与身份相符的事。他们通常购买"赶潮流"的产品,认为有必要为他们的子女在"值得的见识"方面花较多的钱,要求他们的子女接受大学教育。

⑤ 劳动阶层(38%)。劳动阶层包括中等收入的蓝领工人和那些过着"劳动阶层生活方式"的人,不论他们的收入多高、学校背景及职业怎样,都是过着工薪阶层的生活。

⑥ 下上层(9%)。下上层的工作与财富无缘,他们的生活水平刚好在贫困线之上,工资低得可怜。

⑦ 下下层(7%)。下下层与财富不沾边,一看就知道贫穷不堪,常常失业或干"最肮脏的工作",他们对寻找工作不感兴趣,长期依靠公众或慈善机构救济。

3. 社会阶层与旅游决策

(1) 同一社会阶层的旅游消费行为具有相似性。同一社会阶层的人在价值观念、行为准则、教育程度、经济收入、消费意识、需求动机等方面比较接近,因此在旅游地的选择、旅游方式等旅游消费行为上表现出相似的特点。例如,处于社会阶层中的下层和底层的人几乎用家庭的全部收入来维持正常的生活,根本就没有可供旅游的余钱,马斯洛的需要层次理论也告诉我们,人们首先要满足生理的需要,然后才有更高层次的需要,所以说经济实力决定了这一阶层的人们不可能出去旅游,即使偶尔出游,也大多是在本地的公园或免费的旅游场所;处在社会中层的人,在维持家庭正常的开支以后,还略有结余,因此在旅游消费上常常表现出很谨慎,一般选择路途并不远,价格较为低廉的旅游项目,以旅游观光为主,很难进行真正意义上的度假旅游;处于社会中上层的人经济上不再拮据,在旅游消费上开始出现个性化消费,开始按照自己的心理倾向选择旅游目的地,如有的家庭比较重视对子女的教育,则会倾向于选择具有文化内涵和教育目的的旅游产品和服务。生活在上层的旅游者,更多选择那些象征社会地位、代表经济实力的旅游项目。修养身心、增长见识、提高素养和展示自我,追求个性化消费已成为明确的旅游消费主题,享受服务性消费在其旅游消费结构中占很大比例。他们外出旅游希望能够引导潮流,独树一帜,花钱要符合自己的身份,上层社会旅游者已失去了物质消费的激情,不再有普通人那种消费的冲动和满足感。高档消费已在他们的生活中变得常规化,在旅游消费中,他们表现出明显的摆阔性和挥霍性。

(2) 不同社会阶层的旅游消费行为具有明显的差异性。不同阶层的人具有不同的价值观念、生活方式、处世原则、道德标准,所以他们在旅游的动机、偏好、方式、时间、地点、消费水平等方面存在各种差别。

① 不同社会阶层的人旅游消费观念不同,社会上层的消费者追求时尚声誉和长远发展,社会下层的消费者则注重经济实惠和眼前利益。所以,社会上层的人倾向于选择远距离的度假旅游产品,而社会下层的人倾向于选择近距离的观光旅游产品。

② 不同社会阶层的人旅游消费内容不同。生存资料、发展资料和享受资料在不同社会阶层的消费结构中所占的比例不同。低阶层的人外出旅游入住豪华酒店的比率肯定比高阶层的成员低。

③ 不同社会阶层的人获取旅游信息的渠道不同,低阶层旅游消费者习惯于口碑式人际传播或从大众性传播媒体获取信息,而高阶层旅游消费者倾向于从专业性、高品位的刊物上获取消费信息。

(四) 相关群体与旅游决策

1. 群体概念

群体是相对于个体而言的,但不是任何几个人就能构成群体。群体是指两个或两个以上的人,有着共同的利益和目标,相互作用、相互影响,并以一定的方式联系在一起进行活动的人群。任何群体都具有一些共同之处,它们构成了群体的特点。一般认为群体具有以下几个特点:

(1) 群体成员有共同的目标。目标是群体成员进行活动的方向,反映全体成员共同的愿望与要求,也是群体成员联系在一起的基础。在目标引导下,群体成员互相合作,取长补短,发挥出群体效应。它是群体建立和维系的基本条件。

(2) 群体成员有公认的规范和规则。为了实现共同的目标,群体内形成公认的规范和规则,对群体成员的心理与行为产生约束与制约,不随群体成员的来去而改变。倘若违反群体规范,将会受到群体的惩罚,甚至被逐出群体。

(3) 群体有一定的组织结构。每个成员在群体中占有一定的地位,扮演不同的角色,行使一定的权利与义务。核心成员占据领导地位,多数成员处于从属地位,各成员间的地位相对稳定。

(4) 群体成员有群体意识和归属感。群体成员之间均进行观念、思想、情感等信息交流,产生相互影响,相互依存,相互制约。在某种程度上存在着持续的心理上和行为上的相互关系。每个成员均意识到其他成员的存在,并意识到自己属于某个群体以及群体之间的界限。

按照群体的概念和特点来衡量,旅游团就是一个群体。这种群体是由旅游者出于旅游的目的,共同组合在一起而形成的。在旅游过程中,旅游者之间相互依赖、相互支持,并服从一定的群体规范,如在旅游过程中听从导游的安排,不能私自行动等。

2. 群体的类型

根据不同的标准,可以将群体类型进行如下分类:

(1) 正式群体与非正式群体。这是按照群体的构成原则进行的分类。可以将群体分为正式群体与非正式群体。正式群体是指由一定的社会组织认可的,有规定的权利和义务,有明确的职责分工的群体。例如,社会上各级各类正式组织内部成员构成的群体,学校的班级,企业的部门等。非正式群体是指那些由若干人自发结合形成的,成员的地位和角色、权利和义务都不明确,也无固定编制的群体,它以感情来维系成员间的关系。也就是说,只要人们有共同的兴趣、观点、感情等,在适当的情况下,尤其是有交往机会的情况下,他们就可能形成非正式群体,例如,旅游中几个爱好相同的旅游者组成的群体,冬季海滨冬游爱好者群体,登山爱好者协会等。

(2) 所属群体和参照群体。这是按照群体在成员心目中的地位进行的分类。所属群体是指个体作为其中的正式一员实际参加的群体。这种群体既可以是一个正式群体,也可以是一个非正式群体。如某人所在的工作车间即为他的所属群体,家庭也是每个人的所属群体。参照群体是指个体不参与其中,但总是倾心向往,并自愿接受其规范准则,以此来指导自己的行为的群体,如足球明星群体可能是足球迷的参照群体,参照群体往往比所属群体的影响力更大。

3. 群体对个体的影响

群体通过以下三种机制对个体发挥影响作用：

（1）暗示。暗示是指在无对抗条件下，用含蓄、间接的方式对个体行为产生影响。例如，新闻媒体的旅游广告，构成了对人们关于旅游的暗示，使人们自觉不自觉地产生旅游的意识，或者是表现出对旅游的兴趣，或者表现为对旅游的压力。

（2）模仿。模仿是指个体主动参照群体中其他成员的行为方式从事自己的活动。模仿是人生存能力的一种体现，当一个人不知道该如何行事的时候，以及当他认为周围某些人的行为举止符合其理想模式的时候，就会主动模仿别人。

（3）服从。服从是指个体迫于一定的压力而遵从群体行为规范。群体，无论是正式群体还是非正式群体，一旦形成，就作为一个动力系统而对个体发挥着影响作用。例如，在我国一些偏远农村，由于长期受封建专制思想的影响，男子在家庭中充当"大丈夫"的角色，具有绝对权威，家庭其他成员事无巨细都要服从他的安排。

4. 相关群体对旅游决策的影响

相关群体是指在形成一个人的思想、态度和信仰时给他以影响的群体。相关群体是因人而异的，也是多种多样的。一个人的相关群体是正式群体，也可以是非正式群体；是所属群体，也可以是参照群体；是自觉群体，也可以是回避群体。这几种群体都对个体具有参照作用，因而都属于相关群体。旅游者的相关群体对旅游者个体旅游决策的影响主要体现在以下三个方面：

（1）相关群体对旅游决策的信息作用。人们的旅游消费行为离不开信息的刺激和影响。相关群体是人们获取旅游信息的重要来源，而且这一信息来源往往具有很大的影响力，因为人们对这种信息总是信任有加的。例如，"到哪里旅游？""选择哪家旅行社？""乘坐什么交通工具？""时间长短？""花费多少？"等诸如此类的问题，相关群体提出的答案可能比旅游部门的回答更有说服力和影响力。

（2）相关群体对旅游决策的规范作用。群体的规范对群体成员的行为模式产生重要的制约作用。一般来说，成员要想继续留在群体之中，就必须遵从所属的群体规范。生活在一定群体中的旅游者，其旅游行为也要向所在群体看齐，不能无视群体的态度而自行其是，我行我素。例如，对单位组织的集体旅游活动，成员应该积极参加。此外，在旅游过程中，相关旅行社、饭店、景区景点等旅游服务部门的规定，都对人们的旅游行为起着规范作用。

（3）相关群体对旅游决策的榜样作用。旅游者相关群体中倾慕对象的一言一行可能影响到旅游者的心理和行为，起着一定的旅游消费榜样和示范作用。因此，旅游企业在进行宣传、促销时，可以利用这种示范效应，以调动人们的旅游消费积极性。例如，大连市的旅游部门为了吸引东北地区的游客，曾组织吉林省长春市的千名中学生乘坐旅游专列来大连开展夏令营活动，并且在亚洲最大的广场大连星海广场举行了盛大而隆重的欢迎仪式，获得了良好的宣传推广效果。

【知识练习与思考】

1. 决策的种类有哪些？

2. 常规性决策与扩展性决策的区别有哪些？

3. 影响消费决策与行为的主观因素有哪些？

4. 影响消费决策与行为的客观因素有哪些?

5. 群体对个体的影响表现在哪些方面?

【能力培养与训练】

张先生一家的旅游选择

6月的一个晚上,张先生一家在客厅里看电视,这时电视画面出现迪士尼乐园儿童游乐的场景。顿时,儿子大叫了起来:"爸爸,我要去迪士尼玩,我要去美国迪士尼玩。"妈妈敷衍说:"儿子,你现在还没放假呢,怎么去玩啊? 等你放假了,我和你爸爸再带你去玩。"

等孩子睡着了,张先生对妻子说:"你刚才答应孩子了,我们就带孩子出去旅游旅游。 虽说咱们是工薪阶层,但咱们家现在经济压力也不太大,你看人家老李家,每年都出去玩一两次,咱们还是在结婚时度蜜月出去过,现在我们是不是也该出去旅游旅游,同时让咱儿子也长长见识。"

"好吧,不过到哪里去玩呢?"妻子表示赞同。

"这样吧,我来查看一些资料,看哪里比较好玩。"

接下来,张先生在工作之余,特别在网上留意了一些旅游信息,查看了一些国内著名旅游线路的资料,价格也能接受。 可他也知道妻子其实早就想去欧洲旅游,一直想去凯旋门、卢浮宫、古罗马斗兽场等历史遗迹,但费用很高。 于是张先生又到中国青年旅行社了解了一下情况,综合考虑价格、距离、时间、文化及饮食等因素,又考虑了儿子想到迪士尼玩的心愿,张先生最终和妻子商定,选择了中国上海、杭州、苏州七日游。

结合你所学的服务心理学知识,思考以下问题:

1. 张先生一家的旅游消费行为是由哪些因素引起的?

2. 分析哪些因素影响了张先生一家对旅游产品的选择和购买?

3. 在本案例中,哪些是主要影响因素? 哪些是次要影响因素?

3

项目四　把握顾客消费的一般心理过程,用心服务

【项目提要】

　　认知过程是最基本的心理过程,包括感觉、知觉、记忆、思维和想象等,它贯穿顾客的消费决策和消费行为的全过程。了解顾客的心理过程,可以有针对性地根据顾客的心理特点,提供相关的服务,使顾客的需求得到最大程度的满足,获得良好的消费体验。

【引导案例】

机灵的导游

　　某天,一个来自南方的旅行团到达山东济南参观旅游,中午在景点附近的一家酒店用餐,南方人爱吃米饭,面对饭桌上的馒头,有一个游客皱了皱眉头,叫来了酒店工作人员询问:"有米饭吗?"此时,已过下午2点,酒店做好的米饭早已经卖完,但是,酒店工作人员本着顾客至上的原则,立刻回答"先生,别着急,我们马上去做。"此刻,导游刘小姐听了酒店工作人员的话,看了看手表,琢磨下午还有其他参观活动,时间已经很紧张了,来不及再等米饭了,她灵机一动,真诚地对这位南方旅客说:"陈先生,来到咱们济南,何不尝尝济南的特色呢? 山东大馒头! 这可是咱们北方地地道道的特色呀,今天尝尝馒头,明天咱们去泰山旅游,正好再尝尝泰安大煎饼,这可是难得的好机会呀!"这位姓陈的游客听罢,非常满意地拿起了桌上的馒头……

任务一　认识顾客消费中的感知觉,诚心服务

一、认识顾客的感知觉,用心服务

(一)感觉

　　在心理学领域里,感觉不仅最早被研究,而且研究得最多。感觉是一种最简单的心理现象,它是指人脑对直接作用于感觉器官的客观事物的个别属性的反应。我们周围的世界是一个丰富多彩的世界,有山、有水、有人烟,有花、有草、有丛林,有广阔的自然界和无数属于社会

文化范畴的事物。任何一种客观事物都有着许多属性,而事物的个别属性和事物的整体总是紧密联系着的。如苹果就有许多属性:鲜红的颜色,甘甜的味道,清新的香气;我们用手摸摸它,就能觉察出它的一般硬度、温度和平滑程度;我们通过眼睛看到苹果的红色;我们通过舌头品尝到苹果的甜味;我们通过鼻腔中的嗅觉器官而闻到苹果的芳香;我们的手接触苹果表面,便产生微凉的冷觉和硬而平滑的触觉。这时,我们主观的关于红色的感觉就是对客观的苹果的颜色属性的反应;我们主观的关于甜的感觉就是对客观的苹果的味道的属性的反应;我们主观的关于香的气味及关于凉、硬和平滑等性质的感觉都分别是对客观的苹果相应的个别属性的反应。感觉不仅为记忆、思维、想象等复杂的认识过程提供了材料,也是动机、情绪、个性特征等一切心理活动的基础。没有感知觉也就没有人的心理。只有在感觉所获得的信息的基础上,复杂的心理活动才能开展。旅游者在旅游的过程中,是通过不同的感觉器官来感受旅游活动的,下面逐一分析不同感觉对旅游决策的影响。

1. 视觉

在人所获得的外界信息中,视觉获得的信息占有很重要的比重。俗话说"百闻不如一见"。人们选择出去旅游,总是希望看到新奇、美丽的风景名胜;有趣、难忘的风情礼俗,总之要与平时生活中看到的一切有所不同,要有一个新奇的视觉刺激,才能满足旅游者的需求。因此,很多居住在大城市的人看到美丽的田园风光、自然景色而心情愉悦,乡村人士却因看到大都市的高楼大厦、购物中心、流行时尚而感到新奇;生活在草原上的人会为看到大海而兴奋不已,生活在海边的人会因为看到草原的一望无际而心旷神怡。

颜色是视觉最重要的因素,它的象征价值和文化意义非常丰富。颜色对于不同民族、不同文化具有不同的象征意义,这是旅游设计和服务中应该注意的问题。比如黑色在中国代表着死亡和丧葬气氛,是中国人忌讳的颜色;日本人最忌讳绿色,认为其是不祥之色;泰国人认为死人的名字是红色的,所以忌讳用红色笔签名或刻字。颜色视觉具有很强的联想功能,例如,在儿童游乐园里,游乐设施的颜色就要活泼、鲜艳、多彩,故宫的颜色以金黄和红色为主,显现出帝王宫殿的威严与雄伟。再如,黄色的灯光照在菜肴上,会使人觉得菜肴新鲜美味,而在蓝色的灯光下,则会给人以不新鲜的感觉。

2. 听觉

听觉也是人获取外部信息的重要渠道,人们有 20% 以上的信息来源于听觉,并且听来的往往是很重要的信息。旅游的过程并不是沉默的游览和欣赏,而是一种有声有色的享受。对于旅游者来说,自然界的风声、水声、鸟儿的鸣叫声以及当地人的山歌、音乐、口音、语言等都是人们所希望听到的。所以,开发旅游产品、创新旅游服务也需要从听觉角度去探索如何满足旅游者。人们的听觉蕴藏着一个巨大的市场。例如,饭店、宾馆、商场的背景音乐能够创造适宜的情绪体验;导游通过改变语速以增强说服力和感染力。

3. 嗅觉

气味可以影响人们的情绪,也可以引起人们的联想,旅游者在旅游的过程中对气味很敏感,好的气味能使人精神振奋,产生兴奋、愉快、温暖、舒适、轻松、受欢迎、自信、安全的感觉,而难闻的气味会使旅游者产生反感和不安全感。有些旅游地的厕所臭气熏天,污秽不堪,令人难以下脚,这样会极大地影响游客的旅游兴致。所以大连市在国内率先在旅游景点修建"五星级旅游厕所",扑鼻的清香,舒缓的背景音乐,漂亮的装饰画,从而给游客们留下了深刻的印象。

4. 触觉

相对而言,旅游心理学中对触觉刺激影响旅游者行为的研究不多,但是在实际旅游过程中,触觉信号具有象征意义。没有身临其境地用你的手、脚去感觉沙滩的细腻,没有用全身去感受海浪的冲击,你就不能真正体验到其中的美妙感觉。

5. 味觉

人常说旅游者是"观天下美景,品八方美食",大部分旅游者是美食家,品尝异国他乡的美食是旅游中的一大享受。而且味觉感官有助于旅游者对旅游产品感受的形成。所以,怎样满足旅游者的味觉需求是值得研究的问题,现在许多饭店、宾馆总是不断开发新口味的特色佳肴来取悦游客。各地也争相举办各种各样的美食节,推出各种美食,并大力宣传自己的特色食品,以吸引更多的游客。

(二)知觉

知觉是人脑对直接作用于感觉器官的客观事物整体属性的反应。知觉必须以各种形式的感觉的存在为前提,它是在感觉的基础上产生的,是对感觉信息整合后的反应,就像前文所举的苹果的例子,我们通过视觉器官感到它具有圆圆的形状、红红的颜色;通过嗅觉器官感到它特有的芳香气味;通过手的触摸感到它硬中带软;通过嘴品尝到它的甘甜味道,于是,我们把这个事物反应成苹果。这就是知觉。人们只有在丰富、精确的感觉的基础上,才能产生全面、正确的知觉。但是知觉不同于感觉,因为感觉是对客观事物个别属性的反应,而知觉反应的是客观事物的整体属性。例如,旅游者知觉中的"青山绿水,鸟语花香",就是通过视觉、听觉、嗅觉等感觉个别属性整体的反应。当然,知觉不是感觉所反应事物的个别属性的简单相加,而是大脑对不同感觉通道的各个信息综合加工的结果。

1. 知觉的分类

根据知觉的对象,可以将知觉分为以下几类:

(1)空间知觉。空间知觉是指人脑对客观事物的形状、大小、远近、方位等空间特性的知觉。包括形状知觉、大小知觉、距离知觉和方位知觉。

(2)时间知觉。时间知觉是人对客观事物的延续性和顺序性的反应。旅游工作者了解旅游者在旅行游览过程中的时间知觉特点是非常重要的。很多游客往往一上车就急于想到达目的地,一饱眼福,途中的时间大都认为是多余的、枯燥的。所以导游员应首先遵循"旅速游缓"的原则,这才符合游客的心理,用导游界的一句话来说就是:"有张有弛,先张后弛。"

(3)运动知觉。所谓运动知觉,是人对物体在空间位移和移动速度的知觉。其程度取决于物体位移的速度、物体至观察者的距离以及观察者本身的动静状态。

(4)错觉。错觉是一种特殊的知觉,是人在一定的条件下,对客观事物产生的某种固定倾向的、受到歪曲的知觉。错觉产生的主要原因是外在的客观刺激物,因为主观的努力是不能改变错觉的。

错觉可以发生在视觉方面,也可以发生在其他知觉方面。如当你掂量一千克棉花和一千克铁块时,你会感到铁块重,这是形重错觉。当你坐在正在开着的火车上,看车窗外的树木时,会以为树木在移动,这是运动错觉等。在众多的错觉中,以视错觉最为普遍,它常发生在对几何图形的认知上,如图 4-1所示。

① 垂直线和水平线错觉。两线段的长度实际相等,但看起来垂直线显得长。

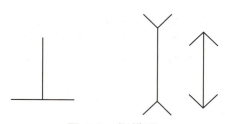

图 4-1 视错觉

② 等长线错觉。两条直线长度相等，因加上不同方向的箭头，看起来左边一根就显得长。

在旅游资源开发和建设中常常利用错觉，以增加旅游审美效果，特别是我国的园林艺术，常常利用人们的错觉，起着渲染美景，突出景观的作用。比如颐和园的苏州河，一层建筑，一层树木，一层朱桥，又一层树木，又一层建筑，再一层树木，因而看起来就产生增加了空间深度的错觉。

那么，什么是旅游知觉呢？从知觉的定义可知，旅游知觉就是指直接作用于旅游者感觉器官的旅游刺激情境的整体属性在人脑中的综合反应。

2. 旅游知觉的特性

旅游知觉的特性主要包括：选择性、整体性、理解性和恒常性。其中旅游知觉的选择性、整体性与旅游行为密切相关。了解旅游知觉的特性有助于理解旅游者作出和实施旅游决策的一些心理和行为。

(1) 旅游知觉的选择性。在旅游活动中，作用于旅游者的客观事物是多种多样的，但是旅游者不可能对客观事物全部清楚的感知到，只能根据需要选择少数事物作为知觉的对象，这种特性称为旅游知觉的选择性。

知觉选择的过程就是区分知觉对象和背景的过程。在一定时间内，旅游环境对旅游者的感官刺激是复杂多样的，旅游者不能对所有事物都作出反应，于是一部分事物就了清晰的知觉对象，而另一些事物则成了模糊的背景。例如，准备出去旅游的人，在翻阅报纸或者是看电视的时候，最关心的是各个旅游景点的旅游信息和各旅行社的报价，而对其他广告的印象很模糊。当然，对象与背景之间的关系不是一成不变的，而是可以相互转换的。例如，一个旅游团游览北京的宁寿宫，当导游在讲到北京故宫的九龙壁时，这时候整个九龙壁就成为了知觉的对象，三大殿及宁寿宫就成了背景，而当导游说九龙壁上有一条龙是木头做的，让游客们看是哪一个的时候，九条龙就成为了知觉的对象，而九龙壁就成为了背景。知觉对象与背景相互转换的现象可以用双关图（图4-2）来说明。在图4-2中，你看见了什么？你看见的是两个人头，还是一个花瓶？当我们把黑色作为背景时，就可以看到一个白色的花瓶，如果背景是白色，则看到两个黑色侧面人像。除非恍惚使知觉选择中心模糊，我们不能够同时既看到一个白色花瓶，又看到两个黑色侧面人像。

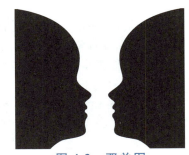

图 4-2　双关图

知觉选择的过程可以是主动的，是人们按照某种需要，有意识地选择旅游目的地和旅游景点，也可以是被动的，被某些旅游景点吸引，古人说："仁者乐山，智者乐水"，就是旅游知觉选择性的体现。在旅游活动中，有人喜欢文化历史，有人喜欢名山大川，有人喜欢浩瀚的大海。这就是旅游的选择性。

(2) 旅游知觉的整体性。知觉对象具有不同的属性，由不同部分组成。但是人们总是将它们知觉成一个整体。知觉的这种特性就是知觉的整体性。

在旅游活动中，知觉对象有很多，但是旅游者总是把旅游中接触到的来自旅行社、交通、饭店、宾馆、旅游景点等各个部门的服务综合起来，对旅游服务进行评价。这就是知觉对象组合的问题。根据格式塔（Gestalt Psychology）心理学派的观点，知觉对象的组合有四条原则：

① 相似原则。相似原则是指在形状或性质上具有相同或相似特征的物体容易被组合在一起，知觉为一个整体。如图4-3所示，相似的图形很容易被知觉为一类；旅游景点也可以按

照相似原则加以区分,如旅游者常常把同类的旅游景点:峨眉山、九华山、普陀山知觉为一组,因为它们都是佛教圣地,在旅游资源、旅游设施和旅游服务上有很多相似之处。导游在知觉外国游客时,常常将西方国家的旅游团称为欧美团,是因为来自这些国家的旅游者在外貌、文化背景、生活习惯等方面都很相似。

▲ ○ ▲ ○	峨眉山	九华山	普陀山
▲ ○ ▲ ○	太湖	鄱阳湖	洞庭湖
▲ ○ ▲ ○	长江	珠江	黑龙江

图 4-3　相似原则　　　　　　图 4-4　接近原则

　　② 接近原则。所谓接近原则,是指在时间上和空间上彼此十分接近的刺激物,比相隔较远的刺激物有较大的组合倾向,而成为知觉的对象。如图 4-4 所示,空间相近的两条线段会被看成为一个组。如山海关和北戴河,北京和八达岭长城、香港和澳门,都是由于地理位置接近,被旅游者知觉为一条旅游路线。

　　③ 闭合原则。闭合原则是指若干个知觉对象共同包围一个空间,会形成一个知觉单位的倾向,人们对于这样一个空间,总是自觉或不自觉的根据自己的知识经验添加缺失的部分,力图使之成为一个完整的闭合图景。例如,苏州和杭州号称"人间天堂";香港和澳门并称我国两个特别行政区;深圳、珠海、广州构成珠江三角洲。

　　④ 连续原则。在时间或空间上有连续性的若干知觉对象,容易被组合在一起,知觉为一个整体。这就是连续原则。例如,长江上游的西陵峡、巫峡、瞿塘峡被组合在一起,共同构成一个整体的知觉对象,即长江三峡游。再如,大连、营口、盘锦、锦州、葫芦岛、秦皇岛、烟台等港口,由于它们都是渤海沿岸的海滨城市,构成一个旅游知觉单位,被旅游者称为"环渤海旅游金项链"。

　　(3) 旅游知觉的理解性。旅游者在感知旅游对象时,总是借助已有的知识经验加以理解和解释,把它归入一定类别的范畴之内,并用概念把它们标示出来,这就是旅游知觉的理解性。知觉的理解性可以使人的知觉过程更加迅速,节约感知的时间和工作量,同时也使知觉印象更准确、更完整。

　　对旅游对象的理解来源于旅游者的知识经验,不同的知识和经验,可以导致完全不同的知觉理解,而对某一事物的相关知识和经验越丰富,其知觉的内容就越深刻、越精确。例如,历史学家参观北京故宫博物院后,对故宫及其收藏的文物的认识要比普通人深刻得多,精确得多。

　　知觉的理解性不但受知觉者所掌握的知识和经验的影响,而且也受言语的影响。在知觉对象的特征不大明显时,他人的言语指导,可以补充知觉的内容,使知觉更加完善,有助于知觉者对知觉对象的理解。例如,在旅游活动中,所谓"看景不如听景""景色美不美,全靠导游一张嘴",说的就是导游员生动形象的言语解说可以帮助旅游者加深对景点内涵的理解和认识,提高旅游者的审美鉴赏能力,提高旅游活动的品位和质量。再如,餐厅服务员在给客人上菜时,如果能够向客人介绍每道菜的名称、制作过程、味道、营养以及典故、趣闻等知识,以提高客人对菜肴的理解性,形成深刻的知觉印象,就可能使客人经常光顾,并带来更多的客人。

　　(4) 旅游知觉的恒常性。在旅游活动中,当旅游知觉的条件在一定范围内改变了的时候,旅游知觉的映像仍然保持相对不变，这就是旅游知觉的恒常性。

例如，当我们旅游结束离开黄山时，黄山在我们的视野里越来越小，但我们不会感到黄山本身在越变越小。在旅游过程中，旅游知觉的恒常性会受到多种因素的影响，其中主要的是由于过去经验作用的结果。

【案例思考】

原始部落的人的知觉

刚果的俾格米（Pygmi）人居住在枝叶茂密的热带森林中。人类学家特恩布尔（Turnbull，1961）曾描述过这些人及其生活方式。有些俾格米人从来没有离开过森林，没有见过开阔的视野。当特恩布尔带着一位名叫肯克的俾格米人第一次离开居住地大森林来到一片高原时，他看见远处的一群水牛时惊奇地问："那些是什么虫子？"当告诉他是水牛时，他哈哈大笑，说不要说傻话。尽管他不相信，但还是仔细凝视着，说："这是些什么水牛会这样小。"当越走越近，这些"虫子"变得越来越大时，他感到不可理解，说这些不是真正的水牛。

（C. M. Turnbull，The Forest People，Simon & Schuster，Inc.，1961.）

3. 影响旅游知觉的因素

（1）客观因素。

① 旅游对象的刺激强度。旅游环境是丰富多彩，多种多样的。各种旅游刺激同时作用于旅游者，各种感知对象作为刺激因素交织在一起，但并不是所有的事物都能够引起旅游者的注意。如果客观事物的刺激没有达到一定的强度，即没有独特的形象或突出的特性，就不能有效地引起感觉器官的反应，不会引起旅游者的注意，因而也就不能被知觉到。一般来说，旅游对象的刺激强度越大，就越容易被游者清晰地感知到。例如，泰山的雄伟、华山的险峻、峨眉山的秀气、黄山的瑰丽，都能以较大的刺激强度给旅游者留下清晰而深刻的印象。此外，新奇独特的刺激物也容易成为旅游知觉的对象。如果旅游刺激物是旅游者闻所未闻、见所未见的，如到西藏去旅游时，藏族所特有的建筑、风俗文化、语言、衣着等少数民族民俗风情和生活习惯，就很容易引起旅游者的好奇和兴趣。

② 旅游对象与背景的关系。根据旅游知觉的选择性我们可以知道，在旅游过程中，旅游知觉的景点和它周围的背景环境在强度、颜色、形状等方面的差别越大，越容易成为旅游者的知觉对象。例如，城市中奇特的建筑、黄色沙漠中的绿洲、一片绿叶中的一朵红花、高耸入云的大山、耸立在广场上的巨型雕塑等，都很容易成为旅游者的知觉对象。

③ 旅游对象的状态。我们都有这样的体会，晚上漫步旅游城市的街头，那些不断变化形状和色彩的霓虹灯广告总是容易引起我们的注意，成为知觉对象。这就说明旅游对象的状态影响我们的知觉，那些趋于变化和运动的事物比处于静止状态的事物更容易成为知觉对象。如公园里的翻滚过山车，大海上飞驰的游艇、悬崖间倾泻的瀑布、草原上奔驰的骏马、天空中变幻的云海等，也都很容易成为旅游者的知觉对象。

（2）主观因素。

① 旅游者的兴趣。旅游者在兴趣上的差别常常决定着旅游知觉选择上的差异性，在旅游过程中，旅游者通常关注自己感兴趣的事物，并把它们作为知觉对象，而不会关注那些自己没有兴趣的事物，或排除在知觉之外。例如，都是到黄山旅游，有些人关注的是那些形态各异的

松树,有些人却把奇形怪状的石头作为知觉对象,还有些人对千变万化的云海感兴趣。

② 旅游者的需要与动机。人们的需要和动机在一定程度上影响着人们的知觉,旅游者总是有着一定的旅游需要和旅游动机,符合旅游需要和动机的事物,就容易引起旅游者的注意,从而被旅游者感知。反之,则容易被忽略,不易成为知觉对象。在同一个旅游目的地,可以同时接纳各种类型的旅游者,如观光型、度假型、修学型、商务型、探亲型等。

③ 旅游者的情绪。情绪对旅游者的知觉有很大的影响。我们都有这样的体会,当我们情绪很愉快时,做事情的效率会很高;当我们情绪很低落时,做事情效率就很低。在旅游过程中也是一样的,当旅游者情绪高涨、心情愉快时,其知觉主动性提高,知觉范围扩大,会积极主动地去感知周围的旅游景观,兴高采烈地参与各种活动。反之,当旅游者情绪低落、心情苦闷时,其知觉主动性就会降低,知觉范围就会缩小,再生动、形象、美丽的景色,他们也会觉得索然无殊,很难成为其知觉对象。

④ 旅游者的知识经验。旅游者在自己的日常生活、工作、学习中形成了一定的知识、经验。而知觉具有理解性,因此旅游者在旅游的过程中,总是根据过去的知识经验,对知觉对象的意义作出理解和判断,迅速得出知觉印象。所以说过,过去的经验影响旅游者的知觉内容、速度和准确性。在旅游活动中,旅游经验丰富的旅游者所获得的知觉更全面、更深刻,得到更高的审美体验;而缺少旅游经验的人所获得的知觉可能是简单的、表面的、笼统的。

实践证明,重游者和初访者的旅游知觉是大不一样的。重游者知道哪些景点值得多玩多看,哪些景点应该少玩少看,哪些景点不看也行等。在相等的时间里,重游者比初访者会获得更多的审美体验和享受。

影响知觉的主观个体因素除上述外,还有年龄、性别、个性、态度、职业、阶层、收入等也都会对人的知觉产生影响。

4. 旅游中的社会知觉

社会知觉就是指个人在社会环境中对他人(某个个体或某个群体)的心理状态、行为动机和意向(社会特征和社会现象)作出推测与判断的过程。它影响着旅游者和旅游组织者之间相互关系的建立、维持和发展。

(1) 旅游者知觉的心理定势。

① 第一印象。第一印象,又称为"首因效应",是由旅游者在旅游活动中第一次接触到的事物所形成的印象而产生的一种心理倾向。在人际交往中,第一印象起着非常重要的作用,第一印象往往是很深刻、很牢固的,直接影响知觉者的后续知觉。研究表明,人们首次交往时所形成的对对方的看法,不管正确与否,总是最鲜明、最牢固的,人们在接下来的活动中,通常不自觉地戴着"先入为主"的"有色眼镜",把当前的印象同"第一印象"联系在一起,根据第一印象对当前事物进行归类并作出判断。例如,人们对某人一开始就怀有好感,就会愿意和他交往下去,并且会较快地取得相互了解;反之,人们对某人一开始就产生反感,就会不愿与其交往下去,即使因为各种原因难以避免与其接触,也会对其冷淡,甚至发生对抗行为。

俗话说:良好的开始是成功的一半。对于旅游工作者来说,给客人留下良好的第一印象是非常重要的。对导游人员而言,导游从机场、车站第一次接触旅游者起,就必须注意自己的仪表要美观大方,态度要自信友好,办事要稳重干练(尤其要避免错接、迟接、漏接旅游团的事故),要热情、周到、耐心、细致,努力树立良好的形象,要以周密的工作安排、良好的工作效率给旅游者留下美好的第一印象。这样在以后的旅游活动中就会配合导游员的工作,即便某些方面的安排略有欠缺,旅游者也会忽略不计。对饭店服务人员而言,服务人员应通过端庄的仪表、优雅的姿态、和蔼的问候、温柔的笑容、热情的态度、高超的技巧等给游客留下深刻而美好的第一印象，从而使游客心情愉快、乐于交流、积极消费。我们永远没有第二次机会来给我们宾客改善第一印象。

② 近因效应。所谓近因效应是指在对事物认知或形成总体印象的过程中，新近获得的信息比原来获得的信息影响更大的现象。在旅游工作中，如果服务人员不能把优质服务贯穿始终，即开始时服务热情、周到，后来就冷淡、疏忽，那么留给旅游者的印象很可能是后者，并将此作为其对该企业的总体印象。美国一些旅游专家有这样的共识：旅游业最关心的是其最终的产品——旅游者的美好回忆。导游人员留给游客的最终印象也是非常重要的。若导游人员留给游客的最终印象不好，就可能导致前功尽弃的不良后果。因此，在旅游接待中，服务人员既要"慎始"，也要"善终"。要给旅游者留下完美的最后形象，使旅游者对整个旅游活动都感到满意。

③ 晕轮效应。晕轮效应又叫做光环效应，是指从知觉对象的部分特征推及其他所有特征，从而产生积极或消极的评价。晕轮效应是社会知觉中的一种以点带面、以偏概全的心理倾向。在人际交往中，晕轮效应既有美化对象的作用，也有丑化对象的作用。例如，客人第一次到某饭店就餐时，碰到了一个非常不耐烦、态度很傲慢的服务员，他可能就会认为这个饭店整体的服务都不好。

晕轮效应和首因效应都带有强烈的主观色彩，以主观推断代替客观现实，常常是一叶障目，不见泰山；只见树木，不见森林，造成知觉偏见或歪曲。所不同的是，首因效应表现在知觉时间上，由于前面的印象深刻，后面的知觉往往受前面的印象支配；而晕轮效应则表现在知觉内容上，由于对知觉对象的部分特征印象深刻，由此泛化为整体印象。

在旅游活动中，旅游者很可能因为某项或某人服务质量不好就推及到整个旅游企业，认为该企业整体服务质量很差，一无是处。例如，有的外国人第一次到中国旅游，碰巧遇上了交通事故，他就会认为在中国旅游不安全。因此，旅游企业要尽量避免提供劣质服务，防止旅游者通过晕轮效应的负面影响，认为该企业提供的服务在整体上是低劣的。当然，旅游企业可以大力推出优质产品和服务，充分利用晕轮效应的正面影响，提高企业的知名度和声誉。

④ 刻板印象。刻板印象，又称偏见。刻板印象是社会上一部分人对某类事物、人物所持的共同的、固定的、概括的、笼统的看法和印象，是指仅根据片面的感性材料或道听途说而对某个人或某个社会群体的不确切的甚至是错误的社会知觉。刻板印象一旦形成，人往往根据知觉对象某一方面特点对知觉对象的整体作出以偏概全的推论，从而导致社会知觉的偏差。如认为北方人性格耿直憨直，南方人感情细腻；老年人办事稳重，但墨守成规，比较保守，年轻人举止激进、轻率，但热情活泼，勇于创新；男性独立，事业心强，自信，豪爽，能约束自己，能力强，办事有主见；女性依赖，顺从，事业心差，嫉妒心强，任性，能力差，即所谓"头发长，见识短"等都属于刻板印象。

偏见是缺乏科学根据的。它不仅会造成社会知觉的偏差，还会导致人际关系的紧张。但是在知觉中，人们往往会按照一个人的一些容易辨认的特征，如年龄、性别、民族、职业等，把他归属于某一类成员，然后把属于这类成员的典型特征都归属于他身上，以此去判断他。对旅游业来说，刻板印象可以帮助我们了解客源和旅游市场的总体情况，设计出有针对性的旅游产品，同时又要求我们具体问题具体分析，不能把刻板印象生搬硬套，应灵活对待每一位旅游者，为其提供个性化的旅游服务。

4

5. 旅游者对旅游条件的知觉

旅游活动包括吃、住、行、游、购、娱六个基本环节,因此,旅游者在作出旅游决策时需要考虑很多因素,其中旅游条件是要考虑的重要因素。旅游者对这些旅游对象和实现旅游活动的必要条件的知觉,直接影响到旅游者的态度、旅游者的行为和旅游目的地的选择。因此,研究旅游者对旅游对象和实现旅游活动必要条件的知觉印象,具有实践意义。

(1) 旅游者对旅游时间的知觉。在社会经济高速发展的今天,人们的观念也在不断地改变,越来越多的旅游者对旅游的时间知觉很敏感,很多国内学者都倾向于用"一快、二慢、三准时"来描述旅游者对时间的知觉,即旅途要快,游览要慢,旅游活动安排要准时。

① 旅途要快。现代人的时间观念很强,再加上闲暇时间不多,所以很少有人愿意花费大量的时间在路上,而且旅途本身也是枯燥无味的,所以旅游者总是希望旅途时间越短越好。

② 游览要慢。游览是旅游者的重要目的之一,所以旅游者在旅游的过程中,总希望有充裕的时间来欣赏美丽的景色、享受旅游的放松、品味旅游的乐趣。如果旅游者觉得旅行社在某个旅游线路安排不恰当,旅途上花费的时间过多,游览的时间过少,那么旅游者是不会选择这个旅行社的。

③ 旅游活动安排要准时。旅游者希望整个旅行过程中的各项活动都安排得井井有条,严格按照计划行事,按时出发,准时到达。时间就是金钱,如果旅游过程很多活动安排的不准时,让游客们等待,则会影响游客们的情绪,给游客们心理上造成压力。

(2) 旅游者对距离的知觉。旅游者总是想体验异乡的风土人情和生活方式,但是不是说距离越远越好,距离的远近都会影响旅游者作出旅游决策。人们对距离的知觉对旅游者的决策和行为既能产生消极的阻止作用,又能产生积极的激励作用。

① 阻止作用。旅游是一种需要付出代价的消费行为,旅游目的地的距离越远,旅游者要付出的金钱、时间、体力、精力等代价就越大,所以远距离的旅游往往使人望而生畏。尤其是时间不充足或者是身体不好的旅游者,只有旅游者认为从旅游活动中所得到的收获大于所付出的代价或者认为自己有足够的基础完全可以承担得起这种代价时,他们才会作出旅游决策。因此,距离在旅游决策中起到了"泼冷水"的作用,使人们对外出旅游产生种种顾虑,抑制了人们的旅游动机,阻止了旅游行为的发生。通常,距离越远,旅游者付出的代价也就越大,而代价越大,旅游者的顾虑就越多,阻止外出旅游的"摩擦力"也就越大。到遥远的地方或出国旅游的人数总是少于近距离旅游或在国内旅游的人数,国内游客人数总是多于海外游客人数。

② 激励作用。距离对旅游行为的产生既有阻止作用也有激励作用。距离产生美,遥远的旅游目的地往往会使人产生一种神秘感、新奇感和陌生感,这种感觉对旅游者来说是一种吸引力。当这种由神秘、陌生等因素构成的吸引力大于距离的阻止力,并且旅游者在时间、金钱、精力等方面又能承受时,距离就成为一种激励因素,促使旅游者舍近求远,到远方的旅游目的地去旅游。正如汪国真的一句诗所说:"熟悉的地方没有好风景",人们旅行的目的地大多距自己生活地有一段距离,很少有人选择自己熟悉的城市作为旅游目标,这就可以解释为什么在经济条件许可的情况下,大连旅游者选择海南岛比选择广鹿岛观光度假的可能性更大。虽然旅游者在两个海岛上都可以参加基本相同的活动,获得同样的乐趣,但因为海南岛距离远而有了更大的神秘感和吸引力。我国西部地区相对于中国的主体海外市场及沿海高出动力地区来说,总体区位较偏远,这是其发展旅游的不利一面。但同时,距离产生美感、产生吸引力,如果交通改善、宣传得当,反而能产生很好的激励效果。

(3) 旅游者对交通的知觉。旅游交通是人们实现旅游活动的主要途径和手段。现代旅游业的发展有赖于各种现代化交通工具的发展，旅游者对交通工具的知觉对其旅游决策产生重要的影响。

① 旅游者对飞机的知觉。在进行远距离的国内旅游或国际旅游时，大多数旅游者会选择飞机作为交通工具。乘飞机的旅客主要追求的是快捷、安全、舒适，他们对飞机的知觉印象主要受以下三个因素影响：起降时间、着陆次数和服务态度。乘飞机旅行的人对时间的关注主要体现在飞机的起降时间上。乘飞机的旅客都希望飞机能准点起飞，正点到达，以便充分利用有效时间，顺利完成预期的旅游活动计划。旅游者关注的另一个因素是飞机中途着陆的次数。众所周知，飞机起飞和降落时事故发生的频率最高。因此，航班临时增加中途着陆次数时，常常会引起旅客的不满。另外，舒适的乘机环境和良好的服务也是旅行者非常重视的因素。乘务员举止优雅、热情友好、礼貌周到、体贴入微的服务会使人产生亲切感，并留下美好的印象，使旅游者愿意选择乘坐他们的班机。此外，飞机机型、装备状况、驾驶员的资历、航空公司飞行安全记录等情况也影响着旅游者对飞机航班的选择。

② 旅游者对火车的知觉。对于许多游客来说，如果时间允许的话，他们宁愿乘火车旅游。虽然火车的速度比不上飞机，但价格便宜、安全可靠、乘车方便，而且还可以欣赏沿途的风光。近年来，随着列车服务质量的提高和几次大规模的旅客列车提速，火车已成为很受欢迎的主要旅游交通工具。旅游者对火车的知觉印象主要受三个因素的影响：速度、时间、舒适度。旅游者乘火车出游总是希望火车的速度越快越好，中途停车的次数越少越好，因此，直达的旅游列车最受欢迎。旅游者乘火车总是希望列车能够准点运行，按时到达。旅游者通常希望列车上设施齐全、环境整洁、空气清新、温度适宜、服务周到等。

③ 旅游者对汽车的知觉。汽车是短途旅游者必选的交通工具。乘坐汽车的游客大都希望在汽车上获得最大程度的享受和休息，所以，他们特别在意汽车的舒适性。通常下列因素影响旅游者的知觉印象：汽车的新旧程度，车窗的宽敞明亮程度，座椅的舒适性，车上减震装置的性能，车上视听系统的效果，车上是否配有导游员，导游员是否提供优质服务等。此外，公路状况也是旅游者乘坐汽车所考虑的重要因素。

④ 旅游者对游览船的知觉。游览船是用作海上旅游和江河湖泊旅游的交通工具。旅游者对游览船的知觉取决于以下几个因素：第一是游览船中途停靠岸的次数；第二是旅游目的地的远近；第三是游览船客舱、餐厅的卫生和装饰状况；第四是服务质量的好坏。

（4）旅游者对旅游目的地的知觉。人们一旦决定出去旅游，首先会收集各种信息资料，进行分析、评价和判断，选择能够最大限度满足自己需要和兴趣的旅游目的地。通常，旅游者对旅游目的地的知觉主要受下列三个因素的影响：旅游景观、旅游设施和旅游服务。旅游景观必须具备独特性、观赏性和参与性，这样才具有吸引力。例如，美丽的自然风光、宜人的气候、奇异的人文景观、独特而具参与性的旅游娱乐活动项目等。旅游设施应该齐备、安全、方便、舒适，旅游设施应有机地与景观融为一体，增加美感，有助于旅游者获得美好的体验和享受。旅游景区景点应有一支高素质的旅游接待队伍，向旅游者提供最佳的优质服务，服务人员应该做到礼貌、周到、公平、诚实，要使旅游者在游览过程中通过服务人员提供的服务感受到尊重，体验到快乐。

二、认知顾客的注意，专心服务

（一）注意及其特征

注意是心理活动对一定对象的指向和集中，它是我们所熟悉的一种心理现象，明显地表示了人的主观意识对客观事物的警觉性和选择性。注意主要由两种因素引起：一是刺激的深刻性，如外界刺激的强烈程度以及刺激物的突变等；二是主体的意向性，如根据生理需要、生活需要、主体兴趣而自觉地促使感觉器官集中于某种事物。由于引起注意的因素不同，人的意识所起的作用的反应特点和反应时序也有所不同。注意不是独立的心理过程，它总是在感觉、知觉、记忆、想象、思维、情感、意志等心理过程中表现出来，是各种心理过程所共有的特性，不能离开一定的心理过程而独立存在。

指向性和集中性是注意的两个基本特征。所谓指向性，表明的是人的心理活动所具有的选择性，即在每一瞬间把心理活动有选择地指向某一目标，而离开另一些对象。所谓集中性，是指人的心理活动只集中于少数事物上，对其他事物视而不见，听而不闻，并以全部精力来对付被注意的某一事物，使心理活动不断地深入下去。如某旅游者在看到一种旅游商品的瞬间就被深深地吸引住了，这是指向性；接下来这位旅游者仔细欣赏旅游商品的过程就注意集中的过程。

（二）注意的外部表现

人在集中于某个对象时，常常伴随有特定的生理变化和外部表现。注意的最显著的外部表现有以下几种：

1. 感官的适应性运动

人在注意听一个声音时，把耳朵转向声音的方向，即所谓的"侧耳倾听"。人在注意看一个事物时，把视线集中在物体上，即所谓的"目不转睛"。当人沉浸思考或想象时，眼睛朝着某一方向发呆地看着，周围的一切变得模糊起来，而不至于分散注意。

2. 无关运动的停止

当注意力集中时，一个人会自动的停止与注意无关的动作。最典型的例子是当游客注意于导游的讲解时，他们会停止前行，也不再随意游览，表现为异常的安静，仔细听导游的讲解内容。

3. 呼吸运动的变化

人在注意时，呼吸变得轻微而缓慢，而且呼吸的时间也改变。一般来说，吸得更短促，呼得更长，在注意紧张时，还会出现心跳加速、牙关禁闭、握紧拳头等，甚至出现呼吸暂时停歇的现象，即所谓的"屏息"。

（三）注意的种类

根据注意的产生和维持有无预定的目的以及是否需要意志的努力，可将注意分为无意注意和有意注意。

1. 无意注意

无意注意时没有预定目的也不需要意志努力的注意。如旅游时，一些旅游者情不自禁地被大自然的景观所吸引，这就是无意注意。景观的美是容易引起游客的无意注意，但它支配不了人的无意注意。同样一个客体可以引起甲的注意，却不一定能够引起乙的注意。引起无意注意还与人的主观状态有关，凡是能满足人的物质或精神需要，或引起人的兴趣的事物，必然会成为注意的对象。例如，饥饿的人只注意食物；球迷看报时，可以不注意头版头条，却不会忽略对球讯的注意。

2. 有意注意

有意注意是指有预定目的，在必要时还需要做一定意志努力的注意。在有意注意的过程中,外部环境有各种刺激物的干扰,内部又有自身机体某些状态和无关思想、情绪的干扰。为了保持有意注意,必须采取一些措施排除干扰,最重要的是发挥意志的力量,把注意保持在当前的事物上。兴趣是引起和维持注意的强大的动力。有些事情本身就能引起人们的兴趣,但更多的事物是以其结果,间接地引起人们的兴趣。因此,培养兴趣是引发注意的重要条件,尤其是培养间接兴趣,对维持注意更重要。

3.无意注意和有意注意的关系

有效的实际活动必然是两种注意共同参与、相互配合和交替。无意注意和有意注意虽然存在区别,但在有效的实际活动中,不可能只有无意注意或有意注意的参与。因为只有有意注意参与的活动,容易引起人的枯燥乏味和疲劳,投入程度不高。反之,只有无意注意参与的活动,难以使活动持久、深入地进行下去。只有两种注意相互配合、互相交替,才能使人们自觉地、有兴趣地投入到活动中去,是活动达到最佳效果。

4.注意力与旅游服务

所有进入心灵的东西,都要通过注意,不打开注意之门,外界的一切都不能进入心灵,人们就不能认识世界。旅游业同样也是如此,在旅游服务过程中,服务人员在工作岗位上注意力必须稳定、适时灵活转移,克服过分集中与分散的弱点。如果注意力过分集中,那么应酬多位旅客的能力就会比较弱;如果注意力过度分散,那么就会给客人服务意识差、被怠慢的感觉。这都不符合优质服务的要求。

要培养稳定灵活的注意力,首先要有强烈的事业心和责任感,这样才能把游客最关心的问题摆到注意中心位置上来。其次,要有坚强的意志,在坚强意志的支配下养成因时、因地、因事的改变而灵活分配自身注意力的良好习惯。再次,要有敏捷的思维能力,这是灵活分配自身注意力、增强应变能力和提高服务效率的基础。在带团过程中,要有礼有节,详细为客人讲解,利用各种方法吸引游客对景点的注意力,调动游客游玩的兴致,让游客真正"尽兴而归"。

【案例思考】

借 题 发 挥

导游人员小李带领游客即将游览杭州西湖,但是天公不作美下起了小雨,游客情绪有些低落,游兴大减。这时小李见状便说道:"大家还记得苏东坡写的一首描写西湖的诗吗?'水光潋滟晴方好,山色空蒙雨亦奇。欲把西湖比西子,淡妆浓抹总相宜。'其实如果把西湖比西子的话,雨中的西湖更能显出她柔美的一面。大家都听过许仙和白娘子的故事吧?许仙和白娘子就是在雨中通过一把雨伞传情在西湖相遇结成神仙伴侣的。那咱们团队当中的未婚人士注意了,今天天公作美,没准您也能在西湖与您的另一半相遇哦!已婚人士呢,也去体会一下雨中的西湖,把你们爱的足迹留在西子湖畔吧。好,请大家带上您的传情之物——雨伞,随我一起漫步西湖吧!"

案例分析:

(1) 下雨对于旅行游览是件不方便的事,对游客的情绪也会产生一定的负面影响;

(2) 导游人员小李用美学和心理学的知识,调整了游客的审美思维角度,转移了游客的注意力,化不利因素为积极因素,调动了游客的游兴。

三、认识顾客的记忆，真心服务

（一）记忆的含义与作用

记忆是人脑对过去经历过的事物的反映，是人脑的重要机能之一。人们在生活实践中感知过的事物、思考过或想象过的问题、体验过的情绪和练习过的动作都可以成为记忆的内容。在消费获得中，顾客对于自己去过的旅游景点，感知过的景观，经过一段时间后仍能描述出来，这就是通过记忆来实现的。

记忆在人的心理活动中起着极其重要的作用。人在心理活动的各个过程都需要记忆参加，如果没有对事物个别属性的记忆，就不可能产生感觉印象；没有对事物整体的记忆，就不可能产生对事物的知觉；没有对事物之间相互联系及其规律的记忆，就不可能思维；没有对以往知识经验的记忆，人的诸如情感和意志过程便无法实现。

（二）消费者记忆的心理过程

记忆是一个复杂的心理过程，包括识记、保持、回忆和再认等基本环节。

1. 识记

识记是识别和记忆往事的过程。在这个过程中，大脑接收信息并进行编码加工，从而形成暂时的神经联系。从信息论的角度来看，信息输入（录入）和编码过程是记忆过程的最基本环节。在购买活动中，消费者首先就是从识记商品开始以至完成最终的购买行为的。

2. 保持

保持是指巩固已经识记的知识和经验，并对储存于脑中的事物进行进一步的加工与存储，使它们较长时间保持在脑中的过程，也就是信息的储存和继续编码的过程。与保持相对立而存在的是遗忘。保持在记忆中的经验会因主客观因素的变化而发生质和量的变化。当人们对经历过的事物不能或者错误地回忆或认知，便发生了遗忘。所以对于旅游景点或酒店的来说，如果想通过广告或者促销来提高自己的知名度的话，需要一个让顾客记忆的过程。

3. 回忆

回忆也叫再现或重现。是指过去曾反映过的事物虽然不在眼前，但现在却能把对它的反映重现在大脑中的过程，从信息论的角度来看，也就是输出信息的过程。

在购买活动中，消费者有时需要无意志努力的回忆，但更多的时候需要意志努力的回忆，回忆曾经见过或使用过的同类商品的有关信息，进行相互之间的比较以作出购买决策。

4. 再认

再认是当过去感知或经历过的事物重新出现在眼前时能够辨别出，并确认自己曾经经历过的过程。例如，当消费者在商场中购物时，见到自己曾经使用过或在广告中感知过的商品时能够辨认出来，并且确认自己曾经接触过，这便是再认过程。

记忆的四个环节是相互联系、相互制约的，它们共同构成消费者完整统一的记忆过程。没有识记就谈不上对经验或事物的保持；没有识记和保持就不可能对经历过的事物回忆和再认。四个环节的关系是：识记和保持是回忆和再认的基础；回忆和再认是识记和保持的结果及表现，并且能够进一步地巩固和加强识记和保持。在购买实践中，消费者就是通过识记、保持、回忆和再认来进行商品选择的。

（三）消费者记忆的类型

1. 形象记忆、逻辑记忆、情绪记忆和运动记忆

根据内容，记忆可以分为形象记忆、逻辑记忆、情绪记忆和运动记忆。

（1）形象记忆。形象记忆是以感知过的消费对象为内容的记忆。消费者对商品的外在的形状、大小、颜色等的记忆即属于这种记忆。例如，某人曾经到黄山旅游，黄山的美景深深地吸引了这位旅游者，当别人提及黄山时，她能绘声绘色地说出黄山的几个景点，每一个景点有什么值得欣赏的景观。

（2）逻辑记忆。逻辑记忆是以抽象事物的意义、性质和内容等为内容的记忆。顾客对商品广告的记忆多属于这种记忆。有些信息以抽象的方式进入人的大脑，并且通过语言的作用和思维的过程来加以实现。如顾客对商品的质量、使用效果等的记忆，或通过象征性的联想记忆。

（3）情绪记忆。情绪记忆是以体验过的某种情绪、情感为内容的记忆，大多是与个人相关的事件，人们保留这些记忆的动机性很强。例如，某顾客到合肥某酒店入住，酒店的设施、美食和服务员热情周到的服务使他感到非常满意，于是，下次再来合肥时他还愿意光顾这个酒店。

（4）运动记忆。运动记忆是以曾经做过的运动或动作为内容的记忆。如消费者对于在某一个时间、某一个商场的购物活动的记忆。它对于消费者的购买经验与技巧是非常重要的。

2．感觉记忆、短期记忆和长期记忆

根据信息处理理论的观点，依照保持时间或记忆阶段，可以将记忆分为感觉记忆、短期记忆和长期记忆。

（1）感觉记忆。感觉记忆也叫瞬时记忆，是指通过感觉得到的信息储存。据研究，视觉的瞬时记忆在 1 秒以下，听觉的瞬时记忆在 4 秒～5 秒。在这种记忆中，信息的保存是形象的保存，时间短暂。如顾客在购物场所接受的大量消费信息大多呈瞬时记忆状态，这些消费信息若能受到留意保留下来则会转入短期记忆，否则会很快消失。商业广告必须采用不同的方法与手段引起顾客的注意。

（2）短期记忆。信息的储存时间相对长些，一般最长不超过 1 分钟。人的大脑中持有正在处理的信息时，若其容量不大也不重复.就会很快衰退或消失。因此,商业广告在传播机械性信息诸如数字、符号等时不宜过长或过多。

（3）长期记忆。长期记忆是指长期保留信息的记忆过程，它是通过对短期记忆的详细审查与加工复述，有组织地储存信息来完成的。长期记忆的储存容量很大，对于顾客积累购物活动的经验与知识是非常重要的。在营销活动中，经营者应该设计出令顾客能重复的简短而有吸引力的广告用语，使所要传递的信息能够成为顾客长期记忆的材料，从而创造顾客的需求。

（四）记忆对顾客行为的影响

记忆在顾客的心理活动中起着极其重要的作用，在一定程度上决定着顾客的购买行为。如果一个顾客没有了记忆，那他就什么也学不会，也就不会发生购买行为。记忆对不经常接触、不经常购买的东西来说更为重要，特别是对新产品介绍的记忆，往往是引起购买的主要原因。例如，人们通过电视台的美食节目对某家酒店推出的特色菜非常感兴趣，印象深刻，于是当自己或朋友准备外出用餐时，就会首先想到这家酒店。可见，一个顾客能否记住某种商品的特性，直接关系到他的购买决策和购买行为。

作为生产者和经营者，应当重视记忆对顾客购买行为的影响。例如，旅游商品的设计和包装要便于顾客的感知形象记忆；商品的排列和柜台的布置要便于顾客的逻辑记忆；营销人员的服务态度要诱发顾客的情感记忆；尽可能让顾客切身体验商品，增强顾客的运动记忆等。

任务二　把握顾客的消费需求与情感，真情服务

一、把握顾客的需要与动机，按需服务

（一）顾客的需要与服务

1. 需要的一般概念

需要是个体缺乏某种东西时的心理状态，它反映了人的需求，这种需求既包括人的生理需求，也包括人外在的社会需求。人生活在社会上，都有需要，按需要的起源划分，可以分为自然需要和社会需要。自然需要：又称为生理需要，是人类对维持生命和繁衍后代的必要条件的要求。例如，人饿了得吃饭，渴了得喝水，冷了得御寒，热了得避暑，累了得休息；社会需要：人类在一定社会环境中，对劳动、知识、社会道德、审美、宗教信仰、成就、尊重等方面的需要。

需要总是指向一定的对象，没有对象的需要是不存在的，如口渴的人肯定需要的是水。动物也有需要，因为动物也得满足自己生理的要求。人除了生理的需要之外还有社会性的需要，而且人的需要都受社会的制约，都带有社会性。需要又是不断发展的，人的需要永远不会停留在一个水平上。当旧的需要得到满足，不平衡消除之后，新的不平衡又会产生，人们又会为满足新的需要去追求新的对象，所以，需要是推动有机体活动的动力源泉。

2. 需要层次理论与旅游

需要一直是心理学家们研究的对象，并产生了很多的研究成果，提出了许多有关需要的理论，其中具有较大影响的理论是人本主义心理学家亚伯拉罕·马斯洛的需要层次理论。马斯洛认为，人的需要大体可分为如下五个层次，如图 4-5 所示。

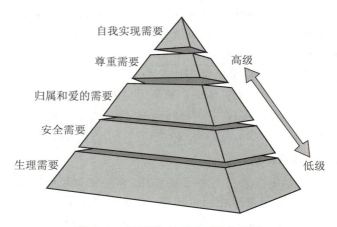

图 4-5　马斯洛的需要层次理论

（1）生理需要。生理需要是人的最基本需要，是维持个体生存和发展的一种基本需要。如食物、睡眠、住所、御寒等。如果生理的需要不能得到满足，那么人的生命就无法继续，更无法谈及其他的需要了。所以马斯洛认为人的生理需要是最首要的，是应当最先得到满足的需要，马斯洛指出："如果一个人极度饥饿，那么，除了食物外，他对其他东西都无兴趣。他梦见的是食物，记忆的是食物，想到的是食物。他只对食物发生感情，只感觉到食物，而且也只需要食物。"所以说，生理的需要是基础，一个连温饱无法得到保障的人，怎么会产生旅

游的需要呢？

（2）安全需要。在人们的生理需要基本满足后，就会出现更高层次的需要，即安全的需要。因为人们都希望有一个安全、稳定、有秩序的生存环境，即使是那些探险爱好者，也会采取各种措施来保障自己的人身安全。安全的需要主要包括生活环境的安全稳定、人身安全、财产的安全、职业安全等，如果这种需要不能得到满足，人就产生危机和恐惧感，就谈不上社交和尊重等更高层次的需要。

（3）社交需要。社交需要又称为爱与归属的需要。人是社会性的动物，每个人都有归属感，希望自己归属于一个集团或群体，希望能成为其中的一员，并得到来自群体的关心、支持、鼓励和帮助。如果不能得到满足，人就会感到孤独和失落。随着物质生活的日益富裕，人们更加重视感情生活，因此人们的社交需要也越来越迫切。人们希望和伙伴之间、同事之间保持着融洽的关系或忠诚友谊，希望得到爱情，人人都希望爱别人，也渴望得到别人的关爱。

（4）尊重的需要。当社交需要得到满足之后，人们就会产生尊重的需要。尊重包括自尊和被人尊重，马斯洛认为，人们既希望受到他人的尊重，也希望有自尊。自尊包括获得自信心、能力、本领、成就、独立自主等；被人尊重就是希望自己的许多方面能够得到他人的承认和尊重，包括得到威信、实力、地位、名誉和赏识等。如果尊重的需要得到满足，能够使人对自己充满信心，相信自己的潜力和价值，有充分的优越感和成就感，产生"天生我材必有用"的感受，对社会满腔热情，进而产生自我实现的需要。但尊重的需要一旦受到挫折，就会使人产生自卑感、软弱感和无能感，怀疑自己的能力，甚至使人失去生活的基本信心。

（5）自我实现的需要。自我实现的需要是最高层次的需要，是指一个人希望自己的潜能能够得到最大的发挥，能够实现个人的理想、抱负，成为自己所希望的人。简而言之，自我实现的需要就是最大发挥一个人的潜能的需要。马斯洛认为，自我实现的需要具有复杂性和多样性，人的潜力各不相同，因而自我实现的需要也各不相同，有的人在体育上实现了自己的价值，有的人在艺术上获得了成功。任何人只要实现了"自己愿意成为的人"的愿望，就意味着自我实现。但实际上，能满足自我实现的需要的人只占少数。

一个人或者家庭要外出旅游，必须首先具备的条件之一就是一定的支付能力。这就意味着有经济能力的外出旅游者，其温饱等基本问题早已经得到了解决，所以不可能是因为生存的需要而外出旅游。反之，为了满足生存需要而"希望"外出旅游者也不会有足够的经济条件。即使离开长住地外出，也只能是处于就业或移民的目的，从而超出了旅游者的范畴。至于安全需要，应该说，一个人在自己熟悉的环境中，如自己的家里，会比在其他任何地方都具有心理上的安全感，所以为了安全的需要而外出旅游的可能很小。当然，旅游者在外出旅游时同样需要安全，但是这并不是外出旅游的动机。而且，在旅游活动中，有不少活动的旅游者显然不是为了满足安全需要而外出旅游的，安全需要不足以解释这些旅游者的动机。就社交需要而言，一个人归属和爱的满足，只有在熟悉的社会群体中才能够得到真正的满足。因为只有在长期的共同生活和工作中，人们才能通过熟悉和了解产生真正的感情，并在团体中获得承认，拥有自己的位置而获得归属感。虽然，加入一个旅行团成为其中的一员，或者与其他地方的人进行交流可以给人带来一定的归属感和感情的满足，但这只是旅游这一社会性活动的客观结构或者说影响，这并不足以说明人们是为了满足社交这一需要而外出旅游的。受尊重的需要，除了包括在他人心目中受到重视、赏识或尊重外，还包括取得成就，提高地位和自信等表现自己的需要。因此，人们一方面要感觉到自己对世界有用，另一方面也需要借助某些外部事物提高自我形象。旅游就是一种很有效的提升自我形象的手段。在欧美，某些形式的旅游，如

4

到外国名胜地区旅游的经历经常被人们羡慕和崇敬,因此有助于满足个人受尊重的需要。而某些由于社会地位等原因在当地不为人所尊重的人,到某些旅游地区,如经济文化比较落后的地区旅游,则可能会得到在家乡得不到的看重和尊崇。因此,可以说有人外出旅游是为了满足尚未得到满足的受尊重的需要。自我实现的需要,一般通过各种挑战自我极限的方式表现出来。在旅游活动中就有各种挑战自我极限的方式。通过旅游活动达到自我实现的旅游者,有的攀登珠穆朗玛峰,有的孤身穿越万里戈壁,有的骑车周游世界,有的选择世界著名建筑进行攀越,表现形式不一而足。但是,应该看到,包括马斯洛本人也承认,很少有人达到了这一层次。

可以认为,处于自我实现的需要而外出旅游的人,在旅游者的总体中只占很小的一部分。总之,马斯洛的需要层次理论虽然并不足以完全解释人的旅游动机,但也可以看出,人们外出旅游,满足的需要多半是较高层次的,属于精神需要。尽管在旅游活动中,旅游者也有满足低层次的生理和安全需要的要求,但这并不成为一个人外出旅游的目的。当然,这些需要的满足仍然是必要的,这一点不容忽视。

3. 单一性需要和复杂性需要

(1) 单一性需要。单一性需要是指人们在生活中总是寻求平衡、和谐、可预见性。任何非单一性都会产生心理紧张。因此,单一性需要的旅游者在旅游过程中为了减轻心理紧张,便会寻求单一性,不希望遇到意料之外的事情,希望旅游过程按照计划执行。

(2) 复杂性需要。复杂性需要与单一性需求相反,其本质是人们追求新奇、出乎意料、变化和不可预见性等。人们之所以追求复杂性需要,是因为这些复杂性也能给人带来心理上的满足。根据复杂性需要理论,旅游者会希望旅游丰富多彩,极富刺激性,选择那些具有特色的饭店,而不愿意光顾那些提供标准化的住宿条件和服务的饭店。

心理学研究认为,很多旅游者在旅游中总是力求使单一性和复杂性保持最佳的平衡状态,使心理维持在一个可以承受的紧张程度。否则,单一性过多,会使人产生厌倦;复杂性太多,又会使人过分紧张甚至于产生恐惧感。因此,在旅游服务过程中要注意旅游者单一性需要与复杂性需要的平衡。

(二) 旅游者的旅游动机

1. 旅游动机的概念

俗话说:"在家千日好,出门一时难。"然而,为什么每年还有那么多的人愿意并喜欢去旅游呢?是什么原因促使人们离开温暖的家,选择长途的跋涉,乐此不疲地到异国他乡旅行游览呢?可能每个都会有自己的理由和解释,但是这些解释并未触及人们为什么去旅游的较为深刻的心理原因。其实旅游行为的产生,其直接动因是人的旅游动机。旅游动机是指引发维持个体的旅游行为,并将行为导向旅游目标的心理动力。人们的旅游行为是在旅游动机的推动下产生的,当旅游者产生旅游动机时,会选择合适的时间,搜集相关的旅游信息,选择理想的旅游目的地。旅游动机是一个人外出旅游的主观条件,包括旅游者身体、文化、社会交往、地位和声望等方面的动机。

2. 旅游动机的产生

旅游动机的产生有两方面的因素,一是旅游者的内在因素,即旅游者的旅游需要。在现代社会中,人们的工作、生活和学习面临着巨大的压力,精神经常处于高度紧张状态,人们普遍渴望对自己的身心状态进行调节。而且一成不变的工作、生活方式也让他们的感到厌倦,觉得生活失去了新鲜感,希望能有一些新奇和变化,而旅游就是一个非常理想的选择。还有,人都有一种好奇心，都有探索的愿望，对与自己居住环境外的地方都希望了解，这也促使人们选择去旅游。二是外在环境的客观因素。如果只有主观条件，不具备一定的客观条件，人们的旅游行为最终也不会发生，客观条件就是外在的诱因或刺激条件。

旅游动机产生的客观条件主要有以下三种：

（1）经济条件。旅游是一种消费行为，要有一定的经济基础，因为旅游需要借助于一定的交通工具，需要住宿、吃饭、购物等，因而旅游者必须具有一定支付能力，世界各国的旅游业也证明了这一点，发达国家的旅游业发展得就很好，很多人外出旅游，而发展中国家或者不发达国家外出旅游的人就不多。一个温饱尚不能满足的社会是不可能产生大量的旅游需要和动机的。一个国家或地区外出旅游的人数与其经济的发达程度成正比。有关统计资料表明，当一个国家或地区人均 GDP 达到 800～1 000 美元时，居民普遍会产生国内旅游动机；当人均 GDP 达到 4 000～10 000 美元时，居民会产生国际旅游动机。中国社会目前正处在从温饱型向小康型过渡阶段，我国 2003 年人均 GDP 已经超过 1 000 美元，达到 1 090 美元，居民的消费结构开始向发展型和享受型升级。当前是我国公民旅游需求全面释放，旅游事业蓬勃发展的大好时光。

（2）时间条件。时间条件指人们拥有的闲暇时间，即在日常工作、学习、生活及其他必须时间之外，可以自由支配，从事消遣娱乐或自己乐于从事任何其他事情的时间。人们外出旅游必然要占用一定的时间，如果没有自由支配的闲暇时间，不能摆脱工作或家务劳动，人们就难以产生旅游动机。1999 年以来，我国实行的"旅游黄金周"制度，这对国人旅游动机的产生起了很大的推动作用，外出旅游的人数也是越来越多。

（3）社会条件。社会条件包括一个国家或地区的经济状况、文化因素以及社会风气等方面，是一个人生活的社会环境和背景。旅游作为现代人的一种生活方式，不可能脱离社会环境和背景的影响而独立存在。在一个旅游风气浓郁的社会环境中，人们的旅游动机将会十分强烈。首先，一个国家或地区的旅游发达程度同该地区的经济水平成正比。只有当整个国家或地区的经济水平发展到一定程度时，才有足够的实力来改善和建设旅游设施、开发旅游资源、促进交通运输业的发展，从而提高旅游综合吸引力和接待能力，激发人们旅游的动机。其次，社会团体或组织也能够影响人们的旅游动机。例如，单位集体组织的旅游活动或奖励旅游行为等，对个体参加旅游活动有一定的吸引力，使人们不自觉地产生旅游愿望。最后，社会风气也能够影响人们的旅游动机。朋友、同事之间的旅游经历往往能够相互感染，使人们产生同样外出旅游的冲动，形成一种效仿旅游行为。

3. 旅游动机的类型

（1）国内学者对旅游动机的分类（表 4-1、表 4-2）。

表 4-1　　　　　　　　　　　南京师范大学张树夫的分类

分　类	目　　　的	
1. 游览型动机	看名胜、开眼界、游山玩水、增长见识	
2. 休闲型动机	追求自在、舒畅、潇洒、休闲	
3. 文化型动机	景点探源、寻觅文化遗迹、欣赏乡土文化	
4. 经济型动机	经商、开展营销业务、考察商业环境和商情、购物	
5. 探险型动机	探索自然奥秘	

续　表

分　类	目　的
6. 生态型动机	认识自然、与自然感情交流、领略大自然野趣、认识大自然规律
7. 社交型动机	探亲访友、寻根问祖、结识朋友
8. 纪念型动机	把旅游当作某种重要事件的纪念
9. 宗教朝觐型动机	朝圣、参加宗教活动
10. 国际旅游型动机	探求不同国家、民族的文化，了解不同国家的经济面貌和生活习惯以及风土人情，欣赏异国风光等

表 4-2 　　　　　　　　　　　湖北大学马勇的分类

分　类	目　的
1. 健康或娱乐动机	摆脱工作的紧张状态，达到松弛身心
2. 猎奇或冒险动机	脱离单调、枯燥的工作环境，寻求刺激、调节情趣
3. 民族或家庭动机	寻根访祖、探亲访友、结交良师益友
4. 文化动机	了解异国他乡的异质文化，游览外地的名胜古迹，名山大川
5. 社会和自我表现动机	通过参加较高层的学术会议、较高级别的考察旅行、去宗教圣地朝觐、增加阅历的修学旅行等，寻求尊重和自我实现
6. 经济动机	利用到外地或外国进行公务活动机会，参加旅游活动

（2）国外学者对旅游动机的分类（表 4-3—表 4-6）。

表 4-3 　　　　　　　　　　　美国学者奥德曼的分类

分　类	目　的
1. 健康动机	使身心得到调整和保养
2. 好奇动机	对自然景观和人文景观的好奇心
3. 体育动机	参与或观看某些体育活动或比赛
4. 探亲访友	寻根问祖、归还故土
5. 公务动机	外出考察、公务、经商
6. 寻求乐趣	为了游玩、娱乐（获得某种刺激）
7. 精神寄托或宗教信仰	朝圣、参加宗教活动或欣赏文艺、音乐
8. 自我尊重	受邀请或寻访名胜

表 4-4 　　　　　　　　　　　日本学者田中喜一的分类

分　类	目　的
1. 心理动机	思乡、交友、信仰等
2. 精神动机	对知识、见闻、欢乐的需要
3. 身体动机	治疗、休养、运动等
4. 经济动机	购物或经商

表 4-5   日本学者今井省吾的分类

分　类	目　的
1. 消除紧张动机	交换气氛,从繁琐中解脱出来,接触自然
2. 扩大自己成绩动机	对未来的向往
3. 社会存在动机	朋友往来、了解知识、家庭团圆

表 4-6   美国学者罗伯特·麦金托什的分类

分　类	目　的
1. 生理动机诱发因素	体力的休息、参加体育活动、娱乐、健康等考虑
2. 文化动机诱发因素	获得有关其他国家、地区的知识
3. 人的动机诱发因素	结识朋友、探亲访友、避开日常工作以及家庭或邻居、建立新的友谊等
4. 地位和声望诱发动机	希望受人承认、引人注目、受人赏识、具有好名声等

（3）综合的旅游动机分类。

上述的国外和国内学者对旅游动机的各种分类方法均从不同角度对旅游动机的类型做了概括。对于研究人们的旅游心理和行为有着重要的参考意义,但是由于人的动机是复杂多样的,不同的国家、民族、地区、社会阶层、职业、宗教信仰和风俗习惯等方面存在着巨大的差异,必然使旅游动机存在多样性。本书通过对旅游活动及对各种旅游动机分类方法的综合分析研究,对旅游动机作如下的分类。

① 身心健康动机。身心健康动机是人们为了使身心得到调整和休养而产生的一种外出旅游的动机。身心健康动机包括生理上的健康动机和心理上的健康动机。人人都有追求健康、长寿的愿望。随着人们生活水平的不断提高,身体健康日益成为人们关注的焦点,花钱买健康已成为人们的共识,休假旅游被公认为是明智的健康投资方式。海水浴、温泉浴、太阳浴等对健康有益的休假方式受到人们的普遍欢迎。现代人生活节奏紧张,在工作中面临激烈竞争,由此会产生长时间的心理紧张和巨大的心理压力。人们都希望能通过外出旅游暂时摆脱平日紧张单调的工作环境,以调节身心活动,忘掉烦恼,消除心理上的紧张,达到心理平衡,从而可以精力充沛地返回工作岗位,迎接新的挑战。在人们诸多旅游动机中,身心健康的动机占有很大的比例。

② 求知探索的动机。好奇和探索是人类基本的心理性内在驱动力。通过信息高速公路,人们足不出户就可以了解各国风情,看到五彩缤纷的外部世界。但是这不但不能满足人们探索的需要,反而进一步激发了人们要身临其境,亲身体验的欲望。旅游是一本百科全书,通过旅游,人们可以在世界各地寻求不同的经历和体验,领略各种独特的自然风光和风土人情,获取知识、增长见识、丰富阅历,可以学到平时学不到的直观生动的知识。由于探索动机的驱动,人们乐于参与一些有一定冒险性的活动,喜欢到人迹罕至的地方,选择一些有刺激性的活动。因此,留有吸引力的旅游活动应充满乐趣和神秘色彩,应成为满足人们好奇心的舞台和乐园。

③ 购物的动机。购物是旅游活动的六要素(吃、住、行、游、购、娱)之一,也是不少游客外出旅游的直接动机之一,很多游客都喜欢在旅行途中购买当地特色产品留作纪念,或用作礼品送给亲朋好友,这是旅途中的一种乐趣,可以给游客带来美好的记忆。如果旅游地的特色产品特别出名,很多旅游者会慕名前往。

④ 商务文化的动机。商务文化动机是指人们为了各种商务活动或公务而外出旅游。如

4

参加学术考察、交流,到异地洽谈业务、出差、经商,以及各种专业团体、政府代表团参加的交易会、展销会、洽谈会等都属于此类动机。

⑤ 宗教朝拜的动机。人们为了宗教信仰,参与宗教活动、从事宗教考察、观礼等而外出旅游。出自宗教信仰的动机主要是为了满足自己的精神需求,寻求精神上的寄托。例如,基督教徒到耶路撒冷朝圣、伊斯兰教徒到麦加朝圣、佛教徒到名山古刹朝拜等。此外,民间还有许多在特定地点举行的祭祀活动,也有许多非信徒在宗教活动时前往参观、考察。许多地方宗教庆典已经成为民族传统节日,这些活动都会吸引大批游客。

⑥ 社会交往的动机。社会交往是人的本性,通过旅游这一象征性的社会行为,人们可以探亲访友,寻根问祖、结交新朋友、得到团体的接纳,从而满足个体对归属和爱的需要。在现代社会中,尽管人们的物质生活水平日益提高,但高效率的工作模式带来的一个重要负面影响就是人与人之间的交往日益减少,造成了人们孤独感日益加重,使人们对社会交往的需要非常强烈。经过一段紧张繁重的工作之后,人们迫切需要通过人际交往寻求友爱与亲情。旅游者的归属需要在旅游中还表现为追宗归祖的动机。例如,每年来中国的旅游者中就有相当一部分是海外的华人、华侨、在中国出生或居住过的外国人,这些人到中国旅游在很大程度上都有怀旧心理。具有社会交往动机的旅游者希望旅游中的人际关系要友好、亲切、热情。

按照旅游动机的广泛性和重要性,将其分为以上六种类型,但这并不排除还有其他旅游动机。例如,审美的动机、快乐的动机、自尊的动机等。同时,每一个旅游者往往并不是只具有一种旅游动机,其旅游行为也并不是只受一种动机驱动,常常会有几种旅游动机同时存在,以某种动机为主,兼有其他旅游动机。

4. 旅游动机的激发

旅游动机的产生是多种复杂因素互相作用的结果,它既受主观因素的影响也受客观因素的制约。激发旅游动机就是针对影响旅游动机的主观和客观因素采取相应的措施,通过提高人们的旅游积极性,唤起人们的旅游欲望,刺激旅游者的兴趣,把旅游者已经形成的或潜在的旅游需要和旅游动机调动起来,促使潜在旅游者积极参加旅游活动。激发人们的旅游动机可以采用以下手段或措施:

(1) 倡导现代旅游观念。要激发人们的旅游动机,首先应该倡导人们树立全新的现代旅游观念,使其认识到旅游不是一种奢侈的消费行为,旅游不属于"吃喝玩乐型"的不健康追求,旅游更不是"游手好闲"者的无聊之举。相反,旅游是人类永恒追求的一种消费活动,是现代生活中不可缺少的一个组成部分,是现代人生活的"必需品"。发达国家由政府出资资助低收入阶层外出旅游的社会行为,就是这一观念的突出表现。旅游不但是提高国民的物质文化水平的一个重要消费领域,还可以起到刺激扩大内需,拉动经济增长的作用。因此,随着生产力的发展和人民生活水平的不断提高,政府应该鼓励人们进行必要的旅游消费,以激发旅游动机的形成。目前我国在每年的"黄金周"开展的假日旅游活动,就是鼓励旅游消费的重要举措。

(2) 加大宣传促销力度。旅游宣传可以帮助人们认识到旅游的价值,引起人们的兴趣,打消他们的顾虑,唤起人们的旅游欲望,促使人们作出旅游决策。在信息社会中,旅游宣传的手段多种多样,既可以利用传统的媒介,如在广播、电视、报纸、杂志、书籍、小册子上发布旅游广告和信息,也可以利用互联网站发布最新的旅游信息,还可以通过旅游"大篷车"的形式到国内外各地宣传旅游目的地的形象。这些宣传手段都可以使旅游产品在潜在旅游者心目中建立并保持经常性的美好印象,从而可以极大地激发旅游者和潜在旅游者的旅游动机。例如,"浪漫之都"大连市每年出资几百万元人民币在中国旅游报上刊登整版广告,发布大连旅游的最新动态和信息,宣传"北方明珠"的美好形象,吸引和招来更多的旅游者到大连旅游。

（3）开发特色旅游产品。旅游动机的激发与旅游产品是否有特色、是否有吸引力密切相关。特色就是吸引力,风格独特、别具一格的旅游产品可以满足旅游者追求新鲜感的欲望,在旅游者心目中形成强烈的印象,诱发旅游者的想象力,使其产生外出旅游的动机。开发特色旅游产品和创新传统旅游产品是激发人们旅游动机的关键之一。具有吸引力的旅游产品应具备如下特征:①自然性。为满足旅游者的求真求实的心理和亲近大自然的需要,尽可能保持旅游资源或旅游产品的原始风貌。例如,人人向往的"童话世界"九寨沟,它的魅力就在于它的原汁原味的山水美。②独特性。独到的特色、鲜明的个性是旅游资源或产品的魅力所在。例如,深圳"欢乐谷"主题公园,精彩纷呈、惊险刺激的娱乐游戏和项目就是它的特色和个性。③民族性,越是民族的就越是世界的。因此,保持旅游景观的传统格调,突出民族特色,挖掘地方特色,有助于提高旅游产品的吸引力。例如,饺子是中华民族最具民族特色的美食,深受外国旅游者的喜爱。

（4）提高旅游服务质量。提高旅游企业管理人员和服务人员的管理水平和服务质量,为客人提供尽善尽美的服务,用全方位的高质量服务激发旅游者和潜在旅游者的旅游动机。富有人情味的、体贴入微的服务,可以消除旅游者在整个旅游过程中的种种不便和顾虑,为其解决在吃、住、行、游、购、娱等方面可能遇到的困难,使旅游者在旅游过程中处处感到方便和满意,在心理上获得亲切感和满足感。例如,导游人员的语言水平要高级、导游技巧要高超、职业道德要高尚;饭店服务人员的服务要注重细节,做到细心、细微、细致。

二、把握顾客的态度与消费偏好,温情服务

在日常生活中,我们会经常提到"态度"一词,对一些人、事也会表达出自己的态度。我们常常会听到人们说:"我很喜欢旅游,特别喜欢在夏天到海滨城市去玩","我也喜欢旅游,但我不喜欢夏天去旅游,因为太热了,皮肤会晒黑的"等,其实这些都是态度。消费者对企业产品和服务的态度会直接影响到企业的生存与发展。旅游业也是如此,旅游工作者要关注旅游者的态度,以进一步提高旅游服务质量,促进旅游业的发展。

（一）态度的定义

态度是指个体对某一特定对象所持有的稳定的评价及心理倾向。是外界刺激与个体反应之间的中介因素,个体对外界刺激作出什么反应将受到自己态度的调控。人们在社会生活中,由于个性、生活环境、教育等方面的不同,使得人们对同一件事情的认识不同,因而表现出来不同的态度和行为的反应倾向性,这种倾向性就是行为的准备状态。因此,一个人的态度会影响到一个人的行为取向,旅游活动也是一样,了解旅游者的态度可以帮助我们更好地研究旅游者的旅游行为。

（二）态度的结构

从态度的构成来看,态度由知情意三个方面的因素构成,即认知因素、情感因素和意向因素。

1. 认知因素

认知因素指个体对认知对象(人、事物、观念、想法、现象、情境等)的认识、理解和评价,它是态度形成的基础。例如,有的旅游者在没去黄山之前,根据自己的在报刊、电影电视上了解的信息和他人的描述,就认为黄山是一个非常美丽迷人的地方,形成对黄山的认知。

2. 情感因素

情感因素指个体在认知的基础上对认知对象的一种情绪情感体验。即对人、事、物所作的情感判断，表现在对一定对象的喜爱或厌恶、尊敬或蔑视、同情或冷淡等。在态度结构中，情感因素是最稳定的因素，是态度形成的核心。例如，有的旅游者喜欢乡村的自然风光，厌恶大都市的喧嚣与吵闹；而有的人却讨厌乡村的宁静与落后，喜欢都市的热闹与繁华。

3. 意向因素

意向因素是个体对认知对象的行为反应倾向，是行为的一种心理准备状态。意向因素不是行为，而是行为之前的思想倾向，即准备对认知对象作出什么样的反应。我们在研究旅游者的行为时，常常根据旅游者的态度中的情感成分来推测旅游者的行为。例如，旅游者非常喜欢青岛这个城市，想利用暑假到青岛吃海鲜、游泳。这样积极的情绪情感会使旅游者积极地做好心理上的准备，一旦条件成熟了，就可能会到青岛旅游。

总之，态度结构中的三个因素是相互联系、相互影响、互相制约，共同构成一个完整的有机体。在一般情况下，构成态度的认知、情感和意向三个因素是协调一致的。但有时也会出现彼此之间相互矛盾、关系失调的情况，此时情感因素会起主导作用。例如，某人了解到青岛的气候和设施都非常适合避暑休养，就会对其产生好感，进而产生要去该地度假的心理倾向，成为该度假地的潜在旅游者，这是知情意三个因素一致的表现。如果一个人知道某景区的风景非常美丽，但由于此人曾经在该地有过不愉快的经历，在感情上对该地有一种厌恶感，所以此人就不会有去该地旅游的行为倾向，这是知情意三个因素不一致的表现。

（三）态度的特征

态度具有以下几个基本特征：

1. 对象性

态度的对象性是指态度总是针对特定的对象产生的，没有对象的态度是不存在的。态度的对象可以是人、物、事件或团体，也可能是某种现象、状态或观念。旅游者只有针对一定的旅游对象，才能产生具体的旅游态度。例如，人们在旅游活动中，对导游的态度，对交通工具的态度，对酒店服务的态度，对旅游景点的态度等都是有对象的，离开了特定的对象，就无从谈起态度。

2. 习得性

态度的习得性是指态度不是生来就有的，是个体在后天的社会生活中，通过与他人的相互作用，以及周围环境的不断影响，而逐渐形成的。形成态度以后，又对他人的态度造成影响。例如，客人对某个旅游景点的态度，可能是来自于自己的亲身旅游经历，可能是来源于广告宣传或者是他人的评价。

3. 内隐性

态度是一个人内在的心理体验，虽然说态度是行为的准备状态，包含行为的倾向，但是态度不等于行为，我们不能直接观察旅游者的态度，只能根据人们的旅游行为来推测旅游者的态度。

4. 稳定性与可变性

态度的稳定性是指态度形成之后在相当长的一段时间内保持不变，行为反应也会在这段时间表现出一定规律性。旅游企业的"回头客"就是态度稳定性的一个例子。例如，客人在某酒店接受了良好的服务后，感觉很好，从而形成了对这家酒店的肯定的态度，以后当他再有这种需要时，还可能选择这家酒店。当客人得不到自己满意的服务时，就会很生气，从而形成否定的态度，不仅自己以后不再入住这个酒店，而且会建议亲戚朋友不住。

当然，态度并非一成不变。态度的稳定性是相对的。当各种主观因素和客观因素发生变化时，态度也会随之发生改变。例如，某酒店以细致的服务、优惠的价格和味道鲜美的饭菜赢得大量的回头客，一段时间以后，客人发现酒店的服务变得不太让人满意，有的服务员没有礼貌，饭菜的质量下降，价格上涨，那么许多顾客就会改变对这家酒店积极肯定的态度，而产生消极不满的情绪，可能以后都不会再来这家酒店。

5.价值性

态度的核心是价值，人们对认知对象所表现出来的态度受认知对象的价值本身的影响，即事物所具有的价值在一定程度上决定着人们的态度。例如，客人对某酒店的态度，主要取决于该酒店能给客人提供什么样水平的服务和什么样的设施。当然，由于人们的需要、动机、兴趣、爱好、审美观和价值观等方面的不同，同一个酒店，同样的服务，不同的客人所产生的态度可能也不同。

（四）态度的形成

1.态度形成的过程

态度不是天生的，而是在后天环境中通过不断学习而逐步形成的。心理学家 H.C.凯尔曼提出，态度形成有三个阶段，即服从、同化、内化。

（1）服从阶段。人为了获得物质与精神的报酬或避免惩罚而采取的表面顺从行为称为服从。服从阶段的行为不是个体真心愿意的行为，而是一时的顺应环境要求的行为。目的是避免惩罚或获得奖励。如一个旅游团队到合肥旅游，有天鹅湖和大蜀山两个旅游景点可供选择，绝大多数游客都纷纷表示去天鹅湖，个别游客虽然想去大蜀山，不愿意去天鹅湖，但是只有服从决定，去天鹅湖游玩。

（2）同化阶段。这一阶段的特点是个体不是被迫而是自愿或自觉地接受他人的观点、信念，使自己的态度与他人的要求相一致。如上述案例中的个别游客，到了天鹅湖后，看到天鹅湖的景色，不由得赞叹天鹅湖的美丽、漂亮，抵触的情绪会一扫而光。

（3）内化阶段。内化阶段是指人们从内心深处真正相信并接受他人的观点而彻底转变自己的态度，并自觉地指导自己的思想和行动，一个人的态度只有到了内化阶段，才是最稳固的，才能成为人的内在心理特征。

2.影响态度形成的因素

随着社会内外环境的不断变化，个体也会不断调整和转变自己原有的态度，形成适应新环境的新态度。影响旅游态度形成的主要因素有以下两个方面：

（1）消费者自身的因素。消费者本人的需要、知识经验对其旅游态度的形成具有重要的影响。

① 需要。需要直接影响个体态度的形成。通常人们对能满足自己需要，有助于达到自己目标的对象，容易形成满意的态度，而对那些不能满足自己需求，阻碍自己达到目的的对象，容易产生厌恶感，形成不满意的态度。例如，中国国旅公司之所以能赢得不少旅游者对其持满意和赞许的态度，是因为该旅行社能为旅游者提供类目繁多、种类齐全的旅游服务，可以满足旅游者全方位的生理和心理需要。一项调查显示，一些公司失去的顾客中，有 68% 的人是因为这些公司对顾客的需要漠不关心。由于他们的需要没能得到满足，他们才改变态度转向购买其他公司的产品。

② 个体的知识经验。态度的习得性决定个体的直接或间接经验及所掌握的知识影响着

态度的形成。人们可以通过阅读导游手册了解某旅游地的风土人情,也可以通过与曾去过该地的旅游者的交谈了解该地的风俗习惯,形成对该旅游地的态度,这是通过间接经验形成的态度。人们也可以通过旅游过程中自己的亲身经历和感受,形成对该旅游地的态度,这是通过直接经验形成的态度。旅游实践表明,旅游者对旅游景区的态度大都来自个体直接的旅游经验,尤其是大多数不愉快的旅游经历通常都会给旅游者留下深刻的印象,从而在头脑中形成消极否定的态度。

个体所掌握的知识的多少影响对某些对象态度的形成。如果人们没有相关的知识,就不会对某一事物有正确的认识,所形成的态度的正确性也一定会受到影响。例如,如果旅游者认为参加旅行社团队旅游能够省心、省时、省钱的话,那么他就会对旅行社提供的旅游服务持积极肯定态度。反之,如果旅游者由于所掌握知识的局限性,认为旅行社所提供的服务是不可靠的,那么他对旅行社组织的"团队游"会持否定批评的态度。

(2)社会因素的影响。消费者的态度还受到社会因素的影响,在社会生活中,我们每个人都会受到来自社会各个方面的影响。例如,我们属于一定的社会群体,那么群体的规范和习惯会形成一种无形的约束力,影响群体成员的态度。个体的态度如果与社会群体的态度一致,就会得到群体的认同,得到有力的支持,否则就会感受到来自社会群体或所属团体的压力。所以社会群体的态度是影响个体态度形成的一个不可忽视的因素。例如,某单位组织到九寨沟旅游,而小刘非常想到大连去看看大海和沙滩,但由于他所在团体的成员都想到九寨沟旅游,所以他也就打消了去大连旅游的念头。

除此之外,某些社会突发事件会影响个体态度的形成,使人对特定的对象形成强烈的态度。例如,2003年的非典爆发,使得我国的旅游业受到巨大的影响,在非典完全控制后,很多人仍然不愿意选择出游。2004年泰国、印度尼西亚、斯里兰卡等国发生强震引发海啸,死伤了很多人,包括游客,这使得很多本来喜欢到这些国家度假的游客感到害怕,很长一段时不愿再去旅游。

(五)态度与旅游决策

1. 态度与旅游决策过程

一个人对某个旅游地的态度是积极的,但是这并不表示旅游者一定会产生旅游行为,因为态度与行为不是一种对应的关系,但我们可以通过一个人的旅游态度推测其旅游偏爱,而旅游偏爱在一定社会因素影响下有可能成为实际的旅游行为。

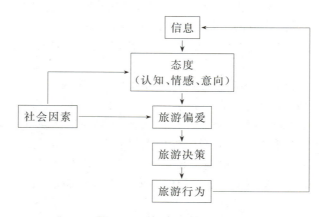

图 4-6　旅游决策过程

旅游者作出旅游决策需要经历一个复杂的心理过程。如图4-6所示,旅游者首先要从各种渠道获取各种各样的信息,初步形成由认知、情感、意向三个因素构成的具体旅游态度。态度形成,会导致旅游者产生对某种旅游行为的偏爱或意图。同时,各种社会因素也将对这种旅游偏爱施加影响。旅游者在此基础上作出旅游决策,而后根据已作出的决策实施具体的旅游行为。旅游者在旅游活动中所接触的新环境,获得的新体验又以信息的形式反馈回去,巩固旅游者原有的态度或更新原有的态度,形成新的态度。

2. 旅游偏爱的形成

旅游偏爱是指人们趋向于某一旅游目标的一种行为倾向,态度对旅游行为的影响是通过形成旅游偏爱实现的。旅游偏爱是建立在旅游者极端肯定态度之上的一种行为倾向。态度能否形成偏爱取决于以下几个因素:

(1) 态度的复杂性。态度的复杂性是指旅游者对认知对象所掌握的信息的种类和数量的多少。通常,人们所拥有的信息越多、越复杂,就越易于形成复杂的态度,而态度越复杂,就越易于导致形成某种旅游偏爱。例如,人们选择某一旅游产品时,如果对其了解得很少,所持有的态度一定很简单,不会形成旅游偏爱。反之,如果旅游者拥有某一旅游产品的详细信息,通过这些信息,可以深入细致地了解到该旅游产品所涉及的吃、住、行、游、购、娱等方面的先进设施和优质服务,这样就会使旅游者形成比较复杂的肯定态度,进而使旅游者对该旅游产品产生旅游偏爱。

(2) 态度对象的突出属性。态度对象的突出属性是指态度的对象能满足人们的基本利益。态度对象的突出属性越明显,就越能满足旅游者的需要,所形成的态度强度就越高,人们对这一对象的倾向性也就越大,也就越易于形成对这一对象的偏爱。旅游产品的性质越鲜明、越突出、越独特,旅游者就越可能最大限度地满足自己的旅游需要,就越易于产生极端肯定的态度,进而导致产生旅游偏爱。由于旅游产品的综合性特点,旅游者所感知的旅游产品的属性是旅游产品属性的总和。因此,态度对象属性的突出性应该体现在能够使旅游者获得最大程度的满足,就是使旅游者最大限度地在亲切感、自豪感和新鲜感上得到满足。这样才能使人们对该旅游产品产生旅游偏爱。

(3) 态度对象的吸引力。态度对象的吸引力是旅游者的心理特征和态度对象的客观性质相互作用的产物,是旅游者对态度对象的主观评价。态度对象对旅游者的吸引力越强,越可能形成旅游偏爱,同一态度对象对不同旅游者的吸引力不同。乔纳森·古德里奇通过实验,总结出了一个计算吸引力的经验性公式:

$$吸引力 = 个体获得利益的相对重要性 \times 个体感觉到对象提供获得利益的能力$$

运用这一公式,可以了解旅游者的主观评价,为旅游业的市场预测、项目改造、公关宣传等提供客观、明确、科学的参考。

3. 旅游者态度的改变

(1) 旅游者态度转变的形式。旅游者的态度是比较稳定的,形成之后一般很难改变,尤其是消极的旅游态度,但是这种稳定是相对的,是可以改变的,因为态度既具有稳定性,也具有可变性。旅游者转变态度的形式有两种:

① 方向的改变。即态度有了一个180度的大转弯,积极的态度转变为消极的态度,消极的态度转变为积极的态度,这种态度的转变是质的转变,由一个方向转向相反的方向,难度非常大。如有的抱着坚决不买导游推荐的旅游产品,但是当他慢慢发现有的导游推荐的产品的

确物美价廉时,开始改变了对旅游购物的态度,这就是方向的改变。

② **强度的改变**。也就是说态度仍然保持原有的方向,但是强度有所改变。例如,有的旅游者本来只是想去某地旅游,但是拿不定主意,后来明确表示一定去,这就是强度的转变。

(2)改变旅游者态度的方法。旅游态度决定旅游决策和旅游行为,因此,要想让人们积极参加旅游活动就要改变旅游者原有的对旅游无偏爱或偏爱程度低的消极态度,形成一种新的对旅游产品偏爱较高的积极态度。从旅游企业和旅游从业者的角度,改变人们的旅游态度可以从以下几个方面入手:

① **更新旅游产品,改变旅游产品的形象**。旅游态度的基础是旅游者如何认识和评价旅游产品,旅游产品的更新和变化必然会影响人们的旅游态度。旅游产品的良好形象会使人产生愉悦的感受,可以促进人们接受或使用该旅游产品,对增强或改进人们的旅游态度起着重要的作用。旅游产品是一个整体的概念,是旅游吸引物,即"硬件"与"软件"(旅游服务)的有机组合,因此,改变旅游产品的形象应同时在有形的"硬件"和无形的"软件"两个方面下工夫。在硬件方面,要注重改善旅游景点景区、娱乐场所、交通工具、酒店设施等的外观形象,使之更具吸引力,使之保持现代化和舒适性。在软件方面,要加强旅游企业的内部管理,对服务人员进行培训,便之具有良好的服务态度和高超的服务技巧,为旅游者提供全方位的服务,使旅游者通过旅游活动获得极大的愉悦感和满足感。只有不断更新旅游产品,才能不断地使旅游者在旅游过程中获得亲切感、自豪感和新鲜感,可以使旅游者不断对该旅游产品持有积极肯定的偏爱态度。

② **加强旅游宣传**。态度具有稳定性,一旦形成就很难改变,因为人们不愿意接受与目前态度结构不一致的信息。旅游业通过强大的宣传促销攻势,向人们反复传递新知识和信息,可以帮助他们解决所关注的有关旅游问题,逐步削弱他们的心理防御机制,使之对旅游产品产生兴趣,并接受新的信息,逐渐改变以往的态度。在旅游宣传促销过程中,要注意以下两方面的内容。第一,要有的放矢。旅游促销宣传要有针对性,针对不同的对象,采取不同的宣传策略和宣传方法。当旅游者的态度和旅游促销宣传者提倡的态度方向一致时,或旅游者的相关知识和经验不足时,可采用"推"的宣传策略。当宣传者和旅游者的态度方向不一致时,或旅游者的相关知识和经验很丰富时,宜采用"推"和"拉"相结合的宣传策略。旅游促销的宣传还应针对旅游者的国籍、民族、宗教信仰、年龄、经济状况、受教育程度等特点,采取不同的宣传策略。第二,要实事求是。旅游促销宣传一定要向旅游者提供真实可靠的信息,切忌只讲优点,不讲缺点,或过分夸大优点。过分夸大的宣传虽然可能在短期内争取到大量客源,但由于宣传的内容与实际不符,旅游者往往不能获得预期的满意度,会产生后悔或上当受骗的感觉。最终事与愿违,适得其反,不但失去了回头客,而且会产生负面的口碑效应。

③ **引导旅游活动**。"百闻不如一见",人们通过旅游实践,能够有机会了解和认识新事物,接受新信息,从而可能削弱原有的顽固态度,起到改变旅游态度的作用。当一个人摆脱了熟悉、紧张、单调的日常生活而外出旅游时,往往能在这种特殊的活动中认识新事物、结交新朋友、增加新体验,进而获得旅游所带来的诸多收益,改变原有的旅游态度。由于态度的稳定性,态度的改变不能一蹴而就,而是一个循序渐进的过程。不断地引导人们参加旅游活动,可以使其亲身体验旅游活动所带来的乐趣和愉悦,逐渐削弱其对旅游的消极态度,成为旅游活动的积极参加者。例如,改革开放以来,随着旅游事业的蓬勃发展,我国公民的旅游经验不断成熟,逐渐从重视旅游的观赏性、休闲性、娱乐性,转变为更重视旅游的参与性、教育性和象征性。"纸上得来终觉浅,绝知此事要躬行。"通过有意识地引导人们参加旅游活动,可以有力地促使其产

生积极的旅游态度。"人非草木，孰能无情。"旅游者在旅游过程中，面对不同的旅游对象，会产生不同的心理体验，如愉快、忧愁、高兴、悲伤、兴奋、激动等，所有这些喜、怒、哀、乐、忧、思、惧都是旅游者情绪、情感的不同表现形式。这些情绪、情感对旅游者的旅游行为有一定的影响。研究旅游者的情绪、情感规律有助于提高旅游服务工作的水平和质量。

三、觉察顾客的情绪、情感，真情服务

在日常生活中，我们会接触到许多人和事，也就会有各种各样的情感体验，这些情感体验会影响到我们的行为方式。旅游者在旅游过程中，接触到自然界的各种事物和现象，也会产生不同的情感体验，如愉快、忧愁、高兴、悲伤、兴奋、激动、痛苦等。这些情绪、情感对旅游者的旅游行为有一定的影响。研究旅游者的情绪、情感规律有助于提高旅游服务工作的水平和质量。

（一）情绪、情感概述

情绪、情感是指人对客观世界的一种特殊的反应形式，是人对客观事物是否符合自己需要而产生的态度体验。对情绪、情感的含义，我们可以从以下四个方面来理解：

项目四案例

（1）情绪和情感是人对客观现实的一种反应形式。对不同的客观事物，我们的态度会有所不同，对这些事物的情绪和情感体验也就不同。

（2）情绪和情感的性质取决于客观事物和对象与人的需要之间的关系。一般来说，满足旅游者需要的对象，就能够引起积极的情绪和情感。例如，湖光塔影、鸟飞鱼游不但有声有色，而且使人赏心悦目、心旷神怡，因为这景色有益于人的身心健康。然而在闹市，拥挤的车辆人群、高分贝的噪声和严重的大气污染，使人厌烦和忧心难耐。清澈的水和一氧化碳本身并不具有愉悦或恐惧的属性，它们作用于人，使人产生愉快或悲伤、满意或痛苦等情绪，是它们与人之间的特定关系所决定的，是它们对人所具有的含义所引起的。

（3）在现实生活中，并非所有的事物都能使人们产生情绪和情感。如人们每天接触到的空气、阳光、水等，固然其与人们的需要密切相关，但一般人们并不会产生情绪情感。

（4）情绪和情感其实是两个不同的概念，但他们之间既有联系又有区别。

从需要角度看，情绪是和有机体的生物需要相联系的体验形式；情感是同人的高级社会需要相联系的。

从发生角度看，情绪发生较早，为人类和动物所共有；情感体验都发生得较晚，是人类所特有的。

从稳定性看，情绪具有情境性、不稳定性和短暂性，而情感则具有深刻性、稳定性和永久性。

从强度和外部表现看，情绪在强度上比情感要强烈，而且常伴随机体生理上的变化，情感则不明显。

当然，情感与情绪又是互相联系的，情绪是情感的外在表现，情感是情绪的本质内容。同一种情感在不同的条件下可以有不同的情绪表现。但在很多场合，既可以用"情绪"来表示，也可以用"情感"来表示。

（二）情绪理论

多年来，一直有很多生理学家和心理学家在研究人们的情绪，形成了很多情绪理论。

1. 詹姆斯-兰格的情绪理论

1884 年，美国著名心理学家威廉·詹姆斯（W. James，1842—1910）就提出了情绪变化是人对自身身体变化的感知的理论。几乎就在詹姆斯提出这一理论的同时，也就是 1885 年，丹

麦的生理学家卡尔·兰格也不约而同地提出了与詹姆斯的理论基本相同的情绪理论。后来，人们把它们合在一起称詹姆斯-兰格情绪学说。

詹姆斯说："我们一知觉到激动，我们的对象立刻就引起身体上的变化；在这些变化出现之前，我们对这些变化的感觉，就是情绪。"兰格认为情绪就是对有机体内部和外部生理变化的意识。有两位英国心理学家设计了一个实验，在一定程度上支持了兰格的观点。他们设计了三个温度不等的房间，一个是"热室"，温度为 33 ℃，使在里边的人感到很热，浑身不舒服；第二个房间为"正常气温室"，室温在 20 ℃ 左右；第三个房间为"冷室"，气温在 7 ℃ 左右。将自愿受试者分别安置在三个不同温度的房间进行书面测试。在答完书面问题后，由一个十分挑剔的"主试人"通过一个大窗户对他们的答案进行评价。"主试人"不时地做出带有侮辱的和讥讽的评价。每个受试人的房间还装有一个电钮，并且被告知：按电钮就可以使"主考人"尝到电击的痛苦，以此可对"主考人"进行惩罚。实际上电钮只连接一架录有人惨叫声的录音机。结果是：第一个房间"热室"里的人不停地按电钮，甚至不管"主考人"的话是好话还是坏话一律不听，只是按；第三个房间"冷室"的人，只是在"主考人"说出他们认为是"不公正"或"使人恼怒"的话时才按电钮；第二个房间"正常温度"房间里的人，却没有任何报复行为。由此，两位心理学家认为：人的情绪与其所处环境的气温有关。这就证实了詹姆斯-兰格的理论，即人的情绪变化与生理因素之间是密切联系的。

2. 阿诺德的"评定-兴奋"说

美国心理学家阿诺德（M. B. Arnold）在 20 世纪 50 年代提出了情绪的评定-兴奋学说。这种理论认为，刺激情景并不直接决定情绪的性质，从刺激出现到情绪的产生，要经过对刺激的估量和评价。情绪产生的基本过程是刺激情景──→评估──→情绪。同一刺激，由于对它的评估不同，就会产生不同的情绪反应。评估的结果可能认为对个体"有利"、"有害"或"无关"。如果是"有利"，就会引起肯定的情绪体验，并企图接近刺激物；如果是"有害"，就会引起否定的情绪体验，并企图躲避刺激物；如果是"无关"，人们就予以忽视。例如，在森林里看到一只熊会引起惧怕，但在动物园里看到一只关在笼子里的熊却并不惧怕，这就是个体对情境的认识和评价在起作用。

3. 沙赫特的三因素情绪理论

美国心理学家沙赫特（S. Schachter）对詹姆斯-兰格的理论采取折中态度，认为情绪既来自对生理反应反馈的感知，也来自对导致这些反应情境的评价。也就是说，情绪是在对刺激情境及由其引起的生理唤醒的解释的基础上产生的。为此，沙赫特和另一位心理学家辛格（J. Singer）设计了一项实验：他们把自愿做被试的大学生分成四组，告诉他们注射一种维生素化合物，研究的目的是观察这种维生素对视力的作用。实际上是对三组被试注射的是肾上腺素，第四组注射的是生理盐水。在注射前主试向第一组被试告知药物的作用，即注射后将会出现心悸、手颤抖、脸发热等现象，即注射肾上腺素后的一般反应。第二组被告知注射后身上有轻度发痒，手脚有点发麻，别无其他反应（给予错误信息）。第三组和第四组不作任何说明，注射后将各组分成两半，让他们分别进入预先设计好的两种实验环境里休息。实验环境之一是一种惹人发笑的愉快情境（有人做滑稽表演）；另一实验环境是一种惹人发怒的情境（强迫被试回答一些繁琐问题，并吹毛求疵、横加指责）。根据主试的观察和被试的自我报告的结果是：第二组（错误信息组）和第三组（无说明组）都在愉快（或愤怒）的情境中显示出愉快（或愤怒）的情绪；而第一组（告知真实反应组）则没有愉快或愤怒的表现和体验；注射生理盐水的第四组出现的愉快或愤怒比二、三组小，但比第一组多。实验证明了情绪的产生受到环境因素、生理因素和认知因素三者的整合作用。其中,认知因素中的对当前情境的评估和过去经验的回忆,在情绪形成中起着重要作用。

在众多的情绪理论中,沙赫特的情绪理论较为全面地分析了情绪的影响因素,是比较有影响力的理论之一。

(三)情绪的外部表现

情绪的发生往往影响到身体的内部与外部的某些变化,这些外部变化反应出某种情绪的发生。情绪的外部表现主要有三种。

(1)情绪引起内脏器官的生理变化。情绪能引起生理器官一系列变化,主要表现在血液循环系统和呼吸系统的变化。例如,恐惧时面色苍白,害羞时面红耳赤,愤怒时呼吸加快,激动时热泪盈眶,悲伤时痛哭流涕,高度紧张时汗流浃背,极端发愁时呼吸缓慢。

(2)情绪引起面部表情和姿势变化。表情是情绪表达的一种方式,它是表达心理、交流心理的重要手段。如欢乐时手舞足蹈,失望时垂头丧气,愤怒时横眉竖眼,仇恨时咬牙切齿。一个人如果不特别掩饰,可以从他的面部表情和姿势变化大致看出他的情绪。在人类交往过程中,言语与表情经常是相互配合的。同是一句话,配以不同的表情,会使人产生完全不同的理解。所谓的"言外之意""弦外之音"就更多地依赖于表情的作用。而且,表情比言语更能显示情绪的真实性。有时人们能够运用言语来掩饰和否定其情绪体验,但是表情则往往掩饰不住内心的体验。情绪作为一种内心体验,一旦产生,通常会伴随相应的非言语行为,如面部表情和身体姿势等。一些心理学家在研究人类交往活动中的信息表达时发现,表情起到了重要的作用。

(3)情绪引起语言声调和音色变化。所谓说话听声,锣鼓听音就是这个意思。不同的情绪发生的音调各不相同,音调高低、音色明暗、声音大小、语气长短、语速快慢等,都能反映出不同的情绪。欢乐时引吭高歌,悲哀时如怨如诉,愤怒时激扬文字,爱恋时缠绵软语。

(四)情绪、情感的分类

情绪、情感纷繁多样,将其进行类别划分是一个复杂而困难的问题。尽管如此,古今中外的学者仍然从不同角度、依不同根据,对人的情绪、情感分类进行了许多有益的尝试。根据我国古代名著记载,可将人的情绪分成"七情"。例如,在《礼记》中将情绪分成喜、怒、哀、惧、爱、恶、欲七情。在《内经》中将情绪分成喜、怒、忧、思、悲、恐、惊七情。

1. 情绪的分类

情绪状态是情感在实践活动中不同程度的体现。根据情绪发生的强度、速度、紧张度和持续性,可以把日常生活中人们的情绪状态分为心境、激情和应激。

(1)心境。心境是一种使人的一切体验和活动都染上情绪色彩的、比较轻微而持久的情绪状态。通常人们称之为心情。这种情绪状态不是关于某一事件的特定体验,它具有广延、弥散的特点。它成为人们内心世界的背景,每时每刻发生的心理事件都受这一情绪背景的影响,使之产生与这一心境相关的色调。当一个人处于某种心境时,就好像戴上了一副有色眼镜,使其对周围一切事物的反应都染上当时的情绪色彩。比如,心境良好时,人会觉得花香草美、青山点头;心境不良时,则会觉得云愁月惨、蜡炬垂泪。所谓"情哀则景哀,情乐则景乐""忧者见之则忧,喜者见之则喜"指的就是心境。

在现实生活中,心境的作用是很明显的。心境有积极的一面,也有消极的一面。它可能表现为快乐的,也可能是忧愁的。积极、良好的心境可以使人振奋,从而使人战胜困难。消极、不良的心境则使人意志消沉,而影响事业的成功,甚至会使人患有严重的身心障碍。

(2)激情。激情是一种迅猛爆发、激动而短暂的情绪状态。激情常常是由意外事件或对立意向冲突所引起的。激情可以是正性的,也可以是负性的。暴怒、惊恐、狂喜、悲痛、绝望等激烈状态都是激情的表现。

(3)应激。应激是出乎意料的紧张情况所引起的情绪状态。它是侧重于从紧张到轻松这一情绪的度量的表现。在突如其来的条件下,必须迅速地、几乎没有选择余地采取决定的时刻,容易出现应激状态。

2. 情感的分类

(1)道德感。道德感是根据一定社会的道德标准,对人的思想、行为作出评价时所产生的情感体验。当自己或他人的言行符合道德规范时,对己会产生自豪、自慰等情感,对他人会产生敬佩、羡慕、尊重等情感;当自己或他人的言行不符合道德规范时,对己会产生自责、内疚等情感,对他人会产生厌恶、憎恨等情感。

(2)理智感。理智感是在认知活动中,人们认识、评价事物时所产生的情绪体验。如发现问题时的惊奇感,分析问题时的怀疑感,解决问题后的愉快感,对认识成果的坚信感等。理智感常常与智力的愉悦感相联系。

(3)美感。美感是根据一定的审美标准评价事物时所产生的情感体验。它是人对自然和社会生活的一种美的体验。如对优美的自然风景的欣赏,对良好社会品行的赞美。美感的产生受思想内容及个人审美标准的制约,丑陋的内涵冠以漂亮的外表,也无法使品德高尚的人产生美感。而且,不同人的审美标准不同,也会使不同个体的美感产生差异。

(五)情绪、情感与旅游决策

1. 影响旅游者情绪情感的因素

在旅游的过程中,旅游者的情绪情感会受到很多因素的影响,具体来说,主要有以下几个方面:

(1)旅游者的需要是否得到满足。需要是情绪产生的前提,每个人都有一定的需要,旅游者在旅游活动中,会有各种各样的需要,如安全的需要、获得知识的需要、得到别人尊重的需要、身心健康的需要等。如果旅游能够得到满足旅游者的需要,那么旅游者就会产生积极的情绪情感,表现为高兴、愉快等;如果旅游不能够得到满足旅游者的需要,就会产生否定的、消极的情绪情感。

(2)旅游活动是否顺利。无论是谁选择旅游,都希望旅游活动一帆风顺,如果出现一些意外事件,如接团失误、车子坏了、车子晚点等,旅游者就会产生焦虑、担心、紧张、沮丧等消极的情绪情感。

(3)旅游地的客观条件。旅游地的客观条件包括旅游地的旅游资源、旅游设施、社会环境、交通、购物环境、气候条件等。这些客观条件会引起旅游者的情绪情感体验。比如,优美的自然环境会让人心旷神怡,产生美的情绪体验;而脏乱的环境、刺耳的噪声会使人反感,不愉快。

(4)团体状况和人际关系。人是社会的人,都会受到所在群体的影响。旅游也是一样,旅游者所在的旅游团队的团体状况和团体内的人际关系会对旅游者的情绪产生影响。如果团体内成员之间互相信任、互相帮助、团结和谐,就会使人心情舒畅;如果彼此之间互相戒备,也不团结,人际关系不协调,那么旅游者就会随时处在不安全的情绪之中。

(5)身体状况。在旅游活动中,旅游者需要耗费一定的体力和精力,很容易疲乏,而一个人在疲乏的状态下特别容易产生消极的情绪情感。因此,旅游工作者应该随时关注旅游者的身体状况,使旅游者保持积极愉悦的情绪。

2．旅游者情绪、情感的特点

旅游者在旅游活动过程中的情绪、情感具有以下几个方面的特征：

(1) 兴奋激动性。旅游是人们离开自己所居住的地方,到异地去过一段不同于平时的生活。因此,外出旅游就给旅游者带来了一系列的改变：改变环境、改变人际关系、改变生活习惯、改变社会角色等。这种改变在给旅游者带来新奇的同时,还给他们带来情绪上的兴奋。旅游者的这种兴奋性常常表现为解放感和紧张感两种完全相反的心理状态的同时高涨。外出旅游使人们暂时摆脱了单调紧张的日常生活,现实生活中的对人的监督控制,在某种程度上也有所减轻,这给人们带来了强烈的解放感。另外到异地旅游可能接触到新的人和事物,对未知事物和经历的心理预期使人感到缺乏把握感和控制感,人们难免感到紧张。无论"解放感"或"紧张感",其共同特征是兴奋性增强,外在表现为兴高采烈和忐忑不安。

(2) 易变波动性。在旅游活动中,旅游者随时会接触到各种各样的刺激源,而人的需要又具有复杂多变的特点,因而旅游者的情绪容易处于一种不稳定的易变波动状态。例如,旅游者在昆明游览时,春光明媚,风景如画。当他怀着满足而喜悦的心情到贵阳继续旅游时,受当地阴雨绵绵的天气的影响,原先高兴的心情被厌烦的情绪所取代。再如,旅游者对某个景物在开始的时候,可能感到新奇,情绪处于积极状态,兴致很高。到一定程度之后,便可能由激动趋向平静,兴致会逐渐减退。再后来如果感到疲劳的话,他甚至会感到厌倦。因此,导游工作为了尽可能地满足每个旅游者的需要,使他们的情绪能保持积极的状态,就必须随时观察旅游者的情绪反应。

(3) 敏感互动性。旅游活动是一种高密度、高频率的人际交往活动。在这种交往活动中,既有信息的交流和对象的相互作用,同时还伴有情绪状态的交换。旅游服务的情绪情感含量极高,以至被称为"情绪行业"。在旅游活动中,旅游者和旅游工作者之间的情绪能够互相影响。一个人的情绪或心境,在与别人的交往过程中,通过语言、动作、表情影响到别人,引起情绪上的共鸣。"没有高高兴兴的服务人员,就不会有高高兴兴的客人。"例如,旅游中导游员讲解时的情绪如果表现出激动、兴奋、惊奇等,旅客就会对导游员的讲解对象表现出极大的兴趣；如果导游员表现出情绪厌烦、无精打采的状态,游客肯定会觉得索然无味,就会怀疑导游员可能不欢迎自己。反之亦然,游客的情绪也会影响导游员的情绪。

3．情绪、情感对旅游决策的影响

人的任何活动都需要一定程度的情绪和情感的激发,才能顺利进行。情绪情感对旅游者决策行为的影响,主要表现在以下几个方面：

(1) 对旅游动机的影响。动机是激励人们从事某种活动的内在动力。人的任何行为都是在动机的支配下产生的。因此,要促使人们产生旅游行为,首先要激发人们的旅游动机。喜欢、愉快等情绪可以增加人们参与旅游活动的动机,增加作出旅游决策的可能；而消极的情绪会削弱人们从事旅游活动的欲望和动机。

(2) 对活动效率的影响。人的一切活动,都需要积极、适宜的情绪状态,才能取得最大的活动效率。从情绪的性质来讲,积极的情绪,如热情、愉快,可以激发人的旅游积极性,提高旅游活动的效率；而消极的情绪,如烦恼、悲哀、恐惧等,则会削弱人的旅游积极性,降低旅游活动的效率。

(3) 对人际关系的影响。情绪情感是人类社会生活和人际交往中不可缺少的一个重要环节。一个人在良好的情绪状态下,会增加对人际关系的需要,对人际交往表现出更大的主动性,并且容易使别人接纳,愿意与之交往。在旅游活动中,旅游工作者通过细心观察、热情服务,主动引导旅游者的情绪情感向积极的方向发展,能够协调和促进旅游者与各方面的人际关系,创设良好的心理氛围,达到旅游服务的最佳境界。

4.旅游者情绪情感的激发与调控

(1)激发有利的情绪情感。

① 开发适销对路的旅游产品。旅游者的需要能否被满足决定着旅游者产生积极或消极的情绪,而且他们的需要被满足的程度大小则影响旅游者情绪的强弱。因此,旅游产品的设计与开发必须以满足旅游需要为出发点。由于旅游需要具有复杂化、层次化、个性化的特点,旅游产品在形式上要体现多样性,在内容上要具有丰富性,从而最大限度满足旅游者的需要。

② 提供细致入微的旅游服务。特色是旅游服务的基础,细节是旅游服务的法宝。"线路可以模仿,品质无法复制。"许多旅游企业都力图在服务方面创出自己的特色,并从细节入手,提供恰到好处、细致入微的服务,为游客创造满意和惊喜,留下终生难忘的情绪情感体验。

③ 传递准确有效的旅游信息。旅游者对旅游信息的了解是形成旅游期望的基础,但并非旅游期望越高越好,因为旅游者的满意度取决于期望与实际所得之间切合的程度。当实际所得与期望所得符合时,游客会感到满意;当实际所得比期望所得大时,可以激发游客更大程度的满意感;而实际所得小于期望所得时,游客就会不满意。

(2)调控不利的情绪情感。

① 理智控制。当消极的情绪爆发时,人们大多会失去理智,这时理智控制可以用合乎原则和逻辑性的思维来调控消极的情绪情感。旅游过程中,经常会出现一些意外事件,如汽车抛锚等。这些意外事件会影响旅游行程的正常进行,从而导致游客的不满。作为导游人员,面对意外事件,应该沉着冷静,迅速果断地采取措施来补救给游客带来的不便。例如,盛夏时节出现汽车抛锚情况,游客一定会十分恼火。首先,导游员应该诚恳地向游客道歉,并向游客实事求是地解释事故发生的原因。其次,导游员应该做好合理安排,或及时把车修好,或另外调车;再次,导游员应该关心游客,比如由于天气炎热,可以买来西瓜让游客防暑解渴,适当安排一些娱乐节目,调节游客的情绪,创造轻松的氛围。

② 转移调控。情绪一般具有情境性,当不利的情境出现时,如果能够果断转移情境,可以及时转移游客的情绪。例如,旅游黄金周期间,旅游团队的接待工作普遍会面临住宿、交通紧张的问题,这也是旅游者投诉比较集中的环节。要处理好这类问题,一方面导游员要正确处理退赔事项,另一方面要用加倍的服务争取游客的谅解,将游客的注意力从对硬件的不满转移到对服务软件的认可和满意上。

③ 合理宣泄。当不利和消极的情绪出现时,人的机体内会积累很多能量,如果能量得不到释放,就会感到烦闷、难受。如果采用合理的方式发泄出来,个体情绪就会得以改善。当游客对旅游服务工作表现出不满和消极情绪时,旅游工作人员积极的做法应该是抓住恰当的时机,让游客把消极的情绪宣泄出去。例如,旅游团队中游客之间关系紧张时,导游员要创造交流沟通的机会,通过交流,游客可以将心中的不满发泄出去,消除彼此之间的误会,增进理解和友谊。

【知识练习与思考】

1.消费者知觉的特性有哪些?

2.营销消费者知觉的特性主客观因素是什么?

3. 常见的知觉的心理定势有哪些？

4. 消费者的记忆过程分为几个环节？

5. 心理学家马斯洛把人的需要分为哪几个层次？

6. 单一性需要和复杂性需要的区别有哪些？

7. 态度的特征有哪些？

8. 如何改变旅游消费者的态度？

9. 影响旅游消费者情绪的因素有哪些？

10. 如何调控旅游消费者的情绪？

【能力培养与训练】

服务改变态度

某旅行社接待一个来自台湾地区的旅行团，由于旅行团一路上误机误餐，客人怨声载道。于是旅行社派了一名经验丰富的导游接待这个团。这名导游员看到客人们一个个怒气冲天，就想办法寻找话题和客人交流，安慰客人。他走到一位中年妇女面前，和气地问道："太太，您是从台湾什么地方来的？"女士回答："小地方，说了你也不知道。""您说说是哪里，也许我知道呢。"女士说出她家乡的名称，果然是一个不知名的小地方。但是这位导游不仅知道这个地方，还十分了解，他甚至能背诵当地著名亭子上的一副对联。于是客人纷纷与这位导游攀谈起来。车内气氛缓和了，主客之间关系融洽了。于是导游不失时机地说道："女士们先生们，各位一路上遇到很多的麻烦，仍无怨言，让我十分感动。我一定让大家在这里玩好。"在游览期间，这位导游尽职尽责，努力满足客人们的要求，不仅化解了客人的不满，还赢得了客人们的赞赏。

这个团的旅游者开始时为什么会怒气冲冲，怨声载道？后来为什么对导游员、对旅行社甚至对这次旅游持赞赏态度？结合你所学的服务心理学的知识，想一想我们怎样改变旅游者包括潜在旅游者对旅游产品和服务的不良态度，让他们喜欢旅游，喜欢我们的旅游产品呢？

项目五　辨识顾客的个性心理特征,因人而异

【项目提要】

消费心理是指消费者在寻找、选择、购买、使用、评估和处置与自身相关的产品和服务时所产生的心理活动,即指消费者进行消费活动时所表现出的心理特征与心理活动的过程,例如,从众心理,求异心理,攀比心理,求实心理。本项目从消费者的个性入手,因人而异,进行有针对性的服务。

【引导案例】

定 制 个 性

在深圳、上海等地,定做手表已成为时尚,在个人定做的手表上印上结婚照、本人图像和姓名等。在上海仍有一帮青年人青睐自行车,厂家为了吸引顾客,在一些商店设立为客户量身定做自行车的业务,买主只要把身高、体重、年龄、职业、用车频率等资料告诉服务员,输入计算机后,便可告诉你买哪种自行车,还可自定花型、用料甚至变速器、挡泥板等一系列装置以及车座的高矮、宽窄等,极大地方便了顾客。还有人模仿影视片中的片段,请摄影师为自己拍摄,圆个演员梦。还可以自制贺年卡,自制陶艺品等,虽然这些"艺术品"难登大雅之堂,但他们的主人对这些"硕果"却敝帚自珍,情有独钟,当作一个有意义的永久纪念,实现了追求个性消费的愿望。

(谢忠辉.消费心理学及实务[M].北京:机械工业出版社,2011.)

任务一　把握顾客的个性,耐心服务

一、了解个性理论

不同的人,甚至同一个人在不同时间和不同条件下,对同一外界作用的反应各不相同。例如,一群人同时、同地看到一件事情的发生和发展情况,而对问题的议论和对问题的看法却不相同,产生的心理现象各有差异。影响人们心理的因素有很多,但是它的动力和性质信赖于个性特点。

(一) 个性的概念

正如世界上不可能存在完全相同的两片叶子一样,人类社会中也没有两个完全相同的人,由于每个人的先天因素、生活环境、所受教育、实践对其的影响程度不同,因此心理过程在每个人身上产生时总是带有个人的特征,这样就形成了每个人不同的个性特征,简称个性。

个性,顾名思义,就是个别性、个人性,就是一个人在思想、性格、品质、意志、情感、态度等方面不同于其他人的特质,这个特质表现于外就是他的言语方式、行为方式和情感方式等,任何人都是有个性的,也只能是一种个性化的存在,个性化是人的存在方式。

个性,在心理学中的解释是:一个区别于他人的,在不同环境中显现出来的,相对稳定的,影响人的外显和内隐性行为模式的心理特征的总和。就目前西方心理学界研究的情况来看,从其内容和形式分类方面来看,主要有下面五种定义:

第一,列举个人特征的定义,认为个性是个人品格的各个方面,如智慧、气质、技能和德行。

第二,强调个性总体性的定义,认为个性可以解释为"一个特殊个体对其所作所为的总和"。

第三,强调对社会适应、保持平衡的定义,认为个性是"个体与环境发生关系时身心属性的紧急综合"。

第四,强调个人独特性的定义,认为个性是"个人所以有别于他人的行为"。

第五,对个人行为系列的整个机能的定义,这个定义是由美国著名的个性心理学家阿尔波特提出来的,认为"个性是决定人的独特的行为和思想的个人内部的身心系统的动力组织"。

目前,西方心理学界一般认为阿尔波特的个性定义比较全面地概括了个性研究的各个方面。首先,他把个性作为身心倾向、特性和反应的统一;其次,提出了个性不是固定不变的,而是不断变化和发展的;最后,强调了个性不单纯是行为和理想,而且是制约着各种活动倾向的动力系统。现在心理学一般认为,个性就是个体在物质活动和交往活动中形成的具有社会意义的、稳定的心理特征系统。

(二) 个性的构成

个性的结构是多层次、多侧面的,有复杂的心理特征的独特性结合构成的整体性。这些层次有,第一,完成某种活动的潜在可能性的特征,即能力;第二,心理活动的动力特征,即气质;第三,完成活动任务的态度和行为方式的特征,即性格;第四,活动倾向方面的特征,如动机、兴趣、理想、信念等。

个性从构成方式上讲,个性其实是一个系统,其由三个子系统组成,即倾向性、心理特征和自我意识。

1. 倾向性

个性倾向性指人对社会环境的态度和行为的积极特征,包括需求、动机、兴趣、理想、信念、世界观等。个性决定着人对现实的态度,决定着人对认识活动的对象的趋向和选择。个性倾向性是个性系统的动力结构。它较少受生理、遗传等先天因素的影响,主要是在后天的培养和社会化过程中形成的。个性倾向性中的各个成分并非孤立存在的,而是互相联系、互相影响和互相制约的。其中,需求又是个性倾向性乃至整个个性积极性的源泉,只有在需求的推动下,个性才能形成和发展。动机、兴趣和信念等都是需求的表现形式。世界观属于最高指导地位,它指引着和制约着人的思想倾向和整个心理面貌,它是人的言行的总动力和总动机。由此可见,个性倾向性是以人的需求为基础、以世界观为指导的动力系统。

5

2. 心理特征

个性心理特征指人的多种心理特点的一种独特结合。其中包括完成某种活动的潜在可能性的特征，即能力；心理活动的动力特征，即气质；对现实环境和完成活动的态度上的特征，即性格。个性心理特征是个性系统的特征结构。

3. 自我意识

自我意识指自己对所有属于自己身心状况的意识，包括自我认识、自我体验、自我监控等方面，如自尊心、自信心等。自我意识是个性系统的自动调节结构，而心理过程是个性产生的基础。

（三）个性的特征

个性有如下特征：

个性的倾向性。个体在形成个性的过程中，时时处处都表现出每个个体对外界事物的特有的动机、愿望、定势和亲合力，从而发展为各自的态度体系和内心环境，形成了个人对人、对事、对自己的独特的行为方式和个性倾向。

个性的复杂性。个性是由多种心理现象构成的，这些心理现象有些是显而易见的，别人看得清楚，自己也觉察得很明显，如热情、健谈、直爽、脾气急躁等；有些非但别人看不清楚，就连自己也感到模模糊糊。

个性的独特性。每个人的个性都具有自己的独特性，即使是同卵双生子甚至连体婴儿长大成人，也同样具有自己个性的独特性。

个性的积极性。个性是个动力倾向系统的结构，不是被客观环境任意摆布的消极个体。个性具有积极性、能动性，并统帅全部心理活动去改造客观世界和主观世界。

个性的稳定性。从表现上看，人的个性一旦形成，就具有相对的稳定性。

个性的完整性。如前所说，个性是个完整的统一体。一个人的各种个性倾向、心理过程和个性心理特征都是在其标准比较一致的基础上有机地结合在一起的，绝不是偶然性的随机凑合。人是作为整体来认识世界并改造世界的。

个性的发展性。婴儿出生后并没有形成自己的个性，随着其成长，其心理不断丰富、发展、完善，逐渐形成其个性。从形式上讲，个性不是预成的，而是心理发展的产物。

个性的社会性。个性是有一定社会地位和起一定社会作用的有意识的个体。个性是社会关系的客体，同时它又是一定社会关系的主体。个性是一个处于一定社会关系中的活生生的人和这个人所具有的意识。个性的社会性是个性的最本质特征。

而从个性的发展性与个性的社会性来看，个性的形成一方面有赖于个人的心理发展水平，另一方面有赖于个人所处的一定的社会关系。

个性贯穿着人的一生，影响着人的一生。正是人的个性倾向性中所包含的需求、动机和理想、信念、世界观，指引着人生的方向、人生的目标和人生的道路；正是人的个性特征中所包含的气质、性格、兴趣和能力，影响着和决定着人生的风貌、人生的事业和人生的命运。

二、认识顾客的个性，耐心服务

服务是在消费者的需求中应运而生的，没有消费者的需求，没有服务对象，服务也就无从谈起。随着消费者消费水准的提高，对服务的心理要求也在不断地发展和变化。如作为调酒师要了解顾客的心理，才能更好地胜任自己的工作，在竞争的市场中确定自己的位置。

（一）深入了解服务

1. 首先了解顾客的消费需求

要具体地了解人的心理，首先要了解人的需求，需求是内驱力的源泉，一个人的所作所为，归根结底是为了满足需求。心理学家指出，人是永远有所求的动物，如果某需求没有得到满足，那一种需求就会出现。人的需求多种多样，将其分类，可以分成物质的、精神的和社会的。

消费需求是指消费者心理或生理上的匮乏状态，即感到缺少些什么，从而想获得他们的状态。消费需求包含在人类一般需求之中，具体表现为对商品和劳务的需求。消费需求是一个动态的过程，又是一个不断升级的过程。

消费需求从起源划分，需求可分为生理性需求和社会性需求。生理性需求是个体为了生存和生命的延续而产生的需求，如进食、睡眠等。社会性需求是指个体在社会生活中形成，为维护社会的生存和发展而产生的需求，如社交、友谊等。从需求的对象划分，消费需求可以划分物质需求和精神需求。物质需求是指与衣食住行有关的物品需求。精神需求是指认知、审美、交往、道德、创造等方面的需求。从需求的实现程度划分，需求可以划分为现实的消费需求和潜在的消费需求。现实的消费需求是指人们有一定的购买支持能力，又有适当商品能够满足的需求。潜在的消费需求是指消费者由于缺乏能力或市场上暂时没有消费者满意的商品，因此暂时没有购买愿望的需求。如受到外界环境的刺激，如新产品开发、广告促销等多方面影响，潜在的消费需求可以转化为现实的消费需求。

2. 功能服务与心理服务

服务是通过人际交往而实现的，包括功能方面和心理方面的内容。

（1）功能服务。功能服务是指为顾客提供方便，帮助顾客解决他们自己难以解决的实际困难，也就是消费者在其相应的消费水平中应该得到的、服务人员必须提供的服务。如旅行社的功能服务，即旅行社以其专业为消费者提供提供专业服务，通过有关功能服务，如服务项目中的景点讲解、旅游中参与性活动的开展等具体的服务，使消费者得到具体的收获。

（2）心理服务。心理服务是指在为顾客提供服务的同时，还能使客人得到心理上的满足。满足消费者的心理需求，使服务工作具有更多的人情味。心理服务是种较高层次的服务，来源于服务工作者良好的个人修养、崇高的敬业精神和健康的心理素质。

营造氛围：轻松、欢快的氛围本身就是一个非常好的感染场，对消费者尤为重要。微笑是人际关系的润滑剂，是国际通用语言，微笑服务使客人感到和蔼可亲，使人产生轻松愉悦感受，客人有宾至如归的感觉。

尊重顾客：被尊重的需求是消费者在消费中表现出来比较明显的一种需求。消费者的被尊重感来自服务者认真的工作精神，全心全意为其服务的态度上，对客人提出的问题要给予耐心的解答，提出的要求一丝不苟地完成，使客人有被重视的感觉。反之对客人的问题漫不经心，对其消费持一副无所谓的态度，会使客人产生被轻视感。同时不要直截了当地批评客人的失误，当客人表现出无知或失误时，不要表现出轻视的态度。例如，客人在酒店消费中做了件略显幼稚的事，不要过多地批评与嘲笑。

善解人意：善于观察客人，把客人不好意思提的要求引导出来，满足其心理需求，使客人的心理要求变成服务者的推荐，从而满足客人的心理需求。例如，面对年长身体不好的游客，在旅游途中放慢速度，并且多设置一些休憩的环节，以确保他们有足够的体力跟上团队，轻松游玩。

当个好听众：当人长期处于一种精神压抑状况下，心中的郁闷很想找个地方释放，而接受服务就是一个人身心放松的时刻。客人面对一个和蔼可亲，善解人意的服务者，常常会在轻松的气氛中诉说自己的忧伤和痛苦，服务者应给予抚慰的关照语言，使客人得到朋友式的安慰，缓解心理的疲劳。服务者面对客人多种多样，而且心理服务的需求也不尽相同，要针对不同人的心理，不同的环境气氛给人以不同的心理服务，才能满足消费者的需求。

在产品开发、促销和服务工作中要充分了解消费者的不同需求，激发其潜在需求，并且不断满足消费者的需求，如此一来消费者对该商品与服务的反馈一定是积极的、肯定的。

（3）功能服务与心理服务的关系。优质服务是由优质功能服务与优质心理服务构成的。在当今的市场竞争中，功能服务与心理服务是相辅相成的关系。

功能服务是服务的基础，是服务的必要因素。客人接受服务的驱动力首先来自功能服务的需求，服务者必须给以专业技能、技艺方面的高效优质服务，才能使客人感到有所获。反之如果功能服务不理想，漫不经心，敷衍了事，微笑得再动人，语言再得体动听，客人也有吃亏的感觉。

心理服务使服务具有诱导力，给人美的享受，是服务的魅力因素。客人在接受功能服务的同时，又渴望得到良好的心理服务。良好的心理服务会使服务层次上升。当我们不但施以高超的专业技能，而且给客人以优质的心理服务，就会使客人心情愉悦，不但感到物有所值，更有十分满意的感觉；反之一位板着面孔，语言生硬的员工，尽管专业性很强，也会使人敬而远之或产生讨厌感。只有当优质的功能与优质的心理服务融为一体时，才可以称之为优质，满足消费者的全面需求。

（二）不同人群的消费心理表现

相比男性消费者，女性消费者花钱更加仔细。据中国人民大学舆论研究所参与完成的调查统计显示，女性中花钱特别仔细的占 12.4%，比较仔细的占 49.8%，花钱不太仔细的占 20.7%，花钱很不仔细的占 2.9%，不一定的占 14.2%。

年龄越大手越紧，追求实惠。人的消费心理与行为表现会随着年龄的变化而变化。求实心理通常在日常消费中较为常见，因为日常消费具有持续性、持久性和必须性的特点，因此选择会经过深思熟虑，求实心理在年长人群消费中占主导地位。调查显示，40 岁以上年龄段消费者花钱都"比较仔细"，并且表现为年龄越大越仔细。其中 60 岁以上的消费者近乎"特别仔细"。相对而言，20～29 岁年龄段的消费者花钱最不仔细。

学历越高，职位越高，花钱越不仔细。一般来说，大专以上学历的人们消费比较"大方"，而高中文化程度及以下的群体消费特征为"比较仔细"。从消费者职业和身份特征上分析，花钱最细的要数离休人员，其次依次是农民、军人、企业职工、科教文卫人员。花钱相对最不仔细的是私营业主、个体劳动者、企业管理人员、高校学生。

在消费群体中，青少年儿童是特殊又比较重要的一个群体。从购买能力来说，他们本身并没有资本，但是他们拥有消费的主导性，尤其是随着家庭经济的水平的提高，家庭孩子总数的减少，家庭开支中青少年儿童占据了一大部分，绝大多数的家长都愿意为孩子投资，其中包括消费。下面我们就从消费心理学的观点，来分析一下青少年儿童消费的心理特征。

1. 攀比

有些小朋友在一起的时候，他们会相互炫耀自己的新衣服、新玩具，以拥有最好、最高级的衣服、玩具为荣。其实这种攀比心理在成人中也是存在的，只是没有表现的如此明显。

2. 从众

从众效应是社会心理学的概念，每一个人都会存在。但是青少年儿童心理机制尚未发展成熟,更容易受到心理暗示,比成年人更容易产生从众心理。大多数青少年儿童消费时,往往倾向于选择别的小朋友都选择的东西,以此与别人达成一致,从而避免被其同龄阶层孤立。

3. 盲目

青少年儿童在购物时,一般来说并没有太多的目的性,都是非常随意与盲目的,看到喜欢的衣服或者说玩具,就会着迷。

4. 喜新厌旧

青少年儿童因为心智不够成熟,所以稳定性也不强,对某一对象的喜爱很容易发生转移,新奇的事物虽然容易引起他们的关注,同样也容易被"丢弃",新奇感一旦消失后,他们的注意力很快就会发生转移。

5. 易受刺激

青少年儿童具有很强的好奇心,对新奇的事物感觉敏锐,由此决定了他们对刺激物的反应也比成年人更加强烈。青少年儿童消费时会受到各种刺激的影响,如色彩鲜艳的包装(视觉刺激),食物浓郁的气味(嗅觉刺激),玩具柔软的手感(触觉刺激)等都可以激发他们购买的欲望。

6. 认同感

21 世纪的世界,是一个广告的世界,在广告的包围下成长起来的青少年儿童,已成为一个强大的认牌购买群体。如在中国,提到酸奶,儿童就会想起"娃哈哈";提到果冻,就会想起"喜之郎"。经常看见一些孩子在消费时,会积极主动地认牌购买。很显然,品牌已成为青少年儿童消费时考虑的一个重要因素。

(三) 个性消费服务方式

在心理学上,个性通常被认为是某个人所特有的心理特征,它导致个人对所处环境的一致和持续不断地反应。基于对以上的理解,个性消费表现为一种消费者持续的、稳定的、内在的心理需求,它是消费者的一种消费倾向,使消费者更愿意去购买那些能彰显自己的与众不同(即个性)、性格和特色的商品,或者是在商品的制造过程中加入自己的设计,甚至整个商品都是在消费者自己设计和想法下完成的,这种充分体现消费者独创性的生产和营销模式,极大地提升了消费者的满足感和虚荣心。

服务过程中应充分把握消费者的这种心理。个性消费在很大程度上影响着人们的购买行为,特别是在社交和个人用品等关系到消费者个人形象的产品和服务方面,个性化的消费品显示了消费者自身的品位、个性、喜好,甚至社会地位,满足了消费者的欲望。此外,个性消费品大多是前卫的、多样性的,但也是实用的,因此个性消费有极大的市场发展空间,应引起市场营销者的关注。

首先,收集资料,建立个性化的客户群。基于个性消费的特点和不同消费者的消费取向,充分利用计算机信息网络和数据库技术,对消费者实行有针对性的销售。成功的营销不仅能让消费者获得效用上的满足,更应该通过营销过程与消费者建立一种稳定的客户关系,加强与客户的信息交流,记录整理并熟悉客户的喜好,是消费者在获得服务的时候享有独一无二的感受,这对建立忠实的客户群有重要的意义。有了稳定且忠实的客户群,使实施个性消费的营销战略和推销满足个性消费产品有了可靠的基础。

其次,量身定做,定制服务。通过发展定制营销和创造个性品牌吸引消费者。定制营销已经成为一种非常常见的营销模式,消费者通过定制服务,可以得到完全符合自己需求的产品,同时,在产品的生产过程中,消费者充分发挥了自己的主观能动性,获得了心理上的满足,而且定制产品与批量的产成品有鲜明的对比,这进一步满足了消费者希望与众不同的心理特点。

对生产者来说,由定制为消费者带来的心理满足获得的收益远大于放弃批量生产获得的收益。创造个性品牌同样是通过使消费者获得心理上的满足而获得收益的方式,它与定制服务有许多相似之处。对中国消费者来说,定制服务与个性品牌还是一个比较陌生的市场,这对生产者来说,既是机遇也是挑战。

再次,利用新媒介,拓展营销模式。要拓展电子商务等新型的营销模式,加强个性主题的宣传与促销,合理规划生产规模,综合运用各种媒体的宣传都是必不可少的。个性消费心理虽然是消费者希望自身有别于他人的一种心理,但同时其也希望这种与众不同能得到其他人的认同、赞扬甚至羡慕,正是基于这一点,各种媒体宣传和合理的生产规模对消费者心理的满足起到了至关重要的作用。以销售为例,说明针对不同个性消费者的工作策略如表 5-1 所示。

表 5-1   常见消费者个性类型、特质及其服务策略

类　型	特　征	服务策略
理性型	深思熟虑、冷静稳健,不轻易被销售人员说服,对不明之处仔细追问	说明商品性质、独特优点和质量,一切介绍内容必须真实,争取消费者理性的认同
感情型	天性激动,容易受外界刺激,能很快作出决定	强调产品的特色与实惠,促其快速决定
犹豫型	反复不断	态度坚决而自信,取得消费者信赖,并帮助其决策
借故拖延型	个性迟疑,借故拖延,推三阻四	追寻消费者不能决定的真正原因,设法解决,免得受其"拖累"
沉默寡言型	出言谨慎,反应冷漠,外表严肃	介绍产品,还须以亲切、诚恳的态度笼络感情,了解真正的需求再对症下药
神经过敏型	专往坏处想,任何事都会产生刺激作用	谨言慎行,多听少说,神态端庄,重点说服
迷信型	缺乏自我主导意识,决定权在于"神意"和"风水"	尽量以现代观配合其风水观,提醒其勿受一些迷信迷惑,强调人的价值
盛气凌人型	趾高气扬,以下马威来吓唬销售人员,常拒销售人员于千里之外	稳定立场,态度不卑不亢,尊敬消费者,恭维消费者,找寻消费者"弱点"
喋喋不休型	因为过分小心,竟至喋喋不休,凡大事小事皆在顾虑之内,有时甚至离题甚远	销售人员须取得信任,加强对其产品的信心,离题比较远,适时导入正题,从下定金到签约须"快刀斩乱麻"

【知识链接】

个性形成的影响因素

在日常生活中会发现,外观形象不佳的人容易产生自卑感,而漂亮聪明的人容易有优越感;神经脆弱的人胆小怕事,却缺乏冒险精神;而自主神经系统紊乱的人,往往情绪不稳定。这说明人的遗传基因会在一定程度上影响个性的形成。

家庭民主和睦,父母要求子女严格,子女容易形成谦虚礼貌、独立坚强、乐观助人的个性品质;家庭溺爱放纵,则容易养成子女任性自私、娇气执拗等不良性格。心理学研究表明,父母的榜样作用、教育方式等,可以在相当程度上决定子女一生的个性发展趋势。

(傅昭.酒店服务心理[M].杭州:浙江大学出版社,2013.)

【心理测试】　测测你的个性

艾森克人格问卷(EPQ-RSC)

　　在这份问卷上共有48个问题。请你依次回答这些问题,回答不需要写字,只在每个问题后面的"是"或"否"中选择一个。这些问题要求你按自己的实际情况回答,不要去猜测怎样才是正确的回答。因为这里不存在正确或错误的回答,也没有捉弄人的问题,将问题的意思看懂了就快点回答,不要花很多时间去想。问卷无时间限制,但不要拖延太长,也不要未看懂问题便回答。

　　做是否回答即可。

　　1. 你的情绪是否时起时落?

　　2. 当你看到小孩(或动物)受折磨时是否感到难受?

　　3. 你是个健谈的人吗?

　　4. 如果你说了要做什么事,是否不论此事可能如果不顺利你都总能遵守诺言?

　　5. 你是否会无缘无故地感到"很惨"?

　　6. 欠债会使你感到忧虑吗?

　　7. 你是个生气勃勃的人吗?

　　8. 你是否曾贪图过超过你应得的分外之物?

　　9. 你是个容易被激怒的人吗?

　　10. 你会服用能产生奇异或危险效果的药物吗?

　　11. 你愿意认识陌生人吗?

　　12. 你是否曾经有过明知自己做错了事却责备别人的情况?

　　13. 你的感情容易受伤害吗?

　　14. 你是否愿意按照自己的方式行事,而不愿意按照规则办事?

　　15. 在热闹的聚会中你能使自己放得开,使自己玩得开心吗?

　　16. 你所有的习惯是否都是好的?

　　17. 你是否时常感到"极其厌倦"?

　　18. 良好的举止和整洁对你来说很重要吗?

　　19. 在结交新朋友时,你经常是积极主动的吗?

　　20. 你是否有过随口骂人的时候?

　　21. 你认为自己是一个胆怯不安的人吗?

　　22. 你是否认为婚姻是不合时宜的,应该废除?

　　23. 你能否很容易地给一个沉闷的聚会注入活力?

　　24. 你曾毁坏或丢失过别人的东西吗?

　　25. 你是个忧心忡忡的人吗?

　　26. 你爱和别人合作吗?

　　27. 在社交场合你是否倾向于待在不显眼的地方?

　　28. 如果在你的工作中出现了错误,你知道后会感到忧虑吗?

　　29. 你讲过别人的坏话或脏话吗?

　　30. 你认为自己是个神经紧张或"弦绷得过紧"的人吗?

5

31. 你是否觉得人们为了未来有保障,而在储蓄和保险方面花费的时间太多了?

32. 你是否喜欢和人们相处在一起?

33. 当你还是个小孩子的时候,你是否曾有过对父母耍赖或不听话的行为?

34. 在经历了一次令人难堪的事之后,你是否会为此烦恼很长时间?

35. 你是否努力使自己对人不粗鲁?

36. 你是否喜欢在自己周围有许多热闹和令人兴奋的事情?

37. 你曾在玩游戏时作过弊吗?

38. 你是否因自己的"神经过敏"而感到痛苦?

39. 你愿意别人怕你吗?

40. 你曾利用过别人吗?

41. 你是否喜欢说笑话和谈论有趣的事?

42. 你是否时常感到孤独?

43. 你是否认为遵循社会规范比按照个人方式行事更好一些?

44. 在别人眼里你总是充满活力的吗?

45. 你总能做到言行一致吗?

46. 你是否时常被负疲感所困扰?

47. 你有时将今天该做的事情拖到明天去做吗?

48. 你能使一个聚会顺利进行下去

下面是各个分量表的计分与解释:

P 精神质量表(Psychoticism,P)

正向记分:10、14、22、31、39

反向记分:2、6、18、26、28、35、43

E 外向(Extrovision,E,或称外倾)

正向记分:3、7、11、15、19、23、32、36、41、44、48

反向记分:27

N 神经质(Neuroticism,N)

正向记分:1、5、9、13、17、21、25、30、34、38、42、46

反向记分:无

L 掩饰量表(Lie,L)效度量表

正向记分:4、16、45

反向记分:8、12、20、24、29、33、37、40、47

5

(1) P 量表:P 分高的人表现为不关心人,独身者,常有麻烦,在哪里都感不合适,有的可能残忍、缺乏同情心、感觉迟钝,常抱有敌意,进攻,对同伴和动物缺乏人类感情。如为儿童,常对人仇视、缺乏是非感、无社会化概念,多恶作剧,是一种麻烦的儿童。P 分低的无上述情况。

(2) E 量表:E 分高为外向:爱社交,广交朋友,渴望兴奋,喜欢冒险,行动常受冲动影响,反应快,乐观,好谈笑,情绪倾向失控,做事欠踏实。

E 分低为内向:安静、离群、保守、交友不广、但有挚友。喜瞻前顾后,行为不易受冲动影响,不爱兴奋的事,做事有计划,生活有规律,做事严谨,倾向悲观,踏实可靠。

(3) N量表:N分高,情绪不稳定,焦虑、紧张、易怒,往往又有抑郁。睡眠不好,往往有几种身心障碍。情绪过分,对各种刺激的反应都过于强烈,动情绪后难以平复,如与外向结合时,这种人容易冒火,以至进攻。概括地说,是一种紧张的人,好抱偏见,以致错误。

N分低,情绪过于稳定,反应很缓慢、很弱,又容易平复,通常是平静的,很难生气,在一般人难以忍耐的刺激下也有所反应,但不强烈。

(4) L量表:掩饰量表,原来作为分辨答卷有效或无效的效度量表。L分高,表示答得不真实,答卷无效。但后来的经验(包括 MMPI 的使用经验)说明,它的分数高低与许多因素有关,而不只是真实与否一个因素,如年龄(中国常模表明,儿童和老年人均偏高)、性别(女性偏高)因素。

每一维度除单独解释外,还可与其他维度相结合作解释。例如,E量表与 N 量表结合,以 E 为横轴,N 为纵轴,便构成四相,即外向-不稳定,艾森克认为它相当于古代气质分型的胆汁质;外向-稳定,相当于多血质;内向-稳定,相当于粘液质;内向-不稳定,相当于抑郁质。各型之间有移行型,因此他以维度为直径,在四象限外画成一圆,在圆上可排列四个基本型的各过渡型。

任务二 把握顾客的性格,区别服务

一、了解性格理论

(一)性格

1. 性格的含义

在现代心理学中,性格指个人对现实的稳定态度和与之相适应的习惯化的行为方式。性格是个性心理特征中最重要的方面,它通过人对事物的倾向性态度、意志、活动、言语、外貌等方面表现出来,是人的主要个性特点(即心理风格)的集中体现。人们在现实生活中显现的某些一贯性的态度倾向和行为方式,如大公无私、勤劳、勇敢、自私、懒惰、沉默、懦弱等,即反映了自身的性格特点。

性格有时易与气质混为一谈。实际上两者既有联系,又有区别。气质主要指个体情绪反应方面的特征,是个性内部结构中不易受环境影响的比较稳定的心理特征;性格除了包括情绪反应的特征外,更主要地还包括意志反应的特征,是个性结构中较易受环境影响的可变的心理特征。另一方面,性格与气质又相互影响,互为作用。气质可以影响性格特征的形成和发展速度,以及性格的表现方式,从而使性格带有独特的色彩。性格则对气质具有重要的调控作用,它可以在一定程度上掩盖或改造气质,使气质的消极因素受到抑制,积极因素得到发挥。人的性格是在生理素质的基础上,在社会实践活动中逐渐形成和发展起来的。由于先天生理素质,如高级神经活动类型、神经系统的暂时神经联系、血清素和去甲肾上腺素的比例等各不相同,后天所处的社会环境及教育条件千差万别,因而人们的性格存在着明显差异。这种差异性是绝对的,也是性格最本质的属性之一。此外,由于性格的形成主要决定于后天的社会化过程,而社会环境是不断变化的,因此性格虽然也是一种比较稳定的心理特征,但与气质相比更易于改变,即具有较强的可塑性。

性格是带有一定社会倾向性的个性品质。性格虽然并非个性的全部,但它却是表现一个

5

人的社会性及基本精神面貌的主要标志,因而具有社会评价意义,在个性结构中居于核心地位,是个性心理特征中最重要的方面。

2. 性格的特征

性格是十分复杂的心理构成物,包含多方面的特征。性格的基本特征包括以下四个方面:

(1)性格的态度特征,即表现个人对现实的态度倾向性特点。

(2)性格的理智特征,即表现心理活动过程方面的个体差异的特点,如在感知方面,是主动观察型还是被动感知型等。

(3)性格的情绪特征,即表现个人受情绪影响或控制情绪程度状态的特点等。

(4)性格的意志特征,即表现个人自觉控制自己的行为及行为努力程度方面的特征,如是否具有明确的行为目标,能否自觉调试和控制自身行为等。

上述性格特征,反映在消费者对待商品的态度和购买行为上,就构成了千差万别的消费性格。例如,在消费观念上,是简朴节约还是追求奢华;在消费倾向上,是求新还是守旧;在认知商品上,是全面准确还是片面错误;在消费情绪上,是乐观冲动还是悲观克制;在购买决策上,是独立还是依赖;在购买行动上,是坚定明确、积极主动,还是动摇盲目、消极被动。这些差异都表现出不同的消费性格。

(二)性格理论与类型

有关性格的学说中比较主要的有以下几种。

1. 机能类型说

这种学说主张根据理智、情绪、意志等三种心理机能在性格结构中所占的优势地位来确定性格类型。其中以理智占优势的性格,称为理智型。这种性格的人善于冷静地进行理智的思考、推理,用理智来衡量事物,行为举止多受理智的支配和影响。以情绪占优势的性格,称为情绪型。这种性格的人情绪体验深刻,不善进行理性思考,言行易受情绪支配,处理问题喜欢感情用事。以意志占优势的性格,称为意志型。这种性格的人在各种活动中都具有明确的目标,行为积极主动,意志比较坚定,较少受其他因素干扰。

2. 向性说

美国心理学家艾克森提出按照个体心理活动的倾向来划分性格类型。并据此把性格分为内倾、外倾两类。内倾型的人沉默寡言,心理内倾,情感深沉,待人接物小心谨慎,性情孤僻,不善交际。外倾型的人心理外倾,对外部事物比较关心,活泼开朗,情感容易流露,待人接物比较随和,不拘小节,但比较轻率。

3. 独立-顺从说

这种学说按照个体的独立性,把性格分为独立型和顺从型两类。独立型表现为善于独立发现和解决问题,有主见,不易受外界影响,较少依赖他人。顺从型则表现出独立性差,易受暗示,行动易为他人左右,抉择问题时犹豫不决。

4. 特质分析说

美国心理学家卡特尔通过因素分析,从众多行为的表面特性中抽象出16种特质,如兴奋、稳定、怀疑、敏感、忧虑、独立、自律、紧张、乐群、聪慧、持强、有恒、敢为、幻想、泄欲、实验等。根据这16种特质的不同结合可以区分出多种性格类型。

5. 价值倾向说

美国心理学家阿波特根据人的价值观念倾向对性格作了六种分类。

(1)理论型。这种性格的人求知欲旺盛,乐于钻研,长于观察、分析和推理,自制力强,对于情绪有较强的控制力。

（2）经济型。这种性格的人倾向于务实,从实际出发,注重物质利益和经济效益。

（3）艺术型。这种性格的人重视事物的审美价值,善于审视和享受各种美好的事物,以美学或艺术价值作为衡量标准。

（4）社会型。这种性格的人具有较强的社会责任感,以爱护关心他人作为自己的职责,为人善良随和,宽容大度,乐于交际。

（5）政治型。这种性格的人对于权力有较大的兴趣,十分自信,自我肯定,也有的人表现为自负专横。

（6）宗教型。这是指那些重视命运和超自然力量的人,一般有稳定甚至坚定的信仰,逃避现实,自愿克服比较低级的欲望,乐于沉思和自我否定。

6. 性格九分法

近年来,性格九分法作为一种新的分类方法,在国际上引起重视并逐渐流行开来。这种分类把性格分为九种基本类型。

（1）完美主义型。谨慎,理智,苛求,刻板。

（2）施予者型。有同情心,感情外露,但可能具有侵略性,爱发号施令。

（3）演员型。竞争性强,能力强,有进取心,性情急躁,为自己的形象所困扰。

（4）浪漫型。有创造性,气质忧郁,热衷于不现实的事情。

（5）观察者型。情绪冷淡,超然于众人之外,不动声色,行动秘密,聪明。

（6）质疑者型。怀疑成性,忠诚,胆怯,总是注意危险的信号。

（7）享乐主义者型。热衷享受,乐天,孩子气,不愿承担义务。

（8）老板型。独裁,好斗,有保护欲,爱负责任,喜欢战胜别人。

（9）调停者型。有耐心,沉稳,会安慰人,但可能因耽于享受而对现实不闻不问。

从上述理论介绍中可以看出,有关学者在划分性格类型时的研究角度和所持的依据各不相同,因而得出的结论也各不相同。这一现象给我们以重要启示,即性格作为主要在社会实践中形成并随环境变化而改变的个性心理特征,具有极其复杂多样的特质构成与表征,单纯以少数因素加以分类,是难以涵盖其全部类型的。这一状况同样适用于对消费者性格类型的研究,而且由于消费活动与其他社会活动相比更为复杂、丰富、变化多端,因此消费者的性格类型更难于做统一界定,而只能在与消费实践的密切结合中加以研究和划分。

（三）消费者性格与购买行为

消费者的性格是在购买行为中起核心作用的个性心理特征。消费者之间不同的性格特点,同样会体现在各自的消费活动中,从而形成千差万别的消费行为。性格在消费行为中的具体表现可从不同角度作多种划分。

1. 从消费态度角度划分

从消费态度角度,可以分为节俭型、保守型、随意型。

（1）节俭型的消费者,在消费观念和态度上崇尚节俭,讲究实用。

（2）保守型的消费者,在消费态度上较为严谨,生活方式刻板,性格内向,怀旧心理较重,习惯于传统的消费方式,对新产品、新观念持怀疑、抵制态度,选购商品时,喜欢购买传统的和有过多次使用经验的商品,而不愿冒险尝试新产品。

（3）随意型的消费者,在消费态度上比较随意,没有长久稳定的看法,生活方式自由而无固定的模式。在选购商品方面表现出较大的随意性,且选择商品的标准也往往多样化,经常根

5

据实际需求和商品种类不同,采取不同的选择标准和要求,同时受外界环境及广告宣传的影响较大。

2. 从购买行为方式角度划分

从购买行为方式角度看,可以分为习惯型、慎重型、挑剔型、被动型。

(1) 习惯型的消费者,在购买商品时习惯参照以往的购买和使用经验,同时受社会时尚、潮流影响较小,不轻易改变自己的观念和行为。

(2) 慎重型的消费者,在性格上大都沉稳、持重,做事冷静、客观,情绪不外露。选购商品时,通常根据自己的实际需求并参照以往购买经验,进行仔细慎重的比较权衡,然后作出购买决定。购买过程中,受外界影响小,不易冲动,具有较强的自我抑制力。

(3) 挑剔型的消费者,其性格特征表现为意志坚定,独立性强,不依赖他人。在选购商品时强调主观意愿,自信果断,很少征询或听从他人意见,对营业员的解释说明常常持怀疑和戒备心理,观察商品细致深入,有时甚至过于挑剔。

(4) 被动型的消费者,在性格特征上比较消极、被动、内倾。由于缺乏商品知识和购买经验,在选购过程中往往犹豫不决,缺乏自信和主见;对商品的品牌、款式等没有固定的偏好,希望得到别人的意见和建议。由其性格决定,这类消费者的购买行为常处于消极被动状态。

值得指出的是,上述按消费态度和购买方式所作的分类,只是为了便于我们了解性格与人们的消费行为之间的内在联系,以及不同消费性格的具体表现。现实购买活动中,由于周围环境的影响,消费者的性格经常难以按照原有面貌表现出来。所以在观察和判断消费者的性格特征时,应特别注意其稳定性,而不应以一时的购买表现来判断其性格类型。

二、识辨顾客的性格类型,区别服务

(一) 消费者性格的表现特征

在销售活动中,消费者个体性格的差异是形成各种独特的购买行为的主要原因。消费者千差万别的性格特点,不仅表现在现实生活中,也往往表现在他们对商品购买活动中各种事物的态度和习惯化的购买方式上,有的性格表露非常充分,非常明显,有的因周围环境的影响,只是表露出一部分。营销人员可以根据消费者的动作姿态、眼神、面部表情和言谈举止等判断其性格特点,消费者性格类型在购买中的典型表现主要有以下几方面:

1. 外向型消费者

在购买过程中,热情活泼,喜欢与营业人员交换意见,主动询问有关商品的质量、品种、使用方法等方面的问题,易受商品广告的感染,言语、动作、表情外露,这类消费者的购买决定比较果断,买与不买比较爽快。

2. 内向型消费者

在购买活动中沉默寡言,动作反应缓慢、不明显,面部表情变化不大,内心活动丰富而不露声色,不善于与营业员交谈,挑选商品时不希望他人帮助,对商品广告冷淡,常凭自己的经验购买。

3. 理智型消费者

在购买中喜欢通过周密思考,用理智的尺度详细地权衡商品各种利弊因素,在未对商品各方面认识之前,不轻易购买。购买时间相对较长,挑选商品仔细。

4. 情绪型消费者

在购买商品中,情绪反应比较强烈,容易受购物现场的各种因素的影响,对店堂布置、商品广告、商品陈列及营业员的服务态度和方式比较看重。买与不买的决定常会受到现场情绪支配，稍有不满意会在短时间内改变购买决定。

5. 意志型消费者

在购买活动中，目标明确，行为积极主动，按照自己的意图购买商品。购买决定很少受购物环境影响，即使遇到困难也会坚定购买决策，购买行为果断迅速。

6. 独立型消费者

在购买活动中，能独立地挑选商品，购买经验丰富，不易受商品广告和营业员的商品介绍影响。遇到了认准的商品时，会迅速购买。

7. 顺从型消费者

在购买活动中，常常注意其他消费者对商品的购买态度和购买方式，会主动听取营业员的商品分析和他人的购买意见，从众心理比较明显，人买亦买，人不买亦不买，自己缺少主见。

（二）识别性格，区别服务

有经验的销售人员，往往能从消费者的衣着，言行和表情来确定其性格特点，并适当调整自我的应对方式，以使买卖行为顺利进行。

1. 对待购买速度不同消费者的策略

由于性格的不同，有的消费者选购速度快，而有的消费者慢悠悠似乎难以决断，而且非常敏感，常让人感到会无缘无故地扭头就走，放弃购买。对此，销售人员要恰当把握。对待迅速购买的消费者，销售人员应主动把握好商品的质量关，对那些是明显仓促之中作出决定的消费者，更应慎重对待，及时提醒消费者，以免其后悔退货。对于购买速度慢的消费者，千万不能表现出不耐烦，而应提供条件让其仔细比较、思考。对这类消费者要有十足的耐心，销售人员可在接待他们的同时接待其他消费者，他们不但不会感到被怠慢，反而可以更放松地选择。但对待敏感型的消费者，需求销售人员全力以赴，注意自己的言行，既不能态度平淡而让其感到被怠慢，又不能因过于热情让其感到疑虑，最好是消费者需求什么就提供什么，没有必要过多介绍商品的性能、特点或销售信息。

2. 对待言谈多寡不同消费者的策略

在购买活动中，有的消费者爱发表自己的意见，并喜欢和销售人员交谈，但有的消费者则沉默寡言，不爱说话，对待这两种消费者也有不同的方式。销售人员在同爱说话的消费者打交道时，要掌握分寸，应答要得体，多运用纯业务性的语言，多说营销行话，创造一个活泼融洽的销售气氛。对待不爱说话的消费者，销售人员要靠自己敏锐的观察力来把握其心理了。一般可以从消费者的喜好和注意对象，进而用客观的语言介绍商品，往往能使消费者尽快实现购买行为。

3. 对待轻信和多疑消费者的策略

有的消费者，由于对所购买商品的性能和特点不太了解和熟悉，往往会以销售人员的介绍为主，销售人员推荐什么，他们往往就买什么。诚实可信是商家力求在消费者心目中形成的良好形象。对待轻信型的消费者，销售人员切忌弄虚作假，欺骗消费者，以免损害自己的形象。销售人员要客观、实在地介绍不同牌子商品的优缺点，尽量让消费者根据自己的需求和判断来选择合适的购买对象。对于性格多疑的消费者，销售人员最好尽量让顾客自己去观察和选择，态度不能冷淡，更不能过分热情使其疑心。在消费者对商品存在疑虑时，拿出客观有力的证据，如说明书、质量保证书等，帮助他们打消疑虑。

4. 对待购买行为消极和积极消费者的策略

行为积极的消费者一般目的明确，在购买活动中，行为举止和言语表达准确，清晰。对待这类消费者,销售人员要做好的就是好好配合,接待起来比较容易。购买行为消极的消费者是那些目标和意图不明确的人,他们的购买行为是否实现,与销售人员的行为态度有极大关系。对这类消费者,应积极主动地接待,态度要热情,要善于利用一些广告宣传手段来激发他们的购买冲动,引发购买行为的实现。

5. 对待内向和外向型消费者的策略

内向型的消费者一般不愿和销售人员交谈,其中又包含两种情况:一种是自己不爱说话,但喜欢听别人讲,在别人的问话和鼓励下,有时也滔滔不绝地讲自己的感受和需求;另一种是自己不爱讲话,也不喜欢别人话多,更讨厌别人的询问。对前一种消费者,销售人员要在热情,主动介绍商品之后,可谨慎地询问他的意见。对后一种人,销售人员要采取"关注但是你不问,我也不回答你"的态度,这样,他们不会感到不热情,反而让其在轻松的心境中选购商品。外向型的消费者,比较容易把握态度,这类消费者比较容易接待。

6. 对待情绪型和理智型消费者的策略

对于情绪型的消费者,根据他们的购物特点,接待中销售人员要有一定的情绪观察力和情绪感染力,把握消费者情绪变化,适时推荐商品。理智型的消费者常运用自己的思维做好购买计划,临时的推荐和广告对这类消费者影响甚微,销售人员最好任其所为,以免徒劳。

【心理测试】 你属于 A 型性格吗?

A 型 B 型性格测试

费雷德曼和罗森门(Friedman & Roseman,1974)两位心理学家在对心脏病患者的研究中发现有一种称之为 A 型性格的行为方式。这是一种易冲动、精力旺盛、竞争性强的性格,这种性格的人,求胜心切,总想在最短的时间内处理无数难以确定的事情。而这种处于长期压力下的紧张状态付出的代价是心脏病。美国心脏医学会在 1981 年将 A 型性格列为罹患心脏病的危险因素之一。下面是用以诊断 A 型性格的一份问卷,请按照各个小题所问事项在题后用"是"或"否"回答,如果有半数以上答"是",希望你能改改习惯,放慢生活节奏。

1. 你说话时会刻意加重关键字的语气吗?
2. 你吃饭和走路时都很急促吗?
3. 你认为孩子自幼就该养成与人竞争的习惯吗?
4. 当别人慢条斯理做事时,你会感到不耐烦吗?
5. 当别人向你解说事情时,你会催他赶快说完吗?
6. 在路上挤车或餐馆排队你会感到生气吗?
7. 聆听别人谈话时你会一直想你自己的问题吗?
8. 你会一边吃饭一边写笔记吗?
9. 你会在休假之前先赶完预定的一切工作吗?
10. 与别人闲谈时你总是提到自己关心的事吗?
11. 让你停下工作休息一会儿时你会觉得是浪费时间吗?
12. 你是否觉得全心投入工作而无暇欣赏周围的美景?
13. 你是否觉得宁可务实而不愿从事创新或改革的事?
14. 你是否尝试在时间限制内作出更多的事?

15. 与别人有约时你是否绝对遵守时间?

16. 表达意见时你是否握紧拳头以加强语气?

17. 你是否有信心再提升你的工作业绩?

18. 你是否觉得有些事情等着你立刻去完成?

19. 你是否觉得对自己工作效率一直不满意?

20. 你是否觉得与人竞争时非赢不可?

21. 你是否经常打断别人的话?

22. 看见别人迟到时你是否会生气?

23. 用餐时你是否一吃完就立刻离席?

24. 你是否经常有匆匆忙忙的感觉?

25. 你是否对自己近来的表现不满意?

A 型性格的特点是:性格急躁,没有耐心;争强好胜,求胜心切,追求成就,有很强的事业心;动作敏捷;时间观念强;情绪容易波动;对人有戒心;缺少运动。

B 型性格的特点是:性情随和,不喜欢与人争斗;生活方式悠闲自在,不争名利,对成败得失看得较淡,不太在意成就的大小,对工作生活较容易满足;工作生活从容不迫,有条不紊;时间观念不是特别强。

（李一文.旅游心理学[M].大连:大连理工大学出版社,2006.）

【知识练习与思考】

1. 个性的含义及其特征是什么?

2. 消费者的性格类型以及不同性格类型人的消费行为表现是什么?

3. 消费者不同的消费需求及其表现是什么?

4. 结合自己的体会,谈谈在现实生活中你是如何鉴别自己和他人的性格的。

5. 结合个性消费心理,谈谈你对个性化消费服务的看法。

【能力培养与训练】

被"掉包"的龙虾

"春波"和"冬凌"两个包厢的客人几乎是同时到的,都点了龙虾,"春波"包厢做东的是一位很细心的客人,他让服务员将鲜活的龙虾拿给他过目后,顺手用指甲把龙虾须头上的须茎掐断,并很有经验地对其他客人说:"上次我在其他地方吃了一次龙虾,结果他们用死的调了包。"

过一会儿,两盘龙虾先后端进"春波""冬凌"。"春波"包厢的客人看一眼,就生气地问服务员:"这龙虾,肯定是被你们用死的调了包。"他扬了一下刚才掐断的那条须茎:"这半段须茎还在我手里,可这只龙虾的须茎是完整的,怎么解释?"

服务员愣了一下:"不会的,先生,我们从来不卖死龙虾。""那这是怎么回事? 如果这只龙虾没有被调包,它的须茎应该是折断的,而且断口应该与我手中的这条断口相吻合。"服务员顿了一下,然后想起了什么:"我知道是怎么回事了,先生,刚才冬凌包厢的客人也点了一道龙虾,肯定是上菜的时候,把断须的那只端给他们了,并不是我们调包,请您相信,我们的龙虾都是活的。"

5

客人不听解释,甚至给他看了"冬凌"包厢的菜单,也无法说服他。最后,只得以重新换一只由他再次做下记号的龙虾而了结。

思考:1. 请你分析案例中这位消费者的性格特征。

2. 作为服务员,从这个案例中得到了什么启发?

(王婉飞.餐饮消费心理学与营销策略[M].北京:中国发展出版社,2001.)

模块三
服务过程心理篇

中国传统礼仪的内涵

1. 你知道哪些中国传统礼仪? 有什么含义?
2. 请思考,礼仪为何得以传承? 请结合社会主义核心价值观加以思考。
3. 在服务过程中,最重要的礼仪是什么? 结合情景加以分析。

项目六 分析服务过程心理，培养服务意识

【项目提要】

　　旅游业的服务人员为来自世界各地的客人提供服务，经常被当成展示城市魅力的窗口，是城市的形象代表。他们的服务意识、服务礼仪以及服务效率，都直接影响客人对该城市的喜爱程度。通常情况下，具有良好的服务意识的高素质的服务人员，都非常注重在服务的过程中向客人传递友好的信息。他们着装得体、举止优雅、热情周到，使旅游者在感观上、精神上产生亲切感、尊重感和愉悦感，并因所受到的善待而成为忠诚的客人，再次光临。

　　本项目从心理学的角度把服务过程分为三个阶段，着重分析了服务过程中服务人员的主要心理活动以及服务人员应具备的服务意识；重点阐述了服务人员的角色意识与工作匹配问题，并由此提出服务人员的职业素质要求。

【引导案例】

挑剔的客人

　　北京梅地亚宾馆，某公司经理宴请客人，服务员小孔给客人上花雕酒。她先给这位经理酒杯中放一颗话梅糖，不料这位经理伸手挡住酒杯说："小姐，你的操作方法不对，喝话梅泡黄酒，应该先倒酒，后放话梅。"小孔一愣，明知客人的说法不对，但还是按照客人的说法做了。

　　上的第一道菜是滑炒虾仁，这位经理尝了一口，眉头一皱说："这虾仁味道太淡了。"小孔说道："是吗？哦，这样吧，我马上拿到厨房去请师傅加工一下。"小孔忙向餐厅经理汇报了此事，餐厅经理请厨师长品尝后认为咸淡合适。经理联系前后发生的事，认为这位客人好面子，爱自我表现，应尽量满足其自尊心，妥善处理好此事，就让厨师长加了点盐回炒了一下，然后让小孔把菜重新端回餐桌，并对这位经理说："先生，对不起，刚才确实淡了些，现在加盐了，请品尝。"这位经理尝了一口，笑着点头说："这还差不多。"小孔松了一口气。最高档的菜——鱼翅上来了，这位经理照例邀大家趁热品尝，他刚尝了一口，对小孔说："这鱼翅有问题。"小孔大吃一惊，这时早在远处留心观察的餐厅经理马上走了过来，和气地说："我是餐厅经理，欢迎您对这道鱼翅多提宝贵意见。"这位经理一口咬定鱼翅有问题，

餐厅经理毫不犹豫地说道："那就取消。"取消就是白送,这时在座的客人有些看不下去了,纷纷劝解。这位经理一点也没想到店方会主动提出取消,在众人的劝说下也觉得过意不去,便说:"取消就不必了。"餐厅经理见形势缓和下来了,就退一步说:"那就打八折。"这时,这位经理颇有点不好意思,又显得洋洋得意。

讨论:案例中某公司经理的行为是否恰当?餐厅经理的处理方式是否合适?请用心理学原理加以解释。

"服务"一词在英语中的基本含义是"为他人做有益的事情",服务的问题是旅游接待的核心问题。就服务行业的从业人员为客人提供的服务而言,服务是指那些为客人做的,能使客人从中受益的工作。对于服务的理解有狭义和广义之分:狭义的服务是指为客人解决实际的问题或具体的问题;广义的服务不仅包括了为客人解决实际的问题或具体的问题,而且包括满足客人心理上的需要。

一、对服务工作的心理过程理解

要想做好服务工作,我们要把握好服务过程中的服务人员的心理活动。在此,我们从服务员心理活动的角度可以把服务工作分为三大阶段:

(一)第一阶段——服务开始前

1. 充分了解顾客的需求,把握客人的角色特征

服务是指通过人的行为最大限度地满足顾客的需求,并由此带来企业与顾客双赢的结果。要满足不同客人的不同需求,需要服务人员在仪表仪容、态度语言、服务行为等各方面保持最佳的状态。

优质服务的基础是以人为本,就是要求服务人员以顾客为中心,关注顾客需求,遵循人的生理与心理规律,满足人们的审美、交流、休闲、健康、娱乐等各种生活方式的需求,并以此作为做事的重要原则。在这样的理念下,旅游服务产品的设计与提供就必须尊重人的本性、共性和个性,使客人的意念与所提供的服务产品达到默契、和谐的状态。

随着旅游业的发展,客人对旅游服务的要求越来越高,已经从原来的追求服务规范的时代进入追求享受型服务和个人体验的时代,更加强调个性喜好,注重个人感受,希望能够得到无接点的完美服务,追求超越期望的惊喜服务。

由此,了解、感知客人需求的能力成为旅游服务人员的核心能力,服务人员必须加强服务意识,深刻认识到所提供的任何一项服务的目的都是为了满足客人的需求;企业所做的一切,从科技的开发、服务产品的设计以及高效的服务管理,都是为了满足客人的需求。服务人员必须能够想顾客之所想,急顾客之所急,充分考虑顾客的消费心理,在日常服务工作中,除了为价格敏感型顾客提供价廉物美的产品及服务以外,还应为重体验、重享受的顾客提供个性化的、人性化的服务,达到文化上的共享、认知上的共鸣、观念上的对接。如饭店房间里的盲文服务指南、特制的绣上客人姓名的浴衣以及导游服务中为客人特别准备的可能用到的药品、为打发长途车上的无聊时间而准备的与景点相关的故事片光碟等,都是服务人员以人为本、关注客人需求、具有良好服务意识的体现。

【案例思考】

客 人 的 生 日

　　钟女士因工作原因出差入住某四星级饭店。办理入住登记时,总台接待员小林发现当天就是钟女士的生日,于是及时通知了相关部门。当钟女士到餐厅用晚餐时,餐厅特意为钟女士准备了一碗面和一个小蛋糕。当员工把面端上的时候,餐厅经理亲自上前对钟女士说:"今天是您的生日,我们特别为您准备了长寿面和蛋糕,希望您喜欢,祝您生日快乐!"钟女士很意外,感动地说:"因为工作忙把自己生日都忘了,谢谢你们,居然知道今天是我的生日!"

　　当钟女士回到房间时,发现房间里多了一束美丽的鲜花,上面还有写着祝愿生日快乐的贺卡。钟女士非常感动,后来每次来这个城市都选择这家饭店,成为这家饭店的忠诚客人。

　　思考:钟女士的需求是如何被了解的? 员工又是如何为客人提供服务的? 除了上述这些服务我们还可以为客人做什么?

　　在服务过程中,除了充分调查了解顾客的显性的、共性的、容易获知的合理需求外,我们还要深入挖掘和发现顾客的隐性需求,这不仅体现了服务员的价值,对于服务竞争而言也非常的重要。要做到这一点,可以充分利用现有的信息数据如投诉记录、客史档案等。这些资料通常记录着客人对企业的期待和不满,展示着对客人而言非常重要而不能得到满足的隐性需求。因此,服务从业者要学会用非常规思维对一些困难是比较常规的问题多加审视和推敲,走出影响改进服务的固定的思维模式,开发出迎合这些需求的新的服务产品或者服务项目。

　　2. 服务员心态的自我调适——以饱满的热情、积极的心态投入服务工作中

【资料链接】

苏东坡与法印的故事

　　有一天,苏东坡跟法印一起出去划船喝酒。苏东坡就问法印:"你看我像什么?"法印说:"我看你像一尊佛。"苏东坡很高兴,又问法印:"你知道我看你像什么吗?"法印说:"愿闻其详。"苏东坡得意地说:"我看你像一坨屎。"法印微笑着说:"阿弥陀佛,眼中有,心中有。我看你像一尊佛,是因为我心里常装着一尊佛。施主看我像一坨屎,是因为施主心里装的是屎。"

　　眼中有,心中有。别把顾客当垃圾,我们应该把顾客当成美丽可爱的天使,我们自然也是带给客人快乐的天使。

　　作为服务人员,我们在服务前首先要调整好自己的心态,对我们的服务工作有个正确的认识。

　　首先服务人员自身的服务心态必须摆正。我们要认识到,其实我们跟客人在人格上是平等的,我为他服务只是我的工作。我服务好,是因为我热爱我的工作,那是爱岗敬业的表现。所以,我们要把服务当成是一种愉快的人际交往,要发自内心的高兴地为客人服务。我们之所以说"顾客就是上帝",只是指对于客人的要求要尽量满足这层意思而已。在浙江绍兴金永泰

6

大酒店工作的金小姐,她的工作有一个很成功的经验。每次客人一来,她边为客人服务会边跟客人聊一些很轻松客人感兴趣的话题。这样一来,客人不但不会对她的服务挑三拣四,还会对她留下深刻的印象,下次客人再来时,有可能就会点名要求她来服务,这何尝不是对她工作的肯定。

我们要认识到一点,客人的需要是体现自己的重要性、体现我们能力的时候。我们应该为我们的工作感到自豪,我们通过我们的热情服务,让客人能得到满意的享受,也为我们自己赢得了利益。

其次服务人员要对旅游企业的服务工作有个清晰的认识。

服务人员的工作是借助旅游企业出售自己的服务的。我们通过工作场所出售服务,赢得报酬,实现自己的价值。对于服务对工作要有以下的认识:

(1)员工本身就是产品的一部分。

旅游企业的产品就是通过员工向顾客提供一系列服务工作来满足客人的消费需求的总和。员工的态度、行为、素质和形象,与顾客对产品的看法有着至关重要的联系。因为,员工是直接对客服务,对客销售服务推销产品的。客人的消费意愿达成与否,很大程度上是取决于员工的态度、行为、素质、形象以及业务能力等。员工的一言一行就是代表着整个企业,客人会根据服务员的服务来判断企业的整体水平。员工本身就是一个活广告,并且正面效果是 8 倍,反面效果是 25 倍。就是说一个客人在你这里消费得很满意,他觉得很享受,那么他会介绍或带来 8 位客人,相反则有可能损失 25 位客人。吸引新顾客以及重新召回流失顾客,对任何企业来说代价是昂贵的。

从某种意义上来讲,服务是最好的营销。因为旅游企业出售的产品就是服务以及为服务所做的一切准备。服务的同时也是在营销,客人会根据你的服务态度及服务水平来选择消费档次。留住老顾客,开发一些新的回头客,这些都是要工作在一线的员工来完成的。员工服务的好坏会直接影响客人的选择,因此,必须建立一个全员促销的管理机制。

(2)生产和消费同时进行,顾客参与产品生产的全过程。

旅游酒店行业与其他行业最大的一个不同点就是生产与消费同步进行。这给员工的服务工作无疑加大了一定的难度。产品的生产者与消费者是面对面的,而且是要同时进行的。这对工作的随机应变、灵活性都是有很大要求的。顾客参与产品的生产的全过程,顾客是个有思想有主见有自由的人,他会为他即将享受的产品提出很多服务员无法预料到的、意想不到的问题。因此,酒店服务工作要求服务人员的素质是很高。否则,不是员工自己受不了就是客人受不了,而不管谁受不了,最终吃亏的都是企业。

一母生九子,九子各不同,更何况是来自不同地区、不同民族、不同文化层次、不同年龄阶段、不同习惯的千奇百怪的客人。当然,我们会发现很多很礼貌很有素质的客人,有时很让我们感动。但我们也不能排除有一些素质低的客人。服务人员不能因为客人素质低,就不努力地去为客人服务,就不努力提高自身的素质。应该说,越是素质低的客人就越是需要高素质的员工去为他们提供优质的服务。因为,在我们眼里每个来店消费的客人都应该是我们的上帝,我们都应该为其提供优质的服务,都应该尽量满足他们的合理的需求。而对于员工来说,处理困难后,才能够提高处理困难的能力。

(3)服务产品具有不可储存的特点。

我们提供的服务产品是即产即销的,在发生问题时,无法以退换的方式解决。例如,一间干净的空房如果当天没有出售,那么它就失去了一天的价值,甚至还要亏损。这也就要求我们

6

只能成功不能失败,提供的产品如果一旦不合格,那么也会影响整个服务过程中的任何好的方面。例如:餐饮部员工在服务客人就餐的过程中,不小心把汤汁倒在客人身上,导致客人烫伤,那么不但提供的产品的价值会被抹杀,甚至对企业的集体利益都会产生影响。所以,我们必须树立"零缺陷"的观念。在服务过程中时时刻刻要按规范操作,要人性化地服务,要让客人感觉他的消费是物有所值的。

现在的大部分来酒店消费的顾客都是高消费或奢侈消费的,他们对产品的要求也是很高的。如果他们一旦认为他们得不到他们所要求的服务产品,那么他们甚至不会投诉而直接否认你们整个企业,因为他觉得你是不可能补偿他的,所以他会放弃对你们企业的忠诚度,而去你的竞争对手那里。这样对酒店的损失是惨重的。因此,我们要强调"零缺陷""零投诉"管理目标。

"上工治未病"——《黄帝内经》。就是说,最好的医生就是不让人得病。所以我们的服务也是一样,事情永远要在顾客抱怨以前处理好。我们应该培养一种忧患意识,要有未雨绸缪的意识。有些事情是可以处理在萌芽状态的,那么我们就应该不能让它变大。在处理一些小问题时,我们可以多作出一些诚意。因为,可以尽量争取早点解决客人的问题,要知道问题拖得越久就会越严重。

(二) 第二阶段——服务进行中

从心理学角度,可以把服务看作是一种特殊的人际交往。服务发生于人与人之间的交往中,是通过人际交往来实现的。当然,服务与一般的人际交往有所不同,交往的双方所扮演的社会角色不一样,一方是提供服务者,另一方是服务接受者。

人际交往既有"功能方面",也有"心理方面"。人们之所以要与他人交往,既是为了功能上的满足,也是为了获得心理上的满足。所谓获得功能上的满足,一般是指把事情办成功,或者是使问题得到解决;而获得心理上的满足,虽然有时只是为了避免孤寂,但更多的是指得到他人对自己的关心、理解和尊重。

作为特殊的人际交往的服务也必然具有"功能服务"和"心理服务"的两重性。如一位客人乘坐出租车来到某饭店门口,饭店的门卫替他打开车门。客人从车里出来,门卫又替他从出租车后备箱里拿出沉重的行李,并且提着行李,把他送进饭店。过了一会儿,另外一位客人空着手朝饭店走过来,饭店的门卫冲着客人发出了热情的微笑。那么饭店的门卫为第一位客人提供的服务是功能服务,而他为第二位客人提供的服务则是心理服务。

旅游服务的功能服务是指帮助游客解决食、宿、行、游、购、娱等方面的种种实际问题,使客人感到安全、方便和舒适的服务。

对心理服务的较为全面的解释是:让客人获得心理上的满足——让他们在旅游中获得轻松愉快的经历,特别是要让他们经历轻松愉快的人际交往,在人际交往中增加客人的亲切感和自豪感。

人际交往中,人们相互之间起着"镜子"的作用。人的自我评价与别人对他的评价是紧密相关的,如果一个人经常从别人那里获得肯定性的评价,他就会感到自豪;相反,如果经常从别人那里获得否定性的评价,他就会感到自卑。总之,人们都重视自己再别人心目中的形象,而且是从别人对自己如何反应来判断自我形象的,也就是说,人们总是把别人当作自己的一面镜子来看待。

服务人员在为客人提供服务时,必须考虑到自己就是客人的一面"镜子",客人要从我们这面"镜子"中看到他们的自我形象。

服务人员是客人的一面"镜子",为了增加客人的自豪感,服务人员就应该做客人的一面"好镜子",发挥这面"镜子"的特殊功能,就是能够以恰当的方式发扬客人之长处,隐藏客人之短处,让客人在我们这面"镜子"中看到自己的美好形象。

因此在对客服务中要学会"扬客人之长"和"隐客人之短"。

所谓长处和短处,包括相貌和衣着,言谈举止以及知识经验和身份地位等。扬客人之长包括赞扬客人的长处和提供一个机会让客人表现他的长处。但要注意决不能为了扬某些人之长而使其他的客人受到伤害。隐客人之短,一方面是服务人员决不能对客人的短处感兴趣,决不能嘲笑客人的短处,决不能在客人面前显示自己的"优越";另一方面是服务人员应该在众人面前保护客人的"脸面",在客人可能陷入窘境时,帮助客人"巧渡难关"。

一般来说,客我交往中最敏感的问题是与客人的自尊心有关的问题。因此,服务人员应该牢记:绝不要去触犯客人的自尊心。虚荣心是一种变态的自尊心,在"提供服务者"和"接受服务者"这种特定的角色关系中,作为服务人员,还是不要去触犯某些客人的虚荣心为好。

(三)第三阶段——服务结束后

在每次服务工作结束后,服务人员都可以对这一次的服务进行回顾、总结与评估,从中吸取经验教训,从而为下一次的服务工作打好基础。

二、服务人员的职业素质及其要求

随着竞争的加剧和消费者需求的不断提升,客人对企业服务质量的标准与期望也越来越高,而企业服务质量的提高依赖于高素质的服务人员。因此,旅游企业服务人员应树立正确的服务观念与意识,完善服务态度,丰富更新工作所需的知识,致力于提高个人素质。作为一名优秀的服务人员,除了总是让别人看起来很舒服的外表外,一名真正专业的服务人员还需具备各种内在的、专业的素质和能力。这些能使客人满意的素质和能力不是任何装饰和外表所能取代的,要想做到这些不是很容易,需要不断地学习新知与积累经验。

一名优秀的服务人员,除了热爱本职工作,具有娴熟的服务技能及业务知识外,还应有良好的服务姿态、谈吐举止、观察能力和沟通能力。下面是旅游服务人员的具体职业素质要求:

(一)爱岗敬业,有良好的职业道德

职业道德是从事一定职业的人在工作和劳动过程中所应遵循的,与特定职业相适应的行为规范。养成良好的职业道德是非常重要的。服务人员应有正确的职业道德与理想,有很强的事业心和责任心。对企业忠诚,对工作勤勉,对客人热情。从基层到管理人员都应属于服务人员序列,特别是管理人员在服务方面要和一般服务员并无差异,这就要求各岗位人员应有良好的职业心态。在技能上面向高、精、严看齐。

(二)职业化的外在形象

服务人员应表现于形态干练、仪表大方、仪容整洁、举止端庄、和气微笑、身心健康、神情专注、精力充沛、态度亲切、语言流利。展现给客人的第一印象是服务意识、文化水平、专业素养的综合体现,并能给人值得信任的形象,方便与客人沟通。

(三)殷勤有礼

礼多人不怪,"请""谢谢""对不起"这些字眼,应该是服务人员的口头禅,服务人员要把"殷勤有礼"贯穿工作与生活的全过程。

6

(四) 主动、热情、耐心、周到和专注的服务态度

服务态度是指服务人员在对客服务过程中体现出来的主观意向和心理状态,其好坏直接影响到客人的心理感受。主动:服务人员在工作中应时时处处为客人着想,表现出一种主动、积极的情绪,凡是客人需要,不分份内、份外,发现后应主动、及时地予以解决。做到眼勤、口勤、手勤、脚勤、心勤,把服务工作做到客人开口之前;热情:服务人员要有助人为乐的精神,做到面带微笑、友善待客;耐心:服务人员在为各种不同类型客人服务时,应不急躁、不厌烦、有耐性,对客人提出的所有问题都应耐心解答,百问不厌,并能虚心听取客人的意见和建议,对事情不推诿;周到:细节决定成败,服务人员应将服务工作做到细致入微、面面俱到;专注:为客服务是一种角色,进入角色的服务人员必须时刻专注宾客的需求。

(五) 娴熟的工作能力

1. 观察分析能力

服务人员要善于察言观色,能很快从客人的衣着、谈吐等方面,准确把握客人身份,准确判断消费动机、消费水平,协助客人合理消费,他们有较强的记忆能力,对各类知识及企业的信息能记忆深刻且熟练掌握,能牢记客人的客史档案,熟悉老客户的消费细节要求,充分体现企业对客人的重视程度。他们能够抓住客人的心理,为客人着想,以顾客至上为服务宗旨。

【案例思考】

察言观色的技巧

某日晚 19:00 左右,河南海天大酒店二楼中餐厅宾客如潮,几位三十多岁的年轻男士在迎宾小姐的引领下来到餐厅。他们走进宴会厅门的一刹那,服务员小葛有一种异样的感觉。

一般情况下,服务员迎宾时微笑的问候,应该换来客人礼貌地点头示意。而这几位好像都没有注意到小葛的存在。只有最后一位好像意识到了什么。小葛赶紧热情地说:"先生,晚上好! 欢迎光临!"然而换来的只是眼角的一丝余光。凭第六感,小葛感到今天的服务不可有任何闪失。

小葛小心翼翼地接挂客人的每一件衣帽,微笑着问:"几位先生,用点什么茶水?"没人作出任何反应。"我们这里有毛尖、菊花、乌龙、银针等几位喜欢用点什么?"还是没有人应声答话。他们看起来都是些有个性的客人,各自谈得兴致勃勃。

见此情况,小葛及时调整自己的服务方式,不再去打断他们,大约过了几分钟,终于有一位客人说:"小姐,打开电视,新闻联播开始了吧!""是呀! 19 点了!"小葛边说边开电视。此时她最希望和客人有点沟通,哪怕是几句话。在他们谈话中,可看出说话的这位是今天的主角。"对,对,打开电视。"其余几位都附和着,小葛更肯定了自己的看法。在他们进门时,留心的小葛清楚地看到这位先生丢到备餐台上的牛黄解毒片的药袋。小葛马上说:"这一段儿天气干燥,容易上火,要不给几位沏壶菊花茶好吗?"小葛耐心、细致的服务终于得到回报,那位看电视的主宾应了一声。

客人到齐了,在领班的协助下,用了近半个小时时间终于点完了菜。小葛看看菜单,菜点得不错,有几道海鲜,初步预算至少也得 2 500 元,这同时也加重了小葛服务的压力。饮料、斟酒、上菜一切还算顺利,可好景不长,不一会儿麻烦就来了。"哎,小姐,你这是竹节虾吗? 我看比虾米大不了多少,把你们经理叫来!"小葛听后,急忙说:"先生,

您别着急,听我解释。这一次的虾和以前的相比是小了点,可这是野生的,别看它个小,论营养、味道远远超过那些大虾呢!"听完解释后,客人忙着细细品味那盘小虾,没人再说什么。

一波未平一波又起。那位主宾对小葛放的鱼又有意见了:"这么多人,你偏偏把鱼头朝向我,对我有看法怎么着?""不,不敢、不敢……"小葛急忙摇头。"那今天你得给我个说法,不然这鱼头酒你可得替我喝。"客人不是很严肃,但有点故意刁难小葛的意思。见此情形,小葛便壮着壮胆略开玩笑地说:"这是清蒸桂(贵)鱼,您说不朝着您这位贵宾,朝哪儿才对?"客人们都哈哈大笑了,于是气氛在一个小小的玩笑后缓解了些。可鱼头酒两杯下肚,第三杯主宾是死活也不喝了,居然把那艰巨的任务交给小葛,"小姐,鱼是你放的,酒也你来解决吧!"小葛一时不知如何是好,便慢吞吞地走向主宾,端起酒杯灵机一动说道:"先生,我知道,您是不会让我为难的是吧!""嗯,怎么不会! 你替我把它喝了,我给你小费。""我们规定上班时间不准喝酒!""我又不告诉你们经理! 来……",他边说还边站起来关上了门,掏出一张百元钞票放在桌上。在刚才服务中,听他们谈话得知这是位处长,于是小葛说:"先生,您是处长吧?"他居然一脸的迷茫。"您也是领导,同样和我们领导一样不希望您的下属犯错!""好! 说得好! 看您还怎么推辞! 喝吧,老兄,小姐腿都站累了!"在座的客人都和小葛站到了一个立场。那位主宾终于端起了酒杯,看着小葛点点头,又笑着摇摇头一饮而尽。

案例分析:

在酒店服务中,察言观色可以说体现在方方面面:

在餐厅,察言观色是细致周到服务的一种保证,当客人的酒杯还有三分之一时,服务员便要主动将酒加满;宴席气氛热烈,客人说话的声音越来越大时,服务员要将背景音乐调低;包厢中酒过三巡菜过五味,客人精神松弛时,服务员要将空调稍微开大一些;海鲜上席,骨碟渐满时,服务员要将垃圾收走,并递上巾擦手。这种种事例说明,服务员要通过察言观色很好地做到知客人之所需,急客人之所急,点滴微小的行动使客人感觉到餐厅细致周到的服务。

在客房,察言观色是人情式服务的前提。见到客人在往电梯走时,上前一步微笑致意,为客人按开关;客人出门,服务员在做整理卫生时,顺便将客人的皮鞋擦拭干净;客人在开会时,留心观察并适时斟水;会议室烟雾弥漫时,服务员将抽风机打开;客人的钢笔没水时,服务员及时递上另外一支笔;看到老年体弱的客人,服务员主动搀扶;碰到客人生病时,服务员主动联系医生。

在前厅,察言观色是快速高效服务的基础。旅行团车抵达酒店门口,接待小姐即把住房卡、钥匙一一备好,并通知司梯员准备好电梯,通知客房部做好迎接;散客抵店,收银员在做登记时,主动把押金手续办好,而不是让客人再到收银台办手续;当发现入住的客人面容憔悴时,通知大堂副理和楼层领班做好相应服务;当发现有残疾人入住,通知大堂副理、楼层、行李员、餐厅等岗位做好相应服务。

从以上事例看出,日常服务工作的察言观色虽然产生了良好的效果,但往往呈现为自发性、非系统性和非制度性的特点。为此,酒店应采取措施制定制度,通过引导、搜集整理、系统规范和培训奖励来培养优秀员工,从整体上促进服务质量的提高。

2. 交际沟通能力

服务人员应有很强的亲和力,对内对外善于和客人充分沟通交流,才能明了客人的喜好和

6

需求,取得客人的信任。他们应具备良好的语言表达能力,说话得体,用词有度,能够准确表达相关事物的特点和优势,将服务信息全方位一一展示给客人。他们应有良好的处理突发事件的能力,思维敏捷,灵活应对能力强,如果缺乏沟通艺术,再好的产品也是卖不出去的。

3. 学习创新能力

优秀服务人员应有广博的知识,又要适应瞬息万变的社会市场和顾客需求,这就要善于开拓、勤于学习,接受新理念,吸收新知识,要有"学一行干一行,学到老干到老"的终身学习理念。他们必须内练外学,以提高自身素质和业务技能。并在此基础上积极创新、勇于创新。他们应有良好的培训能力,为提升服务整体素质作贡献。

4. 优秀的服务技能

技能是指服务人员在提供服务时显现的技巧和能力,它不仅能提高工作效率,保证服务的规格、标准,更可给客人带来赏心悦目的感受,因此服务人员要熟练掌握各种服务技能与标准,灵活自如地加以运用,为宾客提供优质的服务。

5. 应变能力

因为服务对象客人需求各不相同,而且多变,所以,在服务过程中难免出现一些突发事件,如客人投诉、员工操作失误、停电等。这就要求服务人员必须具备灵活的应变能力,遇事冷静,及时应变。

6. 自律、服从与协作能力

自律能力是指服务人员在工作过程中的自我控制能力,服务人员应遵守企业的各项管理制度,明确知道在何时、何地该干什么、能干什么、不能干什么;服从是下属对上级的应尽责任,服务人员应具备以服从上司命令为天职的组织纪律观念,对直接上司的指令无条件服从,并切实执行。旅游企业每一项服务都需要不同部门、不同岗位的人员共同协作才能完成,所以服务人员更需要团队协作的精神。

三、服务人员的角色意识与工作匹配

通常情况下,服务意识越强的员工越能够感知客人的需求,能够通过日常工作中的用心观察和与客人的有意识交流了解客人的需求。如一个好的客房服务人员能够发现客人把两只枕头叠在一起,进而了解客人可能喜欢高一点的枕头;看到客人把房间的陶瓷茶杯放入卫生间当漱口杯用,可以理解为客人可能更喜欢有杯柄的漱口杯等。他们通常能够换位思考,善待客人,尤其是那些有所抱怨的客人。因此,客人的建议、挑剔、责怪甚至投诉,都蕴含着服务创新的课题,成为一个提供让客人满意服务的契机。

(一) 服务人员的角色意识

1. 人与社会角色

在社会生活中,每个人都在扮演着一定的社会角色,这主要是由你的职业决定的。人们在人际交往中是以这一"社会角色"来进行交往的。旅游服务过程,这种关系尤其明显。例如,赵先生一走进餐厅,小杨就马上走过来为他服务——在这里,赵先生和小杨就是分别扮演着"客人"和"餐厅服务员"的角色来进行交往的。

同时,"人"还总是要受他所扮演的那种"角色"的影响。同一个人在他扮演不同的社会角色时,他的心理状态不可能是完全一样的。例如,当小王以"客人"的身份坐在别的饭店里的时候和他在自己的饭店里以"服务员"的身份去为客人服务的时候,其心理状态肯定是不一样的。而且,他的行为也要受到他所扮演的那种"社会角色"的制约。人们常说:"你演什么,就得像什么。"在戏剧舞台和影视屏幕上是如此,在社会生活的"舞台"上也是如此。例如,在饭店,当经理就得像个经理,当服务员的就得像个服务员。

　　2. 服务人员的社会角色特征

　　(1) 有个性的人与非个性的角色。人际关系的复杂性,不仅在于扮演社会角色的人和人所扮演的社会角色,既难解难分,又不可混为一谈;而且在于现实社会总是要让"有个性"的人去扮演"非个性"的角色,而"非个性"的角色又总是要由"有个性"的人来扮演。

　　人是"有个性"的。这一点无须解释。社会角色的"非个性"是指当不同的人去扮演同一种社会角色的时候,他们应该基本上按照同样的要求去扮演,而不应该过分强调自己的个性。

　　因为人是"有个性的",而角色却是"非个性"的,角色只允许你在一定的范围之内表现自己的个性,而不允许你想怎么"表演"就怎么"表演"。每个角色都有它自身的角色行为和角色规范,并且角色规范只认"角色"不认"人"。例如,我们走进一家商场,来到卖鞋的柜台,看到柜台里面站着一位小姐,只要我们确认,这位小姐是卖鞋的"售货员",我们就可以对她说:"请把那双鞋拿给我看一看。"我们并不需要知道更多的有关她个人的情况。而她也只要确认我们是"顾客",并不需要知道更多的有关我们个人的情况。

　　假如这位售货员小姐不仅不去拿鞋,而且反问一句:"凭什么我要把鞋拿给你看?"我们将会大惑不解。凭什么? 就凭你是"售货员",我是"顾客"。在这里,谁是"售货员"谁是"顾客",是一定要弄清楚的。至于售货员是谁,顾客是谁,那是次要的。只要你扮演着"售货员"的角色,我们作为"顾客",就有权按照对"售货员"的要求来要求你。

　　(2) 人的平等与角色的不平等。分清人与角色的一个重要意义在于服务过程中分清"平等"与"不平等"的问题。在人际交往中,人与人之间的"平等",只能有一个含义,那就是"互相尊重"。不管你扮演什么样的社会角色,我扮演什么样的社会角色,只要我尊重你,你尊重我,你我就是"平等"的。从这点来说,服务人员与客人是平等的。所以,客人不应该因自己是顾客就瞧不起服务人员,服务人员也不应该怠慢客人。

　　但人们总在扮演着不同的社会角色,有着不同的权利和义务,人们一旦"进入角色",就往往不能"平起平坐"了。在服务过程中,服务人员和客人扮演着不同的社会角色。客人有权利要求服务人员为自己提供服务,而服务人员有义务按照客人的要求去为他们提供服务。只要客人的要求是正当的、合理的,服务人员就无权拒绝客人的要求。从这点来说,服务人员与客人是不可能"平起平坐"的。如小王是餐厅服务员,当理发员老张来餐厅用餐时,小王应该恭恭敬敬地为老张服务,不能与老张"平起平坐";同样,当小王到老张的理发店去理发时,老张也应该恭恭敬敬地为小王服务,不能与小王"平起平坐"。明白了这一点,服务人员对"客人坐着你站着,客人吃着你看着,客人玩着你干着",就不会心理不平衡了。

　　但有的服务人员把人与角色的关系混为一谈,所以总想不通"平等"与"不平等"的问题。

　　一种人只看到了人与人之间的"平等",把"角色"当成"人",于是总和客人"争平等"。一有机会就要在客人面前显示一下"我比你行",用冰冷的或粗暴的态度来对待客人,总想"气一气客人""治一治客人"来维护自己的尊严,强迫顾客尊重自己。

　　另一种人只看到了角色与角色之间的"不平等",把自然的人等同与社会的人,把客我之间的关系误解为"强者"与"弱者"的关系,并把自己当然地置于"弱者"的地位,总认为干服务工作没出息、低人一等。这两种做法都没有认识到"角色"与"人"的辩证关系。

　　(3) 服务人员的角色压力大。服务人员在服务工作中经常遇到各种各样的压力,处理不好会造成服务人员精神疲惫、工作不满意、对饭店的认同感和归属感下降,甚至向顾客提供劣

质服务,从而影响了饭店的声誉,削弱了饭店的市场竞争力。这些角色压力主要来自以下几个方面:

首先是情感压力。服务人员从事的是情感性工作,他们要对陌生的、甚至再也见不到的顾客微笑、用眼神接触、表达真诚的关心、进行友好的对话。对顾客友好、礼貌、移情、敏感等是做好服务工作的基本条件。服务人员为了有效地工作,经常不得不压抑自己的真实情感,即使是在心情不好的时候也必须及时调整自己的情绪,为顾客提供优质服务。因此服务人员面临较大的情感压力。

其次是角色要求与个性特点冲突带来的压力。服务人员在工作中经常遇到饭店或顾客对其要求与自己信念、价值观、个性爱好的冲突。对某些崇尚平等和自由的服务人员来说,"顾客总是对的"信条下工作面临较大压力。有时角色要求和服务人员的自尊、自我形象相冲突。例如,在一些餐厅,有些顾客要求服务人员穿什么衣服或改变某些外表形象以适合服务工作;又如,特别爱留披肩长发的女大学生去宾馆工作,宾馆要求其工作时将长发盘起或剪成统一的短发型,这位女大学生会感到新角色要求与爱好冲突的压力。

第三是饭店与顾客冲突的压力。更突出的压力是服务人员在服务过程中遇到的饭店要求与顾客要求冲突带来的压力。服务人员在一般情况下是按照以顾客导向为依据制定的规章制度、服务程序为顾客提供服务。如果这些规章制度、服务程序不是顾客导向或顾客提出过高要求时,服务人员面临选择遵循规章制度、服务程序还是满足顾客需求。当服务人员认为企业的规章制度不合适,而且必须决定是冒着被处罚的风险去满足顾客需求还是服从规章制度时压力更大。例如,饭店有些部门的服务人员以小费或佣金为主要收入时,就会更倾向于满足顾客而面临与饭店要求冲突的压力。

第四是顾客需求相互冲突的压力。有时服务人员无法同时满足几个顾客的不同期望和要求时会产生压力。这种压力在顾客排队等候服务和服务人员同时为一些顾客提供服务时经常发生。在为排队等候的顾客提供服务时,服务人员多花一些时间为正在接受服务的顾客提供定制化服务使其满意,就会导致其他在等候服务的顾客不满,因他们无法得到及时服务。在同时为多个不同需求的顾客提供服务时,服务人员要满足所有需求就会产生压力。

最后还有服务质量与服务效率冲突的压力。饭店经常要求服务人员为顾客提供优质服务,同时又要有很高的服务效率。然而服务人员为顾客提供优质服务时可能会降低服务效率,提高服务效率时可能就会降低顾客感觉中的服务质量。餐厅服务人员要为顾客提供定制化服务,就无法在规定时间内为一定数量的顾客服务;而前厅部服务人员在规定时间内要为许多顾客服务,也就无法为每位顾客提供热情、周到的定制化服务。这些服务质量和服务效率的冲突给服务人员带来相应压力。

3. 服务人员应该具备的角色意识

作为旅游的从业人员,如果从客人的角度上看你永远所代表是企业整体形象,你的个体形象将是企业整体形象组成的一部分。但这并不意味着个体形象将被弱化,恰恰相反,只有无数个鲜明的个体形象才能形成独特的企业整体形象,从而被客人接受和喜爱。

如何才能拥有鲜明的个性形象呢?这就需要你不仅仅认为自己只是一个毫不起眼的服务者,而是把自己变成一个企业服务的设计师——设计你的产品并利于被客人消费;一个在企业服务这个大的舞台上参与表演的演员——使客人能够全身心沉浸于你的服务表演中,得到感官享受和预期心理满足。

要做好服务先有足够的服务意识。

　　旅游从业人员必须高度树立"上帝"意识,树立"宾客至上,服务第一"的思想,树立"客人满意,是对我服务工作的最高奖赏与评价"的思想。始终牢记,旅游企业给客人提供的最重要的产品是服务,而服务这种产品,一旦提供给客人是劣质的、不合格的、不满意的,那将是永远无法更换和改变的。它不但影响企业的声誉与形象,而且也证明我们服务人员的技能,服务行为的不合格。21世纪旅游业的竞争将主要体现在服务的竞争上,所以需要我们每位服务人员必须树立高度的、强烈的、视优质服务为企业生命的服务意识。主要包括以下几个方面:

　　主动,就是要求服务员对客人的服务要积极、主动,见到客人要主动打招呼,主动问候;想客人所想,急客人所急,甚至想客人之未想。客人想到的早已想到,客人还没有考虑到的,服务人员也替他考虑到,做到在客人未提出服务要求之前就服务到位。这就是感情服务、主动服务的魅力! **热情**,就是服务要发自内心,要真心诚意,面带笑容,并注意礼貌用语。**周到**,就是全面、体贴,要能够满足客人的一切合理要求,并力图把工作做到前面。**耐心**,即不厌其烦,要求服务人员在服务过程中要善于控制自己的情绪,站在客人的角度,理解客人,主动为客人解答各种疑问。**细致**,就是要求服务工作一丝不苟,尽善尽美。**礼貌**,要求服务员为客人提供热情、礼貌的服务,当作自己工作的一部分和自己应尽的职责,而非分外之事。服务工作必须热情礼貌,否则,就是半成品,而不是完整的服务产品。有些服务员错误地认为,为客人提供直接服务的是前台或迎宾,不是自己,见到客人不理不睬,缺乏基本的礼貌礼节,这是缺乏服务意识的表现。

　　在酒店服务中强调"客人永远是对的",强调的是当客人对酒店的服务方式、服务内容发生误会或对酒店员工服务提出意见时,员工首先站在客人的立场上看问题,从理解客人、尽量让客人满意的角度来解决问题。另外,强调客人总是对的,主要是指酒店员工处理问题的态度要委婉,富有艺术性,当错误确实是在客人一方,或客人确实是对酒店员工的服务发生了误会时,员工应当通过巧妙地处理,使客人的自尊心得到维护,特别是有其他客人在场时则更要如此,不能让其他客人觉得某一位客人判断力有误或是非不明。当然,如果客人出现严重越轨或违法行为,这一原则就不能适用了。

【案例思考】

把"对"让给客人

　　一位客人拎着手提箱乘电梯到大堂,准备结账离店。客房服务员按常规走进客房,眼睛向四周一扫,又迅速走进卫生间,检查一应用品是否遗失,发现原先放在架子上的一条浴巾不知何时不见了。客房服务员第一个反应就是走到床边打电话通知收银员:"816房间的客人把浴巾带走了。"

　　收银员接到电话立刻通知大堂副理,说有急事汇报,请他速与8楼服务员联系。电话刚挂上,客人已经来到前台。收银员一边结算账务,一边稳住客人,找些话题与客人周旋,请客人对饭店服务提些意见。

　　三分钟后大堂副理走来收银处,十分礼貌地请客人到一处比较僻静的地方。

　　"先生,客房服务员发现您房里少了一条浴巾……"大堂副理后面的话没有下文,但已不言而喻。

　　"您的意思是说我拿走了饭店的浴巾?"客人的脸色铁青,似有问罪之意,但在气愤之余不免露出一些不安的神情。

6

　　大堂副理明白浴巾就在他的手提箱里，按照饭店规定，遗失一条浴巾需向客人索赔50元，如果让保安员来处理这事，简单快捷，但必然会损伤客人的自尊心，从而失去一个潜在的回头客。他知道在现在这种情况下，客人为了面子，绝不可能当众打开箱子交还浴巾。

　　"请您想一下，今天您是否有朋友来过？"他想给客人一个台阶下，让客人体面地支付赔偿费，以摆脱尴尬的局面。不料，客人在情绪紧张、心理踌躇之下，一时难以很快领悟善意的提示。他认为大堂副理是不会为了一条浴巾而命人打开箱子给客人难堪的，当然也不愿为此付出50元赔偿费，故而矢口否认曾有客人来访。

　　大堂副理见此招不灵，又生一计。"请您回忆一下，是否可能披了浴巾走出房间，后来放在哪个地方忘记了？"他希望客人能接受暗示，同意到楼上再找一下，借此机会把箱子内的浴巾取出，不失面子地交还给饭店。但客人仍不理解大堂副理的意思，还是断然否定。

　　大堂副理不愿使事态走向极端，继续循循善诱地给予更加明确的启示："不久前我们也遇到过这样的情况。我们请客人到楼上再找一下，果然发现浴巾被毯子遮住了。请先生最好也能到楼上看看，会不会把浴巾掉在哪个角落里了？"

　　客人到此总算明白过来，提起箱子上了电梯。大堂副理拿起电话告诉8楼房务员，把房门打开后让客人独自进去。他挂好电话对着收银员会意地笑了。

　　10分钟后，客人返回大堂，脸涨得通红。"你们的服务员太粗心了，浴巾明明在沙发后面么，"似有一股莫大的怒气冲着大堂副理而来。见状，大堂副理的心弦顿时松开了，一次不愉快的冲突就此避免了。"先生，十分抱歉，让您又上了一次楼，耽搁了您的时间，感谢您的合作。"大堂副理仍一如既往，彬彬有礼地向客人道别。为了使客人尽快稳定情绪，大堂副理故意把话题扯到别处，以冲淡眼前的尴尬气氛。临别时两人再度握手，大堂副理对客人说："希望饭店能给您留下美好的印象，欢迎再次光临。"

　　大堂副理的处理方法既维护了饭店的利益，又保住了客人的面子。由于客人体体面面地下了台阶，再度下榻该店是十分顺理成章的事。

案例分析：

　　客房内提供给客人使用的用品一般分为两类：一类是一次性消耗品，如茶叶、卫生纸、信封、洗浴液、洗发液、香皂等，这些用品是一次消耗完毕和完成价值补偿的。客人如果喜欢可以不付费带走；另一类是多次性消耗品，如棉织品、玻璃瓷器等，这些用品可连续多次供客人使用，价值补偿要在一个时期内逐渐完成。也就是说这些用品可供客人使用，但不能无偿带走。如果客人喜欢饭店的这类用品，可向饭店购买。客人私自拿走了饭店的一条大浴巾，饭店方面应该追回，但客人一般不愿当众承认。怎样才能既顾及客人的脸面，又能巧妙地让客人退回浴巾呢？本案例为我们提供了一个怎样将"对"让给客人的范例。

　　首先，大堂副理准确地掌握了816房客人的心理状态：透过客人"气愤之余不免露出一丝不安的神情"，明白浴巾就在客人的手提箱里。"客人出于面子，绝不可能当众打开箱子交还浴巾""也不愿为此付出50元赔偿费"，同时客人还有侥幸心理："大堂副理是不会为了一条浴巾而命人打开箱子给客人难堪的。"

　　其次，大堂副理很清楚："按照饭店规定，遗失一条浴巾需向客人索赔50元，如果让保安员来处理此事，简单快捷，但必然会损伤客人的自尊心，从而失去一个潜在的回头客。"

基于以上两点,大堂副理不愿使事态走向极端,而是采用把"对"让给客人的方式,一而再,再而三地给客人寻找"下台阶"的机会。由暗示到明示:"请您想一想,今天您有否朋友来过?"(暗示);"请您回忆一下,是否可能披了浴巾走到房间,后来放在哪个地方忘记了?"(暗示);最后,明示客人"请先生最好也能到楼上去看看,会不会把浴巾掉在哪个角落里了?"终于使客人体面地交还了浴巾。同时为了冲淡客人"脸涨得通红"的尴尬气氛,大堂副理把话题扯到了别处,使客人绷紧的唯恐大堂副理捅破浴巾真相的心弦终于松开了。自然,客人会成为饭店的回头客。

(二)服务人员的工作匹配问题

服务质量是旅游企业的生命。服务质量从根本上说是由旅游从业人员的素质决定的。在旅游服务工作中,旅游工作者是工作的主体,是在旅游活动中最活跃的分子和最具魅力的因素。旅游工作者是否具有良好的心理素质,是旅游企业提供优质服务的基础条件,其素质和能力对整个旅游业的总体服务技能、服务态度、服务表现会产生较大影响,关系到旅游业的兴衰成败和长远发展。因此,旅游企业要发展和壮大,就必须造就一支具备良好职业心理素质的员工队伍。

旅游工作者的心理素质是其综合素质的一个组成部分,它由从事旅游服务工作所必需的各种心理素养品质所组成。

1. 气质的要求

气质是心理活动的动态特征,具体表现为心理过程的强度、速度和灵活性,就是我们平常所说的性情、脾气。它对人的实践活动会产生重要影响。旅游服务工作对从业人员的气质有特殊的要求。要做好旅游服务工作,旅游工作者必须具备以下的气质特征:

(1)感受性适中。感受性是指个体对外界刺激达到多大强度时才能引起反应。一个人对引起感觉所需要的刺激量越小,他的绝对感受性就越大。人的感觉器官能觉察出最小的刺激量是不相同的。例如,有的旅游工作者对客人特殊的外表、举止可以马上觉察到,而有的旅游工作者却觉察不到。旅游工作者的感受性不可太高。在旅游活动中,从业人员的服务工作处于一个经常变化的活动空间,受各种因素的影响,与各种人群频繁交往,而这些人群的文化背景、个性倾向存在着较大的差异。试想,如果旅游从业人员的感受性太高,稍有刺激就引起心理反应,那么当游客提出不同的要求,发生意想不到的事件时,这些都会刺激从业人员的头脑,势必造成精力分散,注意力不集中,从而影响服务工作的有序开展。

相反,如果从业人员的感受性太差,对周围事物熟视无睹,则会怠慢游客,导致矛盾发生,降低游客的满意度,使游客对服务人员和整个旅游企业产生不满。

(2)灵敏性不宜过高。灵敏性是个体心理反应的速度和动作的敏捷程度。它包括两类:一是不随意的反应性。例如,有的旅游工作者可忍受工作中的委屈,有的旅游工作者稍有委屈就受不了。另一类是指一般的心理反应和心理过程的速度,如说话的速度、记忆的速度、注意力转移的灵活程度、一般动作的反应灵活程度。所以,旅游从业人员要想在工作中处于一种热情饱满的状态,灵敏性就不能太高。否则,会让客人产生不稳定的感觉,也无法使旅游工作者保持最佳的工作状态。正常情况下,灵敏性应该根据客流量的大小随时调节。

(3)耐受性强。耐受性是指人在受到外界刺激作用时表现在时间和强度上的耐受程度和在长时间从事某种活动时注意力的集中性。有的导游员长时间陪团,仍能保持注意力的高度集中,而有的导游员陪团时间稍长,就感到力不从心。显而易见,前者耐受性强,后者耐受性弱。可见,较好的忍耐性是旅游服务人员必备的心理素质之一。

6

（4）**可塑性强**。可塑性是指人适应环境的能力和根据外界事物的变化而改变自己行为的可塑程度。凡是容易顺应环境、行动果断的人,表现为有较大的可塑性。而在环境变化时,情绪上出现纷扰,行动缓慢,态度犹豫的人表现为较弱的可塑性。例如,有的导游员每到一个新地方总是能很快适应,遇到困难仍然保持较坚定的态度和灵活的处理方法;有的导游员则表现出犹豫和无所适从。在旅游服务中,旅游工作者还必须掌握一定的服务程序和服务规范,但在具体服务过程中,旅游工作者必须根据客人需求的变化进行灵活的调整。以提供饮食服务来看,不同民族、不同地域的游客有不同的饮食特点。如在国内,南方人爱吃米饭,北方人爱吃面食,山西人爱吃米醋,四川人喜欢辣的,内蒙人喜欢肉。如果不考虑人们的饮食特点,只提供同一种服务,那么游客将很难满意。并且,游客在心血来潮的时候,常会产生新奇的需求,对游客的合理需求,从业人员都应该尽力满足。要满足客人不同的需要,旅游工作者必须具备较强的可塑性,只有这样方可做好有针对性的服务,真正提高服务质量。

2. 性格要求

性格一般是指一个人在活动中所形成的对现实的稳定态度,以及与之相适应的习惯化的行为方式。不同人之间性格差异很大,如有人热情开朗,有人深沉多虑,有人大胆自信有余而耐心细致不足,有人谨小慎微,做事认真,却显得朝气不足等。性格对一个人行为的影响是明显的,因此作为旅游工作者应具备以下几方面性格特征:

（1）**友善、诚实、谦虚**。旅游业是一个"高接触"行业,旅游工作者不可避免地要频繁地与各种各样的客人打交道。就工作而言,良好的性格特征可以使旅游工作者始终保持最佳服务状态,使客人感到被尊重,使主客关系变得融洽;对旅游工作者个人而言,良好的性格特征也可以使自己从客人满意中获得个人心理的满足。如果旅游工作者对人冷淡、刻薄、嫉妒、高傲,就容易使主客关系紧张,使工作热情降低,令客人产生不满。

（2）**自信、热情**。自信是对旅游工作者心理素质的基本要求之一。古人云:"自知者明,自信者强",充满自信的旅游工作者,往往能在客人面前充分展现出其出色的服务技能和技巧,给客人以优雅、稳重、大方之感,让客人感受到安全、可靠和愉悦,从而树立旅游工作者及旅游企业良好的形象。旅游服务工作不完全是程序化的工作,旅游工作者必须在对客服务过程中体现一定的灵活性。如果旅游工作者缺乏自信,面对突发事件,显得手足无措、一脸慌乱,这样的情绪必然会给客人带来消极的影响。如果旅游工作者充满了自信,则会以稳定的心态,积极寻找解决问题的方案。

从事旅游服务工作的员工还应当充满热情。由于旅游服务工作比较单调、辛苦,服务时间弹性大,容易使旅游工作者产生疲劳。如果没有全身心地投入,是无法为客人提供优质服务的。热情能使旅游工作者兴趣广泛,对事物的变化有一种敏感性,且充满想象力和创造力。如果一个人对工作缺乏应有的热情,对任何事物都没有兴趣,对一切都很漠然,那就无法胜任旅游服务工作。

（3）**恒心、责任心**。具有以上性格特征的旅游工作者在工作中,表现为积极努力,认真负责,同时具有较强的服务意识,工作效率较高。相反,缺乏良好性格特征的旅游工作者在工作中,往往表现懒散,缺乏工作的主动性和创造性,服务效率低下。

当然,从具体的服务工作要求上分析,不同岗位的旅游工作者对性格的要求也有所侧重。如餐厅旅游工作者应具备热情外向、沉着自信、负责、当机立断等性格特征;客房旅游工作者应具有认真细致、自律严谨等性格特征。

性格主要是在后天环境中形成的,因而性格比气质容易改变。环境影响不同,人的性格也各异。塑造旅游工作者的良好性格,改造员工的不良性格是旅游企业的一项重要工作。而从服务工作的微观角度来考虑,不同工种的服务人员,对性格的要求不同,如表 6-1 所示。

表 6-1　　　　　　　　　　不同服务工作对性格的要求

服务类型	性格要求
导游服务人员	乐观外向、负责、自立、当机立断
客房服务人员	缄默、负责、自律严谨
餐厅服务人员	热情外向、机智灵活、自信
材料保管人员	严谨、负责、现实、自律、合乎成规、心平气和

可见,导游服务人员、客房服务人员、餐厅服务人员、材料保管人员的职业特点要求他们性格也不一样。所以旅游服务从业人员应不断加强个人的心理素质修养。

【知识链接】

　　提问:前厅服务员应具备怎样的性格,为什么?

　　分析提示:前厅服务员应具备外向的性格,因为他们需要每天与客人打交道,提供面对面的服务。外向性格的人感情外露,热情开朗,笑口常开,善于交际。但同时还要有耐心、容忍和合作精神,善于自我调节情绪。

　　3. 情感的要求

　　旅游工作者的情感与情绪是由旅游活动中的客观存在引起的。当旅游工作者工作顺利时,他就可能产生高兴、喜悦、满意等情感与情绪;当旅游工作者工作不顺利时,他就可能产生生气、不满、愤怒等情绪与情感。情感状态在旅游工作者的工作中有着很大的意义,如果对不良情绪不加以有效的控制会造成行为的失控。通常,旅游工作者工作中的情感形式是多种多样的,主要表现为心境、激情、应激等。

　　(1) 心境。心境是一种微弱、平静而持续时间较久的情感体验。通常有愉快的心境、焦虑的心境、悲观的心境、冷漠的心境等。心境的产生受制于多种因素影响,根本原因是个人的意愿和欲望是否得到了满足,如工作的顺和逆,事业的成和败,人际关系的协调和紧张,身体状况的好和坏,环境的优和劣等。在当今生活和工作中,积极良好的心境,可使人精力充沛,乐观向上。消极不良的心境,可使人消沉、失望、缺乏动力。在一般情况下,心境倾向于扩散和蔓延,在心境发生的全部时间内影响人的整个行为表现。所以旅游工作者在工作时应努力使自己的心境处于平衡状态。处于顺境时,要保持冷静,不喜形于色;处于逆境时,要进行克制,不把情绪表现出来。

　　首先,旅游工作者要善于把握自己,做心境的主人。同时,应正确认识自己的需要、理想,正确分析自己的能力、性格以及环境,树立较为实际的奋斗目标,这样,才能不断强化良好心境,抑制不良心境。

　　其次,旅游企业要为旅游工作者创造保持良好心境的氛围。心境产生的原因有多种。不良心境的产生,有的是受个人生活中重大事件的影响,有的是因健康方面的原因,有的则是受天气等自然因素的影响。但一经产生,却可以有大致相同的方式表现出来。因此,旅游企业领导应注重掌握旅游工作者心境的类型,以及产生的原因,有针对性地做工作和分配适合其特点

6

的工作任务。

(2) 激情。激情是一种爆发式的、强烈而短暂的情感体验。狂喜、暴怒、惊恐、绝望、极度悲愤、异常恐惧等,都是激情的表现。激情多由于重大突发事件引起。当一个人处于激情状态时,常会出现"意识狭窄"现象,即认识范围缩小,失去理智,不能自控,从而导致鲁莽行为。但有些激情是积极的,它可以成为动员人们积极地投入行动的巨大动力,如旅游工作者在紧急情况下,做出维护国家利益和集体尊严的壮举。在这种场合,过分抑制激情是完全不必要的,从个性培养的观点来看也是不利的。

所以旅游从业人员要发挥好激情的积极作用,抑制它的消极作用。

(3) 应激。应激是由于出乎意料的紧张而引起某种行为反应时所产生的情感体验。在起火、爆炸、控制失灵等危险情境时,在游客爆满、应接不暇时,都会引起人们的应激情绪反应。一般来说反应有两种表现形式:一是吓昏了头脑,张惶失措,不知所措;二是头脑清醒,急中生智,动作准确有力,及时排除险情。如客人在住宿期间突发疾病,或者旅行途中,客人与他人发生误会,引起争斗等。这时需要旅游工作者迅速判断情况,在瞬间就作出决定。提高旅游工作者的应激能力是做好旅游服务工作的重要条件。

应激能力首先取决于旅游工作者的经历与经验。有丰富阅历的旅游工作者在突发事件面前能临阵不慌,迅速作出准确判断,积极采取有效措施,化险为夷。其次,应激能力取决于旅游工作者的责任感。有高度责任感的旅游工作者,每遇突变总会产生一种积极的态度,自觉地控制和调节情绪,以保持适中的应激能力。最后应激能力取决于旅游工作者的个性。一般地说,身体健康、思维敏捷的旅游工作者会急中生智,调动一切有利因素;相反,身体虚弱、反应迟缓的旅游工作者则可能惊慌失措,甚至产生幻觉,使事态变得更为复杂。

4. 意志的要求

意志是人们为了实现预定目标而自觉努力的一种心理过程。旅游工作者在旅游服务过程中,有意识地去支配自己的行动,以达到顺利完成旅游服务工作的目的,这就是意志过程。作为旅游从业人员,要想在复杂的接待环境中把自己锻炼成优秀的工作者,要想不断克服由各种主客观原因造成的心理障碍,就要不断发挥主观的能动作用,增强自己的意志素质。对旅游从业人员来说,坚强的意志品质,主要表现在以下几个方面:

(1) 自觉性。坚强的意志具有自觉支配行动、努力实现既定的目标的特点。自觉性较强的旅游从业人员,一般具有坚强的意志。这是指旅游工作者在服务工作中具有明确的目的性,并充分认识服务工作的社会意义,使自己的行动服从于社会的要求。一个自觉性较强的旅游工作者,往往具有较强的主动服务意识,在工作中能不断提高业务水平,并积极克服所遇到的困难。与自觉性相反的特征是受暗示性和独断性。具有受暗示性的人,只能在得到指示、命令、建议时才表现出积极性,而且他们很快屈从与别人的影响,对别人的思想、行为会不加评判的接受。

(2) 果断性。果断性是指一个人善于迅速地根据情况的变化采取相应措施的意志特点。这是一种明辨是非、迅速而合理地采取决定、并实现决定的品质。具有果断性的旅游工作者在面对各种复杂问题时能全面而又深刻地考虑行动的目的及其达到的方法,懂得所作决定的重要性,清醒地理解可能的结果,能及时正确处理各种问题。

与果断性相反的品质是优柔寡断和草率从事。优柔寡断的主要特征是思想、情感的分散,解决问题患得患失,踌躇不前。草率从事主要由于懒于思考而轻举妄动,这些都是意志薄弱的表现。

（3）坚韧性。坚韧性是指从业障碍所产生的一种锲而不舍的意志特点。对从业人员来说，如果缺乏意志坚韧性，就难以应付外部环境的变化，难以在复杂的环境中作出突出的贡献。因此，为了磨练自己意志的坚韧性，服务人员一定要有明确的奋斗目标与努力方向，这样的目的性越强，行动越坚决，排除一切外界干扰的能力才会提高得越快。不然，立志无常、遇难而退，就会造成意志的脆弱。

和坚韧性相反的品质是顽固、执拗。顽固的人只承认自己的意见、自己的论据，一意孤行，或者一遇到困难就不能控制自己行动。

（4）自制力。自制力是一种对个人情感、行为的约束能力。自制力较强的服务人员，能够控制自己的情绪，有谦让忍耐性，不论与何种类型的游客接触，无论发生什么问题，都能镇定自若，善于把握自己的言语分寸，不失礼与人。同时，还能克服和调节自己的行为，遇到困难、繁重的任务不回避，对工作不挑拣，讲究纪律约束性，而易于冲动的从业人员，一般容易感情用事，为一时的痛快，往往不顾后果，常与游客发生冲突。

另外，服务人员在服务中应具有稳定的心理平衡能力。所谓心理平衡能力，就是在客人寻事时，要能忍耐，而且要把道理让给对方，具有在客人面前始终平静、谦恭的心理承受能力。这与自制力很类似，看起来这样似乎又是人格，然而这却是职业上的需要。当然，这种承受不是对超出服务范围的人格侮辱的包容。只有具备了这种承受力，在客人挑剔、发火、骂人甚至打人时，才能不生气、不哭泣、不争吵，保持稳定的心理，从而使服务继续下去。

旅游工作者的意志品质是可以培养和锻炼的，其培养和锻炼的主要途径是：

首先，树立正确的认识论和方法论。顽强的意志源于正确的思想基础和奋斗目标，只有如此，才能平衡心理，并选择最佳的行动手段，战胜困难，坚定不移地实现预期目的。

其次，加强技能培训和体育锻炼。旅游工作者必须不断更新知识，才能使意志行动有可靠的保证。旅游工作者的服务是脑力劳动和体力劳动的结合。意志行动和克服困难联系在一起，其基本条件是人的身体状况。因此，坚强体育锻炼，提高身体素质，十分必要。

5. 能力的要求

能力是顺利完成某项活动所必备的心理特征。服务水平是指旅游从业人员在为游客服务方面所达到的某种程度。它包括服务质量的优劣、技术的高低、效果的好坏等。就一个企业来说，每个从业人员的服务水平都不完全一样，有高有低，也有一般的。从服务心理学的角度来看，在其他条件相同的条件下，从业人员水平的高低主要取决于各个从业人员的观察力、记忆力、想象力、思维能力、表达能力以及业务熟练程度等。任何人的能力都是借助于某个基本条件而形成的。这些条件，第一是智力，它标志着人的大脑对于客观事物的认识、领会和作出反应的心理水平，是能力形成和发展的先天条件。人的灵敏、笨拙、接受能力的强弱都是由此决定的。第二是知识技能，这是只有通过学习和训练才能掌握的人类实践经验的结晶，是能力形成和发展的后天基础。第三是实践的机会，实践的机会越多，能力提高越快。第四是个人的勤奋程度，它是造成能力差别的重要原因之一。

从业人员的能力是直接影响服务效率、服务效果的重要心理特征，也是影响企业服务水平的主要因素。能力是一种综合的整体结构，一名合格的旅游工作者的基本条件能力应由以下几个方面所组成：

（1）较强的认识能力。高水平的服务应该是旅游工作者尽量把服务工作做在客人开口之前。这就要求旅游工作者有较强的认识能力，能充分认识和把握服务对象的活动规律。旅游工作者较强的认识能力包括三方面内容：

观察能力。观察能力是指能在不显著之处看到事物的特性和特征的能力。旅游工作者要善于观察客人的特点,养成勤于观察的习惯,从而全面迅速地把握情况。

分析能力。分析是将观察到的感性材料上升到理性的高度,揭示事物的本质和规律。在旅游企业中,旅游工作者应善于透过现象看本质,分析客人的好恶倾向以及引起情绪变化的原因,并善于因势利导,采取恰当的方式和措施。

预见能力。预见能力是根据事物的发展规律,推断和预测未来的能力。有较强的预见能力,工作才能主动,才能根据事物的发展规律提早决定自己应采取的行为方式,在服务工作中,预见能力还能提早消除各种不利因素,防患于未然。

(2) 良好的记忆能力。良好的记忆力对于搞好服务工作是十分重要的。良好的记忆力能帮助从业人员及时掌握在服务环境中所需要的一切知识和技能。对旅游服务来说,良好的记忆力是从业人员搞好优质服务的智力基础,也是百闻不厌的心理支柱。为此,强化服务人员的记忆力是提高从业人员服务水平的重要方面。

【案例思考】

惊人的记忆力

一天中午,一辆最新型的出租汽车在香格里拉大酒店前停下,酒店一位迎宾员上前为客人打开车门。通办部主任小马先生虽还未见到客人,但站在门前的他已估计到来客是谁。他每天要到前厅客房预订处去几回,了解当天客人的情况。他有惊人的记忆力,见过一面或听说过一次,几乎都能印在脑海中。此刻客人正从出租车上走下,就在这一瞬间,迎宾员以最快的速度在记事本上记下出租车的号码,同时还留意客人携带的行李件数,一并记在本子上。这就是小马先生与众不同之处。在中国有非常多辆出租车,如果客人下车尚有东西留在车上,那么没有别的办法比根据记事本上的号码按图索骥找到出租车查个水落石出更方便的了。另外,记下从出租车取下的行李件数,以后要是客人发现缺少东西,可以有助于他查明行李究竟是丢在机场还是出租车上。

(3) 稳定而灵活的注意力。旅游从业人员的注意力是在其注意的基础上所形成的一种专心致志的心理现象。它是指人的心理活动指向和集中在一定的事务上,即通常所说的全神贯注、侧耳倾听、冥思苦想、凝神专注等状态。

根据旅游服务工作的特点,对旅游从业人员的注意力的要求是:在服务岗位上,注意力相对稳定,适时灵活转移,克服过分集中与分散的弱点。具体来说,在服务过程中,服务员的精力应集中到对游客服务上来,对影响精力集中的各种不利因素要有较强的"抗干扰"能力,只有这样,才能动作敏捷、耐心周到地为游客服务。同时,从业人员的注意力应相对稳定在一定范围内,在接待一位游客时,还要注意其他游客的流动情况。

(4) 较强的自控能力。自控能力是旅游工作者必须具备的优良品质之一。旅游工作者的自我控制能力体现了他的意志、品质、修养、信仰等诸方面的水平,尤其在与客人发生矛盾时,能否抑制自己的感情冲动和行为,以大局为重,真正做到"宾客至上",这是对旅游工作者心理素质优劣的重要的检验标准之一。

(5) 较强的应变能力。旅游工作者的应变能力是指处理突发事件和技术性事故的能力。它要求旅游工作者在问题面前,沉着果断,善于抓住时间和空间的机遇,排除干扰,使问题的解决朝自己的意愿发展。同时,在处理问题的过程中,既讲政策性,又讲灵活性,善于听取他人的意见,从而正确处理各种关系和矛盾。

（6）较强的语言表达能力。语言是旅游工作者与客人沟通的媒介。没有较强的语言表达能力,旅游工作者就无法有效地与客人沟通。旅游工作者要特别注重口头表达能力的培养,要能在任何情况下用简洁、准确的语言表达自己的意向,说出应该说的话。选用合适的语句,准确、恰当地表达自己的思想是与客人进行顺利交往的首要一环。"言不在多,达意则灵"。

（7）较强的人际交往能力。旅游服务工作就某种意义而言,是一种与客人打交道的艺术。旅游工作者要有同各种客人打交道的本领,除了与客人交往之外,还必须协调好与旅游部门和其他相关部门之间的关系。一个缺乏社会交际能力的人,往往会人为地在自己与社会、自己与周围环境、自己与他人之建筑起一道心理屏障,这样的人是与旅游服务工作的要求格格不入的。

交际能力是旅游从业人员利用各种才干进行交际来往的本领。根据旅游业的特点,对旅游从业人员的交际能力要求如下:

① 应重视给游客的第一印象。它是指接待服务人员要讲究仪表美,仪表美在交际中是很重要的吸引因素。

② 要有简洁、流畅的语言表达能力。言语是从业人员与客人交往的主要工具,这是交际能力的重要表现方面。

③ 要有妥善处理各种矛盾的应变能力。在服务过程中,主客双方的矛盾是经常发生的。在这种情况下,应变能力强的从业人员就能正确驾驭各种态势,在既不损伤企业声誉、又能维护游客情面的情况下,妥善地把各种问题处理好。

④ 要有对顾客的招徕能力。这是要求从业人员要有与游客融洽感情的本领,要有满足游客要求的功夫,要有展示本企业的服务优势来吸引游客的技巧,要有促使游客主动消费的招法,还要有使游客再次光临本企业的谋略。

总之,旅游从业人员应具有的能力素质,是一种相互制约的多元化的能力系统。它是由多方面的心理特征构成的,在实际工作中的体现,也是各种主客观因素相互渗透、交叉作用的结果。

【案例思考】

真的忘退押金了吗

8月12日的一天,一位手持一张押金单的人来到某酒店的前厅收银处,声称他8月8日曾在酒店住宿,当时由于走得匆忙,忘了退押金,说今天特别赶来要取回押金。明白客人的来意之后,收银员请客人坐在大堂稍等片刻,并要了客人的身份证及押金单,接着开始查找电脑里的客史档案、楼层的住宿登记,经过核查最后确定,这位押金单上的客人8月8日确实住过该酒店,随即收银员打电话给当值的两位接待员,询问她们是否在8月9日有没结的账单。当确认没有时,接待员、收银员都意识到"有点问题"。

为了稳住客人,服务员为客人倒了杯水并告诉他,"我们正在查询,稍等一会儿答复"。于是接待员打电话给账务处,要求帮忙查一查账单。其结果是账款已退,顾客已签名,但由于结账员的一时疏忽,忘了收回押金单。客人听后很生气,吵闹着说:"你们酒店少要赖,必须要退回押金单上的500元钱,否则我去告你们。"

6

接待员明知客人在撒野,却又不好得罪客人,正在为难时,前厅经理来了,经理拿了证件去办公室再次核实。大概10分钟后,经理拿出账单要求客人一起到办公室去确认。客人看着经理一脸正气、严肃的样子,觉得今天赚不了什么便宜了,迟疑了一下便装作有事嘟嘟囔囔地走了。

分析启示:服务行业是一个人员复杂的行业。从事服务工作,什么人都会接触到。酒店内不乏可疑及不法分子。本案例中要求退押金的这位客人抱着一种侥幸的欺骗心理,利用工作人员一时的疏忽,希望能够蒙混过关骗取500元钱的押金。

作为服务员,要善于察言观色,善于从顾客的表情与举止行为中发现顾客的不良情绪及其动机,分析判断其情绪状态和心理特点,针对不同的顾客,采用不同的接待服务方法,因人而异地做好接待服务工作。不管遇到什么情况,我们首先应该镇定,并力求自己能解决的迅速解决,解决不了的及时请求帮助。

对待友好的顾客,要热情诚恳、体贴关怀,设身处地为顾客着想,这是心理学中的"感情移入"心理,是尊重、理解顾客的重要心理品质。

对待怀有恶意的顾客,我们要利用感(知)觉的个性特点,培养服务人员良好的观察力、判断力,通过观察客人的面部表情、语言及其反应等,并运用端正严肃的态度对待这类顾客。像本例中这种利欲熏心之徒生活中还是不乏其人的,应该引起我们酒店员工的高度警惕。

【知识练习与思考】

一、简答题

1. 试简述服务心理对服务人员性格的要求。
2. 结合本项目的内容,讨论旅游管理专业学生应在哪些方面加强学习。
3. 服务人员应如何把握自己的角色特征?
4. 结合旅游业的特点谈谈对旅游工作者职业能力的相关要求。
5. 服务人员应该具备哪些服务意识?

二、案例分析

小梅下团后心情非常不好,游客对她的穿戴打扮提了意见。小梅那天接团前精心打扮了一番,做了个波浪式的发型,带了一条金项链和一对带钻石的耳环,还有那条镶嵌宝石的手链,服装和手提包也都是名牌。

到了机场,小梅就觉得团队的游客对她视而不见。出口处就只有她一个导游,可是客人还一个劲地东张西望,直到小梅打着旗子走过去问他们是哪个团的,他们才看了她一眼。上车以后,小梅发现大多数的客人都是斜着眼看她,眼睛眯眯的,嘴角往下拉,就好像她欠了他们似的。

吃饭的时候,领队对小梅说:小姑娘,你打扮得太漂亮了,把客人都比下去了。明天最好把首饰换一换。小梅心里很不服气,她想:长得漂亮是爹妈给的,首饰衣服是自己挣的,穿什么戴什么还要你们来管吗?

第二天,小梅便换了一套更好的服装和更好的首饰,可是不管小梅讲什么,客人还是一声不响,只有领队重复集合时间的时候,客人才应几声。

在送别游客的检票口,团长把小费递给小梅的时候说:你的讲解很好,这几站数你第一。

6

不过,你的首饰也是数第一,太抢眼了! 大家是出来旅游的,不是来看你首饰的。小梅非常想不通:我把本职工作都做好了,打扮得漂亮一点也有错吗? 我到底错在哪儿了?

问:1. 请用心理学知识分析小梅是否有错,错在哪里?

    2. 小梅在今后的工作中应该怎么办?

【能力培养与训练】

游戏:对号入座

目标:通过这个游戏,让学生了解世界主要饭店集团的品牌,熟悉其服务口号,进而了解不同饭店进行差异化小姐服务的含义,了解服务的实质。

道具:用两种颜色的卡片,一种颜色的卡片填写饭店品牌,一种颜色的卡片填写广告口号。

规则:由教师收集国际饭店管理集团的形象宣传口号,出示给学生,并讲解这些酒店的典型案例。然后,将两种颜色的卡片打乱,让学生分组,以小组为单位将卡片重新对号入座。让学生通过这个游戏能够领略服务的内涵。

项目七 透视服务工作相关细节，把握服务脉络

【项目提要】

"习俗移人，贤智者不免。"不同的国家和地区、不同的民族，因为文化的差异而使礼节习俗有所不同。同样，不同的宗教形式，其礼仪和禁忌也各有不同。在国际交往和对客服务中，了解这些差异和不同，避免由此引起的误会和因此而造成的沟通障碍，体现出尊重他人的服务礼仪原则，才能做好服务工作。

在本项目中，主要介绍了各地的消费习俗和消费文化，提出服务要做到入乡随俗和细节服务；详细介绍了服务礼仪的相关知识和符合礼仪规范的服务，只有如此才能做到服务有礼有节，提供优质的服务。

【引导案例】

三鲜水饺与真丝手帕

一、不能食用的三鲜水饺

某饭店中餐会客厅，公司经理宴请几位阿拉伯客人。中午11点，一群人簇拥着步入厅堂，两名服务员上前迎接，引领客人入席，并麻利地做好了餐前服务工作。点菜是预订好的，按照程序依次上菜，一切服务在紧张有序地进行。

食之过半，餐厅开始上主食，三鲜水饺很快端上了桌面。在大家的建议下，客人用筷子夹起一个饺子放入口中品尝，很快就吐了出来，面色仍旧温和地问："这是什么馅的？"服务员马上意识到问题的严重性，心里想坏了！事先忘了确认是否是素食。三鲜水饺虽是清真，但仍有虾仁等原料，客人是不能食用的。他忙向客人道歉："实在对不起，这是我们工作的失误，马上给您换一盘素食水饺。"服务员马上通知厨房上一盘素食的三鲜水饺。由于是重要客人，饭店经理也赶来道歉。

讨论：客人为什么把水饺吐了出来？

二、真丝手帕的含义

我国某家涉外旅行社，有一次在接待来华的意大利游客时准备送每人一件小礼品。该旅行社订购了一批纯丝手帕，是杭州生产的，还是名厂名产，每个手帕上绣着不同的花草图案，十分美观大方。手帕装在特制的纸盒内，盒子上有旅行社社徽，一看就是很精致

的小礼品。中国丝织品闻名于世,料想会受到客人的喜欢。

旅游接待人员带着盒装的纯丝手帕,到机场迎接来自意大利的游客。他的欢迎致辞热情而得体,在车上他代表旅行社赠送给每位游客两盒包装甚好的手帕,作为礼品。

没想到车上一片哗然,游客议论纷纷,显出很不高兴的样子。特别是一位夫人,手里拿着菊花图案的手帕,大声叫喊,表现极为气愤,还有些伤感。旅游接待人员心慌了,好心好意送人家礼物,不但得不到感谢,还出现这般景象。

思考:中国人总以为送礼人不怪,这些外国人为什么怪起来了?

分析提示:俗话讲,"十里不同风,百里不同俗"。世界各国都有自己的礼仪传统,每个民族都有自己的奇异风俗。不同的国家和民族,由于不同的历史、文化、宗教等因素,各有特殊的风俗习惯和礼节。

任务一   了解消费习俗与消费文化,服务入乡随俗

一、消费习俗与消费文化概述

(一)消费习俗的概念

消费习俗是指消费者受共同的审美心理支配,一个地区或一个民族的消费者共同参加的人类群体消费行为。它是人们在长期的消费活动中相沿而成的一种消费风俗习惯。在习俗消费活动中,人们具有特殊的消费模式。它主要包括人们的饮食、婚丧、节日、服饰、娱乐消遣等物质与精神产品的消费。

消费习俗具有群众性。一种消费习惯如果适合大多数人的心理和条件,那就会迅速在广大的范围里普及,成为大多数人的消费习惯。消费习俗一经形成便具有历史继承性及相对稳定性,就不易消失。消费习惯所引起的消费需求具有一定的周期性。这里所指的是消费心理和消费行为的统一,如人们关注某一消费品,产生兴趣,于是购买,通过消费,感到满意,逐步形成习惯性的兴趣、购买和消费。反复的消费行为加强了对某种消费品的好感,而经常的好感、购买,必然促使某种消费行为成为习俗。所以,消费习俗就是基于习惯心理的经常性消费行为。消费风气不是消费习俗。消费风气是以商品为中心,该商品生命周期完结为结束,而消费习俗是以社会活动为中心,习俗一旦出现,就会在相当长的时期内不断重复出现。如"过年"是一个全民辞旧迎新活动,端午节是一个全民性的祭奠屈原的活动。

消费习俗的这种特定内涵对于消费品市场有着重要影响。不同的消费习俗造就不同的消费者。

(二)消费习俗的分类

由于分类方法不同,亚文化又多种多样,因此,亚文化中的消费习俗也是多种多样的。

1. 民族亚文化中的消费习俗

一个社会文化中,不同民族可分为若干文化群。如中国有汉族、回族、藏族、蒙古族等亚文化群;美国有爱尔兰人、波多黎各人、波兰人、华人等亚文化群。民族亚文化可以影响消费行为,如东、西方民族的生活习惯、价值观念等就大相径庭。如美国人的价值观是个人中心论,他们强调个人的价值、个人的需要、个人的权力,他们努力改变客体以满足主体的需要,因此在消费行为上喜欢标新立异,不考虑别人的评价。而中国人不习惯成为社会中独特的一员,而习惯

调节自身以适应社会,消费行为上常常考虑社会习惯标准以及别人怎么看自己、评价自己。我国拥有 56 个民族,各个民族都有自己的社会政治和经济发展历史,有自己的民俗民风和语言文字等,由此形成了各民族独具特色的消费行为。如维吾尔族的四楞小花帽、藏族的哈达、海南黎族姑娘的短裙、蒙古族人的长袍,无一不表现出独特的习俗。

2. 人种亚文化中的消费习俗

人种亚文化亦称种族亚文化,如白种人、黄种人、黑种人、红种人和棕种人。人种是同一起源并在体质形态上具有某些共同遗传特征的人群。由于各色人种有发色、肤色、眼色的不同,有体形、眼、鼻、唇的结构上的差异,这都会对消费行为产生影响。如对某些商品颜色的选择就不同,一般黑种人爱穿浅颜色的衣服,白种人爱穿花衣服,黄种人爱穿深色的衣服。

3. 地理亚文化中的消费习俗

自然环境是人们物质文化生活的必要条件之一。地处山区与平原、沿海与内地、热带与寒带的民族在生活方式上存在的差异,是显而易见的。如有的以大米为主食,有的以面粉为主食,有的爱吃辣,有的爱吃甜,有的吃羊肉抓饭,有的喝酥油奶茶。在埃及东部撒哈拉地区的人,洗澡不用水而是用细沙,甚至牲畜的内脏也只用沙擦洗一下就食用。严重缺水的自然环境,造成了以沙代水生活习俗。地理亚文化对人们的衣、食、住、行方面的习俗影响明显,使得生活在不同地理环境中的不同国家、地区和民族的消费习俗具有约束和决定作用。

4. 宗教亚文化中的消费习俗

宗教是支配人们日常生活的外在力量在人们头脑中幻想的反映。随着人类历史的发展,宗教在不同民族里又经历了极为不同和极为复杂的人格化,它是一种有始有终的社会历史现象。有着不同的宗教信仰(佛教、天主教、伊斯兰教等)和宗教感情的人们,就有不同的文化倾向和戒律,存在着不同的信仰性消费习俗和禁忌性消费习俗。印度教中把牛看成是"圣牛",老死不能宰杀;伊斯兰教国家禁酒,忌食猪肉,不用猪制品;佛教教义中严禁宰杀生灵,主张吃素,菩萨是佛教中供奉的偶像,佛教徒们对他上供、烧香;还有避讳"13",忌讳"14"的禁数习俗;还有禁色、禁花的习俗。凡此种种形成的习俗,都与宗教的信仰与教规有关。

5. 职业亚文化中的消费习俗

由于人们在社会中所从事的作为主要生活来源的工作,其性质、劳动环境和要求的知识技能等不同,形成了消费行为的差异。如同样购买上班穿用的服装,演员选择的标准可能是新颖美观,突出个性;从事体力劳动的消费者,倾向选择结实耐穿、物美价廉;办公室工作人员则可能考虑大方庄重、舒适方便。

6. 节日亚文化中的消费习俗

不同民族,虽有自己不同的传统节日,但节日能给人们产生强烈的社会心理气氛,使人们产生欢乐感,从而吸引人们纷纷购买节日用品,以此来满足物质需要与精神需要。节日期间,人们的消费欲望强烈,本来平时不想买的商品也买了。节日激发人们的交往活动,为了表达友谊的感情,为了表达心意,人们探访时往往互赠礼物,互祝喜庆,各得吉祥之意。儿童在节日里是最欢快、最幸福的,父母亲与亲朋好友为了使孩子高高兴兴地过节,就要买些孩子爱吃的食物,爱穿的衣物和喜爱的玩具。在欧美,节日多,最大的还是圣诞节。虽法定在 12 月 25—26日两日放假,实际上假期从 12 月中旬延续到次年 1 月中旬。节日除购买食品以外,还要购买大量生活用品。这个时期总是销售的旺季。专为圣诞节的特殊消费食品有核桃、花生仁、各种干果、甜食、圣诞老人型糖果等。装饰品有彩蛋、木蛋、草制品、各种人物、花、鸟、兽等小工艺品,加上彩灯,圣诞蜡烛等。用于节日的各种商品必须赶在节前运到,一过了节,错过了销售时

7

令,再好的东西也卖不出去了。针对不同民族的传统节日,工商企业应组织好节日商品供应,掌握商品主销地的地理环境、风俗习惯、生活方式、价值观念等主要因素,据此进行节日商品设计、生产和销售,更好地满足各民族多方面的节日习俗。

(三) 消费习俗对消费者心理与行为的影响

1. 消费习俗促成了消费者购买心理的稳定性和购买行为的习惯性

消费习俗是长期形成的,对社会生活的影响很大,据此而派生出一些消费心理也是具有某种稳定性,消费者在购买商品时往往会形成习惯性购买心理。例如,临近端午人们就会购买粽子;临近中秋会购买月饼等。

2. 消费习俗强化了消费者的消费偏好

在特定地域消费习俗的长期影响下,消费者形成了对地方风俗的特殊偏好。这种偏好会直接影响消费者对商品的选择,并不断强化已有的消费习惯。

由于消费习俗具有地方性,很多人产生一种对地方消费习惯的偏爱,并有一种自豪感,这种感觉强化了消费者的一些心理活动,直接影响消费者对商品的选择,并不断强化已有的消费习惯。如广州人对本地饮食文化的喜爱;各民族人民对本民族服饰的偏好等。

3. 消费习俗使消费者心理与行为的变化趋缓

由于遵从消费习俗而导致的消费活动的习惯性和稳定性,将大大延缓消费者心理及行为的变化速度,并使之难以改变。这对于消费者适应新的消费环境和消费方式会起到阻碍作用。

在日常生活的社会交往中,原有的一些消费习俗有些是比较符合时代潮流,有些是落伍的,但是由于消费心理对消费习俗的偏爱,使消费习俗的变化比较困难;反过来,适应新消费方式的消费心理变化也减慢了,变化时间延长了。有时生活方式变化了,但那时由于长期消费习俗引起的消费心理仍处于滞后的状态,迟迟跟不上生活的变化。

二、入乡随俗的服务细节

服务是经营者永恒的话题,服务的范围也在不断扩大,除了传统内容外,一种新型的服务形式——细节服务,以完善的细节来赢得顾客也越来越受到经营者们青睐。能关注服务细节,做好细节服务,就一定能提高服务质量,提高客户满意度。

了解客人需求并从客人需求出发设计服务产品,提供有规范的服务只是服务的开始,随着旅游业的迅猛发展,客人的选择越来越多,眼界也越来越高,客人也从最开始的强调规范、比较容易满意到今天的强调个性、比较挑剔的境界,因此,企业若想获得顾客忠诚,追求卓越的服务效果,就必须关注细节,以细节制胜。

老子曾说:"天下难事,必作于易;天下大事,必作于细。"他精辟地指出了想成就一番事业,必须从简单的事情做起,从细微之处入手。现代旅游业,产品利润趋向于零,同质化成为全球性的难题,而想解决这一难题的重要途径就是从细节着手,通过细节服务让自己在众多雷同的竞争者中凸显。因此,众多的旅游企业开始研究精细化服务,要求员工能够尽量给客人提供细节服务。

(一) 1%的细节带来100%的差距

随着旅游服务产品的同质化趋势越来越强,一种好的服务方式或产品,很快就会被模仿、普及。对旅游业而言,旅游线路的设计容易模仿,饭店硬件设备、装修风格容易模仿,服务项目容易模仿,服务内容也容易模仿。由于模仿,一个很短的时期内一些让客人感觉新奇的个性旅游产品就会变成毫无特点的大众产品,而企业不可能在短期内调整或创新产品。这种态势使得许多企业只能靠价格这一原始手段进行白热化的竞争,但是也有许多企业另辟蹊径,不断创造产品和服务的细节差异获取竞争优势。

【案例思考】

曼谷东方的服务——细节制胜

这是一个在网络上流传着的关于以服务著称的泰国东方饭店的故事。

余先生因公务出差泰国,并下榻在东方饭店,第一次入住时良好的饭店环境和服务就给他留下了深刻的印象。当他第二次入住时几个细节更使他对饭店的好感迅速升级。

那天早上,在他走出房门准备去餐厅时,楼层服务生恭敬地问道:"余先生是要用早餐吗?"余先生很奇怪,反问:"你怎么知道我姓余?"服务生说:"我们饭店规定,晚上要背熟所有客人的姓名。"这令余先生大吃一惊,因为他频繁往返于世界各地,入住过无数高级酒店,但这种情况还是第一次碰到。余先生高兴地乘电梯到餐厅所在的楼层,刚刚走出电梯门,餐厅的服务生说:"余先生,里边请。"余先生更加疑惑,因为服务生并没有看到他的房卡,就问:"你知道我姓余?"服务生答:"上面电话刚刚下来,说您已经下楼了。"如此高的效率让余先生再次大吃一惊。

余先生刚进餐厅,服务小姐微笑着说:"余先生还要老位置吗?"余先生的惊讶再次升级,心想:"尽管我不是第一次在这里吃饭,但最近的一次也有一年多了,难道这里的服务小姐的记忆力那么好?"

看到余先生惊讶的目光,服务小姐主动解释说:"我刚刚查过电脑资料,您去年的8月8日在靠近第二个窗口的位子用过早餐。"余先生听后兴奋地说:"老位子!老位子!"小姐接着问:"老菜单,一个三明治,一杯咖啡,一个鸡蛋?"现在余先生已经不再惊讶了,"老菜单,就要老菜单!"余先生已经兴奋到了极点。

上餐时餐厅赠送了余先生一碟小菜,由于这种小菜余先生是第一次看到,就问到:"这是什么?"服务生退后两步说:"这是我们特有的某某小菜。"服务生为什么要先后退两步呢?他是怕自己说话时口水不小心落在客人的食品上。这种细致的服务不要说在一般的酒店,就是在许多大饭店里余先生都没见过,这一次早餐给余先生留下了终生难忘的印象。

后来,由于业务调整的原因,余先生有三年的时间没有再到泰国去。在余先生生日时酒店寄来贺卡,里面还附了一封短信,内容是:"亲爱的余先生,您已经有3年的时间没有来过我们这里了,我们全体人员都非常想念您,希望能再次见到您。今天是您的生日,祝您生日快乐。"余先生当时激动得热泪盈眶,发誓如果再去泰国,绝对不会到任何其他的酒店,一定要住在东方饭店,而且要说服所有朋友也像他一样选择。这就是细节服务的魔力。

由于东方饭店非常重视培养忠实的客户,并且建立了一套完善的客户关系管理体系,使客户入住后可以得到无微不至的人性化服务。迄今为止,世界各国的20多万人曾入住过那里。用东方饭店员工的话说,只要每天有十分之一的老顾客光顾,饭店就会永远客满。这就是东方饭店的成功秘诀。

思考: 想想泰国东方饭店的员工提供了哪些令余先生感动的细节服务?

7

【案例思考】

无 声 的 交 流

　　一位非常有气质的、酒店业行家的女士，刚入住东方酒店时，就给房务部提出了 60 多条的意见、建议及要求。根据客人的习惯和要求，房务部特别安排了服务员小孙负责该房间的清理服务工作。小孙不负众望，像对待自己的亲人一样来关照客人。一天小孙在清理房间时，发现客人将一件穿过的衣服放在卫生间，小孙很自然地帮客人洗好，并留下纸条："天天见您工作很忙，衣服已洗好，现挂在衣柜里。"客人回来后，看到这一切，非常感谢，放下 10 元钱，并留言"请收下我的谢意"。小孙没有收钱，只是附纸条说"不用谢，请您注意休息……"客人再次被感动，留言说："从你身上，我看到了东方饭店的服务魅力，来潍坊，还住东方。"就这样，也正是这"此时无声胜有声"的细节服务，为酒店又留下了一个忠诚的客人。

【案例思考】

有没有多齿的梳子

　　夏季的一个晚上，入住在某饭店 406 房间的高小姐去参加一个重要的宴会，她洗好澡后，在卫生间里想把头发吹干、定型，但由于客房里的小梳子十分不顺手，难以将头发整理至她满意的状态。在没办法的情况下，她打电话到客房中心问："你们有没有多齿的梳子？"客房中心的文员小黄听了客人的要求后，说："高小姐，我们客房这里没有多齿的梳子，我想想办法，找到后立刻给您送到房间里。"放下电话后，小黄立刻与饭店的美容室联系，很快借了一把多齿的梳子送到高小姐的房间，高小姐非常高兴，打电话到客房中心致谢。

　　第二天早上，客房部陈经理照例阅读客房中心的工作记录要点，发现了小黄关于客人需要多齿梳子的记录，并称曾经碰到过多次，许多客人都有这种需求，因此，建议客房部租借物品服务中应增加这种梳子，以方便客人。

　　陈经理看后，批示：好建议。然后立刻通知相关部门采购一些方便客人吹头发用的多齿梳子，提供给客人使用。并与饭店采购部门联系，寻找厂家设计一种可以充当客用品的价格较低的小小的多齿梳子。

（二）细节服务要做到入乡随俗

　　1. 入族问禁——中国常见少数民族的交际礼仪与礼俗禁忌

　　在人际交往和对客服务中，我们会接触到来自不同地区、不同民族的人们。少数民族有其独特的人际交往礼节、礼貌习俗和禁忌。

　　（1）人口最多的民族——壮族。壮族是中国少数民族中人口最多的一个民族，主要聚居在广西、云南文山、广东连山、贵州从江、湖南江华等地也有分布。

　　壮族信仰原始宗教，祭祀祖先，部分人信仰天主教和基督教。

　　多数地区的壮族习惯于日食三餐，有少数地区的壮族也吃四餐，即在中、晚餐之间加一小餐。早、中餐比较简单，一般吃稀饭，晚餐为正餐，多吃干饭，菜肴也较为丰富。大米、玉米是壮族地区盛产的粮食，自然成为他们的主食。

　　平时即有相互做客的习惯，比如一家杀猪，必定请全村每家来一人，共吃一餐。招待客人的餐桌上务必备酒，方显隆重。敬酒的习俗为"喝交杯"，其实并不用杯，而是用白瓷汤匙。客人到家，必在力所能及的情况下给客人以最好的食宿，对客人中的长者和新客尤其热情。

　　用餐时须等最年长的老人入席后才能开饭；长辈未动的菜，晚辈不得先吃；给长辈和客人端茶、盛饭，必须双手捧给，而且不能从客人面前递，也不能从背后递给长辈；先吃完的要逐个对长辈、客人说"慢吃"再离席；晚辈不能落在全桌人之后吃饭。路遇老人，男的要称"公公"，女的则称"奶奶"或"老太太"；遇客人或负重者，要主动让路，若遇负重的长者同行，要主动帮助并送到分手处。

　　壮族人忌讳农历正月初一这天杀牲；有的地区的青年妇女忌食牛肉和狗肉；妇女生孩子的头三天(有的是头七天)忌讳外人入内；忌讳生孩子尚未满月的妇女到家里串门。

　　(2)分布最广的民族——回族。回族，是中国少数民族中人口较多的民族之一。主要聚居于宁夏回族自治区，在甘肃、新疆、青海、河北以及河南、云南、山东也有不少聚居区。

　　在饮食上，回族人普遍吃牛、羊、驼等反刍类偶蹄食草动物，不吃马、驴、骡、猪、狗肉，不吃动物血液和自死动物，尤其禁食猪肉。

　　忌讳别人在自己家里吸烟、喝酒；禁用食物开玩笑，也不能用禁食的东西作比喻，如不得形容辣椒的颜色像血一样红等；禁止在人前袒胸露臂。

　　回族的日常饮食很注意卫生，凡有条件的地方，饭前、饭后都要用流动的水洗手，多数回族不抽烟，不饮酒；就餐时，长辈要坐正席，晚辈不能同长辈同坐在炕上，须坐在炕沿或地上的凳子上。

　　回族是一个全民信仰伊斯兰教的民族，严格遵守伊斯兰教教义所规定的禁忌。

　　(3)"雪域之子"——藏族。藏族是中国的少数民族之一，主要是分布在西藏自治区和青海、甘肃、四川、云南等省区。另外，尼泊尔、巴基斯坦、印度、不丹等国境内也有藏族分布。

　　藏族非常讲究礼仪，日常生活中见到长者、平辈都用不同的鞠躬致礼方式。见到长者或尊敬的人，要脱帽，弯腰45度，帽子拿在手上，接近于地面。见到平辈，头稍稍低下即可，帽子可以拿在胸前，这时的鞠躬只表示一种礼貌。在有些地区，合掌与鞠躬同时并用。合掌要过头，表示尊敬。这种致礼方式多用于见到长者或尊敬的人。

　　献哈达是藏族待客规格最高的一种礼仪，表示对客人热烈的欢迎和诚挚的敬意。哈达是藏语，即纱巾或绸巾。以白色为主，亦有浅蓝色或淡黄色的，一般长1.5米至2米，宽约20厘米。最好的是蓝、黄、白、绿、红五彩哈达。五彩哈达用于最高最隆重的仪式，如佛事等。

　　藏族人朝觐佛像、佛塔、活佛及拜谒长者，都要磕头。磕长头，一般是在有宗教活动的寺庙中进行。两手合掌高举过头，自顶、自额、至胸拱揖三次，然后匍匐在地，伸直双手划地为号，如此反复进行。磕短头，也在寺庙中进行。合掌连拱三次，然后拱腰到佛像脚下，用头轻轻一顶，表示诚心忏悔。拜谒长者，要磕短头，表示尊敬祝福。

　　藏语中"旁"是"污浊"，而"色"意即"清除"，旁色是指清除晦气的一种活动。在小孩出生的第三天或第四天，亲朋好友便要带上青稞酒、酥油茶和给小孩的衣服、帽子等，登门祝贺。客人一到，首先向母亲和婴儿献哈达，然后给母亲敬酒、倒茶，最后端详婴孩，夸奖孩子的福运和五官，再用大拇指和食指捏一点糌粑，放在婴儿的额头，祝福孩子吉利向上。

　　在食肉方面，藏族禁忌较多。一般只吃牛羊肉，不吃马、驴、骡，尤忌吃狗肉。鱼、虾、蛇、鳝等水产海鲜类食品,除部分城镇居民外,农牧区群众一般不习惯食用。

见面称呼时,忌直呼其名,要加敬称,以示尊敬和亲切。如在拉萨,名字后要加"啦"字;在日喀则地区,男性名字前加"阿吉"或"阿觉"。

到藏民家做客,主人必先敬客人青稞酒,客人应先用无名指蘸一点酒弹向天空,连续三次,以示祭天、地和祖先,而后轻呷一口,主人会及时添满。喝三次,第四次添满时需喝干一杯,否则主人会不高兴,认为客人不懂礼貌或瞧不起他。客人进屋坐定,主人必倒酥油茶敬客,客人需待主人双手捧至面前时,才能接过去喝,切不可自行端喝。落座时,要盘腿端坐;接受礼品时,要双手去接;赠送礼品,要躬腰双手高举过头;敬茶、酒时,要双手奉上,手指不能放进碗口。

饮茶时,客人必须等主人把茶捧到面前才能伸手接过饮用,否则认为失礼。吃饭时讲究食不满口,嚼不出声,喝不作响,拣食不越盘。

藏族禁食驴肉、马肉和狗肉,有些地方也忌食五爪类和飞禽类肉。出于宗教信仰,一般反对捕杀野生动物。行路遇到寺院、玛尼堆、佛塔等宗教设施,必须从左往右绕行;不得跨越法器、火盆;经筒、经轮不得逆转。忌讳别人用手触摸其头。

藏族在迎接客人时除用手蘸酒弹三下外,还要在五谷斗里抓一点青稞,向空中抛撒三次。酒席上,主人端起酒杯先饮一口,然后一饮而尽,主人饮完头杯酒后,大家才能自由饮用。饮茶时,客人必须等主人把茶捧到面前才能伸手接过饮用,否则认为失礼。吃饭时讲究食不满口,嚼不出声,喝不作响,拣食不越盘。用羊肉待客,以羊脊骨下部带尾巴的一块肉为贵,要敬给最尊敬的客人。制作时还要在尾巴肉上留一绺白毛,表示吉祥。

(4)"天山上的雪莲"——维吾尔族。维吾尔族人口主要分布在新疆。

维吾尔族待客和作客都有讲究。如果来客,要请客人坐在上席,摆上馕、各种糕点、冰糖等,夏天还要摆上一些瓜果,先给客人倒茶水或奶茶。待饭做好后再端上来,如果用抓饭待客,饭前要提一壶水,请客人洗手。吃完饭后,由长者领作"都瓦",待主人收拾完食具,客人才能离席。吃饭时,客人不可随便拨弄盘中食物,不可随便到锅灶前去,一般不把食物剩在碗中,同时注意不让饭屑落地,如不慎落地,要拾起来放在自己跟前的"饭单"上。共盘吃抓饭时,不将已抓起的饭粒再放进盘中。饭毕,如有长者领作"都瓦",客人不能东张西望或立起。吃饭时长者坐在上席,全家共席而坐,饭前饭后必须洗手,洗后只能用手帕或布擦干,忌讳顺手甩水,认为那样不礼貌。

维吾尔族信奉伊斯兰教。

(5)"马背上的民族"——蒙古族。蒙古族是东北亚主要民族之一,也是蒙古国的主体民族。除蒙古国外,蒙古族人口主要集中在我国的内蒙古和新疆及临近省份以及俄罗斯联邦。蒙古族人语言为蒙古语。其中,一半以上居住在中国境内。蒙古族是一个历史悠久而又富于传奇色彩的民族。千百年来,蒙古族过着"逐水草而迁徙"的游牧生活。中国的大部分草原都留下了蒙古族牧民的足迹,因而被誉为"草原骄子"。

萨满教是蒙古人古老的原始宗教。

问候礼节:蒙古人热情好客,见面要互致问候,即便是陌生人也要问好;平辈、熟人相见,一般问:"赛拜努",若是遇见长者或初次见面的人,则要问:"他赛拜努"。款待行路人,是蒙古人的传统美德,但到蒙古人家里做客必须敬重主人。进入蒙古包后,要盘腿围着炉灶坐在地毡上,但炉西面是主人的居处,主人不上坐时不得随便坐。主人敬上的奶茶,客人通常是要喝的,不喝有失礼貌;主人请吃奶制品,客人不要拒绝,否则会伤主人的心。如不便多吃,吃一点也行。

尊老爱幼：蒙古人长幼有序，敬老爱幼。到蒙古包牧民家做客，见到老人要问安。不在老人面前通过，不坐其上位，未经允许不要与老人并排而坐。称呼老人要称"您"，不许以"你"相称或直呼其名。见到牧民孩子不要大声斥责，更不能打孩子。不要当着家人的面说孩子生理上的缺陷。对孩子和善、亲切，被认为是对家长的尊重。

待客：蒙古人自古以来以性情直爽、热情好客著称。对家中来客，不管常客还是陌生人，都满腔热忱。首先献上香气沁人的奶茶，端出一盘盘洁白的奶皮、奶酪。饮过奶茶，主人会敬上醇美的奶酒，盛夏时节还会请客人喝马奶酒。有些地区用手扒肉招待客人，还有一定的规矩。例如，用一条琵琶骨肉配四条长肋骨肉进餐；牛肉则以一根脊椎骨肉配半节肋骨及一段肥肠敬客。姑娘出嫁前或是出嫁后回娘家都以羊胸脯肉相待，羊的小腿骨、下巴颏、脖子肉都是给晚辈和孩子吃的。接待尊贵的客人或是喜庆之日则摆全羊席。

2. 入国问俗——中国主要客源国交际礼仪与礼俗禁忌

只有了解和尊重他国民族的礼仪和生活习惯，才能在国际交往和礼宾服务中真正赢得尊重，促成合作。

（1）日本。日本有"樱花之国"之称。大和族是日本的主体民族。首都是东京。大多数日本人信奉神道教和佛教，神道教是日本固有的宗教。少数人信奉基督教或天主教。国语是日语。

见面的礼节：日本人见面通常都要互相鞠躬，鞠躬度数的大小、鞠躬次数的多少和时间的长短，往往与对交往对象的尊敬程度成正比。行鞠躬礼时手中不得拿物，头上不得戴帽，有时还会一边握手一边鞠躬致敬。在国际交往中，日本人也习惯握手。

交往的礼节：生活节奏快、工作效率高的日本人一般都守信守时，注重礼节。在社会生活中以"不给人添麻烦"为准则，都习惯于低声交谈。无论自己是否开心，外人面前必须面带笑容，日本人认为这是一种礼貌。

在日本，茶道是款待远道而来的客人的最高礼遇。日本人极少邀请人到自己家中做客，若是收到这样的邀请，表示主人对你的极其信任。日本人在拜访他人时喜欢送些小礼品。礼品都要精心包装，包装的精美与否意味着尊重的程度。礼品数量往往都是奇数，避开偶数。日本人喜好书法，尤其是中国的书法作品，喜爱松、竹、梅、鹤和乌龟。一般都不当面打开礼物。

饮食的禁忌：聚会用餐时，日本人有"忌八筷"之说：忌舔筷、忌迷筷、忌移筷、忌扭筷、忌插筷、忌掏筷、忌跨筷、忌别筷。也忌用同一双筷子给宴席上所有人夹取食物。

在宴请客人时，日本人大多忌讳将饭盛的过满，也不能一勺盛一碗饭，而客人不能仅吃一碗饭，象征性的也要再添一次，不然被认为宾主无缘。以酒待客时，客人通常接受第一杯酒而不接受第二杯为不失礼。一人不喝时，不可把酒杯向下扣放，应等大家喝完才能一齐扣放，不然被视为失礼。日本人也不给他人敬酒。当着别人面想吸烟时，通常要征得对方同意方可。日本人不喜欢吃肥肉和猪内脏，也有一些人不喜欢吃松花蛋、羊肉和鸭肉。

行为的禁忌：在正式的场合，日本人认为衣着不整即意味着没有教养或不尊重交往对象，忌讳衣冠不整，不论天气多么热，都要穿套装或套裙。忌讳在公共场合大声谈笑喧哗。

送礼的禁忌：看望病人时不要送双数的东西，更不要是 4 的倍数，不要送盆花、白色和淡黄色的花。赠送礼品时要注意不要送装饰有狐狸图案礼品，礼品包装不要扎蝴蝶结，不要用鲜亮色彩的包装纸。不要把印有自己公司名字的廉价物品送给日本人，如圆珠笔、火柴、T 恤、广告帽等,也忌送梳子。

民俗的禁忌:菊花是皇室的专用花卉,16 瓣菊花是日本皇室的徽号,不可随便使用。荷花仅用于丧葬活动。在日本不能随便送鲜花,因为鲜花只能在求婚、生病或死亡时使用。

讨厌金眼的猫、狐狸和獾,它们代表了晦气、贪婪和狡诈。忌讳绿色和紫色,因为它们具有不祥与悲伤的意味。黑色和白色用于丧事。

日本人忌讳数字"4"与"9",因其发音和"死""苦"相近。日本商人忌讳 2 月和 8 月,因为这两个月是营业淡季。另外,在 3 人并排合影时,日本人谁也不愿站立在中间,因为被人夹着是不幸的预兆。

(2)韩国。韩国的全称是大韩民国。首都是首尔。官方语言是韩语。

见面礼节:正式社交场合,韩国人一般都采用握手作为见面礼节。而韩国妇女一般情况下不与男子握手,而往往代之以鞠躬或者点头致意。在不少场合韩国人有时也同时采用先鞠躬、后握手的方式。

交往的礼节:应邀去韩国人家做客,按习惯要带一份小礼物,可以使有本国特色的礼品,可以带些红酒或高品质的食品作为礼品,礼品要双手奉上。获赠礼品也要双手接过。

用餐和饮食的禁忌:就餐时不能随便发出声响,更不宜边吃边谈,高谈阔论。未征得上级或长辈同意,不能在他们面前抽烟,不能向其接火或借火。在大街上吃东西被认为是粗鲁的行为。

韩国人一般都不吃过腻、过油、过甜的东西,并且不吃鸭子、羊肉和肥猪肉。韩国人崇拜虎和熊。

行为的禁忌:在韩国,不同性别的人士见面时,女子首先向男子行鞠躬礼问候。男女同座时,男子坐上座,女子坐下座;女子不得在男子面前高声谈笑等。无论是谁,席地而坐时,绝不能双腿伸直或叉开,这是不懂礼貌或侮辱人的行为。

韩国人对社交场合的穿着十分在意。忌讳邋里邋遢、衣冠不整和着装过露、过透以及光脚参加社交活动,是一种失礼的行为。

送礼的禁忌:韩国人倡导使用国货,赠送礼品时,宜选择鲜花或工艺品,特别是有中国特色的礼品。不要送贴有韩国制造和日本制造的东西。在接受礼品时,韩国人用双手接礼,大都不习惯与当场打开包装。

习俗的禁忌:忌讳"4"字,不少人受西俗影响也讨厌"13"这个数字。

(3)美国。美国是美利坚合众国的简称。首都是华盛顿。这个移民众多的国家的主要宗教是基督教和天主教。官方语言为英语。

见面的礼节:热情开朗、不拘小节的美国人,其见面礼大约是世界上最简单的,往往以点头微笑为礼,或只是"嗨"一声招呼即可,即便是初次见面,也不一定非握手不可。但正式场合一般以握手为礼。

交往的礼节:在人际交往中,美国人十分强调个人权利、价值、平等和自由,认为个人空间神圣不可侵犯。因此在美国如果触碰了别人要及时道歉;与之谈话时要保持 50 厘米以外的距离。美国人通常不主动要别人联系方式,只有双方想保持联系时才要。

饮食的禁忌:一般不吃野生动物。不吃各种动物的头尾、皮以及内脏,也不喜欢吃奇形怪状的东西,不爱吃肥肉。鸡、鸭鱼以及其他带骨头的食物要剔除骨头才能做菜。

行为的禁忌:与美国人交流,忌讳提及被视为个人隐私的诸如收入、年龄、婚恋、健康、种族、血型、星座、学历、住址等问题。

在美国,女性艳妆出入公共场合或大庭广众之下化妆,会被视为缺乏教养。男性之间在公共场合切忌互相攀肩搭背或在舞厅相邀共舞。若是在别人面前拖鞋或赤脚,会被视为不知礼节的野蛮人。

送礼的禁忌:美国人不提倡人际交往送厚礼,否则会被视为别有用心。忌讳送带有公司标志的便宜东西。日常馈赠,不宜送的礼品主要有香烟、香水、内衣、药品等。

民俗的禁忌:一些人认为蝙蝠是凶神恶煞的象征,黑猫走过是凶兆。

忌讳黑色,因为它是用于丧葬的颜色。美国人讨厌“13”“666”,忌讳星期五。

(4)英国。英国的全称是大不列颠及北爱尔兰联合王国。人们曾经称它为“日不落帝国”“世界工厂”。首都是伦敦。主要宗教是基督教。官方语言是英语。

见面的礼节:在英国,第一次见面时一般都以握手为礼,男性之间绝不拥抱。在称呼上,英国人喜欢别人称呼他们的世袭头衔或荣誉头衔。对普通人常使用“先生”“女士”“阁下”等称呼。

交往的礼节:在人际交往中英国人崇尚容忍宽容,与外人交往常宽以待人,不愿与他人做无谓的争论。而正式场合则注重礼节和风度,于细节中体现教养,从礼节中展现教养。

英国人在社交应酬中,十分注意其着装要体现“绅士”“淑女”风度。穿着矜持庄重而保守。男士穿深色三件套西装,女士穿深色套裙或素雅的连衣裙。女士优先的社会风气浓厚,丈夫通常要偕同妻子参加各种社交活动,并习惯先将妻子介绍给贵宾认识。

英国人的时间观念很强,拜会或洽谈生意,访前必须预先约定,准时很重要,最好提前几分钟到达为好。

在英国,不流行邀请对方早餐谈生意。一般说来,他们的午餐比较简单,对晚餐比较重视,视为正餐。因此重大的宴请活动,都放在晚餐时进行。赴宴时英国人习惯不带礼物,除非生日、纪念日回礼等特别情况。送礼的合适时间应选在晚餐后或剧院看完戏之后。送礼不宜过重,以免有行贿之嫌。礼品可以是巧克力、名酒、鲜花或有中国特色的工艺品。在接受礼品方面,英国人常常当着客人的面打开礼品,无论礼品是否有用或价值如何,主人都会给以热情赞扬并表示感谢。而邀请对方午餐、晚餐、到酒吧喝酒或观看戏剧、芭蕾舞等也可以当成是送礼的适当之选。

饮食的禁忌:不吃狗肉,不喜欢过辣过咸的菜肴,做菜时忌讳加味精。

行为的禁忌:英国人在正式的场合,忌讳佩戴条纹领带,因为会让人联想到旧军团或学校的制服;忌讳不扣长袖衬衫袖口的扣子;忌讳正式场合穿凉鞋或用浅色鞋配西装套装。

英国人有排队的习惯,忌讳插队,这是一种令人不齿的行为。英国人也不喜欢讨价还价,认为这是丢脸的事情,在英国购物,忌讳砍价。

在公共场所,V形手势手背向外、跷二郎腿、动手拍打别人、当众打喷嚏,这些都是失礼的行为。另外还需要注意是不能用同一根火柴连续点三支香烟。

送礼的禁忌:商务场合,不要送带有本公司标志的物品。

民俗的禁忌:白色百合花和菊花在英国象征死亡,不宜送人。

英国人讨厌黑色的猫;忌讳大象图案,认为其为蠢笨的象征;讨厌孔雀,认为孔雀开屏是自我炫耀和吹嘘;忌讳用人像做商品的装潢;忌讳墨绿色;忌讳数字“13”“666”和星期五,用餐时不要13人同桌,如果13日又是星期五的话,则被认为是双倍的不吉利。

(5)法国。法兰西共和国,简称法国。这个“艺术之邦”素有“奶酪之国”“葡萄之国”“时装王国”之美称。首都巴黎是世界著名的花都。其主要宗教为天主教。法语为官方语言。

7

见面的礼节：法国人在社交场合与客人见面，一般以握手为礼，女性也常以屈膝为礼。法国男女之间、女子之间还常以亲脸颊或贴脸颊来代替握手礼。

交往的礼节：以时装、艺术、美食享誉世界的法国人，有极强的民族自尊心。与法国人交谈若能讲几句法语，视"法语是世界上最优美语言"的法国人一定热情有加，但不喜欢听外国人讲蹩脚的法语。

法国人热爱自由，纪律性较差，准时赴约是礼貌的表示，但是迟到是法国长期存在并沿袭至今的古老传统。法国人讲究骑士风度，尊重妇女，一起看节目时，女子坐在中间，而男子则坐在两边。

正式场合法国人一般穿西装、套裙，色彩多为蓝色、灰色或黑色，质地多为纯毛，而棕色化纤面料难登大雅之堂。出席庆典仪式时一般要穿着礼服。

作为"美食王国"，法国人十分讲究饮食，更是会把商务洽谈地点安排在美食餐厅，方便大家一边喝酒一边谈生意。送礼时，具有艺术美感的礼品诸如唱片、画册或书籍，传记、历史书、评论及名人回忆录等都会很受欢迎。

饮食禁忌：法国人喜欢吃奶酪、鹅肝，但不喜欢汤菜，忌食香辣食品，不吃肥肉，不吃除鹅肝以外的动物内脏，不吃无鳞无鳍和带刺带骨的鱼。

行为禁忌：在公共场合，法国人忌讳大声喧哗，不能随便指手画脚、剔牙或掏耳朵。男子不能提裤子，女子不能隔着裙子提袜子、跷二郎腿，坐姿双膝靠拢。

送礼的禁忌：在法国，不宜初次见面就送礼，这会令对方疑虑。不宜赠送刀、剑、刀叉、餐具之类，这意味着双方会割断关系。男士不宜向关系一般的女士赠送香水，这有过分亲热和不轨企图之嫌。接受礼物时，如果不当着送礼者的面打开包装，则是粗鲁无礼的行为。

民俗的禁忌：红玫瑰是情人间的花，不宜随便送人。忌讳菊花、杜鹃花，它们在葬礼上使用；忌讳纸花和黄色花，认为黄色花是不忠贞的象征。

仙鹤被视为淫妇的化身，孔雀被看成是祸鸟，大象是笨汉的象征。认为虐待动物是不人道的行为。核桃代表不吉利，以之招待会引起不满。法国人对黑桃图案也十分厌恶；忌讳黄色和墨绿色；忌讳"13""666"和星期五。在赠送妇女鲜花的数目上不能是双数，要送除了"1""13"之外的单数。

（6）德国。德国的全称是德意志联邦共和国。首都是柏林。主要宗教是基督教和天主教。德语是官方用语。

见面的礼节：人际交往时通常以握手为礼。与德国人握手时注意务必坦然注视对方，握手时间可稍长，握手力度可稍大些。德国人注重称呼，对职衔、学衔、军衔较为重视，称呼时可注意这些，是对交往对象的敬意。

交往的礼节：德国是一个讲究秩序的国家。他们遵纪守法、纪律严明，极具法律意识：制度允许的事情可以做，制度不允许的事情坚决不做，无论执行或者拒绝，都非常认真，不容置疑。

德国人办事讲究信誉，重视时间观念。德国人邀请客人，往往提前一周发出邀请函或打电话通知被邀请者。不论是否接受，回复要尽可能早，以便主人做准备。不赴约又不说明理由是很失礼的行为。与严谨守时相伴的是德国人认真仔细，答应对方的事情就一定要做到，不然就可能失去对方的友情。

如果受邀到德国人家做客，通常宜带鲜花，是送女主人的最好礼物，但必须要单数，5朵或7朵皆可。另外糖果、书籍、邮册也是德国人之间常见的礼品。

在正式场合露面,德国人总体以庄重朴素、整洁为原则。衣着一般为深色,男士穿三件套西装,女士穿裙式服装。对与自己品味相近的人,德国人一般都比较欣赏。

饮食的禁忌:德国人在用餐时有几条特殊规矩:吃鱼用的刀叉不得用来吃肉或奶酪;食盘中不宜堆积过多的食物;不得用餐巾扇风;忌讳吃核桃等。不爱吃过咸过辣的菜肴。

行为的禁忌:在公共场合,德国人对窃窃私语或交叉谈话,四个人交叉握手十分反感,这是不礼貌的。在德国,比较重视口腔卫生。男子不宜剃光头。

送礼的禁忌:向德国人送礼,不宜选择刀、剑、餐刀和餐叉。若送剑、餐具,则请对方给一个硬币,以免所送的礼物伤害彼此的友谊。送高质量的物品,即使礼物很小,对方也会很喜欢。送礼一定要撕去价格标签。

德国人对礼品的包装纸很讲究,但忌用白色、黑色或茶色的包装纸,更不要用丝带捆绑礼品。

民俗的禁忌:德国人尤其喜欢矢车菊,视其为国花。但不宜随意以玫瑰或蔷薇送人,前者表示求爱,后者用于悼亡。视郁金香为无情之花,意味着绝交。白鹤是德国的国鸟。白鹤筑巢被看成吉祥之兆。忌讳茶色、对黑色、红色或黑红相间的颜色不感兴趣。对于数字"13""666"与星期五,德国人非常讨厌。

(7)俄罗斯。俄罗斯是俄罗斯联邦的简称。首都是莫斯科。主要宗教是东正教。官方语言是俄语。

见面的礼节:初次见面时,俄罗斯人习惯握手礼。朋友间大多会热情拥抱,有时还会互吻双颊。现在正式场合也采用"先生""小姐""夫人"的称呼。俄罗斯人非常看重社会地位,因此最好以职衔、学衔、军衔称呼他人。

交往的礼仪:在公共场合,俄罗斯人普遍表现的有修养、守纪律、讲公德,不大声喧哗。交际场合女士优先,男士往往自觉地充当护花使者,为女士拎包、拉门、脱大衣等。

主人请客人吃面包和盐,是最殷勤的招待。前去拜访俄罗斯人时,进门之后要自觉地脱下外套、手套和帽子并摘下墨镜,这是一种礼貌。不要忘记说一些赞美之词,如对家具摆放表示赞美,对女主人的烹饪手艺表示赞扬,这既是对主人的尊重,也表示对主人款待的一种感谢。

在商务交往时,宜穿庄重、保守的西服。衣着服饰考究与否,在俄罗斯眼里不仅是身份的体现,而且是此次生意是否重要的主要判断标志之一。

俄罗斯人的姓名,一般情况下由本人名字、父母名字和姓氏组成,商务场合或为了表示尊敬,可将其名和父名连在一起称呼,不能只称姓。

饮食的禁忌:俄罗斯人通常不吃海参、海蜇、乌贼、黄花菜和木耳。还有不少人不吃鸡蛋和虾。鞑靼人不吃猪肉、驴肉、骡肉。犹太人不吃猪肉,不吃无鳞无鳍的鱼。在就餐时忌讳坐在桌子的角端吃饭。

行为的禁忌:在俄罗斯,卷起裤腿、撩起裙子、蹲在地上,都是失礼的行为。

送礼的禁忌:忌讳送蜡烛。俄罗斯人到教堂点蜡烛如同中国人到寺庙上香一样,因此,蜡烛不能作为礼物。

民俗的禁忌:拜访俄罗斯人时送给女士的鲜花宜为单数。有人去世时则是送双数的花。崇拜盐和马,不喜欢黑猫,认为它不会带来好运气,也不喜欢兔子。打碎镜子和打翻盐罐子,都是不吉利的预兆。喜爱红色,忌讳黑色,黑色用于丧葬。十分忌讳"13""666"、星期五,而偏爱"7"。认为双数不吉利,单数是吉利的象征。

7

【资料链接】

　　西方人讲究个人隐私，所以他们也尊重"一米线"。无论"一米线"划还是没划，后一个人永远离前一个人一米开外，仿佛那条线早就刻在了他们脑子里。买东西交款你尽可以放心拿出你的钱包；输入密码时，不会有双好奇的眼睛在离你20厘米的地方虎视眈眈地看着你，就连上洗手间，排队也是在大门口，而不是在"小单间"门口。

　　讨论题：你的头脑中刻有"一米线"吗？过"一米线"说明了什么？从中我们应该主要学习什么？

【案例思考】

<h3 style="text-align:center">手 势 语 言</h3>

　　最近，德国柏林的蒂尔加滕区法院审理了一起奇特的官司。被告是位司机，路遇警察，司机把手伸出车窗，朝警察做了一个简单的手势：拇指和食指合成一个圆圈。于是，警察状告该司机侮辱了他。

　　这个手势在不同的文化里有不同的含意，从表示喜悦、赞叹到严重的侮辱。在俄罗斯，这种手势出现在餐厅或食品店的广告中：一位胖厨师头戴厨师帽，拇指和食指合成一个圆圈，表示这里食品品种丰富。

　　德国警察以侮辱罪把司机送上法庭，法官找遍文献资料，还请教了心理学家，最后判决：这个手势在德国有两种理解，怎么对待就是个人的事了。司机被宣告无罪。

　　如果邀请柏林工程大学的符号学家出庭的话，那么，他们会告诉你，在2 500年前的古希腊的花瓶上就有"圆圈"手势。在希腊人眼里，这个手势同样有两种含意，不过都是正面的。第一，象征爱情——嘴唇接吻的图形；第二，赞扬讲演者表达准确或用词精辟。出现侮辱性的解释要晚得多。

　　但是，有些手势很早以前就被认为不礼貌和有侮辱性。例如，妈妈告诉孩子，用手指指人是不礼貌的，但她未必知道，根据公元前1750年的汉谟拉比法典，做这个手势是要受罚的。在古代巴比伦，用手指点被看作是暗示要用矛和箭杀死对方。

　　专家们做过统计，身体姿势、脸部表情、手或手指的动作总共能表达约70万种不同的信号。这比任何一种语言的词汇量多得多。

　　据说，裴迪南·那不勒斯基国王于1821年被阴谋家推翻，后来，他回到故乡城市，从阳台上面对集合在宫殿前的人群发表讲话。由于人声嘈杂，国王连自己的说话声都听不清，所以，只好改用手势。在相当长的讲话中，他责备自己的人民、威胁政变的组织者、宽恕偶然的卷入者、慷慨许诺自己的支持者，所有这些，他没说一个字，但是，他的南方老乡都明白了。虽然手势相同，但不同的民族有不同的理解。符号学家已多年在研究中欧各民族的手势语言。例如，保加利亚人点头不算摇头算。离保加利亚不远的希腊人也如此。当代那不勒斯人表示否定也与此有相近之处：抬起头，不过同时还要撅起下嘴唇。

7

我们常用的 V 字形手势通常表示胜利。拉丁字母 V 是英语单词"victory"("胜利")的第一个字母。在百年战争期间,作战双方经常砍掉对方被俘人员右手的两个手指,这样,他就无法拉弓箭和嘲笑对方。但使用 V 手势时千万小心,它还有许多截然相反的用法。在英国,如果手掌向内,带有猥亵之意。到了法国更加离谱,暗示"你是戴绿帽子的人"。有一次,华盛顿举行隆重的仪式,老布什夫妇站在白宫的讲台上,把手举过头顶做 V 手势。在场的外国客人大吃一惊:身边的法国人该如何想呢……

任务二　把握服务礼仪,服务有礼有节

服务是一种无形的商品,而体现这种商品价值的东西就是服务礼仪。服务礼仪包括了仪容、仪表、礼仪、礼节等多个方面。服务人员的仪表、仪容、礼貌、礼节,服务态度、服务技能、技巧、技艺,服务程序、标准,服务人员的交际水平、知识视野、应变能力及最终的服务效果,都是你能否立足服务行业、能否壮大发展、能否有效获得经济和社会双重利益的有力保障。通俗一点说,就是要从自己做起,眼观六路,耳听八方,有礼有节,进退有序,处变不惊,积极向上。如果做到了、做好了这些,那么成功的门也就向你打开了。

一、礼节与礼仪概述

礼仪是在人际交往中,以一定的、约定俗成的程序方式来表现的律己敬人的过程,涉及穿着、交往、沟通、情商等内容。从个人修养的角度来看,礼仪可以说是一个人内在修养和素质的外在表现。从交际的角度来看,礼仪可以说是人际交往中适用的一种艺术、一种交际方式或交际方法,是人际交往中约定俗成的示人以尊重、友好的习惯做法。从传播的角度来看,礼仪可以说是在人际交往中进行相互沟通的技巧。礼仪可以大致分为政务礼仪、商务礼仪、服务礼仪、社交礼仪、涉外礼仪等五大分支。

礼仪的作用:对一个人来说,礼仪是一个人的思想道德水平、文化修养、交际能力的外在表现,对一个社会来说,礼仪是一个国家社会文明程序、道德风尚和生活习惯的反映。其作用体现在以下几个方面:礼仪是人们生活和社会交往中约定俗成的,人们可以根据各式各样的礼仪规范,正确把握与外界的人际交往尺度,合理的处理好人与人的关系。如果没有这些礼仪规范,往往会使人们在交往中感到手足无措,乃至失礼于人,闹出笑话,所以熟悉和掌握礼仪,就可以做到触类旁通,待人接物恰到好处。礼仪是塑造形象的重要手段。在社会活动中,交谈讲究礼仪,可以变得文明;举止讲究礼仪可以变得高雅;穿着讲究礼仪,可以变得大方;行为讲究礼仪,可以变得美好……只要讲究礼仪,事情都会做得恰到好处。总之一个人讲究礼仪,就可以变得充满魅力。

礼仪的核心是"尊重为本,以少为佳"。第一点,尊重为本。每个人都想获得别人的尊重、肯定。但别人为什么要给予你这些东西呢?虽说每个人的内心深处都有和善的一面,但也不定面对每一个人他们都要表现出来。如何使得别人愿意尊重你呢? 首先,你自己要尊重他人。只有你尊重了别人,他人才会给予那份你应得的尊重。其次,尊重他人,不是让你去诋毁其他人。另外,尊重要有道,你要了解对方的信息。例如,对一些穆斯林宗教信仰的客户,你不能要求他吃猪肉,因为猪肉是他们禁忌的食物,这是人家的宗教信仰,你不尊重别人的宗教信仰也谈不上尊重他人,那是他人精神资产的一部分。第二点就是以少为佳。在礼仪中,我们经常遇

到很多个"三",如电话时间不宜超过三分钟,服装的颜色不要多于三种,饰品不要超过三样……为什么会有这么多的不多于呢?有句古话是"话多必失"。可能你很健谈,但如果你滔滔不绝地讲了一大通,别人只有听的份,很难有插话的机会。

二、服务礼仪

服务礼仪就是服务员在人际交往中,以一定的、约定俗成的程序方式(或者是所在单位的相关要求和规范)来表现的律己敬人的过程,涉及穿着、交往、沟通、情商等内容。

服务礼仪是各服务行业人员必备的素质和基本条件。出于对客人的尊重与友好,在服务中要注重仪表、仪容、仪态和语言、操作的规范;热情服务则要求服务员发自内心热忱地向客人提供主动、周到的服务,从而表现出服务员良好风度与素养。

在接待服务期间,除了热心与热情之外,还需通过专业的礼仪培训,才能较好地完成各项接待与服务工作。

(一)服务礼仪基本原则

在服务礼仪中,有一些具有普遍性、共同性、指导性的礼仪规律。这些礼仪规律,即礼仪的原则。掌握礼仪的原则很重要,它是服务人员更好地学习礼仪和运用礼仪的重要的指导思想。

服务礼仪的原则:

1. 尊重的原则

孔子说:"礼者,敬人也",这是对礼仪的核心思想高度的概括。所谓尊重的原则,就是要求我们在服务过程中,要将对客人的重视、恭敬、友好放在第一位,这是礼仪的重点与核心。因此在服务过程中,首要的原则就是敬人之心常存,掌握了这一点,就等于掌握了礼仪的灵魂。在人际交往中,只要不失敬人之意,哪怕具体做法一时失当,也容易获得服务对象的谅解。

【案例思考】

儿子与"令尊"

从前有一个读书人,自持读了几年书,看不起不识字的农夫,于是就戏弄农夫说:"对儿子的文雅称呼是'令尊'。"说完,就等着看看这个"愚蠢"的农夫的笑话。农夫不知就里,关心地问读书人:"你家里有几位令尊?"读书人尴尬不已,只好说:"我家里没有。"农夫很同情地说:"我有四个儿子,要不要随便送一个给你做令尊吧。"

思考:你在一笑之后,有什么启示?

7

2. 真诚的原则

服务礼仪所讲的真诚的原则,就是要求在服务过程中,必须待人以诚,只有如此,才能表达对客人的尊敬与友好,才会更好地被对方所理解,所接受。与此相反,倘若仅把礼仪作为一种道具和伪装,在具体操作礼仪规范时口是心非,言行不一,则是有悖礼仪的基本宗旨的。

3. 宽容的原则

宽容的原则的基本含义,是要求我们在服务过程中,既要严于律己,更要宽以待人。要多体谅他人,多理解他人,学会与服务对象进行心理换位,而千万不要求全责备,咄咄逼人。这实际上也是尊重对方的一个主要表现。

4. 从俗的原则

由于国情、民族、文化背景的不同,在人际交往中,实际上存在着"十里不同风,百里不同俗"的局面。这就要求志愿者在服务工作中,对本国或各国的礼仪文化、礼仪风俗以及宗教禁忌要有全面、准确的了解,才能够在服务过程中得心应手,避免出现差错。

5. 适度的原则

适度的原则的含义,是要求应用礼仪时,为了保证取得成效,必须注意技巧,合乎规范,特别要注意做到把握分寸,认真得体。这是因为凡事过犹不及,假如做得过了头,或者做得不到位,都不能正确地表达自己的自律、敬人之意。

(二)服务礼仪的作用

世界上最廉价的、但能够得到最大收益的一项品质就是礼节。有礼仪修养的人,给人以有教养、有风度、有魅力的感觉,备受欢迎和尊敬,并能获得更多的理解和支持。

1. 提升个人素质

礼仪能帮助个人树立良好的形象,提升个人的素养,使人们的谈吐变得越来越文明,举止仪态越来越优雅,装饰打扮更符合大众的审美原则,体现出时代的特色和精神风貌。礼仪会使人变得情趣高尚、气质优雅、风度潇洒,受人欢迎。

企业竞争,是员工素质的竞争。员工素质的高低反映了一个公司的整体水平和可信程度。教养体现于细节,细节展示了素质。因此加强服务礼仪,有助于提高从业人员的个人素养和自身的职业竞争力。

2. 调节人际关系

礼仪是人际关系和谐发展的调节器、润滑剂,有利于促使冲突各方保持冷静,缓和、避免不必要的矛盾冲突和情感对立,有助于建立起和谐的人际关系从而使人们之间的交往获得成功。因此,服务礼仪有助于满足客人的心理需求,使从业人员与客人之间能够更好地交流与沟通,有助于妥善处理旅游纠纷问题。

3. 塑造企业形象

让顾客满意,为顾客提供优质的产品和服务,是良好企业形象的基本要求。服务的过程不仅是商品货币的交换过程,也是人的情感交流过程。一句亲切的问候,一次理解的微笑,犹如春风吹暖顾客的心,缩短了与顾客的距离。在一定意义上,规范化的服务礼仪,能够最大限度地满足顾客在服务中的精神需求。

服务礼仪展示了企业的文明程度、管理风格、道德水准,从而塑造了良好的企业形象,服务礼仪绝非是可有可无的"点缀"和"装饰"。

4. 提高竞争附加值

现代市场竞争是一种无形竞争。对于服务性行业,高素质的员工提供的高质量的服务有助于企业创造更好的经济效益和社会效益,同时有利于提升企业的文化内涵和品牌效应。因此,每一位员工的礼仪修养无疑会起着十分重要的作用。

(三)具体的服务礼仪要求

服务人员应表现于形态干练、仪表大方、仪容整洁、举止端庄、和气微笑、身心健康、神情专注、精力充沛、态度亲切、语言流利。展现给客人的第一印象是服务意识、文化水平、专业素养的综合体现。并能给人值得信任的形象,方便与客人沟通。

7

1. 仪容仪表——美丽而深刻

在接待服务中，仪容是最为引人注意的地方，服务员在工作岗位上必须对自己的仪容修饰予以高度的重视。

首先讲究个人卫生，树立整齐利落的形象。

在工作岗位上，注意保持身体清洁，服装要保持整洁、合身，服务上岗时必须穿工作服。做到勤洗头、勤洗澡、勤修指甲、勤修面，忌讳身体有异味、皮肤表层或指甲内有污垢。注意保持口腔清洁，养成勤刷牙、勤漱口的卫生习惯，防止口腔异味。在工作前，不要饮酒，不要食用葱、蒜、韭菜、酒等有异味的食物，以免引起他人反感。注意勤换衣袜，尤其要注意保持领口、袖口、上衣前襟等易脏处的清洁；不洁净的袜子容易发出异味，尤其在炎热的夏天，更应当注意。头发适时梳理，发型整齐大方。服装挺括，精神振作，整齐利落，使人感到愉悦。

其次穿着打扮合体、合适、合度。

衣着是人们审美的一个重要方面。现代服装除了御寒、遮羞外，还具有一系列功能，如体形展现、性别识别、职业区别、情感表达、经济状况的反映等。服装是人际交往中的一种无声语言，它能反映一个人的社会生活、文化水平和修养。在社交活动中根据自身特点和特定场合，选择得体的服装，并穿出一定的品位，能使人增添几分魅力。穿着打扮应考虑容貌、身材，只有合体的穿着打扮，才能展现美感，否则只会令人看着别扭。衣着打扮合适是一项基本要求，需要根据特定场合、地点、情绪和气候来决定如何装扮。

女员工上班要淡妆打扮，以保持皮肤的细腻，显得年轻、有活力。男员工不化妆，但要经常修面、剪鼻毛。

第三注重培养个人修养。

仪表仪容美是人的内在美与外在美的统一。同一种穿着打扮在不同的人身上会产生"形似神不似"的感觉。真正的美，应该是个人良好内在素质的自然流露。要想有好的仪表仪容，要想在人际交往中给人以良好的印象，就必须从文明礼貌、文化修养、道德情操、知识才能等各方面来不断提高个人修养。如果只有外表的华美，而没有内在的涵养作为基础，一切都会使人感到矫揉造作，使人感到"金玉其外，败絮其中"。

第四要自然大方。

自然大方的装扮，能使人产生平易近人、亲切友好的感觉；装扮过于华美或修饰过度，不仅会使人觉得刺眼，产生反感，也会破坏人的自然美。"清水出芙蓉，天然去雕饰"，人们最注重自然美。在追求仪表仪容美的时候，只有相貌不美或天生有缺陷，才会靠修饰来遮掩短处。过分的浓妆艳抹，其结果适得其反。

2. 真诚微笑——发自内心和享受其中

在服务过程中请记住"微笑才是最好的服务方式"，微笑是热情友好的表示，真诚欢迎的象征，服务人员应把微笑贯穿于对客服务工作的始终，给客人以亲切感和安全感。微笑也是一种礼貌和涵养的表现。

微笑服务的标准：面部表情和蔼可亲，伴随微笑自然地露出6～8颗牙齿，嘴角微微上翘。微笑注重"微"字，笑的幅度不宜过大，必须在服务员和顾客面对面3米左右"能见度"。微笑时真诚、甜美、亲切、善意、充满爱心。

【案例思考】

微笑比5 100万美元更值钱

美国希尔顿饭店创立于1919年，它从一家饭店扩展到100多家，遍布世界五大洲的各大城市，成为全球最大规模的饭店之一。其成功的秘诀就在于"今天你微笑了吗"这样一条看似简单的服务理念。

当年(1919年)，希尔顿的父亲因车祸去世，母亲鼓励他做点事情。希尔顿怀揣5 000美元，只身来到了得克萨斯州，买下了他的第一家旅馆——梅比莱旅馆。经过一番苦心经营，他的旅馆资产达到了5 100万美元。他欣喜而自豪地将这个成绩告诉了母亲。

他的母亲听完后，淡然地说："照我看，你跟从前没什么两样。要想成大事，你必须把握住比5 100万美元更值钱的东西，除了对客人诚实以外，还要想方设法让每个住进你旅馆的人住了还想再来住。你要想出一种简单、容易、不花本钱而行之可以长久的办法去吸引客人，这样你的旅馆才有前途。"

母亲的话很简单，却引起了希尔顿的思考。最后，希尔顿终于想出来了，这就是微笑，只有微笑才能发挥如此大的影响力。

这一天，希尔顿上班后的第一项工作便是把手下的所有员工找来，向他们灌输自己的经营理念："微笑"。他对员工们这样说道："我今后检查你们工作的唯一标准是，你今天对客人微笑了吗？"

从此之后，希尔顿每到一处同员工说得最多的就是这句话。即使在美国经济萧条的1930年，旅馆业80%倒闭，希尔顿旅馆同样难免噩运的情况下，他还是信念坚定地鼓舞员工振作起来，共渡难关。他对同事们说："即使是借债度日，也要坚持'对客人微笑'。我们万万不可把心中愁云摆在脸上，无论遭受何种困难，'希尔顿'服务员脸上的微笑永远属于旅客。"

他的信条得到了员工的理解和支持，那二年，在那纷纷倒闭后剩下的20%的旅馆中，只有希尔顿旅馆服务员的微笑是最好的。

经济复苏后，希尔顿饭店果然进入经营的黄金时期。他们添置了许多一流设备。当再次巡视时，希尔顿问他的员工们："你们认为还需要添置什么？"员工们回答不出来。他欣慰地笑了，然后又认真地说："我们还要有一流的微笑！如果单有一流设备，没有一流服务，我宁愿弃之而去住那种虽然地毯陈旧些，却处处可见到微笑的旅馆。"

1979年，这位最喜欢微笑的老人去世了。他为世人留下了两样东西，一是遍布全球的"希尔顿帝国"，二是他用亲身经验写成的一本《宾至如归》。数十年来，这本书一直被希尔顿员工视为"圣经"，而书中的核心内容就是："一流设施，一流微笑"。

一个会笑的服务人员比一个不会笑的服务人员，他们的服务绩效是截然不同的。这已经是经过无数实例证明的一个常识。正是因此，很多企业和服务人员在微笑训练方面煞费苦心：世界上最著名的汽车销售大王乔吉拉德就曾经对着镜子练习自己的微笑；日本航空公司培训空姐微笑甚至花上半年的时间；深圳一家医院岗前培训时要求护士们"露8颗牙"，并称"露8颗牙"才能"打开笑肌"，从而"与国际接轨"。

笑是一种情感的流露。尽管"职业微笑"与人的自然笑容有所不同。但职业微笑只有当它成为一种自然的感情流露，它才具有真正的价值和打动人心的魅力。

7

案例分析：

微笑是人的天性使然，训练微笑最好的方法就是教会员工保持一种积极向上、富有爱心的心理素质。如果一个人面对自己所喜爱的人或事物，她的笑容一定灿烂无比。学会微笑，你不妨从以下几个方面练习：

你应该从内心喜欢你的工作，热爱你的客人；学会心理调节和情绪控制，保持一份好的心情；你可以练习一下发音"E"或是"C"，它能让你的嘴角上翘，呈现微笑之状，但你必须注意，要练得纯熟，否则你的微笑会僵持；脸上要笑，眼睛更要会笑，而这一切源自于内心真正的微笑；笑要与语言结合。如和客人打招呼或是送别时，配合"您好，欢迎光临"，"你走好，欢迎下次再来"时微笑。

记住：千万别一个人笑，因为客人如果不认为你是傻笑，那么肯定是在笑话他。最好和客人一起笑。你笑了，客人自然也会笑，千万不要冷笑和嘲笑。

3. 有声语言——亲切感人

在对客服务过程中，自始至终使用标准的普通话，能熟练掌握基本服务英语，或根据特定的客源结构和要求掌握其他国家的语言并准确运用。

在对客服务过程中，服务用语用词准确、亲切、得体、表达清晰、简单扼要。

掌握礼貌用语"十一字"，即：您、您好、请、对不起、谢谢、再见。

礼貌服务用语"五声"，即：宾客来店有迎声、体贴宾客有问候声、宾客表扬有谢声、宾客批评有歉声，宾客离店有送别声。

礼貌服务"四忌语"，即：蔑视语、否定语、斗气语、烦躁语。

对客服务中说话要音量适中、声调柔和、吐字清楚、面带微笑。

回答客人问题时，不得随意说"不知道""不清楚""没有"等生硬的否定词，应以积极的态度帮助客人解决或委婉的回答问题。

与客人谈话时要注意倾听，精神集中，不随意打断客人说话，不插话。

服务过程中接听电话务必在电话铃声响过三遍之内，如特殊原因在三遍后接听，应先致歉。接听后应先向对方问好，主动报出自己的部门和部位，并询问是否需要帮助。通话完毕后要感谢对方的来电，并主动道别，待对方挂机后再放下听筒。

尊重客人的宗教信仰和民族习惯，不得议论、嘲笑、久视客人的穿戴举止，不以手势指点客人。

不询问客人的年龄、经历、家庭情况、收入等敏感性问题，无意听到客人谈论的私人话题要注意为客人保密。

不与客人谈论政治性话题，对客人禁忌的数字、颜色、花卉时刻注意。

7

【案例思考】

英国小姐的投诉

在一家五星级饭店，一前台接待员非常想练习外语。有一天，一位英国小姐路过总台朝大门方向走去，她一见，就用英文问了一句："Miss, are you going up to the street?"（小姐，你出去吗？／你上街去吗？）英国小姐回答说："Yes, but it is my private things."（是的，但那是我的私事。）事后，这位客人认为服务员干涉她的私事，就向大堂经理反映。大堂经理于是反复向她解释，中国人平时见到朋友都习惯问"你去哪里"等表示关心。由于大堂经理在解释的过程中语言不到位,这位英国小姐一气之下又找到总经理投诉,说服务员问她上街去,是暗指她去做色情工作,侮辱了她的人格,而大堂经理却只是一味地为服务员辩解。这位英国小姐要求饭店作出解释。最后总经理出面解决问题,并代表饭店向客人道了歉。

　　思考:请大家分析故事中导致礼仪危机不断升级的原因。试想,如果你是那个处理客人投诉的大堂经理,你会如何来处理这个投诉? 从这个案例中,你又得到哪些启发?

　　4.身体语言——习惯而自然

　　服务人员当班站立服务时,站姿要求为"挺胸收腹、肩平头正"。服务人员应两手自然下垂在体前交叉,或双手背后自然握住,女员工两脚成 V 形,脚后跟靠拢;男员工双脚与肩同宽,双手不得插兜。站立时面带微笑,两眼平视,时刻关注客人,不东张西望。

　　对客服务需要坐下与客人交谈时,应保持坐姿端正、腰部挺起,双肩平正放松,两脚并齐,两手自然放于腿上。不能在椅子上前俯后仰,不得跷二郎腿或双脚交叉,也不得摇腿晃脚。女员工穿裙子或旗袍时坐下之前应从身后把裙装抚平后再坐。

　　行走时姿态优美大方,动作平静舒展,行进速度控制适中,目视前方。持物行走时要保持身体平稳,不左摇右晃,不阻碍客人的行进路线。行走时要关注客人的情况,遇到客人时要侧身让道,主动问好并请客人先行。当需要超越同向而行的客人时要主动向客人示意,表示歉意后再快速超越。当需要引导客人时,要走在客人的右前方,与客人保持两步左右的距离,遇到拐角时要伸手示意客人,并为客人指引方向。

　　对客服务过程中不要当着客人的面打哈欠、喷嚏、抽鼻涕,这些行为都是对客人不礼貌的,店内行走两人以上时不得并排横行、勾肩搭背。

　　对客服务中其他需要禁止的行为还包括:抠鼻子、挖耳朵、搓泥垢、抓头痒、照镜子、补妆、涂口红、修指甲、剔牙、伸懒腰、背靠他物、交头接耳等。

　　对客服务过程中需要用手势时应注意手势正确,动作的幅度要适中,符合手势规范,使客人容易理解。同时还要尊重客人的宗教信仰和民族习惯,不用违反客人习惯的手势。

　　当班时在公共区域不大声呼喊、奔跑,保持绅士和淑女风度,不影响客人。

　　服务过程中接触到客人物品在移动是轻拿轻放,不随意翻动客人物品,并随时提示客人物品的位置。

【资料链接】

弹簧门前的习惯性"小动作"

　　我国很多单位的出入口采用弹簧门设计,这门整天不停地开开关关,几乎所有人在通过之后都会回头看一看,如果后面正有人往这个方向来,前面的人就会一直扶着门,直到后来的人接住后,才轻轻放手继续往前走。中国人总会对别人特别关心,在日常生活的接触上会格外留心。这种"小动作"已经成为中国人的习惯,人们在这种习惯面前,自然能感受到涵养、文明的魅力。

　　5.期待眼神——真诚和信任

　　眼睛是心灵的窗户,眼神就是这扇窗户表达情感的工具,心灵是眼神之源。微笑是无声语言,而眼神是一种更含蓄、更微妙、更复杂的语言。宁静的目光给人稳重,快乐的目光给人愉悦,诚挚的目光给人信任。

7

眼睛在人体不算一个很大的器官,但通过眼神可以传达喜怒哀乐,顾客通过眼神可以感觉得到你是乐意还是不情愿为他服务,用心工作,最大的受益者是自己,糊弄工作,最大的受害者必定也是自己,一个用力工作的人,只能把工作做到称职,只有用心工作的人,才能把工作做到优秀。尊重顾客,保证顾客满意,一个小小的眼神,体现你的个人修养和素质,传达你对顾客的情感。

第一,目光的方向:眼睛转动的方向有平视、仰视、俯视、斜视、白眼。我们服务人员应该使用平视,这样让服务对方感觉处于同一水平交流,不会产生太大的心理差距,沟通更顺畅。像仰视、俯视、斜视、白眼在我们服务行业来说都是禁用的眼神。

第二,目光接触的时间:在整个沟通过程中,目光注视时间太长或太短,对顾客来说,都是不礼貌的。注视时间太长,给人的感觉是盯视,有种浑身不自在的感觉,注视的时间太短,让人感觉不受重视。适合的目光接触时间占整个交谈时间30%~60%。

第三,目光停留的位置:把目光放在眼睛与嘴巴的三角区。注视眼睛的时间一般不要超过3秒,目光注意要柔和,亲切。

【知识练习与思考】

一、简答题

1.我国少数民族有哪些礼俗禁忌,请举例说明。

2.请列出我国主要客源国交际礼仪及禁忌。

3.请列出世界三大宗教的礼仪习俗。

4.服务礼仪应把握哪些原则?

5.服务礼仪对于我们从事旅游服务工作有什么帮助?

6.请列出你认为重要的服务礼仪具体要求。

二、思考题:

某旅行社准备送给有业务联系的英国某公司人员一份刺绣礼品,商店里有很多精美的刺绣工艺品,采购者在以下4幅图案的刺绣工艺品前举棋不定:

A.京剧脸谱　B.百合花　C.孔雀　D.大象

思考:你认为最好选择哪幅图案?为什么?

三、案例分析

就　　餐

四年前,我在巴黎的一家餐馆打工。

一天傍晚,餐馆来了一群印度观光客,老板安排我为他们服务。

随后我向他们介绍了一些法国菜。他们不问贵贱,主菜配菜一下子点了几十道。我担心他们吃不完,但他们并不在乎。点完菜,他们开始四处拍照,争相和服务员小姐合影,甚至跑到门外一辆卡迪拉克汽车前频频留影,不停大声说话。用餐时杯盘刀叉的碰撞声乃至于嘴巴咀嚼食物的声音始终不绝于耳,一会儿就杯盘狼藉,桌布、地毯上到处是油渍和污秽。

坐在附近的一位先生忍无可忍,向店方提出抗议,要求他们马上停止喧闹,否则就要求换座位。我把客人的抗议告诉他们,他们立刻安静了。

看得出来,他们很尴尬……

思考:判断并分析故事中的人是否符合礼仪规范,找出其中的错处,应该如何纠正?思考在文化交往中,了解和尊重他国民族的生活习惯和禁忌的重要性。

【能力培养与训练】

1. 结合岗位工作举例说明礼仪对服务工作的重要性。

2. 游戏训练:

(1) 无敌礼仪小专家。

目标:这是一个对抗赛游戏。通过游戏,以手出题,以脑记忆,灵活简短的案例让学生更加深入理解和记忆课程相关内容,能够完全熟悉和掌握中外民俗和重要的禁忌。

道具:教室、题卡

规则:① 学生根据本章内容自主出题,题目要求简洁明了。针对不同的少数民族、客源国家和宗教可出 5~8 题。题目汇总筛选,制成卡片,一卡一题。

② 学生分组,以小组对抗的形式,每一组派一名学生先上场抽取卡片,回答问题。答错者淘汰,由同组另外选手上场,依此类推,最终留在场上者获胜。

③ 可视具体情况设立抢答环节,帮帮忙环节。

题目举例:逢年过节给沙特阿拉伯的朋友送葡萄酒是最好的礼物吗?为什么?巴黎香水很有名,王先生作为一名职业经理人,抵达法国后拜会客户,给其夫人送上一瓶昂贵的香水,自觉很符合法国人浪漫的性情。你认为呢?咖啡色包装的中国餐具小礼盒典雅精巧,送给入住酒店的来自德国的旅游团客人,这个主意行吗?……

点评:只有了解和尊重世界各国各民族的礼仪和禁忌,才能互相理解、互相尊重,也会有更加完美的礼宾服务。

(2) 岗位练兵。

目标:通过各个岗位的服务礼仪练习,使学生对饭店服务礼仪有一个全面的了解。

道具:制作不同岗位的礼仪卡片,包括:前厅迎宾员岗位、行李员岗位、总台接待员岗位、客房服务员岗位、中餐厅服务员岗位等。

规则:通过分组抽签方式,分岗位练习所抽中的岗位的礼仪服务内容,以小组为单位进行互相评比。

点评:教师根据各组表现进行点评,重点点评礼仪服务的规范性和动作等方面。

7

项目八　透视服务中的客我交往，以情动人

【项目提要】

　　人际交往与沟通是人们交流思想情感、相互往来的社会活动，是人类社会存在的基本条件和方式。服务工作中的人际交往与沟通主要有三种类型，即客我交往、顾客交往和员工交往。了解人际交往与沟通的相关理论，掌握服务工作中人际沟通的渠道和人际交往的艺术是本项目的基本内容。其中，服务工作中的"客我交往"艺术是本项目的核心。

【引导案例】

一点就通的客户心理解读术

　　在国外一家酒店里，两位客人正在酒店内的咖啡厅交谈事情。但因为旁边餐厅里正在举办宴会，不时传来嘈杂的声响，他们不得不提高声音来讲话。一位服务员发现了这个问题，就主动向值班经理反映。值班经理通过客房部为二人安排了一个小会客间以便二人可以安静地谈事情。

　　当这两位客人谈完生意准备到前台结账时，前台的工作人员微笑着说："两位先生，因为酒店正在举办宴会，所以影响到了咖啡厅，给您们造成不便，我们非常抱歉。会客间是免费为您提供的，我们服务不周到的地方，还请多多谅解。欢迎下次光临。"两位客人非常感动，没想到酒店的服务能如此细心，如此周到。他们刚才正在就一次大型论坛活动进行商谈，按计划打算安排在另一家酒店，但现在这个酒店的服务深深打动了他们。因此，这两位客人直接找到了值班经理，将论坛的举办地点定在这家酒店。

（王宏.一点就通的客户心理解

读术——把握客户心理的 5 步 57 招[M].

北京：人民邮电出版社，2011.）

任务一　了解人际交往,疏通人际沟通的渠道

一、人际交往与人际沟通

(一)人际交往与人际沟通的概念

生活在社会群体中的个体,必然要相互接触、相互联系、相互作用,即进行社会人际交往。服务工作是在人与人之间交往的前提下进行的,主要涉及服务工作者与顾客的关系、顾客之间的关系、服务工作者之间的关系等。所以,人际交往理论是服务心理学的组成部分之一。

1. 人际交往的概念

人际交往是指人们为了彼此传达思想、交换意见、表达情感和需要等目的,运用语言符号等形式而实现的沟通。

理解人际交往概念应注意以下几点:

(1)人际交往的主体包括个人、集体与国家,因此,人际交往包括个人与个人、个人与集体、集体与集体、国家与国家之间的交往等具体形式。

(2)人际交往的内容包括商品交换、思想交流、劳动服务、互助合作、劳动与娱乐等。

(3)人际交往的主体关系包括夫妻关系、父母子女关系、朋友关系、亲戚关系等。

(4)人际交往的领域包括经济领域、政治领域和文化领域等。

人际交往具有多种功能。美国社会心理学家费斯廷格(Leon Festinger)认为,人际交往的功能有两个:一是传达信息的功能,二是满足个人心理需要的功能。而苏联心理学家洛莫夫认为,人际交往的功能有三个:一是信息沟通,二是思想沟通,三是情感沟通[①]。

2. 人际沟通的概念

沟通的概念可以分为广义和狭义两种。广义沟通是指人与信息的相互作用、人与机器之间的信息交流、人与大自然界的信息交流。狭义的沟通主要指人际沟通,是信息的发送者与信息的接受者之间通过信息而相互作用的过程。

人际沟通提供心理上、社会上和决策性的功能,即人们为了满足社会性需求和维持自我感觉而沟通;为了发展和维持关系而沟通;为了分享资讯和影响他人而沟通。

人际沟通可以发生在个人与个人、个人与群体、群体与群体之间,还可以发生在大众传播过程中。有效的人际沟通不是沟通双方达成一致的意见,而是准确地理解信息的含义。

(二)服务工作中人际交往与沟通的基本类型

旅游、酒店等服务工作中的人际交往与沟通主要有三种基本类型,即客我交往、顾客交往和员工交往。其中,"客我交往"是具有典型服务性质的交往,是服务工作中人际交往与沟通的重要形式。

1. 员工交往

(1)员工交往的概念。员工交往指的是指服务员工之间的相互交往。具体说,即各种用工形式的服务人员(包括固定工、合同工、临时工,以及代训工和实习生等)由于共同活动的需要而形成的相互接触与作用的过程。

[①]　薛群慧.旅游心理学理论案例[M].天津:南开大学出版社,2012:103.

在竞争激烈的现代市场中,旅游、酒店等服务性商业作为团队,其发展不仅强调员工个人的工作成果,更强调员工协作带来的团队整体业绩。实践证明,只要交往顺畅、关系融洽,员工就会心情舒畅、齐心协力地发挥整体效能,给企业创造巨大的业绩和财富;反之,员工之间交往不力、关系处理不好,企业内部就会矛盾重重、步调不一,企业效益就难以实现。因此,员工之间的良好交往是企业实现目标的重要保证。

(2)员工交往的特点。频繁经常。由于共同的工作时空,员工之间的交往是频繁的、经常的。尤其是服务项目关系紧密的员工,更是联系密切。这种基于工作需要而产生的高频接触机会,既为员工之间增进了解、加深感情提供了便利,也容易使他们由于个性不同更产生摩擦与矛盾。因此,员工交往要注意把握"度",不要因经常在一起工作,彼此非常熟悉而懈怠了人际交往的基本要求和日常忌讳。

竞争与合作共存。与上下级交往更多的是配合、服从的情况不同的是,同级员工尤其是同一个服务项目上的员工,他们在工作中不仅需要积极配合与合作,而且同时存在服务质量、荣誉奖励、加薪提升等方面的激烈竞争,表现出竞争与合作共存的特点。

自主选择性。员工之间的交往在对象上又有很大的自主选择性。除基于工作需要外,还可以基于个人的理想追求、价值观、兴趣、爱好和性格、气质等交往。员工的结交可以是"志趣相投"的,也可以是"性格互补"的;可以是年龄相仿、接近的,也可以是忘年交。

2. 客我交往

(1)客我交往的概念。客我交往是指服务人员与顾客之间为了达成商业消费目的而相互施加影响的过程。

客我交往是旅游、酒店等服务工作中具有典型服务性质的交往,也是服务工作中人际交往与沟通的重要形式,没有客我之间的交往就没有旅游、酒店等服务活动。

(2)客我交往的特点。公务性。服务人员与顾客之间由于双方在交往中所处的立场不同,因而表现出不同的心理特点。例如,服务人员因为与顾客的交往时基于工作的需要,所以在感情上会有勉强的成分,服务工作易程式化、机械化,而且还容易产生"不平等"的心理感受,继而产生对顾客的不耐心甚至冷漠;再加上服务人员接待的顾客川流不息,接待的程序和内容却是千篇一律,也容易产生服务疲乏。而顾客由于到了陌生的环境,容易产生兴奋、激动,但这种心情又伴随着惶恐以及不安,所以希望得到周到、全面的服务;再加上他们认为自己的消费行为是付费的,服务人员为其提供服务天经地义,所以服务中容易产生不满、抵触和投诉。因此,在服务接待过程中,作为服务人员,一方面要能帮助顾客解决衣、食、住、行、游、购、娱等方面的实际问题,满足顾客的基本消费需求;另一方面,要通过心理上对顾客加以分析,使顾客保持愉快的情绪,在保证安全的基础上实现自我体现、社交、尊重的需求。

短暂性。顾客无论是住宿、就餐、娱乐,其停留的时间大多比较短暂。所以,服务人员和顾客的接触是偶然、短暂的,双方交往不易深刻。但是,顾客是客人,服务人员必须表示欢迎并礼貌接待。而且不论是什么样的顾客,服务人员都应一视同仁地对待,并努力给顾客留下美好的印象,为个人和企业赢得服务信誉。为此,在服务接待中,服务人员要充分利用人际交往的心理效应,在不断的自我完善中提高自己的服务水平和质量。

不对等性。在服务工作中,"顾客"和"我"是"被服务者"与"服务者"的角色关系,因而是不对等的。一方面,"顾客"即被服务者,有接受优质服务的至高无上的权利,而且不可侵犯,其表现是向服务员下达命令,提出要求;另一方面,"我"即服务者,没有选择客人的权利,却有服从和满足客人的意愿、提供优质服务的义务。服务者必须充分认识并接受这一关系特点,这样才能形成服务意识。否则,就会产生自卑、逆反等心理,都不利于服务工作的开展。

【案例思考】

客人突然挥拳

某日晚,河南国际饭店的大堂内宾客如云,接待员小马非常忙。这时来了两个客人要求开个标准间,小马迅速核查后说:"有空房,但房价比标准间略高些,要218元一间,您看如何?"

此时,一位客人竟勃然大怒,大声嚷道:"今天早上我曾经打电话问房价,你们说186元,为什么到了晚上一下子218元了?真是漫天要价!"之后还继续将小马大骂一通。小马挨了一顿骂非常愤怒,但她忍住了,仍然用正常的语气解释说:"186元的房间已经住满,218元的房间还有几间空着……"最后她提醒客人,"有问题尽可以好好沟通。"另一位客人赶紧出面打圆场说:"这位接待员态度还算不错,既然如此建议,我们就住下吧。"小马很快办好了手续,事后骂人者向小马道了歉。

(叔伯阳.旅游心理学[M].大连:东北财经大学出版社,2013.)

3. 顾客交往

(1) 顾客交往的概念。顾客交往是指社会成员基于消费需要在接受服务过程中形成的互动活动。

顾客由于交往而形成消费群体。在这个群体中,顾客个体的消费观念、行为等会通过其他成员的模仿、呼应等而影响群体的消费;反之,消费群体也影响着个体的消费心理,如助长、助弱、从众等行为。因此,服务企业要重视顾客交往对企业服务的影响,以赢得更多的客户,创造更多的社会价值和商业价值。

(2) 顾客交往的特点。利益一致性。通常,顾客的消费内容可能千差万别,但是对产品和服务的质量要求却是高度一致的,即都想获得优质产品或优质服务。因此,他们的消费利益是一致的,他们在消费过程中更容易相互交流、相互影响,自发地达成一致的观念、认识和评价,甚至这些观念、认识和评价不一定是客观正确的,但却对服务企业能否赢得市场及消费市场的大小产生有力影响。

广泛性。顾客交往既可以发生在彼此认识、熟悉的亲朋好友、同事、熟人之间,也可以是相互陌生的消费者之间,具有一定的随机性。加之现代消费的网络化,使得顾客交往既不受之前熟悉程度的影响,也不受时空影响,交往对象变得更加广泛。这种广泛性对服务业的产品销售和企业信誉会产生强大的影响力,形成一传十、十传百的宣传效应,即所谓的"口碑"。

从众性。从众是指个人受到外界人群行为的影响,而在自己的知觉、判断、认识上表现出符合于公众舆论或多数人的行为方式,通俗的说就是"随大流"。由于顾客的利益是一致的、交往是广泛的,所以,顾客之间更容易产生从众心理,出现从众性购买或抵制行为,从而对服务业的业绩产生显著影响。

二、服务工作中良好人际沟通的渠道

良好的人际沟通渠道是服务工作者营造和谐工作环境、提高服务质量的前提和基础。人际沟通的渠道主要有两种,即言语沟通和非言语沟通。

（一）恰当的言语沟通

言语沟通是指人与人之间以言语为媒介，彼此交流思想、感情和知识等信息的沟通方式。它是人际沟通的主要形式和渠道。

言语沟通包括口语沟通和书面沟通两种基本形式。口语沟通是指借助于口头语言实现的沟通，如交谈、讨论、开会、演讲等都属于口语沟通。书面沟通即借助于书面文字材料实现的信息交流，如通知、广告、文件、报纸、杂志及短信、微信、QQ、电子邮件等都属于书面沟通。

恰当的口语沟通体现在以下四个方面：

言之有物。即说话力求有内容，有价值。古人云："与君一席话，胜读十年书。"不要信口开河，东拉西扯，胡吹乱侃，给宾客以华而不实之感。服务工作者在为宾客服务时，应以热情得体的言谈为宾客提供优质服务。

言之有情。即说话要真诚、坦荡。只有服务人员真诚待客，才会赢得宾客的欢喜。注意在和宾客沟通时传递真情友好的情感，以真诚感动宾客。

言之有礼。即言谈举止要有礼貌。服务行业尤其讲究"礼"字当先。在和宾客沟通时，一定要注意彬彬有礼。即使宾客怎样无礼，服务人员都必须始终保持良好的礼貌修养。

言之有度。即说话要有分寸。什么时候该说话，什么时候不该说话，话应说到什么程度，这都是很有讲究的。要注意沟通场合、沟通对象的变化。总之，恰如其分地传情达意才能有利于工作。

（二）正确的非言语沟通

非言语沟通是指人们通过使用不属于语言的方式来沟通感情、交流信息的过程。一般包括面部表情、目光接触、穿着打扮、身体动作、交往距离等内容。

心理学家经过严格的观察研究发现，"此时无声胜有声"绝不是简单的主观感受，而是科学的事实。在两个人之间的面对面的沟通中，55％以上的信息交流是通过无声的身体语言实现的。身体语言在人际沟通中有着口头语言所不能替代的作用[①]。

1.面部表情的沟通

（1）目光。"眼睛是心灵的窗户"。心理学家的大量科学研究已经证实了这一格言的合理性。研究发现，眼睛是透露人的内心世界的最有效的途径。人的一切情绪、态度和感情的变化，都可以从眼睛里显示出来。而且，人对自己的笑容、语言等可以做到随意控制，可以完全为了暂时适应某种特定情境的要求而口是心非，但人们对于目光却很难随意控制。

心理学家的研究证实，人的情绪变化首先会反映在不自觉的瞳孔变化上。当人的情绪从中性变得兴奋、愉快时，瞳孔会不自觉地变大。一个男子看到迷人的女郎，或一个女性看到潇洒的男子，都会有瞳孔放大的反应。有人研究人们打扑克时的瞳孔反应，发现如果抓到了自己期望的好牌，情绪兴奋性会陡然上升，并出现瞳孔放大。科学家对动物的研究也证实，猫在看到感兴趣的食物和动物刺激时，它也同样有瞳孔扩大反应。

更进一步的科学研究还揭示，对于令人厌恶的刺激物，人们的瞳孔反应不是扩大，而是明显缩小。当人们的情绪从愉快转向不愉快，或突然出现令人不快的人或事情时，瞳孔会不自觉地缩小，并伴随有程度不同的眯眼和皱眉。可见，人的眼睛是其内心情感状态的良好指示器。

眼睛不仅是心灵的窗户，更重要的是，"眼睛会说话"。心理学家发现，目光接触是最为重

8

---

① 章志光.社会心理学[M].北京：人民教育出版社，2001：261.

要的身体语言沟通方式。许多其他身体语言沟通,常常也直接与目光接触有关。如一个人斜靠在墙上,在没有目光接触时,这个姿势可能意味着休息。而如果与某一个特定的人保持某种目光接触,这个姿势的意义则可能变成了轻视对方。我们可能都有经验,人际沟通中若缺乏目光接触的支持,那沟通会变成一个高度令人不快、高度困难的过程①。

在服务工作中,服务人员应该用柔和、友好或热情的目光注视宾客,使宾客一开始就感受到服务的诚心。相反,如果用一种漠不关心、无所谓的眼神巡视宾客,甚至对宾客投以轻蔑、傲视的态度,势必会在心理上激怒宾客。

服务工作者与宾客目光接触的技巧是:"生客看大三角形、熟客看倒三角形、不生不熟看小三角形。"意思是说,与不熟悉的宾客打招呼时,眼睛要看他面部的大三角形,即以肩为底线、头顶为顶点的大三角形。与较熟悉的宾客打招呼时,眼睛眼看着他的面部的小三角形,即以下巴为底线、额头为顶点的小三角形。与很熟悉的宾客打招呼时,眼睛看着他面部的倒三角形,即看对方的额头部位。

(2) 表情。表情一般指面部表情。面部表情是另一个可以实现精细信息沟通的身体语言途径。人的面部有数十块肌肉,可以做出上百种不同的表情,准确地传达出各种不同的内心情感状态。由于表情可以随意控制、变化迅速,而且表情的线索容易觉察,因而它是十分有效的身体语言途径。

人类主要拥有至少七种表情,每种表情都表达同样的意思:

高兴。人们高兴时的面部动作包括:嘴角翘起,面颊上抬起皱,眼睑收缩,眼睛尾部会形成"鱼尾纹"。

伤心。面部特征包括眯眼,眉毛收紧,嘴角下拉,下巴抬起或收紧。

害怕。害怕时,嘴巴和眼睛张开,眉毛上扬,鼻孔张大。

愤怒。这时眉毛下垂,前额紧皱,眼睑和嘴唇紧张。

厌恶。厌恶的表情包括嗤鼻,上嘴唇上抬,眉毛下垂,眯眼。

惊讶。惊讶时,下颚下垂,嘴唇和嘴巴放松,眼睛张大,眼睑和眉毛微抬。

轻蔑。轻蔑的著名特征就是嘴角一侧抬起,作讥笑或得意笑状。

对于服务人员来说,微笑是最适宜的表情。服务人员在与宾客沟通时,面带微笑、和颜悦色,会给宾客以亲切感。享有国际声誉的希尔顿酒店集团成功的最大秘诀就是"微笑服务、宾至如归"。希尔顿酒店的老板经常问员工:"你今天对宾客微笑了没有?"希尔顿酒店的"微笑服务"说明,一个人可以没有资产,可以没有后台,但只要有信心、有微笑,就有成功的希望。

2. 身体动作的沟通

身体动作和姿势在人际沟通中也可用来传达信息或强调所说的话,被称为体态语言。心理学家萨宾(T.R.Sarbin,1954)通过对生活的细致观察,曾经将一些经常使用的姿势作出总结,如图 8-1 所示。

(1) 身体姿势。在服务工作中,服务人员的身体动作主要体现为三种姿势,即站姿、坐姿和走姿。

站姿。站立时要端正,挺胸收腹,眼睛平视,嘴微闭面带微笑。男服务员双手亦可搭放在后腰;女服务员双手要搭放在小腹前,双臂自然下垂或在体侧呈 V 字形,双膝与脚后跟要靠紧;男服务员站立时双脚与肩同宽,切忌东倒西歪,耸肩驼背,双手叉腰、插口袋,抱胸。要让宾

---

① 章志光.社会心理学[M].北京:人民教育出版社,2001:261—262.

1. 好奇　　2. 疑惑　　3. 不感兴趣　　4. 拒绝　　5. 观察

6. 自我满足　　7. 欢迎　　8. 果断　　9. 隐秘　　10. 探究

11. 专注　　12. 暴怒　　13. 激动　　14. 舒展

15. 奇怪
支配 怀疑　　16. 鬼鬼祟祟　　17. 羞怯　　18. 思索　　19. 做作

图 8-1　各种身体姿势及意义

客感觉到服务人员的挺、直、高,真正做到站如松。

坐姿。就座时姿态要端正。入座轻缓,要稳,不可响动过大。上身要直,腰部挺起,脊柱向上,双臂放松放平。双膝并拢,坐时不要把椅子坐满,以三分之二为宜。

走姿。行走应轻而稳,注意昂首挺胸收腹。要肩平,上身平直。女服务员要走一字步(双脚走一线,不迈大步),要轻、巧、灵;男服务员走路时双脚跟走两条线,步履可稍大,表现稳定,保持双肩不要摇晃。男服务员走路不扭腰、女服务员走路不摇臀。切忌行走时摇头晃脑、吹口哨、吃零食、左顾右盼、与他人拉手、勾肩搭背、奔跑、跳跃。当工作需要必须超过宾客时,要礼貌道歉,同时要尽量靠右行,不走中间。

(2)手姿。一般来说,掌语有两种,手掌向上表示坦诚、虚心、诚恳;手掌向下则表示压制、傲慢和强制。所以,服务人员在和宾客说话时,一切指示动作都必须是手臂伸直,手指自然并拢,手掌向上,以肘关节为轴,指向目标。切忌指指点点,和宾客交谈时手势不宜过大。在给宾客递东西时,应双手恭敬地奉上,绝不可漫不经心地一扔。

3. 人际距离的沟通

在人际沟通过程中,双方之间的距离有一定含义。一般来说,关系越密切,距离越近。美国人类学家爱德华·霍尔(E. Hall)有一句名言:"空间也会说话。"他研究发现,每个人都有自己独有的空间需要。他把人际距离分为亲密的、个人的、社会的和公众的。他认为，父母与子女、爱人之间、夫妻之间的距离是亲密距离。个人距离指朋友间的距离，人们可以在这个范围内亲切交谈，又不致触犯对方的近身空间。社会距离表现在熟人之间的距离，多数交往发生在这个距离内。公众距离表现在陌生人之间、上下级之间或者一般正式交往场合的距离。各交往区的距离是：亲密区：7.62～30.48 厘米；个人区：30.48～91.44 厘米；社会区：1.37～2.43 米；公众区：2.43～30.48 米[①]。

就服务人员来说，在自己的工作岗位上所需要与服务对象彼此保持的常规的人际距离，大致可分为下列五种：

服务距离。服务距离是服务人员与服务对象之间所保持的一种最常规的距离。主要适用于服务人员应服务对象的要求，为对方直接提供服务之时。一般情况下，服务距离以 0.5 米至 1.5 米为宜。具体的服务距离还应根据服务的具体情况而定。

展示距离。展示距离实际是服务距离的一种较为特殊的情况。即服务人员需要在服务对象面前进行操作示范，以便使后者对于服务项目有更直观、更充分、更细致的了解。展示距离以 1 米至 3 米为宜。

引导距离。引导距离是指服务人员为服务对象带路时彼此双方之间的距离。据惯例，服务人员行进在服务对象左前方 1.5 米左右最合适。

待命距离。待命距离特指服务人员在服务对象尚未传唤自己、要求自己提供服务时，所需与对方自觉保持的距离。正常情况下，应当在 3 米以外。只要服务对象视线所及即可。

信任距离。信任距离是服务人员为了表示自己对服务对象的信任，同时也是为了使对方对服务的浏览、斟酌、选择或体验更为专心而采取的一种距离。即离开对方而去，在对方的视线中消失。但采取这种距离时，应注意两点：一是不要躲在附近，似乎在暗中监视；二是不要去而不返，令服务对象在需要服务时找不到人。

任务二　解析人际交往，把握服务业中的人际交往艺术

一、服务工作中，TA 理论的具体应用

（一）TA 理论简介

沟通分析理论（Transactional Analysis，TA）是 20 世纪 60 年代美国心理学家埃里克·伯恩（Eric Berne）创立的一种人格理论。

埃里克·伯恩（Eric Berne）写于 1961 年的《心理治疗中的 TA（Transaction Analysis Psychotherapy）》和写于 1964 年《人们玩的游戏（Games People Play）》奠定了 TA 理论的基础。特别是《人们玩的游戏》一书出版后大受欢迎、极为畅销，使得 TA 理论闻名于世。TA 理论不仅被用于心理治疗，而且被广泛应用于咨询、企业管理、教育等领域。

TA 理论的主要内容包括四部分，即结构分析、沟通分析、心理游戏分析、脚本分析。

1. 结构分析理论

结构分析是 TA 理论中进行个人自我状态分析的重要工具，是以 P（parent，父母）、A（adult，成人）、C（child，儿童）三种自我状态为基本架构的人格理论系统。该理论认为：每个人

① 罗建华.服务心理与案例分析[M].广州：华南理工大学出版社，2012：236.

都存在 P(parent,父母)、A(adult,成人)、C(child,儿童)三种不同的自我状态。两人在相互交往时,一般都会采用家长、成人、儿童自我状态中的一种进行心理定位。家长式态表现出保护、控制、呵护、批评或指导倾向。他们墨守成规,依照政策和标准来办事。成人式自我心态表现出比较理性、精于计算、尊重事实,试图通过寻找事实、处理数据、估计可能性和展开针对事实的讨论来更新决策。儿童式自我心态反映了由于童年经历所形成的感情,它表现为本能的、依赖的、创造性的或逆反性的情感,如同真正儿童一样希望得到他人的批准,更喜欢立即的回报。把这三个自我状态放在一起,就是沟通分析理论的核心——三部分自我状态组成的人格模式。

　　2. 沟通分析理论

　　沟通分析是指人与人之间彼此以何种自我状态进行沟通的分析。发生在两个人之间的任何事情都牵涉到他们自我状态的表现。当一个人对另一个人传达某个信息时,他期待对方有某种反应,这种过程就是一个最简单的沟通。简单的沟通只牵涉两个自我状态。越是复杂的沟通,牵涉越多个(三或四个)自我状态。一个会话是由多个沟通组成。当一个人开始沟通时,他可以选择从哪一个自我状态来发出他的沟通或刺激对方的哪一个自我状态。这种本能对一个健康的人是一种自动的反应,并可随环境而改变,作适当的反应。

　　为了了解一个人如何与他人相处及沟通,沟通分析理论把人与人之间的交往剖析为人的三个不同的"自我"之间的交往。当一个人以某个"自我"向对方发出一个刺激时,接受的一方恰好作出了与发送者所期待的一致的反应,相互作用就能够继续下去,这种相互作用叫做"互补的相互作用"。例如,主管对员工说话就像家长对孩子一样,员工的回答就想孩子对家长一样。而当发送或接受刺激的一方,或者双方都没有得到彼此期待的反应,就会引发不适当的"自我",相互作用的线路就会出现交错,这种相互作用叫做"交错的相互作用"。例如,主管努力按照成人对成人的模式来对待员工,但是员工按照孩子对家长的模式作出应答。当出现交叉式交互作用时,沟通往往被阻塞,不会得到令人满意的结果。当一个人以某个"自我"向对方发出一个刺激,而用另一个"自我"间接地表达另一种含义,就会引发双重的相互作用,这种作用叫做"暧昧的相互作用"。例如,员工对游客说:"这条线路的优惠截至本周末。"言外之意就是你要参加本次旅游就快点去,否则就没有这个优惠了。于是,就会导致游客作出决定:马上签约。

　　3. 心理游戏分析

　　心理游戏分析是指分析人际交往中的心理游戏。心理游戏是两个人相处时一连串的交流与沟通,但包含许多双重的、暧昧的信息,而且它导向一些可预期的结局。所谓暧昧就是指表面是一回事,内在又是另一回事,是双重的。所有的心理游戏都含有操纵性,有意无意地将想表达的本意隐藏起来,心理游戏是相互作用分析理论的一个特有的概念。伯恩给游戏下的定义是:"游戏是一系列不断发展的、互补的暧昧性相互作用,它将会引出具有明确含义的预想结果。可以把游戏描述为一套原地转圈的相互关系,他们经常是重复的,表面上好像很有道理,实际上有着隐藏的动机,或者说得更加通俗一点,就是设置圈套或机关的一系列活动。它具有隐藏性和惩罚性特点。实际上每一场游戏都不是诚实的,其结果不仅有刺激性,而且有戏剧性。"心理游戏就是通过扮演"迫害者""受害者""拯救者"等心理角色而进行的一种特殊的人际交往,但它对人际交往有着破坏作用。"迫害者"是指贬低别人,把别人看得较低下。"拯救者"也是把别人看得较低下,但他的方式是从较高的位置提供别人帮助,他相信"我必须帮助别人,因为他们不够好,无法帮助自己"。"受害者"则自认较低下,有时受害者会寻求迫害者来贬低自己,或是寻求拯救者提供帮助,而肯定自己"我无法靠自己来处理"的信念。只要是玩心理游戏,主角必定属于"迫害者""受害者""拯救者"三种角色之一。

4. 脚本分析理论

脚本分析理论试分析一个人成长的背景及历史。它有助于我们从中整理出个人在日常生活中所使用的沟通方式,寻找遭遇的问题、困难与其成长背景之间的关联性,从而加以解决。

伯恩认为"脚本"是以童年所作的决定为基础的生活计划,即人们的生活仿佛是一次又一次地按照预先写好的"脚本"反复上演的戏剧。这个"脚本"就是人的潜意识中的"生活计划",它规定了一个人生活的主题,规定了他在现实的舞台上所要扮演的角色,也规定了他周围的人所要扮演的角色。生活计划是在小时候决定,但后来真正发生的却是生活过程。这个过程不只是受到心理因素的影响,也包括生物性遗传、父母背景、外在环境等。而疾病、意外、战争等也可能破坏这个根深蒂固的计划,在这些情况下,悲剧几乎成了命运必然的结果。"脚本"来自父母的认可,就像戏剧一样,包括主角、配角、序幕、主题、连续事件以及待定的结局。"脚本"使他们本人适合在我们的计划中扮演某个角色。虽然"脚本"主要是来自成长时父母的影响,但孩子并非一只空容器,被动地等待外来事物,然后全盘接受,相反他们才是自己"脚本"的作者,孩子为自己的经验做成结论,找出一些理解世界、且让自己的存在有意义的关联。孩子在成长过程中会从父母那儿寻求做事为人的方法,因为每个人都需要学习向他人学习。闭门造车式的学习或许很激励人,却很不实际。一个人要从根本上改变自己的生活,就必须深入地分析并"改写"自己的"生活脚本"。

(二) TA 理论在服务工作中的具体应用

1. 完善自我人格,保持豁达的心态

根据 TA 理论,如果一个人的"成人自我"在他的三个"自我"中居于主导地位,就表明这个人在心理上已达到成熟。"豁达"就是指这种"成人自我"起主导作用、三个"自我"各得其所的处事心态。一个心理上不成熟的人,总是让"儿童自我"或"家长自我"主宰自己的言行。也就说,一个心理上真正成熟的人,他的"成人自我"已经超越了"儿童自我"和"家长自我",但他绝不会一味地压制和排斥自己的"儿童自我"和"家长自我",他根据实际情况来决定应该表现哪一个"自我"。

为此,服务工作者完善自我人格,保持豁达的心态。即强化成人自我的领导地位,在成人自我的指导下,适时、合理的采用不同的自我状态处理人际问题。

2. 相信自我、尊重他人是良好人际交往的基本态度

一个好的心态是成功人际交往的基本心态。好的心态不仅决定着自己是否积极交往,而且还能感染对方,使对方也能积极的交往。一个好的心态还是成功交往的润滑剂,它就像春风化雨,潜移默化地美化着人与人之间的交往。拥有一个好的心态,个体就必须处在"你好,我也好"的心理位置上,这是一个双赢的心理地位,不仅能使自己自信地与人交往,而且在交往中有也能尊重别人。在自己积极心理的感召下,对方也将采取同样的态度与你进行交往。

3. 互补沟通是人际愉悦的重要手段

一个成功的交往,不仅需要一个积极的心态,还需要采取一些恰当的方法。成功的交往与沟通是互补的沟通,你在满足他的需要的同时,他也能满足你的需要。这种沟通与交往的方式让人赏心、顺畅,彼此之间心心相印,你离不开我,我离不开你,交往会一直积极发展下去。互补沟通不仅是一种手段,也是人际交往中追求的目标,当发现自己与他人交往发生交错时,个人需要分析他人的自我状态情况,从而调整自己的自我状态,以形成互补沟通,这样才能保证

交往顺利进行。

　　4. 建立"我好，你好"的积极说话模式

　　在服务工作中，要体现"宾客至上"的原则，就应该建立"我好，你好"的积极说话模式。例如：

　　① （你、我、他）一定会好起来的。（鼓励）

　　② 拿出你的勇气来，你可以……，决不做……（激励）

　　③ 你……，我特意……（因为特定关系，使关系更增进）

　　④ 珍重或一路平安！（告别）

　　⑤ 这不是你的……，你原本就……（激励）

　　⑥ 谢谢或多谢等感谢的话！（感谢）

　　⑦ ……，一切都不会有问题。（安慰）

　　⑧ 我知道他不会骗我的。（自信）

　　……

　　生活中所有鼓励、激励、肯定的话，大部分中性含义的句子、交托的话、问候语、叙述或说明的话多是"我好，你好"的模式。

二、服务工作中的交往艺术

（一）员工交往的艺术

　　员工之间由于共同的工作而朝夕相处，其交往经常、频繁，这既为他们之间增进了解、加深情感提供了机会，同时也使他们之间容易产生摩擦和矛盾。为此，员工之间交往应做到：

　　1. 不闲谈同事是与非

　　俗话说："病从口入，祸从口出。"因此，员工在交往过程中，要尽量做到"闲谈莫论人非，静坐常思己过。"在工作中，应多做事少说话。这样做既可以让自己多积累工作经验；又可以避免无聊时，闲谈别人的是非。在工作之外，不对同事评头论足、不打听同事隐私、不搬弄是非曲直。即使有人开头，也要端正自己的态度，尽量避免这种话题。只有这样才会和同事的关系相处得非常融洽。

　　2. 相互信任和理解

　　员工之间要相互信任和理解，彼此宽容和忍让，做到"大事清楚，小事糊涂"。信任、宽容和理解是做好一切工作的前提。遇到问题与矛盾要设身处地为别人着想，实事求是地作客观分析，不能轻信传言，不能得理不让人，更不能无理取闹，把自己的想法强加给别人，那样只会把人际关系越弄越糟。

　　3. 寻找共同点，求大同

　　人际关系的建立和改善是以双方共同的利益与需要为基础。员工在交往过程中，要清醒地意识到彼此需求的共同点是吸引双方的黏合剂，并善于发现和寻找彼此的共同点。由于每人的经历、背景和个性各不相同，所以不能抱着求全的幻想，要有包容随和的态度，切忌斤斤计较、患得患失。

　　4. 提高个人修养

　　恶劣的人品是破坏人际交往的主要障碍。一个人心胸开阔、性格开朗、严于律己、宽以待人，就能建立良好的人际关系；相反，心胸狭隘、性格怪僻、嫉妒心强就会损害了人际关系。所以，服务员工建立良好人际交往的关键是进行自我人格修养。

（二）客我交往的艺术

客我交往是服务工作中人际交往的核心和关键，它体现服务者的工作能力，直接影响服务质量和企业信誉。和谐、愉快的客我交往应从以下几个方面努力：

1.重视仪表谈吐

仪表。服务工作者的着装要符合职业和身份要求，做到衣着大方、整洁得体；佩戴首饰要适度，化妆和发型要适合个人的身体特征和身份，并与服饰风格和谐统一。不浓妆艳抹，不用味道太浓的香水，不要因为自己太光彩而使客人"黯然失色"；也不要衣冠不整、邋里邋遢，给人一种过于随便或不尊重客人之感。

谈吐。服务工作者的谈吐应亲切文雅、谦恭有礼。这样能够很好地满足客人自尊心的需求，有效消除客人的陌生感和紧张感，缩短主客之间的情感距离，增进理解和交流。例如，见面问好、让行，说话"请"字当头，多用温和的语气、谦恭委婉的语句："请原谅，您能重复一遍吗？""很抱歉，请您再说一遍，行吗？""我认为……更合适，您觉得怎么样？""如果……可能会更好。"等。

2.掌握表达与倾听的艺术

（1）表达的艺术。**注意语调**。任何语言都要通过起伏多变的语调来传达情感。语调一般分为升调、平调和降调三种。升调多表示兴奋、激动、惊叹、疑问等感情状态。平调多用于表示沉静、严厉、冷漠等感情状态。而降调则表示肯定、赞许、期待、悲伤等感情状态。服务工作者要根据工作需要、服务环境和客人情况等恰当选择语调。例如，导游的讲解要做到抑扬顿挫，这样才能赢得游客的喜欢。

调节音量。良好的表达还要调节好自己的音量。服务工作要根据工作内容、顾客人数、地点、场合等来调节音量。顾客多时，声音要高一些，以让离你最远的顾客听到为度；顾客少时，音量要小些。对于一些重要信息，可加重音量等。

控制语速。服务工作要注意不同情境下语速的控制，以对方能听清楚为宜。例如，对年轻的顾客语速可以快些，而对老年顾客，要放慢语速。在讲到需要特别强调的事情、容易被误解的内容，以及数字、人名、地名时，应放慢速度；对于众所周知的事、不太重要的内容，应加快速度。

恰当引用。恰当引用诗句、典故、传说、笑话、歌词等可渲染气氛，增加语言的感染性，以提高说服的效果。例如，一个旅游团到了巩义就遇到绵绵阴雨，大家情绪十分低落，有的客人就待在饭店不愿意外出旅游。这时，导游便对游客说："这真是天公作美，一听说远道而来的客人今天要旅游黑龙潭，就连忙下起雨来。大家还记得苏东坡的那首诗吧：'水光潋滟晴方好，山色空蒙雨亦奇。'说实话，各位今天运气真好，碰上晴天还真难感受到雨中黑龙潭那别具一格的诗情画意呢。"几句话很快就激起游客的观光愿望。

对着左耳朵说话。最新的科学研究发现，对着左耳朵说话最容易令情人动心。有研究表示，对着人的左耳朵说充满激情的话语，效果会比较好[1]。

（2）倾听的艺术。**要有诚意**。倾听要真心真意，如果有事情不能倾听，那么就提出来（当然是很客气的）。这比你勉强或装着去听而给人的感觉要好得多。

要有耐心。一定要耐心把话听完，才能达到倾听的目的。要避免随意打断别人的谈话、催促对方，或借机把谈话主题引到自己的事情上，或任意地加入自己的观点作出评论和表态等，都是很不尊重对方的表现，比不听别人谈话产生的效果更加恶劣。

---

[1]　http://fashion.ifeng.com/emotion/family/detail_2014_02/28/34278432_0.shtml.

适时回应。谈话者往往都是希望自己的经历受到理解和支持,因此在谈话中加入一些简短的语言,如"对的""是这样""你说得对"等或点头微笑表示理解,都能鼓励谈话者继续说下去,并引起共鸣。当然,仍然要以安静聆听为主,要面向说话者,用眼睛与谈话人的眼睛作沟通,或者用手势来理解谈话者的身体辅助语言。

3.善于运用"无声语言"

服务人员在客我交往中要善于运用"无声语言",即眼神、表情、体态、姿势等。服务人员最好的"无声语言"是微笑。举世闻名的希尔顿大酒店是全球规模最大的旅馆之一,其经营成功的秘诀之一就是微笑服务。为此,服务工作者必须学会淡化烦恼和不快,时刻保持轻松的情绪,让欢乐伴随自己,把欢乐传递给众多客户。

服务工作中的微笑看似简单,却需要讲究一定的技巧。

第一,笑得自然。微笑是美好心灵的外观,微笑需要发自内心才能笑得自然、亲切、美好、得体。切记不能为笑而笑,没笑装笑。

第二,笑得真诚。人对笑容的辨别力非常强,一个笑容代表什么意思,是否真诚,人的直觉都能敏锐判断出来。所以,当你微笑时,一定要真诚。真诚的微笑让对方内心产生温暖,引起对方的共鸣,使之陶醉在欢乐之中,加深双方的友情。

第三,笑得充实。对不同的交往沟通对象,应使用不同含义的微笑,传达不同的感情。尊重、真诚的微笑应该是给年长者和同龄者,关切的微笑应该是给孩子的等。

第四,笑得适度。微笑是向对方表示一种礼节和尊重,我们倡导服务工作多微笑,但不建议时刻微笑。同时,还要注意笑的程度,笑得放肆、过分、没有节制,就会有失身份,引起服务对象的反感。

第五,笑要看场合。微笑虽好,但也要看场合,否则就会适得其反,如庄重严肃的场合、顾客烦躁时等。

4.最大限度维护客人的自尊心

一般来说,客我交往中最敏感的问题是与顾客的自尊心有关的问题。因此,服务人员应该牢记:最大限度维护客人的自尊心,尤其是不嘲笑、不为难顾客,不与顾客争执。

【案例思考】

顾客永远是正确的

1876年,年仅13岁的美国饭店业鼻祖E.M.斯塔特勒在家乡附近一个小城镇上唯一的小饭店当服务员。一天,一位客人气冲冲地从餐厅来到总台,要工作人员在并不了解情况的前提下就他与一位餐厅服务员的争论说个谁是谁非。总台工作人员以为他喝醉了,神志不太清楚,于是说:"我对那人(餐厅服务员)的了解超过对你的了解。要说谁是谁非,我想他是正确的。"客人听完这话,二话不说,回到房间,拿起行李,办理手续,离开饭店。亲眼目睹这一切的斯塔特勒在他随身携带的笔记本上写了一句话。当饭店经理麦克勒赫先生走过来,问他写了什么时,他把笔记本举起,请他过目。上面写着"顾客永远是正确的"。

(陈筱,袁俊.旅游心理学[M].武汉:华中师范大学出版社,2008.)

常识告诉我们,谁都不可能永远是正确的。顾客亦如此。那么,应该怎样理解"顾客永远是正确的"这一口号呢?

首先，服务人员要认识到客户的要求无小事。满足客人的合理要求是服务人员的职责，不管客人的要求是何等琐碎和不重要。为此，服务工作者在日常服务中日常中，既要重视客人表达出来的需要或要求，还要注意察言观色，洞察客人没有或不便表达出来的愿望。

【案例思考】

察言观色的技巧

时值隆冬，北京街头一是银装素裹，大风呼啸，行人甚是稀少。可是在市中心外的某大酒店里却是张灯结彩，充满热闹景象。今晚这儿有一个盛大宴会，各国在京的大商人将汇聚一堂，听取总经理关于寻找合作伙伴的讲话。

会后，客人被请到了大宴会厅，每张桌上都放着一盆大绣球的黄澄澄的菊花插花，远远望去甚是可爱，客人按指定的桌位一一坐定，原先拥塞的入口处在咨客小姐来回穿梭的引领下，很快又恢复了常态。客人们开始了新一轮的谈话。

咨客小姐发觉，左边有几张桌子前仍有数名客人站着，不知是对不上号还是有其他原因，于是她走上前去了解。原来，那些客人是法国人，法国人认为黄菊花是不吉利的，因此不肯入座。咨客小姐赶紧取走插花，换上红玫瑰花束，客人脸色顿时转愁为喜，乐滋滋地坐下了。

(和湛.旅游心理学[M].北京:机械工业出版社,2014.)

其次，服务人员要做到不与客户发生争执。在实际的服务工作中，有时也会遇到态度粗暴无礼，故意挑三拣四、寻衅闹事的顾客。在这种情况下，服务人员必须用"顾客永远是对的"这一口号态度来稳定自己的情绪，保持冷静。同时，尽量安抚顾客，平息顾客的不满或努力促使顾客放弃那些不合理的要求。切记，与客户争执是服务工作的大忌。

再次，服务工作要不断提高质量。"顾客永远是对的"是对服务工作的高标准严要求。假如服务工作者能时刻站在顾客的立场上，想顾客之所想，急顾客之所急，并虚心接受或听取顾客的意见或建议，不断提高和完善服务工作，就能赢得顾客的满意和赞誉，客我的矛盾与冲突就会大大减少。

8

【知识练习与思考】

1. 服务工作中人际交往与沟通的基本类型及特点。
2. TA 理论在服务工作中的具体应用。
3. 服务工作中客我交往的艺术。

【能力培养与训练】

1. 华侨蒋先生离开故乡已近50年，这是他第一次随旅游团回家乡，可回到故地一看，那里正在进行旧城改造，所有住户都搬迁了。蒋先生不悦地归了队。回到饭店后，蒋先生把此行最大的心愿告诉了地陪冯小姐，希望冯小姐能帮助他寻找儿时的好友并与他们见上一面，以了却多年的心愿。

假如你是冯小姐，请问怎样办？

2. 夏日炎炎，某酒店608和609的两位客人各买了一个大西瓜回到房间正准备享用。为避免弄脏地毯和棉织品，服务人员该怎样应劝说他们不要在房间里吃西瓜？

模块四
服务业管理心理篇

"阳光大姐"的创业故事

1. "阳光大姐"的创业故事,给了你怎样的启发?
2. 如果你是这一项目的负责人,可以做些什么让它变得更好?
3. 还有什么服务业项目有助于满足人民群众对于美好生活的向往?请做调研分析。

项目九　自我激励,愉快工作

9

【项目提要】

　　良好的心理素质是优质服务的基本保障。为此,探讨服务业管理者和服务业从业员工的心理素质及其修炼与保健措施是服务业管理工作的一个重要组成部分。

　　服务工作是一种社会化、知识化、专业化的工作,服务工作者的成长需要进行科学的自我设计和自我激励。为此,深入了解职业生涯理论、激励理论并掌握有效进行自我激励的方法与手段是每一位服务工作者必须具备的理论知识。

【引导案例】

老王的抱怨

　　老王要去找总经理"抗争"。

　　"我们虽然是普通员工,但也是人,怎么能动不动就加班,连个慰问都没有?绩效奖金也没多少。"老王出发之前,义愤填膺地对同事说,"我要好好训训那个新来的以为自己了不得的总经理。"

　　"我是老王。"老王对总经理的秘书说:"我约好的。""是的,是的,总经理在等您。不过不巧,有位同事临时有急件送进去,麻烦您稍等一下。"秘书客气地把老王带到会客室,请老王坐下,又堆上一脸笑,"您喝咖啡还是喝茶?""我什么都不喝。"老王一屁股坐进大沙发。"总经理特别交代,如果您喝茶,一定要泡上好的龙井。""那就龙井茶吧!"不一会儿,秘书小姐端上带着托盘的盖碗茶,又送上一碟小点心:"您慢用,总经理马上出来。""我是老王。"老王接过茶,抬头盯着秘书小姐,"你没弄错吧!我是普通员工老王。""当然没弄错,您是公司的元老,老同事了,总经理常说你们最辛苦了,一般同仁加班到晚上9点,你们得忙到晚上10点,心里实在过意不去。""您有什么事,能先跟我说一下吗?我都您记一下,过一会儿交给总经理。"接着秘书小姐拿起笔坐在老王旁边的椅子上,摆出认真听的样子。老王滔滔不绝地说了起来,秘书小姐一边听一边认真地在笔记本上记着,并不断予以回应,说出自己的感受。

　　正说着,总经理已经大跨步地走出来,跟老王握手:"听说您有急事?"

　　"也……也……也,其实也没什么,一点小事,这都给李秘书说过了……"不知为什么,老王憋的那一肚子不吐不快的怨气,一下子全不见了。临走,还不断对总经理说:"您辛苦,您辛苦,大家都辛苦,打扰了!"

　　结果,总经理还没出现,秘书已经把问题化解了一大半。碰上正激动的老王,与其一见面就不高兴,何不请他坐下,让他先冷静一下?他如果有怨言,觉得不被尊重,何不为他奉上茶点,待为上宾,使他觉得自己受到尊重?人都要面子。与其坐着四目相对,不如拿起笔来听老王述说自己的想法,报以共情并给以安抚,稳定他的情绪,老王最后见到总经理,也没有剑拔弩张。好多问题的化解,看似复杂,其实非常简单,只要掌握其中的诀窍——尊重与共情即可。

任务一　学会心理保健,愉快工作

一、服务业从业员工的心理及其保健

(一)服务业从业员工的心理素质构成和要求

服务业从业员工的心理素质是指服务业从业员工在服务过程中表现的基本心理活动及其特征,它是服务员工的智力和非智力因素有机结合的复杂整体。

1. 服务业从业员工的心理素质构成

服务业从业员工的心理素质构成主要由心理过程和个性心理两部分构成。

(1)心理过程。心理过程是指心理现象发生、发展和消失的过程。它具有时间上的延续性。包括认识过程、情感过程和意志过程,这三个过程既互相区别又互相联系。

认知过程是一切心理活动的起点。主要包括感觉、知觉、记忆、思维、想象。

情感过程是人认识客观事物时产生的各种内心体验过程。

意志过程是人们为实现奋斗目标,努力克服困难,完成任务的过程。

(2)个性心理。个性是指个体区别于他人的,在不同环境中显现出来的相对稳定的心理特征的总和。它包括个性倾向性和个性心理特征。

个性倾向性是推动人进行活动的动力系统,是个性结构中最活跃的因素,主要有需要、动机、兴趣、爱好、态度、理想、信仰和价值观等。

个性特征是个体在社会活动中表现出来的比较稳定的成分,主要有能力、气质和性格。

2. 服务业从业员工的心理素质要求

(1)良好的认知能力。第一,应具备细致、准确的观察力。服务人员通过对服务对象外表的感知、观察获得"第一印象"。这种感知越精细、全面,给服务对象提供的服务才能越细致、周到、贴心、及时。因此,服务人员必须具备良好的观察认知能力。通常,要注意观察服务对象的着装、配饰、面部表情和眼神、外部体型、肢体语言、口语特点、随身用品、生活习惯、需要兴趣等。

第二,应具有熟练的记忆力。服务人员必须具备熟练的记忆力,要对本职工作相关情况和信息了如指掌、熟记在心,以备服务对象的询问。不同工作环节的服务人员记忆内容的侧重不同。一般而言,前台接待要记住宾馆、饭店的服务设施、内容、特色、本地旅游交通、天气、风景名胜、物产民俗;餐厅服务员要记住菜肴的名称、材料、价格及特色等;旅游工作者要记住景点地图、风土人情、历史典故、名人轶事、发展渊源、禁忌事项等。此外,所有与服务对象直接打交道的服务人员还应该记住客人的有关基本信息、需求等。

(2)积极稳定的情绪情感。积极稳定的情绪情感既能促进服务人员的身心健康,又能和谐服务交往中的客我关系。它通常表现为:

第一,表达方式恰当。情绪情感积极稳定的人常采恰当的用语言形式,如倾诉、交谈、书写等和恰当的非语言形式,如合适的动作、表情等,而不是采用吼叫、谩骂、殴打、摔物品等暴力形式。

第二,反应适时适度。情绪情感积极稳定的人会在恰当的时空、以恰当的程度表达内心体验。

第三,情绪情感积极稳定的人会积极情绪多于消极情绪。

第四,情绪情感积极稳定的人心胸开阔、善于自控。

（3）坚韧的意志力。服务工作不仅消耗人大量的体力、精力,还常常因为客我人际关系的多变、多样而消耗心力。所以,服务人员必须具备坚韧的意志品质,去承担和面对工作中的种种挑战与压力。具体表现为:

第一,自觉性强。具有较强的主动服务意识和责任感。

第二,意志果断。服务工作者在面对各种复杂问题时,能全面考虑行动目的和实现目的的方法,因而能及时正确处理各种问题。

第三,意志坚韧。能排除不符合目的的主客观诱因的干扰,能围绕既定目的锲而不舍。

第四,有自制力。服务工作中难免有冲突和意外发生,所以,服务人员要能克制自己的消极情绪和冲动行为。无论在何种情况下、发生什么问题、遇到多刁么难的客人,都要努力克制并调节自己的行为,做到不失礼于人。

（4）健康的个性特征。健康的个性特征可以使服务人员始终保持良好的服务状态,提高服务质量。主要包括两方面:

第一,具有正确的人生观、世界观和价值观;健康的需要、兴趣、爱好等。

第二,具有良好的性格和一定的能力。如真诚热情、乐观自信、宽容豁达、独立自主、谦虚随和、沉着冷静等。在能力方面,除上述的认知能力外,服务人员还应具一定的表达与沟通能力、交往与公关能力、应变能力、组织协调能力等。

（二）服务业从业员工的心理保健

1. 心理保健的标准

健康是人类的基本需求之一,同时也是每个人都渴望的。特别是服务人员,其身心健康状况直接影响服务的质量和企业声誉。因此,保证员工身心健康、激发员工的工作热情、提高员工工作效率,对实现企业的均衡协调、可持续发展具有重要意义。

早在 20 世纪 70 年代,联合国世界卫生组织（WHO）就顺应时代进步,给健康下了一个新的定义:"健康不仅指没有疾病或躯体正常,还要有生理上、心理上和社会方面的完满状态。"1989 年,世界卫生组织又重新修订了这个定义,把健康规定为"躯体健康、心理健康和社会适应良好"。这是对传统的健康概念观的革命性拓展,突出特点就是强调人的生理与心理、自然性与社会性的不可分割。

心理健康的标准一般是从个体适应环境的角度提出,主要包括自我意识水平、情绪调控能力、挫折耐受能力、社会交往能力、环境适应能力等。我国心理学家对国际卫生大会的心理健康标准进行的以下具体解释:

（1）智力正常。智力是人观察力、注意力、想象力、记忆力和思维力的综合。智力正常的人在工作、学习、生活中保持好奇心、求知欲,能发挥良好的智慧和能力。因此,正常的智力是人一切活动的最基本的心理前提,也是适应周围环境变化所必须的心理保证。

统计结究表明,人群的智力水平呈常态分布,即处于中间水平占多数,处于两端水平占少数。一个人的智力水平通常用智商（IQ）来表示。$90 \leqslant IQ \leqslant 110$ 为正常,$IQ > 130$ 为智力超常,$IQ < 70$ 为智力落后。智力不正常的人心理不可能健康,但是 IQ 不能说明一个人的成就,IQ 高也不能保证其心理健康。

（2）自我评价正确。一个心理健康的人能够对自己的能力、性格和优缺点等都作出恰当、客观的评价;能够自我接纳、喜欢自己,有适度的自尊心;能够努力发展自身潜能。自卑、自大、自傲等都是心理不健康的表现。

（3）人际关系和谐。一个人的人际关系状况最能体现和反映其心理健康水平。良好而深厚的人际关系是事业成功与生活幸福的前提。心理健康的员工不仅能悦纳自己，也悦纳他人、乐与人交往，能和大多数人建立良好的人际关系；在交往中能保持独立而完整的人格，有自知之明、不卑不亢；能客观评价别人和自己，善取人之长补己之短，积极的交往态度（如尊重、友善、信任、理解等）多于消极态度（如敌视、嫉妒、畏惧、猜疑、憎恨等）；能关心帮助别人，也不拒绝别人的关心和帮助。

（4）情绪健康。情绪指人对客观事物是否符合需要所产生的一种主观体验。心理健康的人情绪稳定，善于控制和调节自己的情绪，既能克制又能合理宣泄；情绪反应与环境相适应，不因为情绪影响正常的生活；愉快、满意等积极情绪体验多于消极情绪体验，开朗乐观、富于朝气。

（5）意志健全。意志健全的人在各种活动中都有自觉的目的性，能适时地作出决定并运用有效的方式解决问题；在困难和挫折面前，能采取合理的反应方式；善于冷静、客观地分析情况，处事果断；自制力好，忍耐性强，能有效地控制自己，而不是盲目行动、畏惧困难、顽固执拗。

（6）社会适应良好。心理健康的人能正视现实、接受现实；能主动去适应现实环境，与之建立良好的接触，形成协调的关系；既有高于现实的理想，又不会沉湎于不切实际的幻想与奢望之中；面对现实中的困难、挫折、失败，不退缩、不逃避，或改造环境适应个体需要，或调整自我适应客观要求。

（7）人格完整。人格指的是个体比较稳定的心理特征的总和，包括气质、性格、能力、兴趣、动机、理想、信念、人生观等。人格完整就是具有健全的人格，即个人所想、所说、所做是协调一致的。具体表现为：人格结构的各种要素完整统一；具有正确的自我意识，不产生自我同一性混乱，以积极进取的人生观作为人格的核心，并以此为中心把自己的需要、目标和行动统一起来。

（8）心理行为符合年龄特征。个体在不同的年龄阶段，会有不同的心理反应和行为模式。心理健康的人具有与年龄阶段相符合的心理特征。如行为方式与年龄特征一致。

2. 服务业从业员工的心理保健措施

服务业从业员工的心理保健既需要企业的积极干预，提供一定的专业支持与帮助，同时，也需要员工积极努力、自我调节。

（1）企业对员工心理健康的积极干预。

第一，转变观念，高度重视员工的心理健康教育。企业管理者要转变"员工心理健康状况是个人事情"的观念，要从企业发展的高度对待和重视员工的心理健康教育。要深刻认识到，员工个人的心理健康水平不仅直接影响其服务工作的质量，而且还直接影响企业的形象和信誉，进而制约企业的社会效益和经济效益。所以，在一定程度上，员工个体的心理健康水平是企业发展的"软实力"。

第二，加强宣传、培训，把心理健康教育融入企业文化。根据企业文化特点，结合员工实际，开展丰富多样、生动活泼的心理健康教育宣传工作，如标语、海报、橱窗、讲座、培训、知识竞赛、沙龙等。通过这些活动，向员工普及心理健康常识、介绍心理保健方法、策略等，形成重视心理健康的氛围，使心理健康教育成为企业文化有机而重要的组成部分。

第三，实施"员工帮助计划"（employee assistant program，EAP）。这是解决员工工作压力和心理问题最有效、最全面的方法。EAP 是一个企业压力和心理问题的全面解决方案，围绕着职业心理健康，有专业的心理服务公司设计、提供包括企业心理问题调查研究、组织管理改进建议、宣传教育、心理培训、心理咨询等各方面的服务。EAP 在促进员工心理健康、降低管理成本、提升组织文化、提高企业业绩等各方面作用显著。国外的 EAP 服务已有近百年的历史,发展得很成熟,证明 EAP 行之有效并且企业能够得到很高的回报。一项研究表明,企业为 EAP 投入 6.5 元,就可以为企业节省运营成本 32.5~104 元。财富 500 强企业中,80% 以上的企业为员工提供了 EAP 服务。国内也在逐渐开展这样的服务。

第四,改进工作作风,实现以人为本的管理。以人为本管理的核心是,在尊重员工的基础上激发他们工作的积极性,消除消极情绪。为此,管理者要树立以人为本的观念,转变管理方式;要尊重员工,对员工宽容大度、一视同仁;要善于沟通和倾听,及时为员工排忧解难,尽量满足员工的合理需求。此外,要积极改善工作条件,努力给员工创造一个健康、舒适、团结、向上的工作环境。

(2) 员工心理健康的自我调节。俗话说:“解铃还须系铃人”,员工是维护自我心理健康的关键和内因。

第一,正确认识和评价自己。一个心理健康的服务人员应该具有正确的自我认知。如果一个人不能正确地认识自己,看不到自己的优点,觉得处处不如别人,就会产生自卑感,丧失信心,做事畏缩不前。相反,一个人过高地估计自己,就会骄傲自大、盲目乐观,容易导致工作的失误。因此,实事求是地评价自己,是服务工作者自我调节和人格完善的重要前提。

第二,建立和谐的人际关系和沟通渠道。建立良好的人际关系是维护心理健康的最好方法之一。企业中,友好、融洽的上下级关系、同事关系可以创造和谐的人际交往氛围,使每一位员工心情舒畅、精神焕发,让整个企业成为和睦大家庭。彼此信任、尊重、关怀,互相理解、谦让、体谅,相互支持,共同进步,创造充满爱心的企业文化氛围。反之,如果企业内部人际关系紧张,会导致员工心理不适应。

第三,加强意志磨练、积极克服困难。正确看待挫折。既要看到挫折是普遍存在的,是人们生活的组成部分,随时随地都可能发生;也要看到挫折并不总是发生,生活还有很多快乐和幸福的事情。这样,才能做好面对挫折的充分的心理准备,一旦遇到挫折不会惊慌失措、痛苦绝望,能积极面对,尽快走出。

积极投身实践,不断磨炼自己并积累经验。意志力可以通过实践锻炼和磨炼而提高。一些企业家认为,意志力的锻炼、精神磨炼是对旅游工作者进行各项业务培训的基础。这也是有些企业采用“魔鬼训练”的方式对旅游工作者进行培训的原因,通过这种训练来提升旅游工作者的素质,提升他们的敬业精神、毅力、品格、巩固、工作态度等。例如,为了培训旅游工作者的意志力,有的企业训练像军事训练一样进行越野拉练、野外生存训练,收效颇佳。

第四,重视情绪管理,学会合理宣泄。合理宣泄是利用或创造某种条件,以合理的方式把压抑的情绪表达出来,以减轻或消除心理压力,稳定思想情绪。

宣泄方式主要有以下几种:

倾诉。倾诉是宣泄心理负荷的良方。是指人在遭遇消极情绪时(如苦闷、困惑、愤怒、忧伤和自不可解的困难等),找可信赖者或知心者(如好友、同事或尊敬的长者、老师、领导等)尽情地说出来。它在一定程度上能帮助倾诉者缓解不良情绪、获得有益指点,尽快走出心灵的沼泽。由于倾诉可能要牵涉到个人隐私等,如果不慎找错了对象,很可能会引发不良的后果,给本就愁苦的心绪雪上加霜。因此,在选择倾诉对象时要慎重,最好是找你所信赖的朋友,或者是与你没有利害关系的心理医生和有信誉的心灵援助者。

运动。运动指通过进行一定的体育活动缓解和释放情绪压力的方法。有了消极情绪,闷在屋里可能"剪不断、理还乱",到室外去散步、跑步、打球、游泳、爬山等,呼吸一下新鲜的空气,烦恼、失落、痛苦会消散许多,心情自然舒畅起来。

书写。书写是指通过写信、写文作诗、写随笔或记日记等方式,把心中的不快吐露出来。书写过程中,消极情绪会在字里行间中化解,书写者的内心会逐渐趋于平静。

哭泣。在合适的时间、地点,无论是默默流泪还是嚎啕大哭都能将消极情绪排泄出来,从而缓解痛苦和压力。

二、服务业管理者的心理素质修炼

(一)领导特质理论简介

领导特质理论是研究领导者所应该具备怎样素质的理论。

1. 斯托格狄尔的 6 类领导特质理论

美国学者斯托格狄尔通过研究,把领导者所应具有的素质分成六大类:

(1) **身体特性。**斯托格狄尔认为,优秀的身体条件对领导者来说很重要,除了保证高强度工作的优秀的身体素质之外,身高、外貌等条件也非常重要,外貌出众的领导者往往对下属更具有感召力,但是对于这一点并没有足够的依据,现在还有争议。

(2) **社会背景特性。**这方面的特性主要包括社会经济地位、学历等。一般来说,社会经济地位高、学历高的领导者会比较令人信服,但是很多事实证明,这一点并不是绝对的,所以也缺乏一定的说服力。

(3) **智力特性。**智力特性一般包括洞察力、判断力,以及知识的深度和广度。据研究证明,较为成功的领导者确实都在这方面比较突出,但是还要和一些附加的条件一起考虑这一要素。

(4) **与工作有关的特性。**这一特性主要是指那些可以激励领导者重视工作的特性,主要包括责任感、创新能力、高成就感的需要等。研究证明,这些因素都会对成功的领导者有所帮助,但并不能证明它们之间有必然的联系。

(5) **个性特性。**个性主要包括适应性、进取性、自信、正直、有主见等。事实证明,是否能够成为好的领导者,个性是很重要的因素,但在这个因素中究竟包括哪些方面,还是有待进一步研究的。

(6) **社交特性。**研究表明,较强的社会交往能力是成功的领导者所不可缺少的特性,因此作为领导者要积极参加各种活动,愿意与他人合作,善于交际。

2. 鲍莫尔的领导特质理论

美国学者威廉·杰克·鲍莫尔(Willian Jack Baumol)总结了成功领导者所应具备的 10 个条件:

(1) **合作精神。**领导者必须愿意与他人合作,而且并不是压服他人,而是要具有能够使其他人心甘情愿与其合作、被其领导的能力。

(2) **决策能力。**决策是领导行为的重要组成部分,领导者应该具有凭借客观事实和高瞻远瞩的洞察力为组织作出正确决策的能力。

(3) **组织能力。**领导者是组织的核心力量,因此,作为领导者必须具备能够将组织成员凝聚在一起的组织能力。

(4) **精于授权。**领导者必须能够作出正确的授权决定,做到适当分权但还要掌握大权,这样才能既保证组织工作的顺利进行,又不造成人力资源的浪费。

(5) **善于应变。**对于现代组织而言,内部环境和外部环境的变化都很快,所以成功的领导者必须具备机动灵活的应变能力。

（6）敢于求新。成功的领导者要积极地接受新事物和新观念,主动适应新环境,还要有求新求变的勇气和智慧。

（7）勇于负责。高度的责任感对领导者的岗位来说是非常重要的。成功的领导者对组织、对下级、对客户甚至对整个社会都要有高度的责任心。

（8）敢担风险。在现代社会,要得到回报就必须承担风险。因此,作为领导者必须具备甘愿承担风险的勇气和成功规避风险的智慧。

（9）尊重他人。作为领导者,很重要的一点就是能够把他人放在和自己平等的位置上去尊重和交流,重视并善于采纳他人的意见。

（10）品德高尚。除了以上各点,成功的领导者还应该具有出众的人格魅力,能够被社会人士和组织成员真心地信任和敬仰。

3. 鲍尔的领导物质理论

现代管理咨询之父马文·鲍尔（Marvin Bower）在1997年提出了领导者所应具备的14种素质:

（1）值得信赖。作为领导者要具有能够使他人信任的能力,这需要真诚、正直的人格。他特别提出,一个想当领导者的人应当永远说真话,这是赢得信赖的良好途径,是通向领导者的入场券。

（2）公正。公正和值得信赖是联系在一起的,一个做不到公正的领导者是不可能得到下级的信任的。为事不公正对领导者来说是很愚蠢的错误,因为他为他人开了可以不遵守规定的先例。

（3）谦逊的举止。谦逊的举止是领导者走向群众、赢得下级好感的第一步。而且要想成为真正的、长久的领导者就要做到真正的谦虚,而不是在下级面前假装谦虚。

（4）倾听意见。作为领导者要学会倾听及倾听的技巧,要在听的同时选择适当的时机,提出非引导性的问题,表示感兴趣和理解,并促使对方更有激情地说下去。在讨论会上,领导者过早地发言会打击下级的热情,同时也封闭了自己学习的机会,因此,领导者必须学会倾听,这样才能获取比其他人更多的信息,更快地发现他人没有发现的问题。

（5）心胸宽阔。现在很多领导者都难以做到心胸宽阔,很大一部分原因是来源于领导者所处的高高在上的位置,这很容易令人陶醉和自我满足。而且处在领导者位置上的人通常都非常自信,而过分的自信就会导致盲目的自我欣赏和目中无人,这势必使领导者变得心胸狭窄。因此,要成为成功的领导者就要尊重他人,对于下级的意见,凡是有益的都予以考虑。

（6）对人要敏锐。作为领导者要对人的内心想法有敏锐的洞察力,只有了解组织成员的想法,领导者才能更好地引导他们、说服他们。这里所说的对人敏锐还包括作为领导者要注意到下级细微的感情和言行举止变化。

（7）对形势要敏锐。这里所说的形势并不是指组织的宏观形势,更多的是指组织的内部形势,或者说是组织工作中发生的各种倾向。领导者要对各种不同的倾向有敏锐的感觉,善于对事情进行客观全面的分析。

（8）进取心。作为领导者要有不断进取的意识和勇气,以领导组织成员不断前进。

（9）卓越的判断力。领导者要善于掌握信息并准确地分析信息,从而对组织所处的环境及将来所要面对的局面作出正确的判断,并能够在关键的时刻作出有利于组织发展的决策。

（10）宽宏大量。所谓宽宏大量,是指领导者可以允许不同观点的存在,可以宽恕组织成员所犯下的小过错。

（11）**灵活性和适应性**。领导者要思想开放、思维活跃，清醒地看到组织中需要改进的部分，使组织更快地适应变化的环境。

（12）**稳妥和及时的决策能力**。决策是领导者的主要行为过程之一，成功的领导者所作出的决策不仅要快，而且要准。

（13）**激励人的能力**。领导者应该善于利用奖金、情感、荣誉等各种方式对组织成员进行激励，要善于把握激励下级的最佳时机，从而增强他们的信心。

（14）**紧迫感**。对于时刻都在变化的组织内外部环境，领导者要对组织的发展具有紧迫感，并适当地把这种紧迫感传递给组织中的其他成员，这样，组织工作的效率就会保持在较高的水平。

（二）服务业管理者的心理素质构成

服务业管理者的心理素质是指在特定时空条件下，在领导行为中所表现出来的一般的、典型的心理品质。领导者的心理素质直接关系到事业的兴衰或成败。

服务业管理者的心理素质主要有以下几方面构成：

1. 良好的认知品质

领导者良好的认知由敏锐的观察力、稳定的注意力和牢固的记忆力、丰富的想象力、深刻而完备的思维能力构成。

2. 乐观稳定的情绪情感

服务业管理工作很复杂，常常会有不同的意见产生，会有令人不愉快的事情出现。为此，服务企业管理者应保持乐观而稳定的情绪情感。做到胜而不过喜，败而不过忧；顺利时看到困难，失败时看到光明。无论工作顺利与否，都应该始终沉着应对，情绪饱满。

3. 坚韧不拔的意志品质

服务业的管理是一项复杂而繁重的工作，困难和挫折是不可避免的。因此，坚韧的意志是服务业管理者应具备的一个重要心理品质。成功管理者的意志品质表现为自觉性、原则性、坚毅性、勇敢性、果断性和自制性。

4. 优良的个性品质

兴趣爱好。企业管理者要有广泛的兴趣爱好，不仅要对企业各部门的关注感兴趣，而且还要对国内外企业管理工作感兴趣。这样才能获得有关企业科学的广泛知识，了解国内外旅游企业发展动向和趋势，防止或克服专业知识老化、管理混乱、缺乏政策观念等倾向。

工作能力。企业管理者的工作能力主要包括较强的组织能力、协调能力、沟通交往、决策能力、表达能力、创新能力等。

性格特征。企业管理者的良好性格特征主要有积极进取、乐观自信、谦虚、心胸开阔等。

（三）服务业管理者的心理素质修炼

随服务业竞争的日趋激烈，领导者面临的竞争压力越来越大。良好的心理素质不仅是领导者行为的原动力和潜在的领导能力，也是影响企业发展的重要因素。服务业管理者心理素质修炼策略主要有5个方面：

1. 品德个性修炼

服务业管理者要树立威望，必须从以下几个方面加以修炼：

（1）**敬业精神**。没有敬业精神的人什么都干不好。有了敬业精神，干工作就会投入，就会不怕困难,就会认真负责,就会专注。

（2）**个人信誉**。信誉修炼包括两方面,一是保证目标如期实现。一个领导者做事的成功率高,影响力就大。如果你决定干什么事,但屡屡不成功。你的威望必然消失;二是小节上遵守诺言。如你提到什么时间去某个员工家坐坐,你一定要去,且不可认为是随便说说。员工对你的话很重视,你若去了,在他心目中就会产生震动。

（3）**宽广的胸怀**。"海纳百川,有容乃大",领导者必须有宽广的胸怀。一个心胸狭窄、斤斤计较、猜忌多疑的人,无法树立威望。

第一,要容人。容人之才,不怕别人在某方面超过你;容人之过,允许别人犯错误,人非圣贤,孰能无过,要给人以改过的机会;容人之短,对别人的缺点,要能够容忍,不仅容忍一时,还应长期包容;容人之言,给别人以说话的机会。

第二,要容事。不论遇到什么事,管理者决不可乱方寸,要能提得起,放得下,挺得住,经得起尴尬,忍受住屈辱。尤其遇到困难和挫折时,更要如此,任凭风浪起,稳坐钓鱼台。

2.学识修炼

领导艺术是知识、智慧和才能的结晶,只有具备一定文化知识素质和修养的领导者,才会表现出一定的领导艺术。所以,管理者要自觉学习行业和地方法规政策、熟悉本企业（单位）的各项制度;学习基础文化知识、管理理论和专业技能等。努力做到理论与实践相结合,把知识转化为智慧,使领导活动遵循客观规律,以不断提高自己解决问题的能力。

3.管人能力的修炼

管理工作的关键在用人。所以,人事修炼是管理干部不可回避的必修课。人事修炼包括以下内容:

（1）**识人**。识人是人事修炼的基础。人们常要求干部"知人善任"。要识人就要研究人,一要研究人的共性;二要研究人的类型;三要研究人的心理;四要观察人的行为。其中,行为的观察与研究乃是识人的关键。"听其言而观其行",人有言行一致者,有言行不一致者。要通过言行对比加以鉴别。

（2）**管人**。当干部的首要任务就是管人。管人就要管人的思想和行为,然而思想的管束不是能一步到位的,而要靠长期的努力,必须和教育、培训、疏导结合起来。最有效的管理是制度管理,把人的行为约束在制度之中。因此,管理要制定制度,执行制度。

（3）**用人**。用人是最终目的。管理者用人应该善任,量才使用,用其所长,避其所短,还要容其所短。切不可求全责备。

（4）**留人**。留人也是管理者修炼的一门艺术。留不住人的干部难以成就大事。要留住人,首先要尊重人,以诚待人。其次,给人创造成长的环境,满足其成长的愿望。再次,及时兑现报酬,不能失信。最后,要有良好的相处艺术。不要因自己的爱好分亲疏,而应出以公心,依工作需要和成绩使用人、评价人。

4.管事能力的修炼

小干部管事,大干部管人;小干部救火,大干部预警。不同的岗位,管理的事务不一样。管理干部首先弄清自己的职权与义务。指导自己有权决定什么,无权决定什么,什么时候要发表意见,参与谋划、争论;什么时候要严格执行命令,有意见只能保留,而不能拒不执行,从而对自己的事做好计划和安排。不懂计划、不会安排的干部就不是一个称职的干部。

5.坚强意志的修炼

服务企业管理者经得起打击,受得了苦难,百折不挠。在日常工作中,要能吃苦耐劳、锲而不舍;要善于及时疏导和控制自己的不良情绪;要在关键时刻,做到沉着、果断、勇于担当。

任务二 学会自我激励,高效工作

一、服务工作者自我设计

(一) 服务工作者自我设计的前提

客观地认识自我和正确看待服务工作是大学生职业生涯规划的必要前提,它直接关系到个人的职业成功与否。我国著名人事科学研究者罗双平总结了一个公式:

职业生涯规划＝知己＋知彼＋抉择①

1. 客观地认识自我

(1) 自我意识概述。

自我意识就是一个人在社会化过程中逐步形成和发展起来的,对自己以及自己与周围环境关系的认知、体验和评价,是个体关于自我全部的思想、情感和态度的总和。

具体地说,自我意识包括自我认知、自我体验和自我调控三个方面。其中,自我认知是个体对自身生理状态(如身高、体重、容貌、身材、性别及温饱、病痛、劳累等)、心理状态(如知识、能力、情绪、兴趣、爱好等)、自己与周围关系(如自己在群体中的地位、作用、人际关系等)的认识和评价。自我体验是以情绪体验的形式表现出人对自己的态度,它主要是一种自我的感受,以自尊、自爱、自信、自卑、自恋、自弃、自傲、责任感、义务感、优越感等表现出来。自我调节主要表现为人的意志行为,他监督、调节人的行为活动,调节、控制人对自己和对他人的态度,表现为自主、自立、自强、自制、自律、自卫等。

(2) 大学生自我意识发展的规律及特点。

大学生自我意识发展的规律。

第一,自我意识的分化。青年期自我意识的发展是从明显的自我分化开始的。原来完整笼统的"我"被打破了,出现了两个"我":主观的"我"和客观的"我"。伴随着主体我和客体我的分化,"理想我"和"现实我"开始分化。自我意识分化是自我意识考试走向成熟的标志。

第二,自我意识的矛盾。自我意识的分化,带来了主体我与客体我的矛盾斗争,呈现出理想我和现实我的矛盾并且加剧。表现出明显的内心冲突,甚至有很大的内心痛苦和激烈的不安感。大学生自我意识的矛盾主要表现在"主观我"与"客观我"的矛盾、"理想我"与"现实我"的矛盾、独立意向与依附心理的冲突以及交往需要和自我闭锁的冲突。

第三,自我意识的统一。自我意识分化、矛盾所带来的痛苦不断促使大学生寻求方法以求得自我意识的统一,即自我同一性。自我同一,主要指主体我和客体我的统一、自我与客观环境的统一、理想我与显示我的统一,也表现为自我认识、自我体验、自我监督的和谐统一。消除矛盾,获得自我统一的途径有:努力改善现实自我,使之逐渐接近理想自我;修正理想自我中某些不切实际的过高标准,使之与现实自我趋近;放弃理想自我而迁就现实自我。

大学生自我意识发展的特点。

大学生自我意识发展的特点主要表现为五个方面:

---

① 谢守成.大学生职业生涯发展与规划[M].武汉:华中师范大学出版社,2009:114.

　　第一,强烈关心自己的发展。大学生围绕个人的发展、个人和社会的关系,大学生能够主动积极地探索自我,能自觉地把自我的命运和集体、国家的命运结合起来。

　　第二,自我评价能力趋于客观。由于各类知识增多,生活经验扩大,感性与理性趋于成熟,大多数大学生对自己的分析、评价逐渐变得客观、全面。

　　第三,自我体验丰富而复杂。一般来说,大学生自我体验的情绪情感基调是积极的,健康的。大多数大学生是喜欢自己、满意自己、自尊、自信、好胜的。但是,大学生自我体验也是比较复杂的,他们敏感、闭锁,且有一定的波动性。

　　第四,自我控制的能力提高。大学生自我控制的能力有很大提高,自觉性、坚持性、独立性和稳定性显著发展,有强烈的自我设计和自我规划的愿望,希望根据自我设计目标自觉调节行为。

　　第五,自我意识水平存在年级差异。不同年级的大学生在自我的发展方面存在明显差异,大学一、三、四年级的学生自我意识随年级升高而发展,而二年级是大学生自我意识最低、内心矛盾冲突最尖锐、思想斗争最激烈、回顾与展望时间最多的时期,是大学生自我意识相对稳定阶段中的不稳定时期,但也是一次新的上升时期,因此也成为大学生自我意识发展的转折时期。

　　(3) 大学生如何认识自我。

　　大学生的自我认识是多方面的,这里重点阐述对自我的性格、兴趣、能力的认识。

　　第一,认识自己的性格。性格是个性心理的核心部分。它决定着个体活动的性质和方向,反映一个人独特的处世态度和行为方式,是一个人区别于别人的最主要的标志。

　　美国职业生涯指导专家霍兰德将职业选择看作一个人性格的延伸。他认为,职业选择也是性格的表现。个人的性格与职业之间的适配和对应是职业满意度、职业稳定性和职业成就的基础。在职业发展的过程中,职业技能和相关资质固然重要,但是,充分挖掘自身的个性,找到性格特点、能力素质与职业需求之间的匹配度,才是最大限度发挥自身潜能,并尽快达到成功彼岸的关键,是确保职业可持续发展的决定性因素。

　　如果一个人从事的职业与他的个性相适应,并有能力支撑时,工作起来就得心应手,心情舒畅,容易取得成功,有利于实现自身价值的最大化。相反,性格会阻碍工作的顺利进行,使从业者感到被动,缺乏兴趣,力不从心,精神紧张,给个人发展和组织造成影响。可见,性格决定职业发展的长远,了解自己的性格,不仅有助于求职择业,而且有利于自己创业、立业。

　　个体对自我的认识可通过分析或测定自己的性格类型进行。目前,被普遍认同的分类方法有四种:

　　第一种,按心理过程的优势方面将性格分为四类:①理智型。以理智来衡量一切并支配行动。②情绪型。情绪体验深刻,行为主要受情绪影响。③意志型。有较明显的目标,意志坚定,行为主动。④理智-意志型。兼有理智型和意志型的特点。

　　第二种,按心理活动的指向性将性格分为两类:①内倾型。重视主观世界,常沉浸在自我欣赏和幻想之中,仅对自己有兴趣,对别人则冷淡或看不起。②外倾型。重视客观世界,对客观事物及人都感兴趣。

　　第三种,按照个性的独立性将性格分为两类:①独立型。独立思考,不易受干扰,临阵不慌。②顺从型。易受暗示,紧急情况下易慌乱。

　　第四种,按照性格与职业选择的关系将性格分为现实型、研究型、艺术型、社会型、企业型、常规型 6 种。这 6 种类型分别与 6 类职业相对应,如果一个人具有某种性格特征,便宜于对这一类型职业发生兴趣,也适合于从事这种职业。这6种性格及与之匹配的职业分别是:①现实型:性格上有内向、顺应等倾向。富有技术能力,喜欢具体的行动;处理人际关系或与人交涉的技能较弱;重视权利、金钱的价值。对应的职业有环境类型有:机械性的、技术性的、实际操作性的、解决具体问题的等。②研究型:性格上具有分析性、深思熟虑、合理、内省等倾向。具有较强的科学、数学能力,重视科学性事务的价值,偏爱对事物构成的理解。这类人往往缺乏领导能力。对应的职业环境类型有:需要用科学的、数学研究能力的与智力解决问题的。③艺术型。性格上的有强烈显示自己的主张,不喜欢规则、组织性的约束,自我制约能力稍差,情绪表现趋向自由等倾向;具有独创性,想象力丰富,有优秀的艺术能力与感受力,追求美的价值,有创造性、能自我反省。对应的职业环境类型有:没有束缚的、有必要发挥创造力的。④社会型:性格上有善于协调、责任感强、亲切等倾向。有说服教育人的能力,乐于接触人,能结成良好的人际关系,并具有保持这种关系的较好技术;重视社会性、道德性活动的价值,这类人往往缺乏机械能力。对应的职业环境类型有:需要服务能力的。⑤企业型:性格上有积极的、社交性的、充满自信等倾向。富有表现力与指导力,期望权力和地位,重视政治、经济等方面成功的价值,这类人往往缺乏科学研究能力。对应的职业环境类型有:需要计划、经营等有说服力、统帅力的。⑥常规型:性格上有尊重规则、慎重等倾向。具有无形的、计算性的能力,重视形式与规则,喜欢组织与秩序,但缺乏艺术上的能力。对应的职业环境类型有:需要服从与传统,且反复进行事务处理的。

第二,认识自己的兴趣。兴趣是个人对某种事物或某种活动的一种选择态度,表现为对某方面需求的情绪倾向。兴趣可以提高一个人的工作效率,充分发挥自身的才能,同时兴趣是保证职业稳定性和工作满意度的重要因素。据研究,如果一个人对所从事的职业有兴趣,则能发挥他全部各种才能的 80%～90%,并且长时间保持较高效率不感到疲劳;对工作没有兴趣的人,只能发挥全部才能的 20%～30%,也容易感到疲劳。

大学生要对自己的兴趣作一个客观分析,明确自己与社会职业相关的兴趣和特长是什么,努力使职业选择与兴趣保持一致。同时,也要认识到兴趣不是与生俱来的,它可以通过后天努力去培养和改变。当我们的职业生涯设计与个人兴趣发生矛盾时,在权衡利弊进行抉择时,可以考虑放弃或改变自己原有兴趣,通过培养自己新的兴趣去适应职业发展的需要,从而实现职业选择与兴趣的有机统一。

第三,认识自己的能力。能力是顺利完成某种活动必备的心理特征。它通常分为一般能力和特殊能力。前者又称智力,包括观察力、注意力、记忆力、思维和想象力。后者指符合某种专业活动要求的能力,也可称为特长,如计算能力、音乐能力、语言表达能力等。每一种能力都是遗传素质、环境、教育和个体自我努力共同作用的结果。

任何一种职业对从业者的能力都有一定要求,如旅游、酒店等服务工作者不仅要具备良好的观察力、注意力、记忆力等一般能力,而且还要具备一定的语言表达能力、应变能力等特殊能力。对于大学生来说,充分了解自己已经具备哪些能力,既是有效合理地进行职业规划的依据,又是缩短自身与职业能力需要之间差距的必经之路。

2.充分认识服务工作

(1)**正确看待服务工作**。优质的服务需要员工对服务工作有正确的认识和态度,所以,选择在服务业就业的大学生要充分认识到,我们的社会是一个分工和协调的社会,只有分工不同,并无高低贵贱之分。服务工作和其他工作一样,是一种社会化、知识化、专业化的工作,是一种代表社会文明的工作,并在此基础上不断提升自己的专业情感。

（2）全面认识服务工作的职业素质。熟悉服务工作的职业素养要求是服务工作者自我设计的前提,只有清楚了解服务工作要求员工必须具备怎样的职业素养,服务工作者才有明确的努力方向和目标,也才能合理地进行自我设计。服务工作的职业素质主要有:职业道德素质、业务素质、工作作风、仪表举止等。

(二)服务工作者的职业生涯设计

1.职业生涯设计的概念

职业生涯设计是对个人今后所要从事的职业、要去的工作组织和单位、要担负的工作职务和工作职位的发展道路,作出设想和计划的过程。

职业生涯设计对每一个大学生来说都具有特别重要的意义。

首先,职业生涯设计有助于确定职业发展目标。 大学生在进行职业生涯设计时,会对自己具备的主客观条件进行分析,使职业选择建立在理性思考的基础上,而不是盲目、随意地行为。例如,近几年在我国大学生就业中出现了一股"公司热",即很多毕业生都愿意去公司当一名管理人员,获得优厚的经济待遇。但事实证明,有不少人由于对自己的职业生涯毫无设计,目标不明,他们的气质、能力、性格、兴趣爱好等,都不适合做公司的管理工作,他们本来更适合做科学研究和教学工作。

其次,职业生涯设计利于规范在校期间的专业学习。 职业生涯设计对大学生来说,是对未来职业发展的憧憬和理想。因此,它可以增强大学生专业学习的动力。同时,使专业知识和专业能力的学习与锻炼更具针对性,避免学习的盲目和被动。

再次,职业生涯规划可以发掘自我潜能,增强个人实力。 一份行之有效的职业生涯规划将引导你正确认识自身的个性特质、现有与潜在的资源优势;引导你对自己的综合优势与劣势进行对比分析;引导你评估个人目标与现实之间的差距;引导你学会如何运用科学的方法采取可行的步骤与措施,不断增强你的职业竞争力,实现自己的职业目标与理想。

最后,职业生涯规划可以实现企业与员工的双赢。 员工因职业生涯规划与管理,对自我的优势、兴趣、能力以及职业前景有了较为全面和充分的认识,通过生涯规划技术与企业提供的发展通道实现对自我生涯的管理,提升职业竞争力。企业则通过职业生涯管理了解员工发展愿望、动机与职业兴趣,在组织设计中结合员工特点,充分实现人岗的匹配,最大程度提高员工工作效能与忠诚度,降低因人员流失造成的企业成本。

2.职业生涯发展阶段理论

职业生涯发展阶段理论是一种纵向职业指导理论。学习这一理论,有利于大学生在今后的职业生涯中,根据自身与职业发展的阶段性特点,制定和调整自己的发展阶段与方向。

职业发展阶段理论指出,人的职业选择和发展贯穿人的一生,应根据不同的职业发展阶段实行不同的方式和内容。代表性的职业发展阶段理论主要有:金斯伯格的职业发展三阶段理论、萨帕的职业发展五阶段理论、施恩的职业发展九阶段理论。

（1）金斯伯格的职业发展三阶段理论。美国职业指导专家金斯伯格对职业生涯的发展进行过长期研究并对实践产生广泛影响。他在1951年出版的《职业选择》一书中提出了职业发展的三阶段理论。

① 幻想期:处于11岁之前的儿童时期。儿童们对大千世界,特别是对于他们所看到或接触到的各类职业工作者,充满了新奇、好玩的感觉。此时期职业需求的特点是:单纯凭自己的兴趣爱好,不考虑自身的条件、能力水平和社会需要与机遇,完全处于幻想之中。

② 尝试期:11岁到17岁,这是由少年儿童向青年过渡的时期。此时起,人的心理和生理

在迅速成长发育和变化,有独立的意识,价值观念开始形成,知识和能力显著增长和增强,初步懂得社会生产和生活的经验。在职业需求上呈现出的特点是:有职业兴趣,但不仅限于此,更多地和客观地审视自身各方面的条件和能力;开始注意职业角色的社会地位、社会意义,以及社会对该职业的需要。

③ 现实期:17岁以后的青年年龄段。即将步入社会劳动,能够客观地把自己的职业愿望或要求,同自己的主观条件、能力,以及社会现实的职业需要紧密联系和协调起来,寻找适合于自己的职业角色。此期所希求的职业不再模糊不清,已有具体的、现实的职业目标,表现出的最大特点是客观性、现实性、讲求实际。

(2)萨帕的职业发展理论。萨帕(Donald E. Super)的职业发展理论,是围绕着职业生涯不同时期而进行的,萨帕将职业发展时期分为五个不同的阶段,具体内容如下:

① 成长阶段。该阶段从出生到14岁。个人在这一阶段,自我概念发展成熟起来。初期时,个人欲望和空想起支配作用,其后对社会现实产生注意和兴趣,个人的能力与趣味则是次要的。成长阶段又可分为空想期、兴趣期和能力期三个小的阶段。空想期,主要是儿童时期,这时职业的概念尚未形成,对于职业只是根据周围人的职业情况和一些故事中的人物,空想将来要做某某职业。兴趣期,主要是小学阶段,对于职业主要依据个人的兴趣,并不考虑自身的能力和社会的需要,带有理想主义色彩。能力期,主要是进入了初中阶段,对于职业不仅仅从兴趣出发,同时注意到能力在职业生涯中的重要性,开始注重培养自己某方面的能力,以便为将来的职业作准备。

② 探索阶段。该阶段从15岁到24岁。个人在学校生活与闲暇活动中研究自我,并进行职业上的探索。探索阶段是人生道路上非常重要的转变时期,它可以分为暂定期、过渡期和试行期。暂定期,从15岁至17岁,这一时期个人在空想、议论和学业中开始全面考虑欲望、兴趣、能力、价值观、雇佣机会等,做出暂时性的选择。过渡期,从18岁到21岁,这是个人接受专门教育训练和进入劳动力市场开始正式选择的时期,这时个人着重考虑现实,在现实和环境中寻求"自我"的实现。试行期,从22岁到24岁,这个时期进入似乎适合自己的职业,并想把它当作终生职业。

③ 确立阶段。该阶段从25岁到44岁。进入职业以后的人发现真正适合于自己的领域,并努力试图使其成为自己的永久职业。这一阶段又可分为试行期和稳定期。试行期,确立阶段的初期,有些人在岗位上"试验",若不合适就改为其他职业。目前很多大学生刚工作就不断地"跳槽",就是他们在不断地"试验"、寻找自己的最合适的职业。稳定期,经过工作岗位上的"试验",人们最终找到适合自己的岗位,以后人们都在某种职业岗位上稳定下来。

④ 维持阶段。该阶段从45岁到64岁。这一阶段人们主要是要保住现有的职业位置,按既定方向工作。极少数人会冒险探索新领域,寻求新的发展。

⑤ 下降阶段。该阶段为65岁以后,是精力、体力减退时期,也是人们逐步退出职业劳动领域的时期。

(3)施恩的职业发展九阶段理论。美国的施恩(Edgar H. Schein)教授立足于人生不同年龄段面临的问题和职业工作主要任务,将职业生涯分为九个阶段:

① 成长、幻想、探索阶段。一般0岁到21岁处于这一职业发展阶段。主要任务是:发展和发现自己的需要和兴趣,发展和发现自己的能力和才干,为进行实际的职业选择打好基础;学习职业方面的知识,寻找现实的角色模式,获得丰富信息,发展和发现自己的价值观、动机和抱负,作出合理的受教育决策,将幼年的职业幻想变为可操作的现实;接受教育和培训,开发工

作世界中所需要的基本习惯和技能。在这一阶段所充当的角色是学生、职业工作的候选人、申请者。

② 进入工作世界。16 岁到 25 岁的人步入该阶段。首先,进入劳动力市场,谋取可能成为一种职业基础的第一项工作;其次,个人和雇主之间达成正式可行的契约,个人成为一个组织或一种职业的成员。在这一阶段所充当的角色是:应聘者、新学员。

③ 基础培训。处于该阶段的年龄段 16 岁到 25 岁。与上一正在进入职业工作或组织阶段不同,要担当实习生、新手的角色。也就是说,已经迈进职业或组织的大门。此时,主要任务已经是了解、熟悉组织,接受组织文化,融入工作群体,尽快取得组织成员资格,成为一名有效的成员;二是适应日常的操作程序,应付工作。

④ 早期职业的正式成员资格。此阶段的年龄为 17 岁到 30 岁,取得组织新的正式成员资格。面临的主要任务:承担责任,成功地履行与第一次工作分配有关的任务;发展和展示自己的技能和专长,为提升或进入其他领域的横向职业成长打基础;根据自身才干和价值观,根据组织中的机会和约束,重估当初追求的职业,决定是否留在这个组织或职业中,或者在自己的需要、组织约束和机会之间寻找一种更好的配合。

⑤ 职业中期。处于职业中期的正式成员,年龄一般在 25 岁以上。主要任务:选定一项专业或进入管理部门;保持技术竞争力,在自己选择的专业或管理领域内继续学习,力争成为一名专家或职业能手;承担较大的责任,确定自己的地位;开发个人的长期职业计划。

⑥ 职业中期危险阶段。处于这一阶段的是 35 岁到 45 岁者。主要任务是:现实地估价自己的进步、职业抱负及个人前途;就接受现状或争取看得见的前途作出具体选择;建立与他人的良好关系。

⑦ 职业后期。从 40 岁以后直到退休,可以说是处于职业后期阶段,此时的职业状况或任务:成为一名良师,学会发挥影响,指导、指挥别人,对他人承担责任;扩大、发展、深化技能,或者提高才干,以担负更大范围、更重大的责任;如果求稳,就此停滞,则要接受和正视自己影响力和挑战能力的下降。

⑧ 衰退和离职阶段。一般在 40 岁以后到退休期间,不同的人在不同的年龄会衰退或离职。此间主要的职业任务:学会接受权力、责任、地位下降;基于竞争力和进取心下降,要学会接受和发展新的角色;评估自己的职业生涯,着手退休。

⑨ 离开组织或职业——退休。在失去工作或组织角色之后,面临两大问题或任务:保持一种认同感,适应角色、生活方式和生活标准的急剧变化;保持一种自我价值观,运用自己积累的经验和智慧,以各种资源角色,对他人进行传帮带[①]。

3. 服务工作者职业生涯设计应注意的问题

(1) 了解职业性质、掌握职业信息。在宏观上,个人职业生涯发展受制于职业前景,因此服务工作者在进行职业生涯设计时,必须充分了解职业性质、掌握职业信息。这样,才能确定职业,并根据职业工作岗位不同层级的素养要求合理规划和预期个人职业发展阶段。

以酒店员工为例,可以通过市场调查、资料查询等途径,了解我国酒店工作的市场需求、发展前景;认识酒店服务工作的性质、任职资格、技术级别、管理岗位的层级、市场薪酬等,以便选择职业、设计不同年龄阶段个人职业发展目标及实现措施、办法等。

(2) 职业生涯设计要留有余地。一个人毕生的时间和职业是十分宝贵的,必须有效安排。

---

① 谢守成.大学生职业生涯发展与规划[M].武汉:华中师范大学出版社,2009.

制定职业生涯的设计就是达到这一目标的最佳方法。当然,这并不是说职业生涯设计一定要逐年逐日排列,因为这样既繁琐又无用,也是不现实的。因此在制定职业生涯规划中要留有余地,职业目标的方案可有高、中、低三种。在具体实施过程中,就可能根据当时的环境和提供的机会灵活选择。制定职业生涯的设计的同时,是组织给员工个人创造恰当配合的机会。生活中的最大悲剧,是没有选择的自由。因此,当你着手设计将来的时候,你应该考虑给自己留下一些选择的余地,尤其是当你现在对未来的打算并不很有把握的时候,这样做尤为重要。

（3）个人职业生涯发展需借力企业的支持。企业是个人职业生涯发展的平台与土壤,因此服务工作者在职业生涯设计时需要考虑企业的因素,要努力争取企业的支持与帮助。对企业来说,职业生涯设计就是帮助员工找到个人目标和企业发展机会的结合点,为员工提供心理上的满足,优化配置企业的人力资源。因此,根据企业发展方向,为处于不同阶段的员工做好职业生涯规划是企业不可推卸的责任。例如,企业为处于职业生涯发展早期的员工提供具有挑战性的工作任务,让他们认识到工作的艰辛,从而激发他们的学习和工作愿望;也可以实施工作轮换,让他们挖掘多方面的知识和技能,以应对未来多变的企业发展需求等。

二、服务业工作者自我激励

美国经济学家罗宾斯指出,"人力资本价值＝工作热情×工作能力"。由于工作热情不足,导致服务业投入的人力资本价值无法实现最大化,造成成本浪费。因此,如何激发员工的工作动力成为酒店管理层最为关注的人力资源问题之一。

（一）激励的概念和功能

1. 激励的概念

英文 motivation（激励）是由 motive（动机）而来,是指持续激发人的动机的心理过程。具体说激励就是激发动机、诱导行为,使人发挥内在潜力,为实现目标而积极努力的过程。

激励的本质是激发动机的过程。心理学的研究表明,人的动机是由他所体验到的某种未满足的需要或未达到的目标所引起的。由此,激发动机的心理过程的模式可以表示为:需要拥有动机,动机引起行动。需要、动机、行动、目标,这四者之间的关系可以用动机行动又指向一定的目标机激发的心理过程图来表示。

2. 激励的功能

现代企业管理的重要职能是有效地组织并充分利用人力,物力和财力资源。其中,人力资源的管理最为重要。由于竞争加剧、激励对象的差异性和需要的多样化,激励越来越受到企业的重视。

（1）激励可以调动员工的工作积极性和创造性。激励能激发员工的工作热情和兴趣,使消极怠工者变得为积极上进、积极者更加投入努力地工作,充分发挥了每个员工的价值和作用;激励还可以激发员工的创造性和革新精神,从而大大提高工作绩效。

（2）激励有利于吸引人才。现代企业管理实践表明,通过激励可以把有才能的、组织需要的人吸引过来,并长期为该组织工作。旅游企业可以通过提供有竞争性优势的薪酬制度等方法,把急需的、有才能的人吸引过来,使其长期为组织工作。如为了吸引人才,我国不惜支付高酬金、创造好的工作条件等很多激励办法,从世界各国吸引了很多有才能的专家、学者。

（3）激励有利于增强企业凝聚力。企业是由若干员工个体、工作群体组成的,为保证企业作为一个整体协调运行,除了用严密的组织结构和严格的规章制度进行规范外,还需通过运用激励方法,满足员工的多种心理需求,调动职工工作积极性,协调人际关系,进而促进内部各组成部分的协调统一,增强企业的凝聚力和向心力。

(二)激励理论简介

西方心理学家和行为学家针对激励进行了大量研究,提出了许多激励理论。代表性的有需要层次论、双因素理论、期望理论等。

1. 需要层次论

美国人本主义心理学家马斯洛在 1943 年在《人类激励理论》一书中提出需要层次论。这种理论认为人的需要或动机可以分为五个层次,即生理需要、安全需要、爱的需要、尊重需要和自我实现的需要。人的需要和动机是一个由低而高逐级形成和实现的过程(前面已经阐述,此处不再赘述)。

马斯洛从人的需要出发探索人的激励和研究人的行为,抓住了问题的关键,在一定程度上反映了人类行为和心理活动的共同规律。但是,马斯洛的理论基础是存在主义的人本主义学说,即人的本质是超越社会历史的,抽象的"自然人",由此得出的一些观点就难以适合其他国家的情况。

2. 双因素理论

双因素理论(Two Factors Theory)又称激励保健理论(Motivator-Hygiene Theory),由美国心理学家弗里德里克·赫茨伯格在马斯洛理论的基础上于 20 世纪 50 年代至 60 年代发展起来的。这种理论认为引起人们工作动机的因素主要有两个:一是保健因素,二是激励因素。

保健因素,又称非本质因素或情境因素,是指除工作本身之外的影响员工的因素。包括公司政策、管理措施、监督、人际关系、物质工作条件、工资、福利等。保健因素的满足对职工产生的效果类似于卫生保健对身体健康所起的作用。保健从人的环境中消除有害于健康的事物,它不能直接提高健康水平,但有预防疾病的效果;它不是治疗性的,而是预防性的。当这些因素恶化到人们认为可以接受的水平以下时,就会产生对工作的不满意。但是,当人们认为这些因素很好时,它只是消除了不满意,不会产生积极的激励。

激励因素,又称本质因素或内容因素,能带来积极态度、满意和激励作用,能满足个人自我实现需要的因素。包括成就、赏识、挑战性的工作、增加的工作责任,以及成长和发展的机会。具备这些因素,就能对人们产生更大的激励。只有"激励因素"才能使人们有更好的工作成绩。

赫茨伯格的双因素激励理论同马斯洛的需要层次理论有相似之处。他提出的保健因素相当于马斯洛提出的生理需要、安全需要、感情需要等较低级的需要;激励因素则相当于受人尊敬的需要、自我实现的需要等较高级的需要。当然,他们的具体分析和解释是不同的。

双因素激励理论促使企业管理人员注意工作内容方面因素的重要性,特别是它们同工作丰富化和工作满足的关系,因此是有积极意义的。但是,赫茨伯格及其同事所做的试验,被有的行为科学家批评为是他们所采用方法本身的产物:人们总是把好的结果归结于自己的努力而把不好的结果归罪于客观条件或他人身上,问卷没有考虑这种一般的心理状态。

3. 期望理论

期望理论(Expectancy Theory),又称作"效价-手段-期望理论"(Valence-Instrumentality-Expectancy Theory),是由北美心理学家和行为科学家维克托·弗鲁姆(Victor H. Vroom)于 1964 年在《工作与激励》中提出来的激励理论。期望理论是以三个因素反映需要与目标之间的关系的,要激励员工,就必须让员工明确:①工作能提供给他们真正需要的东西;②他们欲求的东西是和绩效联系在一起的;③只要努力工作就能提高他们的绩效。

弗鲁姆认为,人总是渴求满足一定的需要并设法达到一定的目标。这个目标在尚未实现时,表现为一种期望,这时目标反过来对个人的动机又是一种激发的力量,而这个激发力量的大小,取决于目标价值(效价)和期望概率(期望值)的乘积。用公式表示就是 $M = V \times E$。

M(激励,motivation),表示激发力量,是指调动一个人的积极性,激发人内部潜力的强度。

V(效价,valence),表示目标价值是一个心理学概念,是指达到目标对于满足他个人需要的价值。同一目标,由于各个人所处的环境不同、需求不同,其需要的目标价值也就不同。同一个目标对每一个人可能有三种效价:正、零、负。效价越高,激励力量就越大。

E(期望值,expectancy),是人们根据过去经验判断自己达到某种目标的可能性是大还是小,即能够达到目标的概率。目标价值大小直接反映人的需要动机强弱,期望概率反映人实现需要和动机的信心强弱。

这个公式说明:假如一个人把某种目标的价值看得很大,估计能实现的概率也很高,那么这个目标激发动机的力量越强烈。

弗鲁姆的期望理论提出了目标设置与个人需求相统一的理论。这一理论并不满足于对问题的定性说明,还非常重视定量分析。它通过对各种权变因素的分析,正确说明了人们在多种可能性中所作出的选择,但是忽视了人们的责权意识、规则意识、义务意识、优越意识等意志过程对人们工作积极主动性激发的关键作用。

4. 成就激励理论

成就激励理论是美国哈佛大学教授麦克利兰于 20 世纪 50 年代提出的。麦克利兰教授则认为,人除了生存需要之外,还有三种重要的需要,即成就需要、权力需要和友谊需要,并提出了成就激励理论。

(1) 成就需求(need for achievement):争取成功希望做得最好的需求。

麦克利兰发现高成就需求者有三个主要特点:

① 喜欢设立具有适度挑战性的目标,不喜欢凭运气获得的成功,不喜欢接受那些在他们看来特别容易或特别困难的工作任务。

② 高成就需求者在选择目标时会回避过分的难度。他们喜欢中等难度的目标,既不是唾手可得没有一点成就感,也不是难得只能凭运气。

③ 高成就需求者喜欢多少能立即给予反馈的任务。目标对于他们非常重要,所以他们希望得到有关工作绩效的及时明确的反馈信息,从而了解自己是否有所进步。这就是高成就需求者往往选择专业性职业,或从事销售,或者参与经营活动的原因之一。

(2) 权力需求(need for power):影响或控制他人且不受他人控制的需求。

权力需求是指影响和控制别人的一种愿望或驱动力。权力需求较高的人对影响和控制别人表现出很大的兴趣,喜欢对别人"发号施令",注重争取地位和影响力。

组织中管理者的权力分为两种:一是个人权力。追求个人权力的人表现出来的特征是围绕个人需求行使权力,在工作中需要及时地反馈和倾向于自己亲自操作。二是职位性权力。职位性权力要求管理者与组织共同发展,自觉地接受约束,从体验行使权力的过程中得到一种满足。

(3) 亲和需求或友谊需要(need for affiliation):建立友好亲密的人际关系的需求。高亲和动机的人更倾向于与他人进行交往,至少是为他人着想,这种交往会给他带来愉快。亲和需求是保持社会交往和人际关系和谐的重要条件。

麦克利兰的理论清楚地说明了高成就者希望从工作中得到什么类型的相关经验以及哪些因素会影响他们对工作经验的需要,然而很难看出如何按马斯洛层次需求的意义把成就视为基本的动力。父母教育孩子的方式、文化背景、组织的习惯做法等环境因素也会影响人们成就动机的发展。

5.公平理论

"报酬公平理论"又称社会比较理论,由美国心理学家约翰·斯塔希·亚当斯(John Stacey Adams)于 1965 年提出。公平理论指出:人的工作积极性不仅与个人实际报酬多少有关,而且与人们对报酬的分配是否感到公平更为密切。

亚当斯认为,职工的积极性取决于他所感受的分配上的公正程度(即公平感),而职工的公平感取决于一种社会比较或历史比较。所谓社会比较,是指职工对他所获得的报酬(包括物质上的金钱、福利和精神上的受重视程度、表彰奖励等)与自己工作的投入(包括自己受教育的程度、经验、用于工作的时间、精力和其他消耗等)的比值与他人的报酬和投入的比值进行比较。所谓历史比较是指职工对他所获得的报酬与自己工作的投入的比值同自己在历史上某一时期内的这个比值进行比较。

每个人都会自觉或不自觉地进行这种社会比较,同时也要自觉或不自觉地进行历史比较。当职工对自己的报酬作社会比较或历史比较的结果表明收支比率相等时,便会感到受到了公平待遇,因而心理平衡,心情舒畅,工作努力。如果认为收支比率不相等时,便会感到自己受到了不公平的待遇,产生怨恨情绪,影响工作积极性。当认为自己的收支比率过低时,会产生报酬不足的不公平感,比率差距越大,这种感觉越强烈。这时职工就会产生挫折感、义愤感、仇恨心理,甚至产生破坏心理。少数时候,也会因认为自己的收支比率过高,产生不安的感觉或感激心理。

当职工感到不公平时,他可能千方百计进行自我安慰,如通过自我解释,主观上造成一种公平的假象,以减少心理失衡或选择另一种比较基准进行比较,以便获得主观上的公平感;还可能采取行动,改变对方或自己的收支比率,如要求把别人的报酬降下来、增加别人的劳动投入或要求给自己增加报酬、减少劳动投入等;还可能采取发牢骚、讲怪话、消极怠工、制造矛盾或弃职他就等行为。

(三) 服务业工作者自我激励

自我激励是个体通过对自己的主动了解和认识,应用科学的激励方法,实施激发和鼓励自己的活动。企业员工通过自我激励,可以主动把个人发展与企业发展结合起来,充分发挥主人翁精神,为企业创造更大价值和利益。

1.正确认识自己,具备积极心态

"自我教育从自我认识开始"。自我认识是指自己对自己心理特点、生理特征、性格、品质等方面的了解,是人们对自我的确认。正确地认识自我是自我激励的重要前提。

首先,可以通过与他人的比较或自我比较来认识自我。在与他人比较中,借鉴他人成功的经验和过程,对比中,找出自己的不足,以及自己需要发展的方向、实现的目标。应该把目标放在自我比较上,通过过去的我与现在的我的比较,找出自己哪一方面进步了,哪些方面还存在不足,乃些方面需要坚持,哪些方面需要改进,并予以解决。其次,要重视他人对自己的客观评价。要善于听取他人对自己的客观评价,要学会积极地去面对,这对于自身的不断完善与发展有积极意义。通过他人评价与自我的了解,分析综合研究,找出存在的问题,作为自我评价的参考。

2.设计职业生涯规划,确立发展目标

职业生涯规划设计是个体对自己工作和职业发展的展望与设计。它犹如茫茫大海中的指

南针或者航海图,使员工具有奋斗的方向感和不竭的动力,成为企业员工自我激励的最大动力。为此,企业员工应根据工作岗位需求,确定职业发展阶段、阶段目标和总目标。每工作一段时间后,自我反思一下目标完成情况,积极进行调整。通过坚忍不拔的毅力和恒心去实现每一个目标。这样才能最大限度地发挥个人的潜能,提升个人价值。

3. 树立自信心,强化成功意识

自信心是个人体对自己的能力、品格和力量等的肯定评价而产生的信任自己的感情。具有自信心是员工心理成熟的一种表现,自信是力量的源泉、成功的保障,它是一种优秀的心理品质和积极的人生态度。

在科学技术瞬息万变的今天,许多工作岗位要求不断提高,新的困难和问题不断出现,这些都考验着人们的信心和勇气。为此,企业员工要不断丰富自己的岗位知识、提高岗位技能;要敢于直面困难、接受挑战和竞争,锻炼坚强的身心,以树立职业信心、强化成功意识。

4. 把握好情绪,做自己的主人

服务工作每天要接触大量的人和事,其复杂、多样、变化的特点很容易引起员工情绪的变化。因此,把握、控制好情绪是服务工作者保持积极状态的必备素养。

首先,在服务工作的客我交往中,员工要学会尊重、懂文明讲礼貌、了解必要风俗习惯;其次,培养自己幽默、开朗的性格和一定的自控力;再次,及时化解工作、生活中的负面情绪,避免带着情绪工作。

【知识练习与思考】

1. 服务业从业员工的心理素质构成和要求是什么?
2. 大学生如何认识自我?
3. 大学生如何认识服务工作?
4. 简述职业生涯发展阶段理论。
5. 激励理论简介。
6. 服务业工作者如何自我激励?

【能力培养与训练】

员工需要合理激励

小陈是刚刚进饭店做客房清扫员的新员工,他工作非常努力认真。别的员工一天清扫10间客房,而他由于争分夺秒地工作,所以常常比别的员工提前两三小时就完成了工作,之后去做一些管理者临时分配给他的工作任务。一个月后,领工资时,小陈发现自己和其他清扫员拿了同样的工资。从此,小陈开始和其他员工一样,能做快做好的也慢慢做,算好下班时间把工作做完,过得去就可以,不再很认真。

请用有关激励理论来分析小陈失去工作积极性的原因。

(叔伯阳.旅游心理学[M].大连:东北财经大学出版社,2013.)

项目十　学会管理,提升团队工作业绩

【项目提要】

　　管理心理学是现代管理理论的重要组成部分,它是一门以心理学、社会学、文化人类学和政治学等学科为基础,以组织中人的心理活动和行为反应模式为研究对象的学科。本项目以组织中的人作为特定的研究对象,了解员工的个性,把握群体心理,以提高效率。在一定的成本控制条件下,最大限度地调动员工的积极性和创造性,改善组织结构和领导绩效,提高工作生活质量,建立健康文明的人际关系,达到提高管理水平和发展生产的目的。

【引导案例】

华为的"721法则"和三阶段培训

　　一批又一批刚刚走出校门的"学生娃",是如何融入华为,认同华为文化,并打造成一支"铁军"的呢? 华为的方法被称为"721法则"。

　　70%的能力提升来自实践,20%来自导师的帮助,10%来自课堂的学习。这一培训法则贯彻了华为一贯的"实践出真知"的理念,同时,强调实践对新员工未来成长的重要性。也给新员工一个明确的信号,就是"要想有所作为,就必须扑下身子脚踏实地工作",反映了华为务实的态度。

　　这一法则在落实过程中又具体分为三个阶段的培训。

职前引导培训

　　来自校园招聘的拟录用大学生,提前分配到各个业务部门,并指定一名导师。导师每个月必须给学生打一次电话,沟通了解他们的个人情况,甚至安排一些任务,提前让其了解岗位工作知识,帮助他们做好走向工作岗位的思想准备。这就是"1师",从入职引导、入职培训就开始引入"导师制"。

入职集中培训

　　全部新员工到深圳华为总部集中培训,学习华为的企业文化,"2文1电影3本书"在此期间完成,主要包括如下内容:

　　学习两篇文章,一篇是任正非的《致新员工信》,主要讲华为的文化和对新员工的要求;另一篇是《把信送给加西亚》,主要讲执行力。

　　看一部电影《那山,那人,那狗》,倡导敬业精神。

　　此外,新员工还要看三本书:《黄沙百战穿金甲》《下一个倒下的会不会是华为》和《枪林弹雨中成长》,并写读后感,这三个本书都是写华为公司自己的员工故事和案例,是新员工感受华为文化的最真切资料。

在岗实践培训

　　在导师的带领下,新员工深入一线,到一线真实的工作环境中去锻炼和提高。不同岗位的新员工,培训内容和方式是有很大差别的。但核心只有一个:"动手去做"!

任务一   如何做一名高效的管理者

一、把握员工的个性,合理用人

有关个性的理论与研究一直是心理学家研究的热点,有关个性的理论也是非常成熟。本书中试着从管理者的角度把握员工的职场个性,从而在工作安排中适才而用,提升团队绩效。职场上,有人喜欢从事市场开拓,有人喜欢后台工作,有人喜欢与人合作,有人喜欢自个儿作战。而实际情况是有人虽然喜欢但并不适合,有人虽不是很喜欢但特别擅长和适合。在团队管理中,只有尽量把适合的人放在与之匹配的岗位上,才能产生最佳效益,使个人与团队实现双赢。要做到这点,首先就必须了解员工的职业个性。本书中主要介绍两种个性理论和职业匹配标准。

(一) 职业个性分类法

这种分类法主要是从职业的角度考量不同个性在职业选择倾向方面的特点。主要包括社会型职业个性、现实型职业个性、创新型职业个性和研究型职业个性。

1. 社会型职业个性

社会型职业个性人才具有三大优点:关心社会事务、喜欢对社会发展作预测、信息灵通。其不足之处是组织性、纪律性较差。社会型人才从小就体现出关心社会事务的优点,经常向家人讲述所见所闻,即使被父母责备"多管闲事",也一如既往、热情非凡。在朋友的眼里,社会型人才往往是个吹大牛的人,大有"指点江山"的气概。在公司里,社会型人才往往被称为"消息灵通人士","通天人物",但有时领导会责备这些人,因为屁股坐不牢,有事总是风风火火。在使用这类人才时,一定要委任以相当的职务,让他感觉自己在与别人交往时有一定的身份;然后要明确规定其职责,以免他由于接触广泛而不顾工作重点;最后,不要让他总是坐在办公室内,因为社会型的人才喜欢东奔西跑。具有这种职业个性的人才往往是决策者最好的参谋者,大多数适宜于从事心理、咨询、培训、公关、管理等工作。

2. 现实型职业个性

每个人都会在某个方面敏感,如有的人对音乐特别敏感,人称音乐细胞特别多;有的人则皮肤对温度特别敏感,好像是温度计,而现实型人才则对利弊关系特别敏感。领导所说的、书上所说的,他都知道,但是在行为上,他最讲究实际情况如何,以此作为自己的判断依据,天生就有一种实事求是的精神。

春秋时期冯谖才华横溢,却长期混不到一官半职。朋友劝他投奔齐相孟尝君。孟尝君手下有三千"食客",相当于现在的智囊团成员,分上中下三等。冯谖一投即中,被聘为下等食客,深受他人羡慕。但是冯谖却天天发牢骚,觉得钱太少,要回家。有人告知孟尝君,让冯回家算了。但孟尝君觉得他是个人才,经过一段时间考察后,破格提拔他为中等食客。正当大家都十分妒忌他时,冯谖却又大发牢骚,认为自己无用武之地。又有人劝孟尝君让其回家,但孟尝君却果断地提拔他为上等食客。于是冯谖就开始由私心转变为公心,积极为孟尝君献计献策,为其扩大政治影响,巩固权位。历史表明,春秋时期各国的相,任期基本上都不长久,而独有齐相孟尝君在风风雨雨中执政 40 年之久,其中很重要的因素就是冯谖在决策中起到重要的实事求是的作用。

实事求是是任何一家企业执行文化的核心,但对于大多数组织来说,里面的员工总是希望能够掩盖错误,或者拖延时间来寻找新的解决方案,他们都希望避免对抗,都希望汇报好的成绩,没有人喜欢打开潘多拉的盒子。可具有现实型职业个性的人才,当他认为自己没有被你重用时,他会计较个人的每一点私利;当他认为自己已经被你重用,他将处处为公家利益着想。因此,各部门主管在面对这类人才时,大可重用。

3. 创新型职业个性

创新型人才的优点是:勇于开拓、喜欢冒险。其缺点是充满自傲,自说自话。

凡是开拓者都勇于在新领域闯出新天地,没有一股勇气和拼搏精神是不行的。在竞争场合,拼搏意味着对竞争对手的“无视”,因此,一旦形成个性,难免举止言行中,流露出自傲的风格。冒险者敢于在强手如林的竞争中,不顾对手的猛烈进攻,充分发挥自己的优势。一旦形成个性,在一般场合下,岂能不“自说自话”?大凡创新人才都是在某个方面具有强项,而不一定全面。身为这类人才的主管,在使用问题上不要求全责备。知识创新和技术创新人才一般成才较早,用之可不拘年资;而文化创新和制度创新人才一般成才较晚,用之则要不拘年高。在使用创新型人才时,管理者要与创新型人员在空间上保持一定的距离,不要放在身边,一天到晚在一起工作或无话不谈。平时要大胆地给予一定的职务,限定一定的时间,让他完成一定硬性指标的任务。

4. 研究型职业个性

项目十案例一

具有研究型职业个性的人才在专业内,其知识技能是超人数等,对于专业外的知识却知之甚少。一般人通常在做某一件事情时,所投入的精力只是一部分,总有部分精力用于等待处理其他事务。例如,看书时,自认为很投入,却不是全部精力。一听见外面有些声响,就会停下来,看个究竟。当发现没有大碍后,又去看书,自认为聚精会神,但还只是投入精力的一部分。如果突然有人前来询问坐在旁边同事的某些事情,他肯定能对答如流。因为,一直有一部分精力在等待处理这些突变事情。而研究型人才则不一样,他就像石油钻井一样,深深地钻入地下,口子虽然很小,但深度却很深。此时此刻,他对周围的事情可以达到视而不见,听而不闻。真正具有研究型职业个性的人才,只占万分之一,通常被誉为“活宝”。在使用这类人才时,首先不要把他作为管理者,让他去管理别人只能是勉为其难;然后主管要主动地、热情地去关心他,因为研究型人才往往不善于与领导交往,说话也不在意轻重;最后,管理者要为这类人才创造一个宜于开展研究的办公环境,他们一旦有了静心研究的条件,其成果自然瓜熟蒂落,极大地激发这类员工的积极性和潜力。

(二)“大五因素”模型说

1989 年,美国心理学家麦克雷、科斯塔等人根据对 16PF 的因素分析和自己的理论构想编制了测验五因素的 NEO-PI 人格量表(NEO-PI Five-Factor Inventory),并提出了个性的大五模型,Goldberg 称之为人格心理学中的一场革命。尤其近十年来,人格结构五因素模型取得了令人瞩目的进展,被许多研究所证实和支持,也被众多的心理学家认为是个性结构的最好范型。

人格结构中的五个因素后来被称为“大五”(big five),强调该人格模型中每一维度的广泛性。这五个维度因素是神经质(N)、外倾性(E)、经验开放性(O)、宜人性(A)和认真性(C)。大五个性可以从 5 个方面进行评价,如表 10-1 所示。

表 10-1   **"大五因素"模型**

因　素	普遍命名	主要标定词
因素 1	外向性	热情、善于社交、果断、活跃、冒险、乐观
因素 2	宜人性	友好、合作、真诚、愉快、利他、有感染力
因素 3	责任感	有责任心、有条理、坚忍不拔、公正、拘谨、克制
因素 4	情绪稳定性	焦虑、敌对、压抑、自我意识、冲突、脆弱
因素 5	开放性	想象、审美、情感丰富、求异、聪慧

在表 10-1 中,外向性和宜人性因素描述了人际关系方面的特征;责任性因素主要描述了工作行为、事业态度和理想追求;情绪稳定性因素描述人的情绪稳定性、平衡性、强弱程度;开放性因素描述了个体深层心理的文化特性、聪慧性等。研究发现,这些个性维度与工作绩效之间有着重要关系。

大五因素中的五项因素是个性分型的不同方面,并不是个性类型,这五个因素呈现出不同的分布,并与不同类型的职业形成对应,如表 10-2 所示。

表 10-2   **"大五因素"与职业匹配**

维　度	高分对应的职业	低分对应的职业
情绪稳定性	航空飞行员或外科医生	/
社会外向性	营销人员、政治家、娱乐工作者	产品经理、自然科学家
宜人性	教师、社会工作者	企业家和军事领导者
责任感	经理主管人员以及那些高成就者	艺术家和音乐家
开放性	企业家、变革家、艺术家、理论科学家	会计师、产品经理

从表 10-2,可以看出,不同维度的高低分分别对应与之相匹配的不同工作,换言之,在匹配工作领域更能取得更高的职业成就,发挥自己的个性优势。

通过比较可以得出人才的不同职业个性,作为企业的管理者,就要了解员工的不同职业个性和个性不同维度的相关优势表现,从而才能真正做到适才而用,发挥每个员工的特长与优势。

二、把握群体心理

(一) 群体心理学概述

群体心理学是研究结成群体的人们的心理现象、心理活动的社会心理学分支。1895 群体心理学的创始人,法国心理学家勒庞在《乌合之众》中提出"群体"的概念并对群体心理进行了研究,他认为人群集时的行为本质上不同于人的个体行为,群体心理与行为对群体活动影响较大。

1. 有效群体的特征

我们通过什么标准来判断群体的有效性,即什么样的群体才是真正意义上的群体。有效群体的基本特征包括四个方面,即联系的纽带;共同的目标和活动;群体规范和群体意识。一般来说只有具备了这四个特征的群体才是一个有效的群体,群体成员一般愿意接受并认同组织目标,并有较强的工作动机。从精神上讲,群体成员有良好的精神状态,充满自信和自尊。具有较强的独立生产性。有效群体的基本特征也为管理者进行有效管理提供了基本框架。

2. 群体规模

一般认为,人多力量大,柴多火焰高。但是事实证明小群体完成任务的速度和效率要比大规模群体的速度和效率高。通过观察,一般五人或者七人群体在执行任务时,比更大一些或者更小一些的群体效率更高,成员数目为奇数的群体比成员数目为偶数的群体更加受欢迎。成员为奇数,在投票时可以有效避免同等票数的僵持局面。由五人到七人组成的群体足以形成不同意见的局面。避免了意见偏颇,可以达到彼此制衡的目的。

3. 群体中的从众现象

从众现象是指个人由于真实的或臆想的群体心理压力,在认知或行动上下由自主地趋向于跟多数人相一致的现象。用通俗的话说,从众就是"随大流",可以表现为在临时的特定情境中对占优势的行为方式的采纳,也可以表现为长期性的对占优势的观念与行为方式的接受。在正式组织里,上下级关系会导致下级方面并非真正参与决策,下级为了迎合上级,宁愿顺着上级的意图而不提出自己的真正意见。

从众现象是人们在遵从社会规范过程中出现的现象,其主要特点就是它对群体压力的服从性和服从的盲目性。从众行为是指在群体的压力下改变个人意见而与多数人取得一致认识的行为倾向。与模仿相似,从众行为也是社会生活中普遍存在的一种社会心理和行为现象。从众现象是一种较普遍的心理现象,是人的一种直接的、感性的心理反应,任何人身上都有可能出现,它不简单地等同于随波逐流和丧失原则。从众行为对于一个人、一个社会有它积极的意义,它可以使一个人的思想和行为合乎群体的、社会的规范。在许多情况下,这种结果可以使群体和社会具有更高的一致性,有利于活动效率的提高和目标的实现。但是,从众也有消极的一面。当群体中大多数人所持的观点是错误的时候,从众会把群体的判断导向错误的结果。

4. 群体凝聚力

一个企业群体,必然有自己的群体处世方式以及内在存在价值,我们通过这个集体存在的方式来观察一个组织的纪律以及工作的效率。为了便于群体管理,一个群体会有一个代表性或者几个代表性的存在,也就是我们所谓的"领头羊"。凝聚力是为了一个集体达到一个共同的利益目的的统一精神,成员要对集体有向心力、忠诚、责任感、团体荣誉感等,是一个集体必备的精神状态,有助于实现群体目标,影响改变个人观念和行为。

群体的凝聚力是一个群体重要的战斗力,对群体的绩效起到决定性作用,群体的凝聚力受到多种因素的影响,如群体结构、群体的规模、群体的目标等,其中群体领导者的影响力、领导行为艺术和群体内部机制是影响群体凝聚力的关键因素。

(1)领导者的影响力。一个群体的领导团队是一个群体赖以生存的基本要素。领导在很大程度上影响了整个群体的发展方向和内部工作分配安排的调和和掌控,为整个工作环境带来一个良好的氛围。领导者如果能尊重个人性格,团结员工的同时又能正确用人,就能在很大程度上发挥个人的积极性,提高群体的凝聚力。一个有凝聚力的团队能够使得员工团结一心,在整个群体可以做到群体中体现个人的个性与特长;对于个体来说,在发展自己的同时,铭记群体目标,用个人的行为为群体总目标服务。这样的领导才能真正使得员工具有向心力,统一整体员工思想,尊重员工,奖罚分明,以理服人,信任下属,办事公道,及时有效沟通。

　　另外,领导者在工作中要对员工有真正的情感投入,这是领导御人之术的必修课,不仅可以激起员工的忠诚与热情,还能最大限度地调动各员工的积极性与潜能。得人心者得天下,正是对有效领导的最好的诠释。

　　(2) 领导行为艺术。领导艺术是领导者在做领导工作时,为有效实现领导目标提高效能灵活运用的各种技巧手段和特殊方法。它是领导者的素质能力在方法上的体现,是领导者的智慧学识、才能胆略和经验的综合反映。领导艺术包括决策的艺术、用人的艺术、执行的艺术和时间管理的艺术。

　　(3) 群体内部机制。一个有效的群体,仅仅有亲民的领导和有才华的员工还不够,一定有与之相匹配的行之有效内部机制。一个群体内员工之间的交流是否畅通,遇到问题是否能够及时沟通解决,不存在障碍;员工是否整体对群体有认同感,积极参与群体的每一项决策与活动,懂得彼此关心与尊重;群体的个人之间能否良性互动与竞争,在很大程度上受到群体内部机制的制约与影响。

　　群体内部机制有包括群体目标设置、群体的管理机制、群体中相关部门的职能设置、群体的奖惩机制和信息反馈机制等。一个好的奖罚制度可以使得奖罚分明,增强员工信心,意识到个人的利益和荣誉与所在的企业团队不可分割,同时也会增强团队成员之间的竞争力,内部压力使得员工之间的凝聚力更加强化;一个不好的奖惩制度就会挫伤员工的积极性,并且会激化员工内部的矛盾,从而影响群体的战斗力和凝聚力。

　　一个群体如果是一部正在运转的机器,那么每一个员工都是其中的零部件,需要彼此不同却又彼此配合。作为管理者就是要有效激发每个零部件在最大程度上实现自己的同时,推动整个机器高效又持续地运转。

【知识链接】

阿希的从众实验

　　在研究从众现象的实验中,最为经典的莫过于“阿希实验”。1952 年,美国社会心理学家所罗门·阿希(Solomon E. Asch, 1907—1996)设计实施了一个著名的实验,来研究人们会在多大程度上受到他人的影响,而违心地进行明显错误的判断和行为,证明在群体压力下会产生的“从众”行为。

　　所谓从众,是指个体受到群体的影响而怀疑、改变自己的观点、判断和行为等,以和他人保持一致。阿希实验就是研究人们会在多大程度上受到他人的影响,而违心地进行明显错误的判断。阿希请大学生们自愿做他的被试,告诉他们这个实验的目的是研究人的视觉情况的。当某个来参加实验的大学生走进实验室的时候,他发现已经有 5 个人先坐在那里了,他只能坐在第 6 个位置上。事实上他不知道,其他 5 个人是跟阿希串通好了的假被试(即所谓的“托儿”)。阿希要大家做一个非常容易的判断——比较线段的长度(如图 10-1 所示)。他拿出一张画有一条竖线的卡片,然后让大家比较这条线和另一张卡片上的 3 条线中的哪一条线等长。判断共进行了 18 次。事实上这些线条的长短差异很明显,正常人是很容易作出正确判断的。然而,在两次正常判断之后,5 个假被试故意异口同声地说出一个错误答案。于是许多真被试开始迷惑了,他是坚定地相信自己的眼力呢,还是说出一个和其他人一样、但自己心里认为不正确的答案呢?

　　结果当然是不同的人有不同程度的从众倾向,但从总体结果看,平均有 33% 的人判断是从众的,有76%的人至少做了一次从众的判断,而在正常的情况下,人们判断错的可能性还不到1%。当然,还有24%的人一直没有从众,他们按照自己的正确判断来回答。一般认为,女性的从众倾向要高于男性,但从实验结果来看,并没有显著的区别。

阿希的实验向我们表明:有些人情愿追随群体的意见,即使这种意见与他们从自身感觉得来的信息相互抵触。群体压力导致了明显的趋同行为,哪怕是以前人们从未彼此见过的偶然群体。

实验后,阿希对从众的被试作了访谈,归纳从众的情况有三种:①被试确实把他人的反应作为参考框架,观察上就错了,发生了知觉歪曲。②被试意识到自己看到的与他人的不同,但认为大多数人总比自己正确些,发生了判断歪曲。③被试明知其他人都错了,却跟着做出了错误反应,发生了行为歪曲。

一般认为,发生从众行为是因为个体在群体中受到信息上和规范上的压力。①信息压力:人们普遍认为,多数人的正确几率比较高,在模棱两可的情况下,由于缺少参照构架以及不能确信自己的情境,就越发相信多数人,越从众。②规范压力:群体中的个人往往不愿意违背群体标准而被其他成员视为越轨者,害怕与众不同而成为"一匹离群之马",遭受孤立,因此采取多数人的意见。

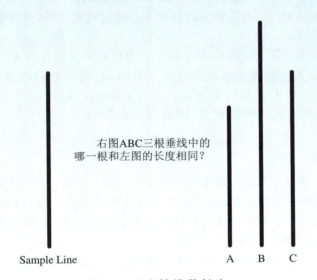

右图ABC三根垂线中的哪一根和左图的长度相同?

Sample Line   A   B   C

图 10-1 比较线段长度

而中国学者岑国桢综合归纳出从众原因有5种:
① 为了免受责难;
② 为了表示友好;
③ 表示归属群体;
④ 多数人更正确;
⑤ 图省事不费心。
设想一下,你在这个实验中会是什么样的表现呢?

任务二   把握服务业中的管理技巧

一、认知管理者的个性和风格

管理者对应的是管理岗位,同样也是需要适岗者有与之相匹配的个性与领导风格。

根据领导者每个人的个性和行事风格不同,领导者可分为超凡魅力型领导和交换与变革型领导。

(一)超凡魅力型领导

具有超凡魅力的领导人具有的三个典型特征:

(1)具有超凡魅力的领导人能创造一个革新的氛围,对未来的理想有清醒的认识,而这个理想是远远优于现实的。他们有能力用一种清晰的强有力的方式和别人交流复杂的主题和目标,从而使上至副总经理下至看门人都能理解和明确自己的任务。具有超凡魅力的领导人向追随者灌输一种持久的信念,即使信念不能在当事人所实现的很容易的目标中得到体现,信念本身就成为对追随者的奖赏。

(2)具有超凡魅力的领导人愿意冒巨大的个人风险来获得大众的信任。他们用热情的谈话技巧把自己定位为一个具有超凡魅力的领导人。通过面对风险,领导者能够增加自己对追随者的情感上的吸引力。

(3)具有超凡魅力领导人的影响力来自个人力量而不是职位力量。人们喜欢领导者并且想成为像他那样的人。追随者尊敬和钦佩领导者,是因为他们的知识、经验或是个人魅力,而并不是他们在组织中的名衔和地位。尽管具有超凡魅力的领导人可以拥有职位权力,但他们超越了这种正式的职位权力,因为他们的影响力是基于个人品质而不是企业赋予他们的权力。

(二)交换与变革型领导

变革型领导者的特点是有能力带来巨大的变化。他们引导企业的愿景,制定企业的战略,营造企业的文化。他们关注的是企业愿景、共享价值等无形的品质,而不是用规定的、指导和控制的渠道与追随者沟通。变革型领导是基于领导者的个人价值、信念和品质而不是领导者和追随者的交换过程,其特点主要有四个方面。

(1)变革型领导者试图将追随者发展成为领导者。追随者被赋予更大的自由度来控制他们自己的行为。变革型领导者将人们集结在任务周围,鼓励追随者对问题进行争论,帮助人们用新的方式看待事物,由此引发组织变革。

(2)变革型领导者把追随者的需求由低层次的物质需求提升到高层次的精神需求。低层次的需求可以通过工资、安全的工作环境等条件来满足。变革型领导更注重追随者的成长和发展需要。因此,只有把追随者的需求和能力提升到一个更高的档次,并把他们和企业的任务联系起来,通过改变追随者来改变企业,才能达到组织变革的目的。

(3)变革型领导者激励追随者牺牲自己利益而为团队的利益而努力。他们让追随者清楚地认识到目标和产出的重要性,鼓励追随者为了组织的长远目标而放弃个人的短期利益,强调信任的重要性。变革型领导者不仅用他们的人格魅力来激励追随者,也促使追随者相信变革的重要性,并且能做到为了伟大的目标而心甘情愿地作出牺牲。

（4）变革型领导者善于描绘一幅理想未来的愿景，并把它传递出去，让人们相信变化的阵痛是值得的。他们重要的角色是找出并显示优于现在的愿景，获得人们的支持，共同为梦想而努力。只有当人们清楚地知道企业要实现的愿景时，变革才是有可能的。

交换型领导保持稳定性，而变革型领导追求为企业创造未来。实证研究表明，有效领导者显示出交换型和变革型的双重形态，他们不仅重视建立愿景和赋予追随者动力，而且重视设计用来实现愿景的结构、控制系统和奖励系统以及有效的沟通方式。调查表明，许多有成就的领导者都体现了变革型和交换型的平衡和统一。

二、把握群体目标，实现个体和群体利益与效益最大化

（一）群体与个体

项目十案例二

由于群体决策涉及多人，如何达成最终的一致是许多研究者关心的问题。可以对群体成员的最初观点与最终的组织决策进行比较，从而得知最终的群体决策是根据什么规则得到的。一种规则是多数决定原则（Majority-Wins Rule），即群体支持大多数成员所持的立场。另一种规则是真理决定原则（Truth-Wins Rule），即随着越来越多的成员认识到它的正确性，正确的决策将会出现。还有一种是 2/3 多数原则（Two-Thirds-Majority Rule），即得到 2/3 或以上成员支持的决定将被采纳。最后一种是首先转换原则（First-Shift Rule），即群体倾向于采纳群体成员的观点第一次发生转变时的决策。研究表明，这些决策规则可以说明 80％ 的组织决策。很多研究着重揭示特定类型任务使用哪种规则。例如，有研究发现，当不存在客观正确的决策时，即决策反映的是一种偏好时，主要采用多数决定原则；而在有一个正确答案的智力型任务上，主要采用真理决定原则。

群体决策有很多优点。首先，将人们召集到一起可以增加作出好决策所需知识和信息的数量，也就是资源共享。其次，群体决策可以产生工作分工，由于有足够多的人员分担工作负担，个体可以仅完成那些最擅长的任务，从而提高决策的质量。第三，群体决策比个体决策更容易被广泛接受。当人们参与到决策过程中时，他们很可能对决策更加理解，并且更愿意执行这一决策。

但群体决策也有很多问题。最明显的缺点是，群体决策比个体决策需要更多时间来获得解决方案。第二个问题是，在重要问题上的观点不一致可能会导致敌意和群体冲突。另外，群体内部存在从众压力，群体成员希望被群体接受的愿望可能会导致不能畅所欲言地表达自己的观点。群体讨论也可能受到少数人（如专制型领导）的控制，从而阻碍对相关解决方案的自由讨论。最后，群体决策还会导致责任不明和责任分散的后果。

群体决策既有优点又有缺点。那么，什么时候群体决策优于个体决策呢？一般地说，在重大的、复杂的、开放性的问题上，既应该又适合采用群体决策。如一家公司正在考虑是否应该与另一家公司合并，这就不是任何一个人可以单独作出决定的事情。其重要性使得任何一个人都无力承担决策的后果和责任，其复杂性使得任何一个人（即便是专家）都没有足够的智慧和能力作出明智决策，其开放性使得群体观点的多样性能够得以充分发挥，因此群体可以做得更好。究竟群体是否比个体做得更好，还依赖于几个因素：首先必须考虑群体的成员是谁。好的决策群体通常由具备互补性技能的异质成员所组成。例如，在决定是否合并这类问题上，由律师、会计师、房地产代理人和其他专家组成的群体作出的决策很可能优于由同一领域专家组成的群体。事实上，群体成员提供观点的多样性本身就是群体决策的主要优势，如果做不到这一点，群体决策的优势也就不存在了。当面临需要了解多方面信息的决策时，单个

10

决策者需要大量时间来查阅资料和咨询他人,而如果群体包括来自多个领域的成员,那么寻找信息所需的时间就会大大减少,观点的多样性也能够得到保证。要使群体决策有效率,仅仅有技能的多样性是不够的,成员还必须以开放的、没有敌意的方式交流观点。如果某一个体或整个群体气氛使他人不敢贡献自己的专业知识,那么即便是由异质专家构成的群体,也难以表现出决策上的优势。拥有专业知识和能否使用这些专业知识是两回事。研究表明,资深专家的意见在群体决策中扮演着重要作用。当资深专家的意见被给予充分重视时,群体才能作出好的决策。

相反,在较不重要的、简单的或封闭性的决策任务上,群体决策的优势就不一定能发挥出来。如有一个需要作判断的简单问题,它有一个很容易证实的答案。在这种情况下,群体有可能比个体做得好,但那是因为群体中的某个人可能知道正确答案,是他为群体完成了任务,也就是说,群体只是增加了知道正确答案的可能性。但是,如果群体非常大,那么很可能会影响拥有所需知识的那名个体完成任务。事实上,在一些知识竞赛或智力活动上,单独工作的专家常常会超过群体。原因是,在群体中完成此种任务的专家可能被其他人所干扰,还必须说服其他人自己的答案是正确的。

此外,群体决策和个体决策哪个更好还取决于衡量效果的标准。如果考虑的是准确性、创造性和成员对最终方案的接受程度,群体优于个体。

(二) 改进组织中的决策使个体和群体利益与效益最大化

阻碍组织作出有效决策的因素之一是个体的偏差。如果决策者能够认识到这些偏差的存在,并避免受到它们的影响,组织决策的效率就可以得到提高。除了前面已经提出的改进个体决策的一些建议外,还可以通过对群体成员的训练来改进组织决策。研究表明:当训练组织成员避免了以下四种常见的错误时,群体在解决创造性问题时的错误大大减少了:①过分追求迅速找到解决方案;②执著于第一个想到的方案,不去深刻地评估后果;③迅速改变主意,采取出现的第一个新观点;④回避从事手头的任务。这类训练方法可以提高个体的决策技能,从而改进组织决策。

干扰组织决策的第二类因素是群体决策的一些缺陷,主要是群体极化和群体盲思。管理者需要清醒地认识到这两种现象的潜在危害,并力求避免受它们的不利影响。

组织本身的一些限制也会影响决策。这些限制包括:①时间限制:许多重要的组织决策需要在时间紧迫的条件下完成。这种情况下,决策者试图迅速作出决定,因而限制了对信息的搜索和对各种可能性的考虑。尽管时间限制常常是组织必须面对的真实实情况,并非是人为设定的,但它确实在一定程度上会影响决策效果。②"保全面子"的压力:决策者可能作出使他们显得面子上好看的决策,但这种决策不一定对组织的发展有利。例如,如果正确的决策将危及他的声誉或威信,一名雇员可能会歪曲决策所需的信息。一项研究发现,在一项群体决策问题上,一群商业人士选择了一个足够好的(但不是最理想的)方案,而不是作另一种选择,因为那种选择可能造成与同事的严重冲争突。显然,人们经常作出一些对组织并非最佳的决策,目的是培养他们自己良好的形象。③管理者的决策会受到绩效评估标准和奖励体系的影响。④过去作出的决策通常会作为前提条件,限制当前的决策。⑤组织的正式规则。多数组织都设立各量种规章制度、操作程序和其他规范,以保证个体取得较高的业绩水平,但同时也限制了决策者的选择权。作为管理者,应当意识到这些因素的存在,尽量减少可能危害决策的组织限制。

通过改进决策,把握群体目标,实现个体和群体利益与效益最大化。

三、把握员工性格,个性化管理

每个个体的性格以及工作性质是有差别的,服务业管理者只有充分了解这些差异,才能有效激发每个个体的潜力,实现有效管理。其中,性格-工作适应理论是适应这一要求的最有效的管理理论。该理论是美国心理学家霍兰德创立,他指出个体对工作满意度和工作流动的倾向,取决于个体的性格特点和职业环境的匹配程度。理论中划分了六种性格类型,即实用型R、研究型I、艺术型A、社会型S、企业型E、常规型C,并设计了六边形模型,如图10-2所示,职业性格类型之间的关系。

图 10-2　职业性格类型之间的关系

图中,每两个领域的连线长度越大则差距越大。该理论的关键在于:①个体之间在性格方面存在本质的差异;②工作有不同的类;③性格如能与工作类型搭配得当,可以提高满意感,降低离职率。

这种理论非常值得领导者在管理中应用,具体作法如下:

(1)掌握员工工作性格的差异,也就是识人。具体的方法可以通过观察法、谈话法、个案调查法和案例分析法等收集资料,了解员工的工作性格。

(2)根据性格和工作类型差异,科学安排工作任务。要有效开发和管理人力资源,必须充分考虑员工的性格特点,尽量是工作类型与员工性格相匹配。例如,前厅的工作需要性格更加灵活、外向的工作人员与之匹配,后台的工作需要安静、细心的工作人员来完场更好。管理者在努力使每个员工与工作类型与岗位匹配的同时,还需要考虑员工之间的性格互补,不同性格特点的员工在群体中通过优势互补可以提高群体的工作效率。

(3)依据员工的性格差异,采取不同的教育管理方法。有效地管理团队,除了要识人、用人还要以合理的方法来进行教育管理,同样不同的性格也需要管理者采用不同的方式方法,才不会适得其反,而是起到激发与激励的作用。例如,自尊心特强的员工,不太容易接受直面批评,管理中需要正面引导,批评也只能是点到为止;骄傲自负的员工在管理中尽量不对其公开表扬,否则更加目中无人,对其工作多加检查,发现问题要严肃批评等。

针对员工的性格差异与具体教育管理方法汇总表如表10-3所示。

表 10-3　　　　　　　　　　　性格与教育管理方法汇总表

性格类型	行为表现	教育管理方法
傲慢自负	反应快、聪明能干、过分自信、好出风头、虚荣心强、听不进不同意见	严格要求,谨慎表扬
沉默寡言	少言寡语、优柔寡断、任劳任怨、踏实细致、有时工作效率不高	少指责,多鼓励
心胸狭窄	小心眼、遇事不顺心或涉及个人利益的事,往往患得患失,难以摆脱	多加疏导,开阔胸怀
自尊心强	上进心强、严于律己、争强好胜、听不进批评、情绪变化大	开阔视野、正确认识自己和他人
疲疲沓沓	大错不犯,小错不断、工作拣轻怕重、漠视规章制度、生活懒散	找出闪光点、及时鼓励、要求严格具体

【知识链接】

X 理 论 与 Y 理 论

20 世纪 60 年代,弗雷德里克·泰勒开始受到人本主义心理学的猛烈抨击。后者指责他的管理方法把工人工具化,管理变成了简单的衡量,人的尊严却受到了践踏。于是,就出现了两种关于人性的基本假设,一种是 X 理论,一种是 Y 理论。

X 理论认为人性懒惰,所以总是逃避责任。只有少数人才能克服这样的劣根性,成为一个有雄心壮志的人,但绝大多数人必须用"胡萝卜＋大棒"进行威逼利诱,使他们为完成既定的工作任务而努力。多少年来,企业主们一直都在使用这样的管理方法,但他们也会绝望地发现,"胡萝卜＋大棒"作为一种管理工具的作用常常失效。

管理者之所以使用物质报酬这根"胡萝卜",是为了激发员工的欲望。作为人力资源成本,物质报酬的应用就会最终陷入绝境。

从另一方看,员工也过得很艰难。为了得到那根胡萝卜,他不得不忍受大棒的惩罚,他并不喜欢那份工作,他只是喜欢那份工作后面的物质报酬而已。他很清楚,他与管理当局是一种交易关系,他会设法让自己的劳动更值钱。如果管理当局给出的物质报酬令他满意,他会装出一副很喜欢这份工作的样子。但如果他不满意,就会用各种不同的形式怠工、逃避或表示抗议。

美国麻省理工大学心理学教授道格拉斯·麦格雷戈试图用 Y 理论来解决 X 理论所遭遇的困境。他认为,人是"需要"工作的,因为人"需要"成就自我,所以只要有效地引导和激发员工的这种"需要",他们就会积极进取,不仅能够承担责任,甚至还能勇于接受具有挑战性的新任务。

人本主义心理学极力主张采用 Y 理论,甚至连马斯洛也成了 Y 理论的热情拥护者。在这种被称为应用心理学的管理方法中,说服替代了命令——那些不能被说服的人则被认为是不成熟的、或者病态的。你应该积极,如果你不积极那么你就有病。你应该承担责任,如果你不承担责任那么你就有病。你既然有病,就需要进行心理矫正。这样,管理就变成了一种心理专制。

工作关系应该用爱与帮助来作为支持,但心理专制却是对人性的另一种暴力伤害。实践证明,用 Y 理论来做人事评价时,没有一个完全健全的人。所以,它虽然不像 X 理论那样假定人是懒惰和不负责任的,但它假定只有管理者是健全的、其他人都是病态的。当这个管理者面对上级时,他也莫名其妙地变成了病态的。在这样的工作环境中,如果你总是以一个下级的身份接受评价和训导,那么你迟早是要发疯的。

如果你能够冷静一些,你就会发现,你并不"需要"用那种方式成就自我。Y 理论中假设的"需要",其实是一种假设的欲望。欲望才是病态的,用一种病态作为管理心理学的衡量标准,不把人整成疯子才怪。

10

【心理测试】

霍兰德职业人格能力测验问卷

指导语:本测验是在美国著名就业指导专家霍兰德的职业人格能力测验量表的基础上,根据中国的具体国情修订而成的。本测验将帮助您发现和确定自己的职业兴趣和能力特长,从而使您更科学地作出求职择业的选择。

本测验共有四个部分,每部分含六个方面的测验题,共计 192 道题,请您按自己的实际情况依次对每道测验题做出选择,并将您的选择用"√"号,标记在答卷纸上相应的空格内,请不要漏过任何一道题。本测验没有时间限制,但您应尽快去做。

第一部分:您愿意从事下列活动吗

R. 现实型活动:

1. 装配修理电器或玩具。

2. 修理自行车。

3. 用木头做东西。

4. 开汽车或摩托车。

5. 用机器做东西。

6. 参加木工技术学习班。

7. 参加制图描图学习班。

8. 驾驶卡车或拖拉机。

9. 参加机械和电气学习。

10. 装配修理电器。

A. 艺术型活动:

11. 素描/制图或绘画。

12. 参加话剧戏曲。

13. 设计家具布置室内。

14. 练习乐器/参加乐队。

15. 欣赏音乐或戏剧。

16. 看小说/读剧本。

17. 从事摄影创作。

18. 写诗或吟诗。

19. 进艺术(美术/音乐)培训班。

20. 练习书法。

I. 研究型活动：

21. 读科技图书和杂志。

22. 在试验室工作。

23. 改良水果品种，培育新的水果。

24. 调查了解土和金属等物质的成分。

25. 研究自己选择的特殊的问题。

26. 解算式或数学游戏。

27. 学物理课。

28. 学化学课。

29. 学几何课。

30. 学生物课。

S. 社会型活动：

31. 学校或单位组织的正式活动。

32. 参加某个社会团体或俱乐部的活动。

33. 帮助别人解决困难。

34. 照顾儿童。

35. 出度晚会、联欢会、茶话会。

36. 和大家一起出去郊游。

37. 想获得关于心理方面的知识。

38. 参加讲座会或辩论会。

39. 观看或参加体育比赛和运动会。

40. 结交新朋友。

E. 企业型活动：

41. 说服鼓动他人。

42. 卖东西。

43. 谈论政治。

44. 制订计划、参加会议。

45. 以自己的意志影响别人的行为。

46. 在社会团体中担任职务。

47. 检查与评价别人的工作。

48. 结识名流。

49. 指导有某种目标的团体。

50. 参与政治活动。

C. 常规型活动：

51. 整理好桌面和房间。

52. 抄写文件和信件。

53. 为领导写报告或公务信函。

54. 查收个人收支情况。

55. 参加打字培训班。

56. 参加算盘、文秘等实务培训。

57. 参加商业会计培训班。

58. 参加情报处理培训班。

59. 整理信件、报告、记录等。

60. 写商业贸易信。

第二部分:您具有擅长或胜任下列活动的能力吗

R. 现实型能力:

61. 能使用电锯、电钻和锉刀等木工工具。

62. 知道万用表的使用方法。

63. 能够修理自行车或其他机械。

64. 能够使用电钻床、磨床或缝纫机。

65. 能给家具和木制品刷漆。

66. 能看建筑等设计图。

67. 能够修理简单的电气用品。

68. 能够修理家具。

69. 能修收录机。

70. 能简单地修理水管。

A. 艺术型能力:

71. 能演奏乐器。

72. 能参加二部或四部合唱。

73. 独唱或独奏。

74. 扮演剧中角色。

75. 能创作简单的乐曲。

76. 会跳舞。

77. 能绘画、素描或书法。

78. 能雕刻、剪纸或泥塑。

79. 能设计海报、服装或家具。

80. 写得一手好文章。

I. 研究型能力:

81. 懂得真空管或晶体管的作用。

82. 能够举例三种含蛋白质多的食品。

83. 理解铀的裂变。

84. 能用计算尺、计算器、对数表。

85. 会使用显微镜。

86. 能找到三个星座。

87. 能独立进行调查研究。

88. 能解释简单的化学式。

89. 理解人造卫星为什么不落地。

10

90. 经常参加学术的会议。

S. 社会型能力：

91. 有向各种人说明解释的能力。

92. 常参加社会福利活动。

93. 能和大家一起友好相处地工作。

94. 善于与年长者相处。

95. 会邀请人招待人。

96. 能简单易懂地教育儿童。

97. 能安排会议等活动顺序。

98. 善于体察人心和帮助他人。

99. 帮助护理病人或伤员。

100. 安排社团组织的各种事务。

E. 企业型能力：

101. 担任过学生干部并且干得不错。

102. 工作上能指导和监督他人。

103. 做事充满活力和热情。

104. 有效地用自身的做法调动他人。

105. 销售能力强。

106. 曾作为俱乐部或社团的负责人。

107. 向领导提出建议或反映意见。

108. 有开创事业的能力。

109. 知道怎样做能成为一个优秀的领导者。

110. 健谈善辩。

C. 常规型能力：

111. 会熟练地打印中文。

112. 会用外文打字机或复印机。

113. 能快速记笔记和抄写文章。

114. 善于整理保管文件和资料。

115. 善于从事事务性的工作。

116. 会用算盘。

117. 能在短时间内分类和处理大量文件。

118. 能使用计算机。

119. 能搜集数据。

120. 善于为自己或集体作财务预算表。

第三部分：您喜欢下列的职业吗

R. 现实型职业：

121. 飞机机械师。

122. 野生动物专家。

123. 汽车维修工。

10

124. 木匠。

125. 测量工程师。

126. 无线电报务员。

127. 园艺师。

128. 长途公共汽车司机。

129. 火车司机。

130. 电工。

A. 艺术型职业：

131. 乐队指挥。

132. 演奏家。

133. 作家。

134. 摄影家。

135. 记者。

136. 画家、书法家。

137. 歌唱家。

138. 作曲家。

139. 电影电视演员。

140. 节目主持人。

I. 研究型职业：

141. 气象学或天文学者。

142. 生物学者。

143. 医学实验室的技术人员。

144. 人类学者。

145. 动物学者。

146. 化学家。

147. 数学家。

148. 科学杂志的编辑或作家。

149. 地质学者。

150. 物理学者。

S. 社会型职业：

151. 街道、工会或妇联干部。

152. 小学、中学教师。

153. 精神病医生。

154. 婚姻介绍所工作人员。

155. 体育教练。

156. 福利机构负责人。

157. 心理咨询员。

158. 共青团干部。

159. 导游。

160. 国家机关工作人员。

E. 企业型职业：

161. 厂长。

162. 电视片编制人。

163. 公司经理。

164. 销售员。

165. 不动产推销员。

166. 广告部长。

167. 体育活动主办者。

168. 销售部长。

169. 个体工商业者。

170. 企业管理咨询人员。

C. 常规型职业：

171. 会计师。

172. 银行出纳员。

173. 税收管理员。

174. 计算机操作员。

175. 簿记人员。

176. 成本核算员。

177. 文书档案管理员。

178. 打字员。

179. 法庭书记员。

180. 人口普查登记员。

第四部分：请评定您在下述各方面的能力等级

（注：请先将自己与同龄人在相应方面的能力作以比较，然后经斟酌后作出评定，并将评定的等级数填写在答卷上。评定共分7级（1、2、3、4、5、6、7），数字越大表示能力越强。）

181. 你的机械操作能力等级为（1　2　3　4　5　6　7）

182. 你的艺术创作能力等级为（1　2　3　4　5　6　7）

183. 你的科学研究能力等级为（1　2　3　4　5　6　7）

184. 你的解释表达能力等级为（1　2　3　4　5　6　7）

185. 你的商业洽谈能力等级为（1　2　3　4　5　6　7）

186. 你的事务执行能力等级为（1　2　3　4　5　6　7）

187. 你的体力技能等级为（1　2　3　4　5　6　7）

188. 你的音乐技能等级为（1　2　3　4　5　6　7）

189. 你的数学技能等级为（1　2　3　4　5　6　7）

190. 你的交际能力等级为（1　2　3　4　5　6　7）

191. 你的领导能力等级为（1　2　3　4　5　6　7）

【知识练习与思考】

1. 领导者与管理者的区别和联系是什么?
2. 提高领导者影响力的途径有哪些?
3. 领导风格有哪些? 各自的特点是什么?
4. 领导者的管理艺术表现在哪些方面?

【能力培养与训练】

新龟兔赛跑的故事

第一次赛跑时兔子因为睡觉输了,它很不服气,极力要求和乌龟再进行一次比赛,这一次兔子果然吸取教训,于是它赢了。这时乌龟又不服气了,可是用什么办法能够赢呢? 终于乌龟想到了新的办法,它要求再进行第三次赛跑,条件是路线由它来选,骄傲的小兔子一口答应了,结果等到赛跑时它才知道吃了大亏,原来它们进行的是水路比赛! 同样经历过成功与失败的兔子和乌龟这次都没有大喜大悲,它们陷入了沉思,最后它们决定以后要互相合作,在陆路上兔子背着乌龟跑,而在水路上乌龟驮着兔子游。以后无论有什么样的赛跑比赛,它们总能从容应对。

这就是新龟兔赛跑的故事,它给了我们很多启示:"龟兔合作"则昭示了"信用"的作用,乌龟和兔子从竞争对手到合作伙伴,这种角色的转变实质上是通过"互信"来完成的。从此,我们不难得出这样一个简单而深刻的道理:只有互相信任,才能实现合作,最终才能实现双赢。

新龟兔赛跑的故事给予我们有关团队管理什么启发?

项目十一　把握客户的投诉心理，做好售后服务

【项目提要】

本项目介绍了客户在消费时出现投诉的主要原因及其心理需求特征；服务企业在处理客户投诉时的一般方法、原则和技巧；企业在处理客户投诉的一般程序；一些心理现象对客户投诉处理的影响。

【引导案例】

为顾客修改制度的清华同方售后服务

20××年5月7日，重庆市黄先生买清华同方真爱2000E电脑一套，5月9日在使用时出现死机现象，立即与经销商和维修服务部进行了联系，在以后的20多天里，维修站四次派人上门维修，清华同方电脑技术服务中心北京总部也通过电话对维修人员进行技术指导，经过仔细检查，软件系统一切正常，不存在使用不当的问题，确实存在死机现象且无法排除。6月3日，上一级分销商重庆华方公司为用户更换了同型号的电脑，但仍然出现类似的故障。于是，用户要求退货，但是经销商重庆赛达电脑经营部坚持进行维修，遂与用户产生分歧。

在进行了几次维修无法排除故障的情况下，用户黄先生向清华同方电脑北京总部进行投诉，北京总部于当天致电重庆经销商，要求立即给用户办理退机手续，并将货款退给黄有为先生。

按照同方电脑的退货流程，需要在北京检测之后才能给经销商办理货款冲抵手续，存在着时间差，经销商担心北京检测后如果没有确认故障，可能不办理货款冲抵。因此，重庆赛达电脑经营部坚持先给用户打一张欠条，要等北京确认之后再退给用户钱，这样黄先生退机时不能马上从经销商那里拿回货款。

黄先生在十分无奈的情况下给清华同方股份有限公司总裁写了一封信，在叙述了他的遭遇之后，说："如果你了解了我的遭遇，购电脑还会选择清华同方吗？我认为，这种退货办法是极不公平的，试问顾客能仅凭一张欠条就从商店拿走东西吗？清华同方的这种做法，显然违背了公平交易的原则，若不是亲身经历，我真难以相信在这样一个全国有名的上市公司及其销售网络中会存在这样的问题。我不但未能体会到清华同方高科技产品

和服务带来工作上的方便和生活中的乐趣，反而给我在精神上和经济上增加了很大负担。"

　　由于气愤和焦虑，黄先生在投诉信寄出后第三天未等到回音的情况下，在 7 月 3 日下午向《重庆晚报》反映了情况，并于 7 月 4 日在《重庆晚报》"读者之音"栏目刊登出："退货不给钱，清华同方岂有此理"。报道说黄先生反映清华同方电脑有质量问题，经多次维修无法解决，经销商拖延很长时间才答应退货，但在黄先生将有质量问题的电脑送到公司时，得到的答复竟是不能马上退款，要等北京厂家把货款退还给他们以后，才能将钱还给客户。请问，哪有这样的道理？

　　同方总裁的反应：

　　同方总裁在收到来信后，（此时尚不知道《重庆晚报》即将曝光），立即作出以下批示："电脑事业部：这是一起很严重的事件，要从管理上查清制度、程序、思想上的原因，并提出解决办法。另外，要立即与客户联系，解决客户的困难，在合理的范围内给予赔偿，并感谢他对我们的批评，事情查清之后向我报告，由我去向客户道歉。"

　　同方电脑事业部的反应：

　　同方电脑事业部接到总裁批转的投诉信后，主管客户服务的副总经理立即给黄先生打电话了解情况，转达了同方总裁对此事的关注，对用户在购买同方电脑后的一系列遭遇表示极为关注，并保证一定在三天之内查清此事，处理有关责任人，并对用户的损失进行赔偿，将问题彻底解决。

　　用户的反应：

　　黄先生对同方总部的态度表示满意，说没想到会如此迅速地作出反应和有这么好的处理，以为这封投诉信寄出以后，还会像以前经销商的做法一样，会拖延很久，所以他已经向新闻媒体作了反映，可能在当天的报纸上报道。如果问题能够圆满解决，他愿意向新闻媒体表示他对此事的满意态度。

　　同方对待媒体的方式：

　　在从用户那里得知新闻媒体即将对此事曝光的消息之后，同方电脑事业部总经理立即给《重庆晚报》编辑部打电话，表示对这件事十分关注，感谢晚报在保护消费者权益方面所做的工作，并保证尽快处理此事，给用户和新闻媒体一个满意的答复。

　　同方电脑事业部对事件的处理：

　　组成了由总经理牵头，包括主管客户服务的副总经理、市场部经理、销售渠道管理部经理、技术服务中心经理、质量管理部经理等人参加的临时处理小组，并作了如下分工：由副总经理负责对经销商的调查和处理，质量管理部经理负责对这一批电脑的质量进行追查，技术服务中心经理负责做好对用户的善后工作。

　　调查结果：

　　经过调查，在同方电脑事业部最近出厂的一批真爱 2000E 电脑中，确实存在质量隐患，主板的 BIOS 管理程序存在缺陷，在一般检测环境下一切正常，但在某一特定使用条件下会出现死机现象。因此，尽管维修服务站多次提供上门服务，更换主板，但由于是同一批货，并且使用通用的检测手段，没有从根本上解决问题。

　　此外，将电脑卖给黄先生的经销商重庆赛达电脑经营部也不是清华同方的签约代理商，属于同方代理商下属的小经销商，刚开始经销同方电脑，未经过严格培训，不熟悉同方电脑对用户的承诺和服务规范。

11

同方对事件的处理及结果：

在调查的基础上，临时小组决定立即对此事进行处理：

（1）为黄先生立即办理退款手续，并赔偿用户的损失。

（2）立即通过售后服务体系对已经购买这批电脑的用户进行联系，上门更换 BIOS 程序，如果用户有顾虑，可以为用户更换其他批次的电脑或者办理退货手续。

（3）对有关经销商进行处理，责成他们向用户道歉，挽回影响。

（4）派清华同方西南大区总经理登门拜访《重庆晚报》编辑部，代表同方总裁和电脑事业部总经理，感谢新闻媒体的监督和关心，并通报清华同方对此事的处理措施和结果。

（5）7 月 5 日晚，清华同方总裁给黄先生打电话，对此事表示十分抱歉，感谢他对清华同方的关心的批评，并表示这件事是对于同方改进工作起到了很好的促进作用，请他继续监督我们的工作。

（6）7 月 6 日，《重庆晚报》在接到了黄先生的电话之后，在"回音壁"栏目中登出了"问题已经圆满解决，黄先生对清华同方的态度和处理结果表示满意，并对本报表示感谢"的消息。

同方举一反三：

事件结束后，同方电脑事业部对销售体系进行了培训和检查，在流程和制度上作了进一步的改进和完善。同时，在组织结构上提高了用户投诉处理部门的级别权限，直属总经理室领导，并且扩大了人员编制，以便及时接待和处理用户投诉，每周将处理情况向总经理室报告。

分析：

企业生产的产品分三个层次：核心产品、形式产品和扩大产品。在核心产品和形式产品的质量趋同的今天，企业之间的竞争会在外延产品上。服务属于产品的外延中的重点内容，因此，一个企业的产品同另外一个企业产品的差异主要在服务上。服务包括售前、售中和售后。清华同方公司售后服务体系，在出现前述问题的时候，存在一定的问题，否则不会导致顾客烦恼两个月。如果没有这次重庆的服务危机，恐怕同方公司还不能及时认识到自己在售后服务上存在的缺陷。

虽然同方有较完整的服务体系，但是其服务链条增长时，由于培训没有到位，制度约束不力，导致没有授权者也在经销同方的电脑，实际上是说代表同方接触顾客的不是同方的人。所以，出现了两个月的服务滞后。

同方公司总裁立即作出反应并亲自关照、使顾客受到感动而进一步向媒介解释、公司感谢媒介的参与、公司举一反三的处理方式等都值得推崇。

（吴维库，张永路．"清华同方案例"根据实践修正制度．中国服务营销网，2006 年 1 月．）

任务一　把握顾客的一般投诉心理

倾听顾客的不满，是服务过程中的一部分，而且这一工作能够增加服务人员的工作的效能。对于顾客的抱怨不加理睬或者错误的处理，将会失去顾客。通常顾客有了抱怨心理而在服务人员那里得不到倾诉，回去后会向其周围的人倾诉，造成更大范围的负面影响。让顾客说出来，既可以让顾客负面情绪得以宣泄，从而有利于让其心态趋于平衡，又可以让服务员了解到工作中的问题所在，从而对目前存在的问题作出及时的修正，避免以后出现类似问题招致顾客更大的不满。此外，顾客愿意向企业反馈其对企业产品或服务的不满，从另一个角度也恰恰说明顾客希望企业能够有所进步和改变，这正是顾客对企业重视和认可的一种表现，企业应该积极响应。

企业的利益与顾客的利益从长远来看是一致的，要想维护企业与顾客的利益，企业必须正确处理顾客的意见。有时即使你的产品和服务非常好，也会受到需求不同的顾客的抱怨。忽视顾客的不同需求，必然将使顾客远离企业而去。有人或许会认为，企业失去一两名顾客是正常现象，不值得大惊小怪，然而，这种情况所造成的影响却是难以估量的。顾客的批评意见应被视为是神圣的语言，任何批评意见都应乐于接受。倾听并恰当地处理顾客的意见，可以产生积极的效果。

追求产品与服务质量"零缺陷"是每一个企业都期望的生产目标，然而不管是标准化的工业生产还是个性化的服务企业，都无法确保永不出错。在服务人员和顾客高度接触的服务性企业，不同的顾客对服务质量有不同的要求，即使同一个顾客在接受服务的过程中对服务质量的要求也发生变化，因此服务性企业发生"生产事故"的几率要比制造业企业大得多。应该说无论是多大规模的企业，无论企业在服务质量方面下多大的工夫，总会有某些顾客，在某个时间，对某一事、物或人表示不满，因此捕风捉影是不可避免的。这就要求管理和服务人员必须自觉地以提供优质服务作为自己的行为准则，灵活地满足顾客的具体需求。一旦顾客提出有依据的不满意或投诉，服务性企业必须采取服务补救措施，以弥补顾客的损失。因此，探讨顾客的投诉心理以及如何做好服务补救工作是十分重要的。

【知识链接】

服务行业 service（服务）新解

服务行业的人大都知道 service（服务）一词的英文解释，即 S-smile（微笑），E-excellent（出色），R-ready（准备好），V-viewing（看待），I-inviting（邀请），C-creating（创造），E-eye（眼光）。但是，从另外的角度来看，"service"一词也可以有新解释。

从顾客角度出发：

即顾客想追求的东西，或者想要得到的享受。

S-safe（安全）。顾客来酒店消费，首先追求的是一种安全感，安全感包括基本的人身安全、心理感受上的安全感和隐私安全等。

E-ease（舒适）。客人花钱到高档次酒店消费，自然想要追求一种舒适、轻松的感觉。对工作压力越来越大的白领阶层来说，更是如此。

R-recreative（娱乐、休闲）。现在，来高档酒店的顾客，不仅追求吃好、睡好，更追求一种全身心的享受。现代酒店经营者越来越重视娱乐部的位置，便是顺应了这种需求。

V-value（价值）。不仅仅是物有所值，更应是物超所值，现代人在消费中摆阔、奢侈已不多见，尤其是自己掏腰包时。

I-impartial（公平、平等）。不同的顾客消费能力、消费观念也不尽相同，今天可能花了 1 000 元钱请客，明天可能只肯花 10 元，但其所要求的服务质量是不打折扣的，这要求服务提供者一视同仁。

C-characterful（特色）。从外观和硬件来看，国内很多酒店都很雷同，少有大的区别，其实客人对这一方面不是太挑剔。客人往往对酒店的软环境要求比较高，求新、求异是客

11

人新的消费需求。

E-esteem（尊重）。诚如马斯洛的"需求层次理论"，人在满足了低层次的需求后，自然会转到更高的需求上来。这时顾客最想寻求的应该是一种被足够重视的感觉，即尊重。

从酒店角度出发：

酒店为了达成综合效益的最大化，必须从顾客的角度出发，完善酒店的服务功能，从这点来说，服务有如下的含义：

S-sanitary（卫生）。作为服务行业，提供卫生的环境和饮食是应该具备的一个基本条件。

E-economy（节约）。酒店的投资一般都相当巨大，投资的回收期也相当长，同时酒店的能源消耗较一般行业大，力行节约、增收节支应是每一位酒店从业者时刻重视的问题。

R-rapid（快捷）。酒店员工要根据顾客的需求，及时采取行动，以表示时刻关心顾客。顾客一般是缺乏耐心的，为了节省时间甚至吹毛求疵，所以酒店服务人员应时刻保持灵敏的反应，为顾客提供最快捷的服务。

V-veracity（诚实）。"诚实经营"应该成为酒店经营者遵循的原则之一，这样酒店才会往更高的台阶上走。

I-impassioned（热情）。酒店服务人员应该为客人提供最具亲情化的服务，使酒店成为宾客的家外之家。

C-canvass（招徕）。"坐商"已经没有市场了，酒店的经营者应开动脑筋，做好全方位的营销策划活动，以便招徕顾客，实现经营目标。

E-excelsior（精品）。由服务产品的特性决定，品质不稳定，顾客不会去听任何解释，他们要求一贯优良的品质，所以酒店的从业者要时时刻刻树立精品意识，为顾客提供最为完美的服务。

一、引起顾客投诉的原因

引起顾客投诉的原因多种多样，归纳起来可以分为以下这几个方面的原因：

（一）员工不良的服务态度

服务人员的服务态度是引起客人投诉的最主要原因之一。根据学者的调查，一个企业失去的顾客中，有 68％是由于服务人员态度冷漠，使顾客没有受到礼貌的对待所致。例如，冷若冰霜的态度，有的服务人员看见顾客就像没有看见一样，眼睛飘忽或低头而过，不主动打招呼，或者仅仅以"喂"代替。有些服务人员在工作时间与同事聊天，做私事，打私人电话等。有些服务人员与客人交流时，语言粗鲁或言语挖苦客人。例如，有位客人与朋友到某饭店咖啡厅，要了两杯咖啡，好不容易等了 15 分钟，服务员却端来了两杯啤酒。这位客人很生气并告诉服务员这啤酒不是他点的，可是这位服务员不但不道歉反而气愤地说，"不是你要的是谁要的?！"有些服务员不尊重客人的风俗习惯。例如，信仰基督教的客人正在房间祈祷时，服务员闯进去打扫卫生；在餐厅给不吃牛肉的泰国、印度客人食用牛肉做的菜肴，给信仰伊斯兰教的客人送猪肉做的食品；法国客人过生日时给送黄色菊花；在日本客人度蜜月的客房中摆放荷花等。有些服务员无端地怀疑客人拿走饭店的物品，或者道听途说以为客人没有付清账目就离店等，所有这些都是不尊重客人的表现，都会引起客人的反感，甚至发生冲突。

(二) 员工不良的服务行为

不良的服务行为表现在各个方面:如饭店服务人员在客人休息时大声喧哗,高声谈笑,打电话;给客人递房间钥匙或其他物品时,不是双手递送,而是扔给客人;未经顾客同意,擅自闯入客人房间。例如,客房工作的服务员送开水或打扫卫生时,不经客人同意直接闯入房间;常常忘记客人交代过的事情,如应该"叫早"而没有按时叫,打乱了客人的预定计划;丢失或搞错了客人的菜单等。有些服务员损坏甚至丢失了客人的物品。例如,行李无人搬运或行李员搬运行李时乱丢乱放,打碎、遗失了客人购买的物品,弄坏了客人的皮箱,擦坏了客人的皮鞋,洗坏了客人的衣服,丢失了客人衣服上的纽扣等;打扫卫生时乱动客人的东西,弄丢了客人自带的牙刷或贵重物品。有些导游偷懒,不愿意多讲解,带客人游而不导,让客人自己去看,自己却在车上睡觉或办私事;有的导游只是干巴巴地背导游词;有的导游在离开旅游景点时不清点人数,导致一些客人掉队;有的导游随意取消预先安排好的景点参观计划,并不做任何解释。有时因为某种客观原因造成的预定节目取消,如果没有与客人进行较好的沟通,也会引起客人的投诉。清洁卫生方面也容易引起客人的投诉。例如,饭店使用的床上用具不干净,床单或枕头上粘有头发或污渍;地板上有烟头、果皮等垃圾污物;房间内有蚊子、蟑螂或老鼠等;卫生间地板上有积水,挡水帘上有肥皂痕迹或污垢;浴缸内清洁,有污渍等。有的饭店餐厅食品不卫生,出售变质的食品,端上餐桌的饭菜里有虫子、头发或杂物等;服务员上菜时将手指戳进菜里或者不戴卫生帽;餐厅服务员上菜时不小心将菜汁洒在客人的衣服上或上菜太慢等都会引起客人的投诉。

(三) 设施、设备出现问题

企业服务设施、设备在工作过程中出现问题也是引起客人投诉的一个重要原因,由于出现问题引发顾客不满的原因有两类:一类是设施、设备故障不能正常使用,让顾客的消费需求不能得到满足。例如,电梯、空调不能正常运行,卫生间水件、马桶漏水,排气、排水不畅,家具受潮发出异味,电视不能正常工作,门窗开关不灵,桌椅破损、餐具破损不能正常使用,房间没有多功能性的电源,打电话不方便,餐厅地面太滑容易使顾客摔倒等。另一类是企业实际提供的服务设施、设备与顾客从渠道中获了解到的信息存在很大的差异,由于服务设施、设备是顾客消费过程中重要的一个因素,这种心理上的差距极易引发顾客的不满。

(四) 客人对酒店的有关政策规定不了解或有误解

有时候,酒店方面并没有过错,客人之所以投诉是因为他们对酒店有关政策规定不了解或有误解造成的,在这种情况下,需要对客人耐心解释,并热情帮助客人解决问题。

(五) 企业外部异常事件

这类投诉主要包括无法购得机票、车票,城市供电、供水系统出现障碍等。这样的投诉,是企业也难以控制的,但客人却希望企业能帮助解决。此类事件,虽然事发的本因并不在企业,但一旦事件发生时,必将对顾客的消费过程产生较大的影响,甚至严重影响到顾客的消费体验,故许多顾客极易将问题归因于为其提供直接服务的企业,从而引发投诉。

二、顾客投诉时的一般心理需求

顾客在投诉时往往会带有一定的心态,在向企业投诉时,其常常表现在以下几个方面:

(一) 求得尊重的心理

尊重是人的基本需要之一。客人在采取了投诉行动之后,都希望别人认为他们的投诉是

11

对的,是有道理的。他们希望得到同情、尊重,希望有关人员、有关部门能够重视他们的意见,向他们表达歉意,并立即采取相应的措施。

(二)合理宣泄的心理

人在遇到挫折后,经常会采取宣泄的防卫措施,排解心理压力,保持心理平衡。顾客在碰到令他们烦恼的事情,或都被讽刺挖苦甚至被辱骂之后,心中充满了怨气、怒火和不满,他们要利用投诉的机会宣泄出来,以维持心理的平衡。

(三)获得补偿的心理

顾客在受到一定的损失而向服务人员或有关部门投诉时,希望在物质上给予能弥补他们在精神上和物质上的损失,这是普遍的心理。如食物不洁或品质不佳,希望换一盘;丢失的物品希望得到赔偿;被员工失手弄脏的衣物希望能够免费的清洗干净等。

(四)自我表现的心理

一部分顾客投诉的内容仅仅是想谈谈自己的看法,提些建议,其目的是表现自己见多识广,有丰富的阅历和消费经验,这是一种自我意识的表现。

(五)求安全的心理

寻求安全的心理是人的基本需求之一。顾客在消费时如就餐、住宿、旅游、购物时,如因消费的饮食不卫生,私人财产、人身安全得不到保障,自然要进行投诉。

(六)关心企业发展的心理

并不是所有的顾客都是为了满足个人的需求才投诉的,有些出于对服务企业的关心,他们希望通过投诉引起有关部门的重视,这既有利于顾客,也有利于企业的发展。例如,顾客发现服务性企业的广告宣传词中有病句或者错别字;发现企业的服务设施不周全,无法满足顾客的需要并希望提出自己的改进建议;发现餐厅服务员的衣着不整洁;发现客房内提供的电话号码或邮政编码不准确等。这些因素都可能会导致顾客投诉,其目的是期望企业的管理者不要忽视这一些"不重要的""小问题",因为这些问题会影响到服务性企业的形象与声誉。

【案例思考】

说好的开水呢?

一位客人深夜抵店,行李员带客人进客房后,将钥匙交给客人,并对客房设施作了简单的介绍,然后进入卫生间,打开浴缸水龙头往浴缸内放水,客人看到行李员用手亲自调试水温,几分钟后,行李员出来告诉客人,水已放好,请客人洗个澡,早点休息。客人暗自赞叹该酒店服务真不错。

行李员走后,客人脱衣去卫生间洗澡,却发现浴缸里的水是冰凉的,打开热水龙头,同样是凉水。于是打电话到总台,回答是:"对不起,晚上12点以后,无热水供应。"客人无言以对,心想,该酒店从收费标准到硬件设备,最少应算星级酒店,怎么能12点以后就不供应热水呢?可又一想,既然是酒店的规定,也不好再说什么,只能自认倒霉。"不过,如果您需要的话,我让楼层服务员为您烧一桶热水送到房间,好吗?"还未等客人放下电话,前台小姐又补充道。

"那好啊,多谢了!"客人对酒店能够破例为自己提供服务表示感激。

放下电话后，客人开始等待。半个多小时过去了，客人看看表，已经到了凌晨 1 点，可那桶热水还没送来，又一想，也许楼层烧水不方便，需要再等一会儿。又过了半小时，电视节目也完了，还不见有热水送来，客人无法再等下去了，只好再打电话到总台。

"什么，还没给您送去？"前台服务员表示吃惊，"我已经给楼层说过了啊！要不我再给他们打电话催催。"

"不用了，还是我自己打电话问吧。请你把楼层服务台的电话告诉我！"客人心想，既然前台已经通知了，而这么久还没有送来，必定有原因。为了避免再次作无谓的等候，还是亲自问一问好。

于是，按照前台服务员提供的电话号码，客人拨通了楼层服务台的电话，回答是："什么，送水？酒店晚上 12 点以后就没有热水了！"

……

在上述案例中，其实客人并非一定要洗个澡，只是酒店已经答应为客人提供热水，才使客人"白"等了一个多小时，结果澡也没洗成，觉也没睡好，还影响了第二天的工作。问题就出在服务员虽然答应为客人解决问题，但没有对解决过程和解决结果予以关注，由于交接班、不同人接电话的缘故，很可能让客人的问题石沉大海。

有时候，客人反映的问题虽然解决了，但并没有解决好，或是这个问题解决了，却又引发了另一个问题。比如，客人投诉空调不灵，结果，工程部把空调修好了，却又把客人的床单弄脏了。因此，必须再次与客人沟通，询问客人对投诉的处理结果是否满意。比如，可打电话告诉客人："我们已通知维修部，对您的空调进行了维修，不知您是否满意？"这种"额外的"关照并非多余，它会使客人感到酒店对其投诉非常重视，从而使客人对酒店留下良好的印象。与此同时，应再次感谢客人，感谢客人把问题反映给酒店，使酒店能够发现问题，并有机会改正错误。这样，投诉才算得到真正圆满的解决。

（刘伟.前厅管理[M].北京：高等教育出版社，2009.）

任务二　把握处理顾客消费投诉的策略

客人投诉是一个信号：说明在企业的服务与管理中出现了问题。企业服务与管理中存在不同程度的问题是客观存在的，但有时管理者不一定能发现。而顾客则不同，他们是企业的直接消费者，对企业服务中存在的问题有切身的体会和感受，因此容易发现问题，找到不足。因此，尽管投诉可能会使被投诉的对象感到不愉快，甚至受罚，接待处理投诉也不是一件令人愉快的事，但是顾客的投诉可以帮助我们发现问题和不足，有利于改善服务质量，提高管理水平，也为企业提供了一个改善与顾客关系的机会。

一、处理服务投诉的一般原则和方法

（一）正确对待顾客的投诉

投诉是坏事，也是好事，它可能会使被投诉的有关部门或人员感到不愉快，甚至受惩；同时，接待投诉客人也不是一件令人愉快的事，对很多人来讲是一种挑战。但投诉又是一个信号，告诉企业管理者在企业服务和管理中存在的问题。形象地说，投诉的顾客就像一位医生，在免费为企业提供诊断，以使企业管理者能够对症下药，改进服务和设施，吸引更多的顾客前

11

来消费。因此,管理阶层对于顾客的投诉必须给予足够的重视。

具体而言,对企业来说,顾客投诉的意义表现在以下几个方面:

1. 可以帮助企业管理者发现企业服务与管理中存在的问题与不足

企业的问题是客观存在的,但管理者不一定能发现。原因之一是"不识庐山真面目,只缘身在此山中"。管理者在一个企业工作多年,甚至几十年,长期在一个环境工作,对本企业的问题可能会视而不见,麻木不仁。而顾客则不同,他们付了钱,期望得到与他们所付的钱相称的服务,他们也可能去过很多别的企业,对某个企业存在的问题容易形成比较认知。原因之二是尽管企业要求员工"管理者在与不在都一样",但事实上,很多员工并没有做到这一点,管理者在与不在截然两样。因此,管理者很难发现问题。而顾客则不同,他们是企业产品的直接消费者,对企业服务中存在的问题有切身的体会和感受,因此他们最容易发现问题,找到不足。

2. 为企业方面提供了改善宾客关系的机会

通过对顾客投诉的处理,可以使企业有机会将"不满意"的顾客转变为"满意"的顾客,从而有利于企业的市场营销。

研究表明,一位顾客满意,就可以招揽 8 位顾客上门,如因产品质量不好,惹恼了一位顾客,则会导致 25 位客人从此不再登门。因此,企业要力求使每一位顾客满意。客人有投诉,说明顾客不满意,如果这位顾客不投诉或投诉没有得到妥善解决,顾客将不再前来消费,同时也将意味着失去 25 位潜在顾客。无疑,这对企业来说是个巨大损失。通过客人的投诉,企业了解到客人的"不满意",从而为企业提供了一次极好的机会,使其能够将"不满意"的客人转变为"满意"的客人,消除客人对企业的不良印象,减少负面宣传。

3. 有利于企业改善服务质量、提高管理水平

企业可以通过客人的投诉,不断发现问题,解决问题,进而改善服务质量,提高管理水平。

(二)处理顾客投诉的原则

怒气冲冲的投诉客人,一般总是先找来管理人员,倾诉他们的不满和愤懑。受理顾客的投诉,并非愉快之事,但事关重大,马虎不得。顾客投诉的原因及目的各不相同,如一部分顾客在遭遇不满后,要求在物质上得到补偿以求得到平衡;而另一部分人则更注意的是得到精神上的满足,他们渴望得到企业的重视与尊重。在受理这一类顾客投诉的过程中,应特别注意维护对方的自尊心,每时每刻都让其感觉自己受到重视。处理顾客投诉时,应遵循以下原则:

1. 真心诚意帮助投诉者

管理人员接待,首先应表明自己的身份,让顾客产生一种信赖感,相信能帮助他解决问题。管理人员对投诉者应有同情心,要理解投诉者当时的心情,同情其所面临的困境,并给予应有的帮助。

2. 绝不与投诉人争辩

接待投诉者,管理人员应保持冷静态度,投诉的客人可能情绪激动、态度不善、言语粗鲁、举止无视,接待人员都应给予理解和谅解,保持冷静和耐心,绝对不可急于辩解或反驳,与投诉者针锋相对;也不能无动于衷,冷落客人。即使是不合理的投诉,也应做到有礼、有理、有节,既要尊重他们,不失投诉人面子,又应做出恰如其分的处理。

3. 维护企业合法利益

处理投诉不能以无端损害企业的利益为代价。对于一些复杂问题,切忌在真相不明之前,急于表态或当面贬低本企业及其部门或员工。应弄清事实,通过相关渠道了解其来龙去脉,在真相清楚后,再诚恳道歉并作恰当处理。

4. 及时处理

对于提出投诉的客人,企业应认真耐心听取客人的抱怨,及时提出令顾客满意的补救方法予以妥善解决。著名酒店管理集团里兹酒店有一条 1∶10∶100 的黄金管理定理,就是说,若在顾客提出问题当天就加以解决,所需成本为 1 元,拖到第三天解决则需要 10 元,再拖到第二天解决则需要付出 10 倍代价,再拖几天则可能需要付出 100 倍代价。对于所有顾客,企业必须想方设法了解客人的真实感受,要清楚客人对企业满意的是什么,不满的又是什么。通过这种方式,既能够体现出企业对顾客的关心与尊重,又能知道企业在哪些方面还存在问题,需要立即改进,而在哪些方面做得比较好,需要继续坚持。只要企业处理得当,不满的顾客也能变成满意的客人,甚至是忠诚的顾客。

(三)处理顾客投诉的程序

顾客投诉一般是指顾客将他们主观上认为由于企业工作的差错而引起的烦恼,或者损害了他们的利益等情况向企业有关部门、有关人员进行反映。每个企业都希望向顾客提供尽善尽美的服务,使每一位顾客满意,但事实上投诉是不可避免的。正确处理好顾客的投诉,对于企业改善服务质量,提高管理水平,增加经济效益具有重要意义。

相对于感到不满而不投诉的客人,顾客对企业服务不满而提出投诉是一件好事。曾有统计资料表明:投诉顾客的大多数会成为企业的回头客,因为这些客人虽然认为企业服务有不足之处,但他们对企业有信心,相信企业会改进服务,而绝大多数感到不满而没有投诉的客人往往不会再光临。所以,管理者应正确认识和妥善处理投诉事件,把客人投诉视为发现问题、改善服务质量的机会和动力。处理好客人投诉,可消除客人的不满,其本身也是企业服务质量管理的重要内容。所以,巧妙处理顾客投诉十分重要,应该遵循以下程序:

1. 做好接受投诉的心理

接待投诉客人具有挑战性。企业管理人员以及服务人员应该随时做好准备,接受客人的投诉。这就需要掌握处理投诉的程序、方法和艺术。

(1)持欢迎态度。首先要对客人投诉持欢迎态度,把处理投诉的过程作为进一步改进和提高服务与管理水平的机会。实际上受理客人投诉并不是一件愉快的事情,客人之所以投诉,一般是客人在接待服务中受到不公正的待遇。因此,如果忽视客人的投诉意见,就忽视了维护客人的利益,因为这是推动、改进和提高服务及管理水平的良机。

(2)树立"客人总是正确的"信念。一般来说,客人投诉,正说明企业的服务和管理上存在问题。因此在很多情况下,客人的言行举止过分,企业也应提倡即使顾客错了,也要把面子上的"对"让给客人,尽量减少企业与客人之间的对抗情绪,这样有利于缓解双方的矛盾,达到解决问题的目的。

(3)掌握顾客投诉的一般心态。顾客的投诉是由于不满意或一时的气愤所采取的行为,此时的心理反应常常现出"求尊重、求补偿、求发泄"的心态。因此,服务人员在受理客人投诉时,要给客人适当发泄的机会,以示对客人的尊重和理解。客人投诉时的一般心理常常表现为求尊重的心理、求发泄的心理、求补偿的心理。求尊重即客人采取投诉行为,将自己感到不满意的事情说出来,希望企业认为他们的投诉是对的,并立即采取相应的行动。客人为的是得到企业的重视,取得企业的同情与尊重。求发泄即客人在碰到令他们烦恼的事情后,心中的怒气要利用投诉的机会发泄出来,以维持他们的心理平衡。此时作为投诉接待者最好认真倾听,尽量不插话,绝对不要打断对方的讲话,因为客人在诉说事情经过的同时也是发泄的过程,让客

11

人尽情倾诉,对于平息客人的怨气是十分有益的。求补偿即是客人通过投诉,希望企业承认自己所说的事实是正确的,并要求给予一个明确的表示——这种表示实际上是企业所应给予客人的一种补偿,包含精神和物质两个方面,具体采用哪方面的补偿或者两者兼而有之要看具体情况而定。

2. 真心诚意听取客人投诉意见

倾听是一种有效的沟通方式,对待任何一个客人的投诉,不管鸡毛蒜皮的小事情,还是较棘手的复杂事件,作为接待人员都要保持镇定、冷静,认真倾听客人的意见,要表现出对对方高度的礼貌与尊重。接到客人投诉时,要用真诚、友好、谦和的态度,全神贯注地聆听,保持平静,虚心接受,不要打断客人,更不能反驳与辩解。

(1) 保持冷静的态度,设法使客人消气。处理投诉只有在"心平气和"的状态下才能有利于解决问题。因此,在接待投诉客人时,要冷静、理智,礼貌地请客人坐下,再倒一杯水请他慢慢讲。此时重要的是让客人觉得你很在乎他的投诉,耐心地听客人投诉,这样做一方面是为了弄清事情的真相,以便恰当处理;另一方面让客人把话说完以满足他们求发泄的心理。听取客人的投诉时,不要急于辩解,否则会被认为是对他们的指责和不尊重。另外,接待人员要与客人保持目光交流,身体正面朝向客人以示尊重。先请客人把话说完,再适当问一些问题以求了解详细情况。说话时要注意语音、语调、语气及音量的大小。

(2) 同情和理解客人。当客人前来投诉时,工作人员应当把自己视为企业的代表去接待,欢迎他们的投诉,尊重他们的意见,并同情客人,以诚恳的态度向宾客表示歉意,注意不要伤害宾客的自尊。对客人表示同情,会使客人感到你和他站在一起,从而减少对抗情绪,有利于问题的解决。例如,工作人员可以说:"这位先生(女士),我很理解你的心情,换我可能会更气愤。"

(3) 对客人的投诉真诚致谢。尽管客人投诉有利于改进企业服务工作,但由于投诉者的素质水平不同、投诉方式不同,难免使接待者有些不愉快。不过假设客人遇到不满的服务,他不告诉企业,而是讲给其他客人或朋友,这样就会影响到企业的声誉。所以当客人投诉时,企业不仅要真诚地欢迎,而且还要感谢客人。

3. 做好投诉记录

在认真听取客人投诉的同时要认真做好记录。一方面表示企业对他们投诉的重视,另一方面也是企业处理问题的原始依据。记录包括客人投诉的内容、时间、客人的姓名等。客人投诉的要点,讲到的一些细节,要记录清楚,并适时复述,以缓和客人情绪。这不仅是快速处理投诉的依据,也为以后服务工作的改进作铺垫。

4. 迅速处理投诉

迅速处理客人投诉,及时采取补救或补偿措施,并征得客人同意。客人投诉最终是为了解决问题。因此对于客人提出的投诉,不要推卸责任,应区别不同情况,积极想办法解决,在征得客人同意后作出恰当处理。为了避免处理投诉时,自己陷入被动局面,不要把话说死,一定要给自己留有余地,也不要随便答应客人自己权限之外的某种承诺。

(1) 对一些明显属于企业方面的过错,应马上道歉,在征得客人同意后做出补偿性处理。

(2) 对一些较复杂的问题,不应急于表态或处理,而应礼貌、清楚地列出充分的理由说服客人,并在征得客人同意的基础上做出恰如其分的处理。例如,一位客人离开酒店结账时发现有国际长话费,可自己没打国际长途啊。客人非常恼怒,找到大堂副理好一顿发火,拒不付费。大堂副理耐心倾听客人讲话,又将该客人应付的长话费的单子详查一番。之后他礼貌地请客人回忆有没有朋友进过房间,是不是他们打的。经过回忆核实确属客人朋友所为,最终客人按要求付费,并致以歉意。

（3）对一时不能处理好的事件,要注意告诉客人将采取的措施和解决问题的时间。如客人在夜间投诉酒店客房的空调坏了,恰巧赶上维修工正忙于另一维修任务,得需要半小时才能过来修理。这时服务员就应让客人知道事情进展,使客人明白他所提的意见已经被酒店重视,并已经安排解决。

5. 追踪检查处理结果

主动与客人联系,反馈解决问题的进程及结果。首先要负责解决问题的人共同检查问题是否已获得解决。当确实知道问题已经获得解决时,还要征求询问客人是否满意。如果不满意,还要采取额外措施去解决问题。

（1）顾客尚未离去的,而且发生的问题比较明了,确实属于企业责任,员工及管理者要当面向宾客道歉,并给予一定的补偿,达到让宾客满意的目的。

（2）宾客虽然还未离去,但发生的问题暂时不能立即作出处理决定,遇到这种情况时,一定要让宾客了解问题解决的进展程度,赢得宾客的谅解,这样可以避免宾客产生其他误会。

（3）宾客已经离开的,店方要想方设法同宾客取得联系,采取补救方法以挽回影响。如果无法与宾客进行联系,员工要将宾客的投诉报告上级并记录在案,制定有效措施防止再发生类似问题。

6. 及时上报,记录存档

把投诉中发现的问题、作出的决定或是难以处理的问题,及时上报主管领导,征求意见。不要遗漏、隐瞒材料,尤其涉及个人自身利益时,更不应该有情不报。这便于企业采取改进措施,吸取客人的建议性意见,改善企业管理与服务工作。并将整个处理投诉的过程加以汇总,归类存档,为售后的投诉处理方法提供借鉴,也可据此改进企业的服务与管理。同时可以把案例作为培训内容,以改进员工的服务质量。

7. 投诉统计分析

处理完投诉后,服务人员尤其是管理人员应对投诉产生的原因及后果进行反思和总结,并进行深入的、有针对性的分析,定期进行统计,从中发现典型问题产生的原因,以便尽快采取相应措施,不断改进、提高服务质量和管理水平。

为了更好地处理客人的投诉,企业管理者、服务人员不但要掌握以上处理客人投诉的方法,还应加强对客人投诉工作的管理。同时还要教育员工就就业业毫不懈怠地寻找企业、部门和本人的潜在问题,将一切可能的投诉消灭在萌芽状态。只有这样,才能不断提高企业的社会效益和经济效益。

在处理客人投诉的过程中,应该注意掌握一些要点与技巧,这将更有利于问题的解决。无论在任何场合,不要匆忙作出许诺;不应该对客人投诉采取"大事化小,小事化了"的态度,应该用"这件事情发生在您身上,我感到十分抱歉"之类的语言来表示对投诉客人的特殊关心;在与客人交谈的过程中,注意用姓名称呼客人;可以把客人投诉的要点记录下来,这样不但可以使客人讲话的速度放慢,缓和客人的情绪,还可以使其确信企业对他反映的问题是重视的;要充分估计解决问题需要的时间,最好能告诉客人具体的时间,不能含糊其辞。投诉多种多样,如果能够掌握技巧,善于应变,对圆满解决问题是十分有帮助的。

此外,在处理投诉的过程中还可能遇到一些特殊情况。有些投诉的问题是没法解决的,如果企业对客人投诉的问题无能为力,企业应尽早对所存在的问题给予承认,理解的客

11

人是会接受的。如企业重新装修，工程噪声等无法避免地给客人带来了不便，客人投诉量大增，企业采取了大量的补偿措施，让客人明白企业已经尽力了，多数客人都能够表示理解并给予合作。

【知识链接】

处理客人投诉的五十条建议

法国菲利浦·布洛克等人在《西方企业的服务革命》一书中，提出处理客人投诉的50条建议，这50条建议对服务企业提高和改进服务质量，有效应对各类顾客的投诉，有着非常高的参考价值：

1. 对待任何一个新接触的人要和对待客人一个样。
2. 没有无关紧要的接触；没有不重要的客人。
3. 客户的投诉往往存在于不经意间，很少有客人专门找人投诉。
4. 没有可以忽视的投诉。
5. 一次投诉是一次机遇。
6. 发牢骚的客人并不是在打扰我们，他在行使他的最高权力。
7. 处理投诉的人一定被认为是企业中最重要的人。
8. 迅速判明投诉的实质，并着手解决。
9. 用关键词限定投诉内容，从问题实质出发解决问题。
10. 每当无理投诉出现高峰时，我们应该产生警觉，设法查明原因。
11. 在采取纠正行动之前，应首先对每份投诉作礼节性的答复。
12. 要为客人投诉提供便利渠道。
13. 想尽一切方法，方便与客户的对话。
14. 组织并检查答复投诉后的善后安排。
15. 接待不满的客人时，称他的姓，握他的手。
16. 处理投诉应因人制宜。
17. 请保持轻松、友好；更重要的，还有自信。
18. 在解决问题之前，必须让客人说话。
19. 要做记录，可能时使用一份印制的表格。
20. 一定要告诉客人：他的问题由你全权负责处理，并切实去办理。
21. 要答应客人你去采取行动，还要设法使客人相信你的许诺。
22. 要证明你接受了投诉后就马上开始了行动。
23. 告诉客人他的投诉是特殊的。
24. 不谈与客人无关的私事。
25. 防止露出羡慕、烦躁或偏执等情绪。
26. 既要让人说话，又要善于收场。
27. 要学会有效的发挥电话的功用，当你处理完投诉后，用电话告知客人你的处理结果，也许会做成另一单生意。
28. 要像对待你的老主顾那样，对待不是你的客人的人。
29. 决不要在地位高的客人和棘手的问题面前胆怯。

30. 不管有多困难和忙碌，都要首先核实别人向你传递的消息。

31. 要让别人听你的话，但扯着嗓门叫喊是徒劳的。

32. 复述事实莫带偏见。

33. 切忌轻率地作出判断。

34. 想一想是否有立即答复的可能，问一问客人希望你做些什么。

35. 别急于在电话中商讨解决问题的方案。

36. 请留下您对客人所做的任何诺言或保证的书面记录。

37. 如您当场爱莫能助，不妨先宽宽他的心。

38. 在对话时，对方未说完之前，切莫打断。

39. 一等对方完毕，立即采取行动。

40. 可以试探一下别人对待你的方式，就会知道客户喜欢什么样的处理方式。

41. 千万别对客人说："您应该……"

42. 除非万不得已，不用电话回复书信。

43. 可以利用投诉索要你可能需要的客户信息（例如电话）。

44. 若情况允许，就用幽默致歉。

45. 要让受过你服务的客人成为你的朋友。

46. 表面上总是由客人说了算，但要学会引导客户思维。

47. 用典型模式提高速度。

48. 时刻为客人着想，为客人工作，如同你是客人一样。

49. 凡是收到和寄出的一切都要注明日期。

50. 要结识那些多次不满的客人。

（菲利普·布洛克.西方企业的服务革命[M].北京:旅游教育出版社,2008.）

二、几种心理效应在处理服务投诉中的应用

在对客服务中，顾客与企业和企业工作人员的接触与交流过程中产生的一些主观心理体验，往往对接下来是否容易发生投诉，以及投诉发生时处理的效果会产生一定的影响。这些会产生影响作用的心理效应表现在以下几个方面：

（一）首因效应

在现实生活中，先入为主和首因效应是普遍存在的。例如，消费者到某商场购物时，第一次和某铺位的服务人员接触，由于双方是首次接触，有一种新鲜感，顾客会很注意服务人员的仪表、语言、运作、表情等，并对店铺的情况做好一个初步认知，继而作出一个先入为主的判断，得出这种印象即是第一印象。如果这种印象是积极的，接下来则会产生非常正面的效应，顾客将更容易接受店铺销售的商品，与服务人员的交流也更容易表现出融洽的氛围，即使对商铺的服务和产品在之后出现一定的不理解，也更容易接受工作人员的解释。良好的第一印象让对客服务工作变得更加容易，反之则会产生负面的效应。舒适的消费环境，礼貌热情的服务人员会让顾客有"宾至如归"之感，而许多重要的消费决策和消费行为都与顾客对企业的第一印象有关。例如，酒店优秀的前厅部服务和前厅布局，给客人留下良好印象，会影响客人对在店期间消费过程的积极预期；导游服务人员初次与游客见面时的言行给游客留下的良好印象，将让游客对整次旅行充满期待等。

11

（二）近因效应

消费者完成消费过程的最后阶段的感受,离开消费场所之前的所见所闻和印象及评价,最近一次消费行为的因果等都可能产生近因效应。与首因效应类似,近因效应也有正向与负向之分,对下次消费行为也会产生积极或消极的影响。优质的服务的产生的近因效应,是促使顾客经常光顾的动因。

近因效应是一种可能让企业精心做的大量服务工作,因为一件不愉快的事件而前功尽弃的现象。一位到酒店消费的客人在整个住店期间都感觉良好,却在离开前经历了一次极不愉快的事情,并由此引发一次投诉,离店前的这次投诉经历,将可能是留给这位顾客印象最深的一段记忆,并将在客人离店后,成为他对酒店评价的主要部分。当然一个完美的结局,也将会客人的消费过程划上一个圆满的句号。此外,近因效应的现象还会出现在每一次投诉过程中,尽管客人整个消费经历并不全是不完美的,但最近经历的不快,会让几乎所有的客人在投诉时都会表现出极其负面的情绪,因此,在处理客人投诉时,工作人员需要有一定的心理准备,并将消除顾客负面情绪作为处理投诉时的首要任务。

（三）晕轮效应

晕轮效应发生在消费者身上,表现为消费者根据对企业某一方面的突出知觉作出对整个企业优劣的判断。如企业对售后服务的承诺兑现程度如何、接待顾客投诉的态度及处理方式是否认真负责等,这些都会使消费者产生晕轮效应,使之形成对整个企业的总体形象的知觉体验。

对于那些有过投诉经历的顾客而言,投诉的过程往往会是他们对某个企业记忆中最为深刻的部分,如果他们的投诉得到了妥善的解决,那就会成为他们对企业评价中的亮点,继而让原本出现危机的顾客关系发生重大转折,从这个角度来看,顾客的投诉如果能够得到妥善解决,或许是一次有利于企业创造良好宾客关系的机会。当然如果投诉没有处理好,原来的负面评价也会因此而进一步放大。

（四）定势

顾客对不同的服务人员的个体形象及其评价也有一些概念化的判断标准。这种印象若与顾客心目中的"定势"吻合,将会引起顾客的心理及行为的变化。例如,仪态大方、举止稳重的服务人员,给顾客最直接的感受是"真诚""可信赖",与顾客的心理定势相吻合,顾客则愿意与其接近,征询他们的意见和接受他们的指导,容易促成交易。反之,顾客对闪烁其词、解答问题含糊不清的服务人员的最直观感受是"不可信赖",与顾客的心理定势相吻合,顾客则会产生警觉、疑虑、厌恶的情绪并拒绝继续消费或与之交流。

顾客的投诉是服务人员都可能遇到的情况,即使你的产品再好也会受到挑剔的顾客的抱怨。服务人员不应该粗鲁地对待顾客的抱怨,其实这种顾客有可能就是你产品的永久的买主。正确地处理顾客的抱怨,能够提高顾客的满意度,增加顾客的品牌忠诚度,并可以让企业获得更加丰厚的利润。

【知识练习与思考】

1. 投诉现象对于服务企业的意义何在?
2. 引发客户投诉的原因是哪些?
3. 顾客在投诉时的常见心理需求有哪些?

4. 服务企业在处理投诉时的一般原则有哪些?

5. 投诉处理的一般程序是什么?

6. 结合自己的思考谈谈如何有效地处理各类服务投诉。

【能力培养与训练】

送错的咖喱饭

一天晚上,汤姆先生来西餐厅点了一份牛肉咖喱饭,但服务员送上来时却成了羊肉咖喱饭,显然是某一环节上出了差错。汤姆先生大为恼火,服务员虽道歉也不顶用,汤姆先生对酒店进行了投诉。部门经理沈经理闻讯赶来了,一看是酒店的老顾客,而且火气很大。沈经理首先热情地递上毛巾和热茶,进行了一番安抚。然后耐心地听汤姆先生讲了事情的原因后,诚恳地向他道歉,说明完全是酒店的错,请求客人的原谅。待到客人火气稍许平息以后,沈经理提出免去这顿晚餐费用的建议,并询问客人是否还需要添些其他菜肴、点心。汤姆先生谢绝了。晚饭后,沈经理安排主管到汤姆先生的房间送了一份水果篮,并再三请他原谅服务员的疏忽,请他收下这份满载酒店心意的水果篮,祝他这次旅途愉快。第二天早上,汤姆先生留给沈经理一封信。信中说,昨天晚餐之事纯属工作人员轻率疏忽造成。他的本意是希望通过提出善意的意见帮助他们改正缺点,以便更好地尊重客人,为客人提供更完美的服务。所送花篮完璧归还。他诚恳期望下次再入住酒店时,各项缺点都已改正。读完信,沈经理感慨万千。事后,他代表酒店给汤姆先生去了长途电话,又一次表示歉意。

本案例中汤姆先生投诉时的心理需求是什么?沈经理处理客人的投诉时采取了怎样的程序和方法?

主要参考文献

[1] 刘永芳.管理心理学[M].北京:清华大学出版社,2008.

[2] 孙科炎,詹燕徽.群体心理学[M].北京:中国电力出版社,2012.

[3] 张等菊.服务心理学[M].北京:经济科学出版社,2013.

[4] 和湛.旅游心理学[M].北京:机械工业出版社,2014.

[5] 薛慧群.旅游心理学[M].天津:南开大学出版社,2012.

[6] 孙庆群.旅游心理学[M].北京:化学工业出版社,2013.

[7] 周耀进.酒店服务心理学[M].上海:上海交通大学出版社,2012.

[8] 叔伯阳.旅游心理学[M].大连:东北财经大学出版社,2011.

[9] 姜长云.中国服务业:发展与转型[M].太原:山西经济出版社,2012.

[10] 王亚敏.消费心理学[M].武汉:武汉理工大学出版社,2011.

[11] 魏乃昌.服务心理学[M].北京:中国物资出版社,2010.

[12] 王赫男.饭店服务心理学[M].北京:电子工业出版社,2014.

[13] 杨姣.旅游心理学[M].北京:北京大学出版社,2014.

[14] 张国宪.旅游心理学[M].合肥:合肥工业大学出版社,2008.

[15] 林莉.实用旅游心理学[M].合肥:安徽大学出版社,2010.

[16] 陈筱袁.旅游心理学[M].武汉:华中师范大学出版社,2008.

[17] 李祝舜.旅游心理学[M].北京:高等教育出版社,2013.

[18] 庞美云.客舱服务心理学[M].北京:人民交通出版社,2021.

[19] 张等菊.服务心理学[M].3版.北京:经济科学出版社,2020.

仅限教师索取

高等教育出版社

教学资源服务指南

感谢您使用本书。为方便教学，我社为教师提供资源下载、样书申请等服务，如贵校已选用本书，您只要关注微信公众号"高职财经教学研究"，或加入下列教师交流QQ群即可免费获得相关服务。

"高职财经教学研究"公众号

资源下载：点击"**教学服务**"—"**资源下载**"，或直接在浏览器中输入网址（http://101.35.126.6/），注册登录后可搜索相应的资源并下载。（建议用电脑浏览器操作）

样书申请：点击"**教学服务**"—"**样书申请**"，填写相关信息即可申请样书。

试卷下载：点击"**教学服务**"—"**试卷下载**"，填写相关信息即可下载试卷。

样章下载：点击"**教材样章**"，即可下载在供教材的前言、目录和样章。

师资培训：点击"**师资培训**"，获取最新会议信息、直播回放和往期师资培训视频。

联系方式

旅游大类QQ群：142032733

联系电话：（021）56961310　　电子邮箱：3076198581@qq.com